LÉGISLATION PROTECTRICE
DE
L'ENFANCE OUVRIÈRE

TRAITÉ

DU

CONTRAT D'APPRENTISSAGE

COMMENTAIRE

DE

LA LOI DU 22 Février — 4 Mars 1851

PAR

Julien HAYEM
Manufacturier,
Licencié ès-lettres et en droit,
Lauréat de l'Institut
(Académie des sciences morales et politiques.)

ET

Jules PÉRIN
Avocat à la Cour d'appel de Paris,
Docteur en droit, Archiviste-paléographe,
Suppt. du Juge-de-paix du Ve arrondt,
Membre de la Ve Commission locale *(pour l'exécution
de la loi sur le travail des enfants.)*

PRÉCÉDÉ

d'une Introduction historique

SUR LE TRAVAIL ET L'APPRENTISSAGE
par **Julien HAYEM**

PARIS
LIBRAIRIE GÉNÉRALE DE JURISPRUDENCE
MARCHAL, BILLARD & Cie,
place Dauphine, 27,

AUX BUREAUX
DU
JOURNAL DES PRUD'HOMMES
rue de Médicis, 13.

AUX BUREAUX
DES
ANNALES DES JUSTICES-DE-PAIX
rue Guénégaud, 27.

1878

PUBLIÉ

sous les auspices et avec l'approbation

DE LA SOCIÉTÉ DE PROTECTION DES APPRENTIS ET DES ENFANTS

EMPLOYÉS DANS LES MANUFACTURES

(PARIS. — Rue de Rennes, 44.)

LÉGISLATION PROTECTRICE

DE

L'ENFANCE OUVRIÈRE

MM. Julien HAYEM et Jules PÉRIN. — **Traité du Contrat d'Apprentissage** (Commentaire de la loi du 22 février-4 mars 1851).

MM. Ernest NUSSE et Jules PÉRIN. — Commentaire de la Loi (du 19 mai 1874) sur **le Travail des Enfants et des Filles mineures dans l'industrie.**

Mêmes auteurs. — **De l'emploi des Enfants dans les professions ambulantes de saltimbanques, acrobates, etc.** (Commentaire de la loi du 7-20 décembre 1874).

Aux mêmes Librairies.

TRAITÉ

DU

CONTRAT D'APPRENTISSAGE

TRAITÉ

DU

CONTRAT D'APPRENTISSAGE

COMMENTAIRE

DE

LA LOI DU 22 Février – 4 Mars 1851

PAR

Julien HAYEM   ET   **Jules PÉRIN**

Manufacturier,
Licencié ès-lettres et en droit,
Lauréat de l'Institut
(*Académie des sciences morales et politiques.*)

Avocat à la Cour d'appel de Paris,
Docteur en droit, Archiviste-paléographe,
Suppt. du Juge-de-paix du Ve arrondt,
Membre de la Ve Commission locale (*pour l'exécution
de la loi sur le travail des enfants.*)

PRÉCÉDÉ

d'une Introduction historique
SUR LE TRAVAIL ET L'APPRENTISSAGE
par **Julien HAYEM**

PARIS

LIBRAIRIE GÉNÉRALE DE JURISPRUDENCE

MARCHAL, BILLARD & Cie,

place Dauphine, 27,

AUX BUREAUX	AUX BUREAUX
DU	DES
JOURNAL DES PRUD'HOMMES	*ANNALES DES JUSTICES-DE-PAIX*
rue de Médicis, 13.	rue Guénégaud, 27.

1878

PRÉFACE

Sous la forme d'*Introduction historique*, nous présentons une étude ou plutôt une esquisse de l'organisation du Travail chez les peuples de l'antiquité.

Nous y examinons si ces peuples connaissaient l'apprentissage et de quelle manière ils le pratiquaient, et nous y recherchons les lois, les réglements ou les usages qui l'ont régi. Peut-être cette introduction semblera-t-elle à quelques-uns de nos lecteurs une entrée en matière trop développée? Nous les prierons d'observer qu'il nous a paru que l'histoire des temps passés devait non-seulement jeter une vive lumière sur l'organisation et la législation actuelles de l'Apprentissage, mais aussi en rendre l'étude plus attrayante en même temps que plus fructueuse.

Si nous avions à faire ressortir l'intérêt capital qui s'attache à la question de l'apprentissage, nous rappellerions ces pages, si bien appropriées à notre sujet :

« Eh quoi! s'écriait, en 1847, l'honorable M. P.-A. Dufau (1), ne se trouvera-t-il pas enfin, dans la région du pouvoir, je ne dis pas un homme qui se préoccupe d'un tel état de choses, car il en est beaucoup, je le sais, qui

____

(1) *Lettres sur la Charité*, p. 89.

en sont préoccupés, mais dont les entrailles soient profondément remuées et qui veuille consacrer à la réforme d'une grande calamité, une partie du temps qu'il dépense en misérables intrigues politiques ! On parle sans cesse de la condition du peuple. Mon Dieu ! laissons ces généralités. Qui ne voit que cette condition serait changée du jour où, par une combinaison de la législation et par l'action de l'autorité, l'apprenti serait garanti, surveillé, moralisé ? Voilà le véritable remède aux souffrances qu'endurent les classes laborieuses ; tout ce qu'on fait hors de là pour en arrêter le développement reste inefficace, parce que les générations, toujours croissantes, en se renouvelant, rendent au mal une nouvelle force. Il renaît ainsi plus actif ; il s'étend et se perpétue ; il prend des racines plus profondes dans l'organisation sociale... Oh ! insensés, qui avez sous les yeux un marais fangeux, dont les eaux malfaisantes s'infiltrent peu à peu dans notre sol, et qui lui opposez quelques digues impuissantes, au lieu d'en opérer le desséchement par les procédés décisifs dont l'art et l'expérience ont justifié l'efficacité !

« On a nommé, dans ces derniers temps, un grand nombre de Commissions, pour examiner diverses questions d'intérêt public ; quand donc apparaîtra celle qui sera chargée d'étudier la condition de l'apprenti sous toutes ses faces et de rechercher les moyens de la changer radicalement ? Oh, l'admirable mission ! Quelle vive lumière jaillirait de telles recherches sur les questions relatives à l'amélioration du sort des masses ! N'est-il pas vrai qu'un Turgot, qu'un Malesherbes, vivant au milieu des faits qui s'accomplissent autour de nous, eussent tenu à honneur de marcher dans cette voie, d'arriver à la solution de ce grand problème ! Ce qu'on peut affirmer, c'est que les idées de tout ce qu'il y a d'hommes intelligents, même parmi les industriels, inclinent vers le but que j'indique ici. »

M. Léon Faucher faisant une comparaison entre la condition des enfants soumis au régime des manufactures et celle des enfants donnés en apprentissage et qui reçoivent un asile dans le grenier du petit fabricant, dans l'échoppe de l'artisan ou dans la boutique du marchand, n'hésitait pas à trouver la condition des premiers préférable. Une loi qui déterminerait les conditions générales de l'apprentissage, lui paraissait devoir apporter le remède efficace pour combattre ce déplorable état de choses (1).

------

(1) « Si le jeune ouvrier des fabriques, écrivait M. L. Faucher, est une espèce de *paria* que l'on enrégimente, du moins la discipline à laquelle il se voit soumis n'a rien de particulièrement arbitraire, et c'est quelque chose qu'une règle, si dure qu'elle soit. Ajoutons qu'il n'appartient, au manufacturier qui le paie, que pour un certain nombre d'heures; la journée finie, il reprend une liberté dont ses parents lui abandonnent trop souvent la direction. L'apprenti, au contraire, est livré au maître qui le reçoit corps et âme; il entre dans cette famille étrangère, non pour y apprendre un métier en donnant par compensation quelques années de son travail, mais pour y remplir les plus humbles, les plus pénibles et les plus dégoûtantes fonctions de la domesticité... Aucune espèce d'éducation n'est réservée aux apprentis, ils ne reçoivent ni habitudes religieuses ni instruction primaire; on ne s'occupe ni d'en faire des hommes ni d'en faire des ouvriers. L'entretien et la nourriture sont loin de les dédommager du défaut de toute instruction; trop heureux lorsque la brutalité des maîtres n'aggrave pas cette misère par des châtiments quotidiens administrés le plus souvent sans cause et, habituellement, sans modération. Pour les enfants employés dans les manufactures, qui sont les élèves externes de l'industrie, le travail, si impitoyable qu'il soit, a ses bornes; pour les apprentis, qui sont les élèves internes de l'industrie, le travail ne s'arrête même pas à l'épuisement des forces et ne connaît ni règle ni frein... Le trait le plus général de l'industrie parcellaire, c'est l'oppression des apprentis. Cet état de choses se prouverait, au besoin, par le nombre des enfants sur lesquels les Juges-de-paix de la capitale sont appelés à statuer; mais il se révèle bien plutôt par les égarements dans lesquels tombe la jeunesse de Paris... On a voulu, ajoutait le même auteur, limiter le travail et assurer l'instruction des jeunes ouvriers dans les manufactures; la même sollicitude doit se porter sur les enfants employés dans les petits ateliers et

Ces vœux ont été exaucés, et la loi du 22 février 1851 a eu précisément pour objet de réprimer ces abus de l'apprentissage.

Dans notre *Traité du Contrat d'Apprentissage,* nous nous sommes proposés de reproduire, de commenter et d'interpréter les différents textes de lois qui se rapportent à ce Contrat. Nous avons recueilli tout ce qui touche, soit directement, soit indirectement à notre sujet. A cet effet, nous avons analysé les discussions dont les Lois sur l'Apprentissage ont été l'objet dans nos Assemblées législatives; nous avons examiné et apprécié la valeur des systèmes proposés par les quelques honorables auteurs qui se sont occupés de commenter ces lois; nous avons indiqué les différentes solutions que fournit la jurisprudence des Conseils de Prud'hommes; en un mot, nous nous sommes efforcés de répondre à toutes les questions et de présenter, soit en les créant, soit en les empruntant à la pratique, toutes les hypothèses auxquelles peut donner naissance le Contrat d'apprentissage.

Avant de terminer cette courte *Préface,* qu'il nous soit permis d'ajouter quelques mots sur des faits qui, loin d'atténuer, augmentent, selon nous, la valeur et l'importance de la loi de 1851, loi qui régit les contrats d'apprentissage.

On croit, en général, que la loi de 1851, qui a été à peine ou presque point observée, et qui, depuis qu'elle a été promulguée, s'est vue de moins en moins appliquée, n'a droit qu'à une attention distraite et peut passer impunément inaperçue ! Cette opinion, qui avait cours jusqu'à

---

chez les artisans. Une loi qui détermine les conditions générales de l'apprentissage est peut-être le besoin le plus impérieux de l'industrie. » (*Revue des Deux-Mondes,* novembre 1844).

présent, jouit d'un plus grand crédit depuis que la loi sur le travail des enfants, qui doit abroger celle de 1841, a été mise en discussion et a donné lieu à un mouvement, impatiemment attendu, en faveur d'une réglementation sérieuse du travail des enfants et des femmes ; en un mot, on pense aujourd'hui, encore plus que jamais, que la loi de 1851 est affaiblie, effacée par celle qui a été votée en 1874. C'est là, suivant nous, une grave erreur. Voici, à l'appui de notre avis contraire, quelques raisons qui nous paraissent sérieuses et concluantes :

La Loi du 19 mai 1874, en ce qui regarde les enfants, ne s'occupe que des enfants ouvriers, de ceux qui aspirent immédiatement à gagner un salaire et non à apprendre un métier. Or, l'industrie ne manque pas d'enfants qui veulent, dès le premier jour, dès la première heure, obtenir une rémunération quelque faible qu'elle soit. Elle voit, au contraire, lui échapper et fuir loin d'elle, et tous les jours de plus en plus, ceux qui se proposent de consacrer quelques années à l'apprentissage d'une profession ou d'un art ; le nombre des manœuvres augmente, tandis que la quantité des ouvriers habiles et expérimentés diminue. L'industrie aux abois pousse un cri d'alarme et fait appel à l'enfance intelligente et zélée pour former ces troupes d'ouvriers instruits et capables qui ont fait la prospérité et la réputation de la France et ont répandu à travers le monde son renom industriel et commercial. L'apprentissage se meurt..., nous dirions presque, l'apprentissage est mort, si les industriels n'avaient été déjà frappés de la grandeur du mal qui les menace et ne s'étaient pas mis en mesure d'en prévenir les déplorables effets en recourant à la loi de 1851, qui leur paraît être le plus sûr et le plus efficace remède. C'est là une des causes pour lesquelles cette loi est appelée à être remise en vigueur et à fleurir de nouveau.

Oui, la principale cause du salut et du respect de la loi de 1851, sera la loi nouvelle, celle qui remplace la loi de 1841. Cette dernière, édictant des dispositions beaucoup plus rigoureuses que la loi de 1851, les industriels, que la nécessité de rétablir l'apprentissage n'avait pas suffisamment pénétrés, chercheront à échapper à la loi de 1874, en s'adressant à la loi de 1851, qui leur paraîtra plus facile et moins coûteuse à observer.

De là, dans un espace de temps plus ou moins rapproché, une affluence nouvelle d'enfants-apprentis, soumis à la loi de 1851. Il ne faut pas, selon nous, se plaindre de cette restauration de la loi sur les Contrats d'apprentissage, car, cette loi, si elle est assurément moins bonne et moins favorable à l'enfance que la loi votée le 19 mai 1874, est, à tout prendre, meilleure que celle de 1841. En outre, elle est appelée à profiter, dans une large mesure, de certains bienfaits apportés par la loi nouvelle. Ainsi, l'Inspection, qui vient d'être développée dans les plus vastes proportions et organisée de manière à former un corps de fonctionnaires spécial et indépendant, d'après le modèle si parfait que nous offre l'Angleterre, ainsi, disons-nous, l'Inspection assurera non-seulement l'observation de la loi pour laquelle elle sera créée, mais aussi le respect de la loi de 1851.

Cette loi, on le voit donc, tire de faits qui devaient l'affaiblir une force nouvelle et mérite de fixer plus que jamais l'attention, et des industriels qui, par intérêt et par devoir, doivent l'exécuter, et des législateurs qui, tôt ou tard, seront appelés à la réformer ou à la remplacer par une loi progressive.

Puisse notre ouvrage non-seulement contribuer à l'étude et à l'observation de la loi sur les Contrats d'apprentissage, mais aussi fournir à ceux qui l'auront étudiée, observée et pratiquée, les moyens de la corriger et de la compléter !

Nous avons mis en œuvre, nous le répétons, la jurisprudence, trop peu connue jusqu'ici, des Conseils de Prud'hommes de Paris, de Lyon, de Lille, etc. — Par là, surtout, nous espérons rendre quelque service aux honorables membres de cette Juridiction et, peut-être aussi, aux Magistrats consulaires appelés à connaître des appels de leurs décisions !

N.-B. — Le lecteur, après avoir consulté le Traité du Contrat d'Apprentissage, pourra se reporter aux *Additions* (lesquelles renvoient aux nos de l'ouvrage), où la Jurisprudence est complétée par les décisions les plus récentes, intervenues au cours de l'impression de ce volume.

LE TRAVAIL ET L'APPRENTISSAGE

CHEZ LES PEUPLES DE L'ANTIQUITÉ.

LE TRAVAIL ET L'APPRENTISSAGE CHEZ LES HÉBREUX.

Ce serait une grave erreur de croire que les Hébreux, soit par un sentiment naturel, soit sous l'influence des prescriptions de la loi, aient été entraînés vers le commerce. Leur inclination naturelle aussi bien que les dispositions législatives, parfaitement d'accord sur ce point, les portaient vers l'agriculture. C'est à l'éducation des bestiaux, à la culture de la terre, à l'entretien du sol qu'ils donnaient tous leurs soins; et l'on ne peut s'empêcher de reconnaître que le principal caractère du peuple hébreu, celui qui permet de le distinguer des autres habitants de la Palestine, est précisément cet amour de l'agriculture qui n'a, pour lui, d'égal que le dédain qu'il professe pour le commerce. L'agriculture est la base et comme le principal fondement de la législation mosaïque; et l'on ne saurait rien y trouver qui, de loin ou de près, soit de nature à favoriser ou à réprimer l'essor de l'industrie (1).

Cependant la vie sédentaire ayant succédé à la vie nomade, les Israélites ayant quitté les campagnes pour demeurer dans les villes, il était naturel que, sous l'empire de la nécessité, les professions manuelles prissent naissance; et, une fois nées, il n'était pas douteux que, grâce à l'intelligence hardie et active de ceux qui les cultivaient, elles n'atteignissent à un développement considérable. Si les arts et métiers, ce que nous apprend la Bible, sont parvenus chez les Phéniciens à un certain degré de perfection, les Israélites ne tardent pas à les égaler et à les surpasser.

---

(1) *Archæologie der Hebraer*, von D\u2072 Jos. L. Saalchütz, Erster Theil, kap., 15, § 1, Handel, p. 159.

Ils s'instruisent longuement en Egypte; la terre d'exil devient pour eux une terre féconde en leçons et en enseignements. Tous les arts qui y sont florissants, ils les acclimatent, pour ainsi dire, et se les assimilent; et, dans le désert, quand il s'agit de concevoir et d'ordonner la construction du tabernacle, le Législateur fait preuve de son intelligence à suivre la direction des travaux les plus variés. Un chef est nommé pour diriger les opérations; il « combine les idées » et remplit le rôle « de l'ingénieur, du dessinateur » (1).

Le travail ne fut chez aucun peuple de l'antiquité tenu en aussi grand honneur que chez les Hébreux. Loin d'être, en effet, comme dans l'Inde ou dans l'Egypte, assujetti au système général des castes ou des classes; loin d'être, comme en Grèce, surtout à Sparte, réservé aux seuls esclaves, il fut universellement respecté, et toute profession fut accessible à chacun des Hébreux. Une croyance générale, et qu'on trouve consignée dans la Bible, va jusqu'à attribuer à une inspiration divine le travail des artisans : c'est Dieu qui communique à l'ouvrier l'habileté nécessaire à manier le burin; c'est Dieu qui révèle aux hommes les moyens de donner à la pourpre l'éclat des couleurs les plus brillantes; c'est Dieu encore qui leur fait connaître l'art de tisser toutes les étoffes (2).

Il paraît certain, dit le savant M. de Saulcy (3), que chez

---

(1) Brugsch, dans son *Histoire d'Égypte*, nous donne sur le travail et l'industrie des Egyptiens des renseignements qu'il est intéressant de reproduire.

« Les premiers Egyptiens, dit-il, p. II, s'occupèrent principalement de l'agriculture; mais lorsque la société commença à former des classes distinctes, les prêtres et les guerriers composèrent les premières et le peuple fut subdivisé en classes selon les métiers. Le roi *Ménès* (p. 16), que les Egyptiens appellent *Ména*, qui commence les séries des dynasties et fut le premier législateur du pays, introduisit à sa cour de *Thinis* un grand luxe, ce qui suppose *des métiers fort avancés*. Il fonda la première capitale de l'empire, la ville de Memphis (Men-nefer, en égypt.), avec le fameux temple de Phtah, après avoir changé le cours du fleuve pour gagner le terrain qui devait contenir la nouvelle ville. Le Nil fut rejeté vers l'Est par la construction d'une digue. Cette digue (la digue de Cocheiche) est reconnaissable encore aujourd'hui, après 6,000 ans.

» Dans les chapelles funéraires couvertes de peintures murales, nous trouvons parmi les ouvriers des *menuisiers* surtout, des *charpentiers*, des *potiers*, des *verriers*. On voit dans ces tableaux les occupations du peuple avec les mêmes instruments que ceux dont il se sert encore aujourd'hui (p. 25). »

(2) Saalschütz, *opere j. citato*, kap. 14, § 1. Handwerke und Künste, p. 137.

(3) *De l'art judaïque tiré des textes sacrés et profanes*, par F. de Saulcy, p. 123, 331, 332, 333.

les Juifs, à cette époque reculée (époque du règne de David),
les professions d'artisan étaient héréditaires dans les familles,
si nous en jugeons par les versets suivants : 1° « Et Mouanah
engendra Aafrah, et Cheriah engendra Jouab, père de la vallée
des artisans, car ils étaient artisans » (Chroniques I, IV, XIV) ;
2° « Les fils de Selah, fils de Jehouda (sont) : Aâr, père de
Lakah et Laâdah, père de Marsah, et les familles de la maison
où se travaille le byssus, de la maison d'Asbeâ » (H. XXI) ;
3° Enfin, c'étaient les potiers, et ils demeuraient dans des plan-
tations entourées de murs, près du roi ; ils y demeuraient près
de leur ouvrage (Ib. XXIII).

On voit donc, ajoute M. de Saulcy, que l'hérédité professionnelle existait chez les Hébreux, et qu'en général les
artisans se groupaient et vivaient ensemble dans le quartier
qu'ils avaient une fois choisi.

A l'époque talmudique, pleins d'un légitime respect pour le
travail et fidèles à la tradition hébraïque, les docteurs du
Talmud prescrivent au père de famille de faire apprendre un
métier à son fils, et beaucoup d'entre eux, loin de rougir d'être
des ouvriers, le proclament et s'en glorifient : « le Talmud et
les Rabbins, sauf de rares exceptions, dit M. Zadoc Kahn, dans
un traité plein d'érudition (1), ne connaissaient que la vie
noble et austère du travail et de l'étude : les hommes les plus
illustres dans la synagogue exerçaient — et ils s'en faisaient
honneur — les professions les plus humbles, les plus modestes (Maïmon tr. Matnôth Anyyim x, 18 (2). A aucune
époque, les Juifs ne souffrirent de cette soif ardente de jouir
qui tourmentait les Romains de l'Empire et leur faisait inven-
ter, tous les jours, de nouveaux plaisirs. Aussi ne plaçaient-il
pas leur point d'honneur à commander à de nombreuses
troupes d'esclaves ». Ajoutons que l'esclave n'était pas chez les
Hébreux traité comme chez les Grecs ou chez les Romains ;
que le Deutéronome avait dit, en parlant de l'esclave hébreu :
« Ne lui impose pas le service d'un esclave » (Deut. XV, 39) ;
que le Talmud avait professé pour l'esclavage une véritable

____

(1) L'*Esclavage selon la Bible et le Talmud*, par Zadoc Kahn, Grand
Rabbin de Paris, p. 111 et 112.

(2) Pour ne citer qu'un exemple de docteur de la loi enseignant un
métier, mentionnons le nom de saint Paul, pharisien, qui s'adonnait à la
fabrication des tapis.

antipathie, une profonde aversion et, pour nous servir des expressions de M. Zadoc Kahn au sujet de la législation du Pentateuque et du Talmud, qu'elle avait tout fait, tout combiné pour qu'il n'y eût point d'esclaves ou, au moins, pour qu'il y en eût le moins possible (1).

Ces quelques renseignements suffisent pour nous apprendre que ce n'est point entre les mains des esclaves que sont placées les destinées des arts et des professions manuelles. Malheureusement, la Bible ne fournit que très-peu de détails sur l'organisation du travail. Toutefois, il est possible de trouver çà et là, sinon des renseignements précis, du moins quelques développements qui peuvent apporter la lumière sur cette question, demeurée si obscure, de l'organisation du travail chez les Hébreux. Ainsi, le Lévitique et le Deutéronome nous apprennent que, pour satisfaire à un sentiment d'humanité, le salaire des ouvriers pauvres doit être payé à la fin de chaque journée (Lévit. xix, 13. — Deutéron., xxix, 14).

Ainsi le prophète Isaïe, s'élevant contre l'idolâtrie du peuple de Juda, nous a fourni de très-curieux détails d'art dans les passages suivants :

xl, 19. — « L'artiste fond l'idole, l'orfèvre la couvre d'or et y soude des chaînes d'argent... 20. — Celui qui est pauvre en don choisit un bois incorruptible, se procure un artiste habile pour fabriquer une image qui ne chancelle pas. »

xl, 1, 7. — « Le charpentier fortifie l'orfèvre, celui qu plane avec le marteau, celui qui frappe sur l'enclume, et il dit : « La soudure est bonne, fixe l'idole par des clous pour qu'elle ne chancelle pas ».

xliv, 12. — « L'ouvrier en fer fait une hache, fait agir le soufflet et forme (l'idole) à coups de marteau; il y travaille de la force de son bras... 13. — Le charpentier tire avec le cordeau, trace avec le burin, la travaille avec le rabot et l'indique avec le compas, et lui fait une figure d'homme, une magnifique statue humaine pour habiter une maison... »

x, 9. — « De l'argent aplati, apporté de Tarchich, de l'or d'Ouphiz, ouvrage d'artiste et des mains de l'orfèvre; leur vêtement est de laine bleue et de pourpre, tout ouvrage d'habiles ouvriers. »

____

(1) Zadoc Kahn, *opere j. citato*, p. 138.

Ainsi, encore, nous trouvons, au milieu des menaces proférées par Isaïe contre les filles de Sion, les précieux renseignements qui suivent :

III, 18. — « En ce jour, le Seigneur ôtera le luxe des brodequins, des filets et des croissants... 19, — les boucles d'oreilles, les bracelets et les voiles... 20, — les diadèmes, les chaînes et les agrafes, les fichus et les talismans... 21, — les bagues et les anneaux du nez... 22, — les habits de fête, les tuniques, les manteaux et les sacs... 23, — les miroirs et les chemises fines, les turbans et les mantilles... 24; — il y aura au lieu d'aromates une émanation putride; au lieu de ceinture une corde ; au lieu de coiffure travaillée au fer une calvitie ; au lieu de mante une enveloppe de sac ; une plaie cicatrisée au lieu de beauté. »

Il est bien clair, fait remarquer M. de Saulcy, que la confection de tous les bijoux et de toutes les étoffes précieuses mentionnés dans ces passages implique un art assez avancé. Cet art apporté d'Égypte par les Hébreux et cultivé par ceux-ci pendant quelques siècles, avait dû nécessairement se développer et faire des progrès en se modifiant suivant le caractère de la race sémitique qui l'exerçait (1).

Nous trouvons, dans Jérémie, la preuve que la poterie vulgaire était fabriquée à l'aide du tour à potier. Il suffira de reproduire, sans commentaire, le passage qui nous apprend ce fait; le voici :

XVIII, 2. — « Je descendis dans la maison d'un potier, et voici qu'il faisait son ouvrage sur son tour... 4. — Le vase qu'il faisait se rompit, comme il en est de l'argile dans la main du potier; il se remit à faire un autre vase, comme il convenait au potier de le faire. »

Faisons encore remarquer que les corps de métiers ont, comme l'observait M. de Saulcy, occupé des quartiers particuliers, et que le même prophète Jérémie nous parle d'une rue des Boulangers (Jérémie, XXXVII, 21) et d'une porte des Potiers (Jérémie, XIX, 2) (2).

---

(1) Voir, sur les travaux des mines, M. Munk, *Palestine*, p. 389.

(2) Il est aussi question dans le Talmud de quartiers consacrés à certains corps d'état (Roalwër Buch art. Handwerk, p. 542). Voir aussi *Bibel Lexikon* publié par le Dᕀ Daniel Schenkel, verbo Handwerk.

Que conclure de tous ces renseignements, sinon qu'il a existé chez les Hébreux des corps d'arts et métiers, indépendants les uns des autres, ayant non-seulement un siége spécial, mais une existence et une organisation propres? — Il serait sans doute téméraire de s'avancer plus loin et de pousser les conjectures plus avant : mais nous ne croyons pas que l'existence des corps de métiers puisse être douteuse.

En effet, dans le livre des Chroniques, il est plusieurs fois question du corps des chanteurs voués au culte de Jéovah, appelés aussi chanteurs sacrés, lequel ne comptait pas moins de quatre mille membres (1). Enfin, les textes que nous venons de citer ne sont-ils pas encore plus concluants, et, après les avoir lus, n'est-il pas permis de dire, avec une certaine confiance, qu'il y avait chez les Hébreux une organisation du travail dérivant, sinon de la loi, au moins des coutumes et des mœurs, et de tirer de là cette conséquence intéressante, pour nous, qu'il y avait des apprentis soumis comme les ouvriers aux prescriptions formelles de la loi ou aux règles tacites des usages.

LE TRAVAIL ET L'APPRENTISSAGE
CHEZ LES PEUPLES DE L'INDE.

Le premier livre des lois de Manou (2) nous apprend que la société hindoue se divise en quatre castes : la caste des Brâhmanes, celle des Kchattryas, celle des Vaîçyas, celle des Çoûdras. La caste des Brâhmanes est composée de prêtres chargés de faire la guerre, de défendre et d'administrer les peuples ; les Brâhmanes ne tardent pas à abandonner ces fonctions au profit des membres de la seconde caste. Cette caste est réservée aux seuls guerriers (Kchattryas). La troisième comprend les laboureurs ou agriculteurs (les Vaîçyas) ; la quatrième enfin (les Çoûdras), les riverains ou pêcheurs, les gens de métier ou serviteurs à gages (3). Ce

----

(1) M. de Saulcy, *opere j. citato*, p. 123 et suiv.

(2) Le code de lois qui porte le nom de *Manou* doit remonter, dans sa rédaction actuelle, au IIIe siècle avant J.-C. Voir Ch. Schœbel : *Étude sur le Rituel du Respect social dans l'état Brâhmanique*, dans la *Revue ethnographique*, nouvelle série n° 3, p. 163.

(3) C'est de cette caste qu'Arrien dit : « Dans cette classe sont compris les constructeurs des navires et les hommes qui les montent, c'est-à-dire ceux qui naviguent sur les fleuves du pays. — V. *l'Univers*, ch. Firmin-Didot, Verbo *Inde*, par MM. Dubois de Jancigny et X. Raymond, p. 236.

n'est pas tout : au-dessous de ces castes vivent et s'agitent des groupes de personnes connus sous le nom de castes mêlées, qui sont le fruit de la mésalliance et du mélange des castes, et se subdivisent à l'infini.

Les Brâhmanes et les Kchattryas représentent l'aristocratie hindoue. C'est aux premiers qu'il appartient d'offrir des sacrifices, de se livrer aux méditations théologiques et de recevoir des aumônes ; c'est aux seconds qu'il appartient de commander. C'est aux Vaîçyas, dont le rang dans la société hindoue correspond à peu près à celui de la bourgeoisie chez nous, qu'est réservé le soin de s'occuper des travaux agricoles et de quelques autres métiers de choix ; c'est enfin aux Çoûdras, dont le rôle rappelle celui de la plèbe, qu'incombe l'obligation de se livrer aux professions manuelles et d'employer leur vie, leur intelligence et leur activité au profit des membres des trois autres castes. Quant aux castes mêlées, qui embrassent et constituent les métiers les plus divers, le nombre en est, de bonne heure, considérable chez les peuples de l'Inde.

Ces faits rappelés, essayons de mettre en lumière, en ayant recours aux codes hindous presque seuls, cette question intéressante de l'organisation du travail dans la société indienne, et, par là, appelons l'attention des savants sur un sujet qui est loin d'être indigne des efforts de leur intelligence et des richesses de leur érudition. Pour nous, contentons-nous de fournir à la science et à la philosophie de l'histoire des aperçus nouveaux; contentons-nous de préparer et de réunir quelques-uns des éléments d'une étude complète sur le travail chez les peuples de l'Inde.

Les lois de Manou (1) autorisent, par exception, le Brâhmane à chercher sa subsistance dans le travail du labourage (pramritam) et dans le commerce (satyânritam).

Toutefois le Brâhmane (2) doit éviter le travail agricole autant que possible, parce que le labourage (krishi) fait périr des êtres animés. Puis il ne lui sied pas, ainsi qu'au Kchattrya, ou guerrier, de vivre d'un travail qui est proprement celui du Vaîçya (l'homme de la troisième caste). Il ne doit donc s'y résigner que sous l'empire de la nécessité. — Quelques-uns, ajoute le code de Manou, apprennent l'agriculture, mais cette

---

(1) Manou, livre IV, 4, 5, 6.
(2) Id., livre X, 83.

profession (vrittis) ou moyen d'existence est blâmée des hommes de bien, parce que la charrue déchire la terre et les animaux qu'elle renferme. Que si, n'ayant pas de quoi vivre, le Brâhmane est forcé de travailler, il vaut mieux qu'il fasse du commerce, comme le Vaîçya, en vendant des marchandises, excepté des sucs végétaux de toute sorte, du riz apprêté, des grains de sésame, des pierres, du sel, du bétail, des *hommes* (manushas), des étoffes rouges, des tissus de chanvre, de lin ou de laine, des fruits, des racines, des plantes médicinales, de l'eau, des arômes, du poison, de la viande, du jus d'asclépiade, des parfums, du lait, du miel, du caillé, du beurre liquide, de l'huile de sésame, de la cire, du sucre et du gazon consacré; du gibier, des bêtes fauves, des liqueurs enivrantes, de l'indigo, de la laque et aucun animal au sabot non fendu (1). Le code de Yajnavalkya corrobore et confirme toutes ces dispositions (2).

Après en avoir pris attentivement connaissance, on peut se demander quel genre de commerce était réservé aux Brâhmanes : mais en voyant tant de réserves et de si nombreuses exceptions suivre l'autorisation de se livrer au commerce, on ne peut douter que la loi n'ait cherché, par tous les moyens possibles, à rendre aux membres de la première caste la pratique commerciale non-seulement malaisée, mais presque inaccessible. D'autres dispositions des lois de Manou viennent à l'appui de cette assertion. Ainsi un Brâhmane est dégradé sur le champ s'il vend de la viande, de la laque ou du sel; en trois jours il est réduit à la condition de Çoûdra, d'homme de la quatrième caste, s'il fait commerce de lait (kshirâ) (3). Ainsi, encore, pour avoir vendu de son plein gré les autres marchandises interdites, un Brâhmane, en sept nuits, descend à l'état de Vaîçya (4).

---

(1) Manou, livre X, 86, 89.

(2) Code de Yajnavalkya, livre III, st. 35-39.

Le rédacteur de ce code a résumé les dispositions essentielles de la loi indienne en trois livres et postérieurement à l'ère chrétienne. « ... Le livre de Manou, dit M. Dalloz, dans un essai tout récemment paru sur l'histoire générale du droit français, n'est pas le seul livre de la législation indienne; outre la loi de Manou, parmi les livres de législation, on peut citer le livre de *Yâjnavalkyâ* (nom de l'auteur), composé du IIᵉ au Vᵉ siècle de notre ère, avec un commentaire plus célèbre que le texte, le Mitakchara. Voir, d'ailleurs, A. Weber, *Akademische Vorlesungen*, p. 244.

(3) Manou, livre X, sᵗ 92.

(4) Cod. op. sᵗ 93.

Un Kchattrya, un membre de la caste militaire, peut, *en cas de détresse*, avoir recours aux différents moyens d'existence qui viennent d'être énumérés (1).

Un homme de la troisième caste, un Vaîçya, qui ne peut pas subsister en remplissant ses propres devoirs, peut descendre aux fonctions de Çoûdra... mais qu'il les quitte aussitôt qu'il en a le moyen (2).

Un Çoûdra qui ne trouve pas l'occasion de servir les hommes des trois premières castes (les dvidjas, les deux fois nés), peut se livrer pour vivre aux travaux des artisans (kârukakarmabhih, ouvrier artisan) (3); mais qu'il exerce de préférence les métiers comme celui de charpentier et les différents arts, comme la peinture, grâce auxquels il peut rendre service aux dvidjas (4).

Le Code de Yajnavalkya établit au sujet des différentes castes les mêmes règles, les mêmes principes, les mêmes distinctions.

L'occupation principale du Kchattrya, dit-il (5), est la protection des hommes : *l'usure* (kusidam), l'agriculture (krishi), le commerce (ranidjya) (6) et l'élève du bétail appartiennent aux Vaiçyas (7); quant au Çoûdra, il lui appartient d'obéir aux deux fois nés (dvidjas) (8). Si, par là, les moyens de vivre lui échappent, qu'il se fasse marchand ou gagne sa vie en faisant appel à divers métiers.

Que les deux fois nés (9) se gardent d'accepter de la nourriture d'hommes avares, liés, voleurs, eunuques, comédiens, travailleurs de roseau, accusés, usuriers, filles de joie... (10), médecins, malades, colériques, femmes dissolues, fous, ennemis, etc...(11), femmes sans mari, orfèvres, hommes en puissance

---

(1) Eod. op., s^t 95.
(2) Id., s^t 98.
(3) Manou, liv. X, s^t 99.
(4) Eod. op., s^t 100.
(5) Code de Yajnavalkya I, s^t 119.
(6) Commerce s'appelle vanidjya ou bânidjya, d'où banisan commerce (marchand-voleur-filou-banijka).
(7) Code de Yajnavalkya I, s^t 120.
(8) Les codes hindous emploient ce nom pour désigner les membres des trois premières castes qui ont atteint l'âge fixé pour l'émancipation religieuse : les deux fois nés sont ceux dont les Romains disaient qu'ils prenaient la robe prétexte. La deuxième naissance des Indiens répond à la même idée que la majorité religieuse des Hébreux ou la première communion des chrétiens.
(9) Code de Yajnavalkya I, s^t 161.
(10) Eod. oper., s^t 162.
(11) Id., oper., s^t 163.

de femmes, marchands d'armes, forgerons, tisserands, éleveurs de chiens... (1), blanchisseurs, marchands de liqueurs fortes, marchands d'huile... (2).

Nous venons de voir, d'après ces extraits des codes de Manou et de Yajnavalkya, avec quelle scrupuleuse attention et quel soin jaloux les lois hindoues séparent et, pour ainsi dire, isolent les membres de leurs différentes castes. Les occupations, la manière de vivre, les fonctions de chacune d'elles sont tout à fait spéciales et exclusives; si les deux premières dominent et planent au-dessus des autres, elles doivent se renfermer en elles-mêmes et ne jamais descendre au-dessous des hauteurs sublimes où elles sont placées. Aussi, comme on a pu le remarquer, ce n'est que par exception « en cas de détresse » et seulement d'une manière provisoire, que les Brâhmanes peuvent « chercher leur subsistance dans le labourage », ou les Kchattryas s'abaisser « aux fonctions du Çoûdra ».

D'autres textes de loi démontreront cette vérité d'une manière encore plus éclatante. Il y a, dit le code de Manou, sept moyens légaux d'acquérir du bien : les héritages, les donations, les échanges ou les achats, les conquêtes, le prêt à intérêt (prayaga), le commerce ou le labourage (proprement dit l'industrie, karmayaga) et les présents reçus de gens honorables (3). Ces modes d'acquisition sont-ils à la portée de toutes les castes? Non : les quatre premiers seuls appartiennent indistinctement à l'ensemble des classes; les conquêtes sont réservées à la classe militaire, et les autres modes d'acquisition se partagent entre les dernières castes (4).

Le code de Manou distingue les moyens d'acquérir la fortune des moyens de soutenir sa vie. Il est naturellement plus sévère, contient des règles plus étroites, lorsqu'il s'agit de s'enrichir que lorsqu'il s'agit de chercher à subsister. Ainsi : les sciences (vidyâ, comme, par exemple, la médecine), les arts (comme, par exemple,

---

(1) Code de Yajnavalkya, st 164.
(2) Id., st 165.
(3) Code de Manou. Liv. x, st 115.
(4) Le code de Yajnavalkya (livre II, st 27), contient, au sujet de l'acquisition, une disposition qu'il nous paraît intéressant de noter ici : Acquisition vaut plus que jouissance, excepté quand celle-ci est transmise par héritage. Mais, même l'acquisition est sans force et sans titre, s'il n'y a pas de jouissance. Citons aussi cette disposition du code de Manou (liv. VIII, st 200.) « Pour toute chose dont on a eu la jouissance sans pouvoir produire aucun titre, les titres seuls font autorité et non la ouissance ..

la préparation des parfums), le travail pour un salaire, le service pour gages, le soin des bestiaux, le commerce, le labourage, la mendicité et l'usure sont des moyens de soutenir sa vie (1).

Ces lois ne viennent-elles pas confirmer et corroborer de la manière la plus énergique celles qui établissent entre les classes des lignes de démarcation? Elles n'effacent, en effet, ces lignes, elles ne rapprochent les castes, à certaines heures et sous la pression de certains besoins, que pour mieux faire sentir la distance qui les sépare.

Il n'est permis aux Brâhmanes et aux Kchattryas de prêter à intérêt que dans un seul cas; et encore, ne doivent-ils prêter que moyennant un faible intérêt (2). C'est lorsque l'argent est destiné à être prêté à un homme coupable d'un crime (pâpyasi) qui se propose d'en faire un pieux usage.

Après avoir, comme nous venons de le faire rapidement, indiqué les principales fonctions et esquissé les principaux caractères de chacune des castes indiennes, MM. Dubois de Jancigny et X. Raymond concluent en ces termes (3) :

« Un fait à observer, c'est que dans les castes il n'y a pas de place assignée aux artisans. Les Çoûdras, il est vrai, peuvent exercer certains métiers mécaniques ; mais, cependant, on ne voit pas que ces métiers soient le lot d'aucune classe en particulier. D'après certains passages du chap. X du livre de Manou, il semblerait que les artisans appartenaient, comme c'est le cas aujourd'hui, aux castes mêlées. Toutefois, ne peut-on pas insinuer de là que la division des castes s'est faite à une époque où l'industrie était encore trop peu avancée pour que les métiers fussent déjà spécialisés? »

A cette assertion que dans les castes il n'y a pas de place assignée aux artisans, nous pouvons opposer une réponse tirée de l'ouvrage même de MM. Dubois de Jancigny et X. Raymond. Ces deux auteurs parlant, dans une autre partie de leur ouvrage, des membres de la quatrième caste, se servent du mot artisans. Mais nous avons sous la main une réponse plus catégorique et plus concluante, celle qui ressort logiquement, naturellement, des textes mêmes que

---

(1) Code de Manou, liv. X, s¹ 116.
(2)   Id.,   liv. X, s¹ 117.
(3) L'*Inde*, par MM. Dubois de Jancigny et X. Raymond, dans la collection de l'*Univers*, de MM. Firmin Didot, p. 167.

nous venons de citer. **MM**. Dubois de Jancigny et X. Raymond
pensent, à la vérité, que les Çoudras peuvent exercer certains
métiers mécaniques, mais ils ajoutent que ces métiers ne sont
le lot d'aucune classe en particulier. Ils pensent bien encore
que, d'après le chapitre X du livre de Manou, les artisans
appartenaient aux castes mêlées, mais ils croient qu'au moment où la division des castes s'est produite, les métiers
n'étaient pas encore spécialisés. Encore une fois, les textes que
nous avons extraits des codes de Manou et de Yajnavalkya
donnent à nos deux auteurs le démenti le plus formel. Ils
mentionnent, en effet, bon nombre de métiers qu'ont exercés
les Çoûdras : ainsi les métiers de charpentier, de forgeron, de
tisserand, d'éleveur de chiens, de blanchisseur, de marchand
de liqueurs fortes, et ils appliquent, en outre, à cette classe de
personnes, la dénomination spéciale d'artisans, d'ouvriers. Il ne
saurait donc y avoir sur l'existence d'une classe d'artisans
aucune espèce de doute, et tout porte à croire que l'existence
de cette classe remonte à une haute antiquité. Cette conclusion n'est pas la seule qui se présente à l'esprit : il résulte
de l'examen consciencieux des codes que des dispositions
spéciales régissent non-seulement la caste tout entière des
Çoûdras, mais les membres de cette caste qui exercent un état,
une profession et qui, pour se servir des mots propres, constituent un corps de métier, une corporation.

Ainsi (1), un blanchisseur doit laver (le linge de ses pratiques) petit à petit, sur une planche polie, de bois de sâlmalî
(bombax hiptaphyllum); il ne doit pas mêler les vêtements
d'une personne avec les vêtements (d'une autre) ni les faire
porter (à quelqu'un).

Dans le code de Yajnavalkya se rencontre une disposition
analogue ainsi conçue : « Un blanchisseur qui met le vêtement d'un étranger paiera une amende de 3 panas (2); s'il le
vend, loue, donne en gage ou le cède à la demande de
quelqu'un, il paiera 10 panas (3).

Ainsi encore, le tisserand à qui on a livré dix palas (de fil

---

(1) Manou, liv. VIII, s\. 396.

(2) Un pana vaut 80 des petits coquillages appelés *cauris* : c'est un poids
de cuivre, une monnaie pesée.

(3) Code de Yajnavalkya, liv. II, s\. 238.

de coton) doit rendre (un tissu pesant) un pala de plus, à cause
de l'eau de riz qui s'infiltre; s'il agit autrement, qu'il paie
une amende de douze panas (1).

Les législateurs ont non-seulement prescrit des règles étroites,
sévères aux gens de métiers, comme on en peut juger par les
dispositions qui précèdent, mais ils ont délégué à la royauté
le soin d'en surveiller l'application et d'en vérifier l'observation.
Le code de Yajnavalkya pose en principe (2) que les races, les
tribus, les corporations d'artisans (çrênis), les colléges, etc...
qui contreviennent à leurs devoirs doivent être châtiés par le
roi et ramenés dans la bonne voie.

Les corporations d'artisans vivent et s'agitent sous le regard
tutélaire du roi, et c'est à lui qu'appartient de connaître des
statuts particuliers qu'elles ont établis. En effet, dit Manou (3),
après avoir étudié les lois particulières des tribus et des provinces,
les règlements des corporations d'artisans (çrênidharman) et les coutumes des familles, un roi vertueux doit leur
donner force de lois (svadharman pratipâdayêt).

Mais les gens de métier ne jouissent pas gratuitement de la
protection royale; ils subissent des impôts et leurs marchandises sont grevées de droits; en un mot, ils sont *taillables et
corvéables.*

Que les hommes de métier, les manœuvres et les Çoûdras
qui ne gagnent pas assez pour payer les impôts travaillent pour
le roi un jour par mois, est-il dit dans le livre VII de Manou (4); et, ailleurs (5) : Que les hommes connaissant bien
dans quels cas on peut imposer des droits, et, experts en
toutes sortes de marchandises, évaluent le prix des marchandises et que le roi prélève la vingtième partie (du bénéfice).

Jusqu'à présent nous savons, et le seul examen des codes a
suffi pour nous amener à cette connaissance, que dans la société indienne il y a eu, depuis les temps les plus reculés, une
classe d'artisans et, dans cette classe, des tribus, des corporations, d'un côté régies par des statuts particuliers, mais sou-

____

(1) Manou, liv. VIII, sᵗ 397.
(2) Code de Yajnavalkya, I, st 360.
(3) Code de Manou, VIII, 41.
(4)   id.,   VII, 138.
(5)   id.,   VIII, 398.

mises aux dispositions générales de la loi, d'un autre côté
surveillées par les rois, mais assujetties à leur payer des redevances et des impôts.

L'apprentissage existe-t-il chez les Hindous et peut-on le
considérer comme un mode de recrutement de la classe des
artisans? Telle est la question qu'il convient maintenant de poser et d'examiner. La loi hindoue se charge d'y répondre. Le
livre de Manou nous dit bien que l'âge où un enfant de la
troisième caste peut devenir élève est celui de douze ans (1).
Mais il s'agit là seulement de l'apprentissage religieux. Donnons
toutefois quelques détails sur cet apprentissage, ou plutôt sur
cette initiation qu'on ne considère comme achevée que lorsque
l'élève possède les trois védas :

Les études du jeune Vaîçya ont pour terme et pour limite la
connaissance complète de ces livres sacrés. S'il a l'intelligence
obtuse et la mémoire difficile, qu'il consacre douze années(2),
s'il le faut, à étudier chaque véda; mais si, au contraire, il est
heureusement doué, si sa mémoire retient fidèlement ce que son
esprit a vite saisi, il peut, sans observer aucune durée de temps
déterminée, quitter le maître dès qu'il est arrivé à la connaissance des védas (3).

Un texte qui a une importance considérable et qui, tant pour
la solution de la question que nous avons posée que pour le
but de notre ouvrage, présente un intérêt capital, se rencontre
dans le code de Yajnavalkya (4).

« Un apprenti, dit-il (çilpin), lors même qu'il sait déjà
son métier, demeurera dans la maison du maître jusqu'à la fin
du temps convenu, recevant du maître son entretien et lui donnant ce qu'il gagnera. » Il ne saurait, en présence d'une disposition aussi précise et aussi formelle, demeurer douteux que
l'apprentissage ne fût en vigueur dans l'antiquité indienne.
Mais ce n'est pas là l'unique conséquence qu'il soit possible de
tirer d'un texte qui contient tant de règles dans si peu de mots.
Reprenons chacun des membres de phrase de la stance 184 du
code de Yajnavalkya.

---

(1) Liv. I, chap. 19, nº 4, de la loi domestique d'Açvaláyana (éditée par
Stenzler).
(2) Manou, liv. III, sᵗ I.
(3) Manou, liv. III, sᵗ I.
(4) Code de Yajnavalkya, liv. II, sᵗ 184.

« Un apprenti, lors même qu'il sait déjà son métier ». De
cette proposition ne résulte-t-il pas que l'apprentissage a pour
but la *connaissance complète du métier* ?

De celle-ci : « (l'apprenti) demeurera dans la maison du maître
jusqu'à la fin du temps convenu, recevant du maître son entretien et lui donnant ce qu'il gagne », ne doit-on pas conclure
que l'apprentissage dépend de la libre volonté des parties, que
leurs conventions ont force de loi? Il faut donc que l'apprenti
reste chez le maître pendant tout le temps stipulé; qu'il sache
ou non le métier, il ne peut le quitter avant « la fin du temps
convenu ». Ne croirait-on pas que le rédacteur de notre loi de
1851 se soit inspiré de cet article du code hindou, lorsqu'il a
écrit l'article 1er ainsi conçu? « Le contrat d'apprentissage est
celui par lequel un fabricant, chef d'atelier ou ouvrier, s'oblige
à enseigner la pratique de sa profession à une autre personne
qui s'oblige, en retour, à travailler pour lui, le tout à des conditions et pendant un temps convenus. »

En outre, la stance 184 nous apprend que le prix des services
du maître est payé par les profits résultant du travail de l'apprenti. Il est permis de croire que cette dernière règle n'est pas
uniformément imposée à tous les contrats d'apprentissage;
qu'elle est seulement citée à titre d'exemple par notre stance,
dont le principal objet est de poser en principe la liberté des
conventions, et que toutes les autres conditions stipulées par
les parties seraient parfaitement légales et devraient être également respectées.

Le code de Manou contient, de même que le code de Yajnavalkya, des dispositions relatives à l'organisation du travail.
Ainsi il énonce que : « lorsque quelqu'un, qui a déjà reçu le
salaire d'un travail, abandonne ce travail, il paiera le double du
salaire; s'il ne l'a pas encore reçu, il en paiera le montant » (1).

Examinons maintenant si la division de la société hindoue
en castes a été favorable au développement général du commerce,
et s'il a été avantageux d'abandonner aux membres de la troisième et de la quatrième caste et aux castes mêlées le monopole
des professions industrielles et manuelles : ou plutôt laissons à
quelques auteurs qui, en s'occupant de l'Inde, n'ont pas omis

____

(1) Code de Manou, liv. III, st 215.

la question que nous étudions, le soin de répondre et de compléter les renseignements que les codes hindous nous ont fournis.

Déjà, trois siècles avant J.-C., Mégasthène nous dit que de même que les mariages n'étaient pas permis entre les différentes castes, de même les occupations des uns ne pouvaient être usurpées par les autres, et que cette dernière prohibition avait également force de loi au sein même de chaque caste. Ainsi, un agriculteur ne pouvait se faire pâtre et ce dernier ne devait se livrer ni à un autre métier ni au commerce. Les Vaîçyas, les membres de la troisième caste pouvaient seuls s'adonner à ces occupations. Mégasthène, parlant des corps de métiers, cite les armuriers, les taillandiers, les charpentiers, les charrons, qui tous travaillaient pour le roi, recevaient de lui leur salaire ainsi que des provisions de ses greniers et se recrutaient dans les *castes mêlées*. Les castes mêlées, en effet, d'après Lassen (1), et ainsi que nous l'avons déjà dit, alimentaient et constituaient les métiers les plus divers. Chacune avait son métier spécial, de sorte que les enfants étaient toujours en apprentissage chez leurs parents. Le nom même de ces castes mêlées, comme le fait remarquer Manou (2), indique souvent le métier de ceux qui les composent.

La loi, dit Lassen, arrivant à une conclusion analogue à celle que nous avons plus haut tirée des codes hindous, prescrivait aux hommes de métier de quelle manière ils devaient exercer leur métier et punissait ceux qui ne s'y conformaient point.

Il résulte, tant des fragments de l'ouvrage de Mégasthène que des observations de Lassen, que dans toutes les branches de l'économie de l'État indien rien n'était abandonné au caprice et à l'arbitraire, mais qu'au contraire tout y était réglé et organisé dans l'ordre le plus harmonieux.

De là une prospérité et une perfection industrielles qui ont lieu de surprendre par leur étonnante précocité. Le goût et l'aptitude des Indiens pour les arts mécaniques méritent surtout d'être remarqués; car la fabrication des tissus les plus exquis, de la mousseline, du tulle, des schals, du kashmyre et même des bijoux, répand au loin et de très-bonne heure leur

---

(1) Lassen, *Indische Alterthumskunde.* — Archéologie indienne, I, 634, note 1 ; 819 ; II, 711.

(2) Manou, X.

réputation commerciale, disons même, artistique. Benfey attribue avec raison le développement et la perfection des métiers à l'hérédité des occupations dans les castes : c'est dans la société du bouddhisme, depuis le IIIe siècle avant J.-C., que le commerce et l'industrie semblent être le plus florissants. « Jamais, nous dit Schœbel (1), la terre ne fut mieux cultivée; jamais les routes, les canaux et les réservoirs ne furent mieux entretenus; jamais les arts et principalement l'architecture n'élevèrent des monuments plus grandioses; jamais l'industrie des tissus de laine brochés d'or, des étoffes de coton, des ouvrages en acier orné, des objets en filigrane et autres n'alimentèrent un commerce plus actif et qui s'étendait de l'Egypte à la Chine . . . »

Déjà avant cette époque florissaient de grandes et puissantes maisons de commerce. Dans plusieurs légendes relatives au Bouddha, il est fait mention « d'un chef de maison, célèbre par ses richesses et sa libéralité », qui vivait dans la ville de Çrâvasti (non loin de la moderne Fizabad) et qui s'appelait *Anâtha Pindika*. Le Bouddha se plaisait à se rendre chez lui et à y convoquer ses disciples pour enseigner dans les jardins. C'est dans une de ces assemblées que le Bouddha parle d'un roi Kanakvarna qui exempte tous les marchands de toute taxe et de tout impôt.

La parabole de l'enfant prodigue, qui est consignée dans les traditions qui se rapportent à la vie du Bouddha, nous fait bien connaître l'état des métiers dans l'Inde au VIe siècle av. J.-C. (2) « Cet homme (le père de famille), y est-il dit, était riche d'un trésor formé de monnaies d'or et d'argent, de pierres précieuses et de perles...; il avait des chars de plusieurs espèces, des chars attelés de bœufs, faits de pierres précieuses, surmontés de balustrades, recouverts de réseaux de clochettes, ornés de parasols et de drapeaux et revêtus de filets faits de guirlandes de perles, de guirlandes faites d'or et d'argent travaillés et de nobles étoffes qui y sont suspendues de place en place, parsemées de belles fleurs blanches. On y voit aussi d'excellents oreillers pleins de coton et recouverts d'une soie moelleuse . . . On y trouve étendus d'excellents tapis portant des images de grues et de cygnes. »

____

(1) Ch. Schœbel, *Le Bouddha et le bouddhisme,* p. 51, n° 35.
(2) V. *Lotus de la Bonne Loi,* p. 234.

Les métiers, au temps du Bouddha, étant toujours exercés par les classes inférieures et réputées impures, rarement dans les légendes bouddhiques on voit que les hommes de métier se présentent au Bouddha pour être instruits, mais surtout, des Brâhmanes et des marchands, membres de la troisième caste.

Toutefois les gens de métier, de même que les marchands, formaient dans l'Inde de puissantes corporations (1). Et Max Duncker nous dit que l'origine et la conservation des corporations des métiers et du commerce étaient favorisées par la transmission héréditaire du travail.

Aujourd'hui encore, il en est de même et l'Inde n'a pas subi de changements dans son organisation commerciale et industrielle (2).

---

(1) Dans l'Hématchandra, lexique sanskrit édité par Bœhtlingk (1847), nous trouvons les noms des métiers suivants : boucher, pêcheur, oiseleur, barbier, maçon, peintre, boulanger, chasseur (chercheur de serpents et d'autres animaux qui habitent les trous), charpentier, tailleur de pierre, potier, armurier, cordonnier, blanchisseur, tisserand, tailleur, chaudronnier, tabletier, bijoutier, tourneur, orfèvre, distillateur, forgeron, etc.

Pour désigner tous ces métiers, plusieurs termes sont en usage : ainsi il y en a sept qui s'appliquent au métier de barbier, trois à celui de peintre, quatre à celui de boucher, autant à celui de potier, six à celui de charpentier, deux à ceux de tailleur, cordonnier, tisserand, bijoutier, etc.

On se sert de trois mots pour exprimer métier (çilpa, kala, vijnana), d'un pour corporation (çrènis), et de quatre pour ouvrier de métier (kâru, kâri, prakréti, çilpi).

(2) On imagina, dit M. de Warren, dans son intéressant ouvrage sur l'Inde anglaise, avant et après l'insurrection de 1857, de diviser en classes nouvelles les hommes nés du mélange des anciennes castes et d'attacher chacune des castes à la culture des nouveaux arts, à la pratique de tel métier, de telle ou telle industrie, jusqu'à ce qu'ils fussent divisés en autant de classes qu'il y avait de métiers ou de professions, chaque métier ayant à peu près la même organisation que les anciennes corporations européennes.

M. de Warren nous apprend encore que, dans l'Inde, « le manœuvre et l'artisan vivent au jour le jour, et qu'on ne saurait y trouver aucun établissement public, aucun atelier de charité.

En quoi, dit-il, consiste *l'aisance* du laboureur et de l'artisan? Leur demeure? c'est une hutte de boue; leur mobilier? un tcharpië, lit de cordes tressées avec des herbes, une natte de roseaux, quelques écuelles de bois ou d'argile, rarement de cuivre; leurs vêtements? pour le mari, c'est un langoute qui suffit à peine à la pudeur, un linge grossier pour turban, une mauvaise couverture de laine pour le garantir des froids de l'hiver, et pour la femme un haillon déchiré qui tombe en lambeaux sur sa poitrine et sur ses genoux; leur nourriture? les grains grossiers que l'on donne aux animaux, plus souvent encore de la farine délayée dans de l'eau froide et dont ils ne peuvent même corriger la fadeur avec du sel, car la Compagnie en fait le monopole et il se vend trop cher!... (*Inde anglaise*... p. 152, note 1.)

En effet, Benfey nous rapporte que les Çoûdras, qui embrassent tous les métiers (1), se divisent en une foule de corporations (çrênis) dont chacune a un chef et obéit à des lois particulières. Les corporations ont, en outre, des usages qui leur sont propres, des signes de ralliement, s'occupent et prennent soin de leurs membres, leur viennent en aide pour doter les enfants et leur dispensent d'autres secours. Aussi leur ressemblance avec le compagnonnage est frappante et mérite d'être signalée.

D'après Dubois (1), les membres des classes inférieures de l'Inde se louent (actuellement) en grande partie comme valets de charrue, et leur salaire, pour toute l'année, se monte à peine ou est supérieur de peu à une livre sterling (de 30 à 50 francs); et encore faut-il qu'avec cette modeste paie ils pourvoient à leur nourriture et à leur entretien. Leurs enfants entrent au service des mêmes maîtres dès l'âge de huit ans. S'ils se livrent à d'autres métiers, ils ne gagnent pas plus de 10 à 20 centimes par jour (2).

Les métiers qui sont représentés dans tout village indien, aujourd'hui comme autrefois, le sont par un forgeron, un charpentier (qui est aussi charron), un potier, un blanchisseur; un barbier.

Ajoutons, avec M. Dubois, que les membres de ces corps de métiers sont au service du village, de même qu'autrefois, à Rome, il y avait des esclaves employés au service des citoyens d'une ville ou d'une collectivité de personnes moindre, et que, grâce à cette situation pour ainsi dire officielle, les forgerons, tisserands, barbiers, blanchisseurs, etc. . . ., jouissent d'une meilleure situation et sont, en général, fermiers de petites parcelles de terre.

Le lecteur nous pardonnera d'être entré dans d'aussi longs développements sur l'organisation du travail chez les peuples de l'Inde. Cette question qui touche de si près à l'apprentissage, disons plutôt qui le comprend, de même que la circonférence comprend les rayons, nous a paru non pas seulement les supporter, mais les réclamer, les exiger. Il nous a semblé, en outre,

---

(1) Dubois, *Mœurs et institutions des peuples de l'Inde*, I p. 98.
(2) V. Montgomery Martin. *The political constitution of the anglo-eastern empire*, p. 271; *mill history of British India*, II.

qu'ils n'étaient ni déplacés ni dépourvus d'intérêt, puisque l'organisation du travail a subsisté dans la société hindoue telle que nous l'avons décrite et que, encore aujourd'hui, toutes les dispositions législatives que nous avons rapportées sont demeurées en pleine vigueur devant les tribunaux purement indigènes, c'est-à-dire devant les tribunaux qui échappent à l'application de la loi anglaise.

LE TRAVAIL ET L'APPRENTISSAGE
CHEZ LES PEUPLES DE L'ORIENT.

Nous ne saurions nous dispenser de fournir quelques renseignements sur l'organisation du travail chez les peuples de l'Orient ou, pour mieux dire, chez les peuples régis par la loi musulmane. L'importance numérique des sectateurs de la religion de Mahomet ne nous permet point de les passer tout à fait sous silence. On sait, en effet, que plus de 100 millions d'islamistes sont répandus tant dans l'Asie que dans l'Afrique et la Turquie d'Europe (1).

Quoiqu'il soit très-malaisé de saisir à travers les dispositions si nombreuses, si désordonnées, si confuses des codes musulmans l'état économique de la société islamique, et quoique dans le Coran, monument fondamental de cette législation, on ne rencontre point de textes très-nets et très-précis sur l'organisation du travail, il paraît cependant possible de présenter quelques développements que l'autorité du nom de M. Sprenger nous permettra de mettre à l'abri des reproches que méritent une imprudente témérité et une aveugle hardiesse. Le savant auteur nous parle, dans son ouvrage sur la vie et la doctrine de Mahomet,

---

(1) D'après l'*Almanach de Gotha*, toujours exactement renseigné, il y avait en 1867, 4,550,000 mahométans dans la Turquie européenne, et un peu plus de 2,000,000 dans la Russie d'Europe.

M. de Waren nous enseigne que dans l'Inde anglaise on évalue la population mahométane à 16,000,000 qui se trouvent, par rapport aux indigènes proprement dits, dans la population de un à dix. (De Waren, *Inde anglaise....* t. II p. 140 et seq.).

de l'organisation économique de la société musulmane telle qu'elle paraît avoir été conçue et établie par le prophète lui-même et par le calife Omar. — Il nous apprend que toute production était imposée au taux de 2 1/2 0/0, mais que les métiers ne payaient rien, c'est-à-dire qu'ils étaient à la portée de tous les artisans et que leur exercice n'entraînait ni impôt ni redevance.

Mais ce principe de la liberté des métiers subit de graves restrictions; il ne s'applique qu'aux fidèles et non aux dissidents, aux juifs et aux chrétiens qui sont également soumis à des impôts. Toutefois, le *métier* de voleur ou de pillard, même à l'égard des fidèles, ne s'exerce point librement.

Les dispositions qui précèdent, à l'exception de cette dernière, ne sont pas empreintes du même esprit de tolérance qui anime l'auteur du Coran, lorsque s'occupant des rapports qui peuvent naître entre des musulmans et des sectateurs des autres religions, il s'écrie : « Si quelque idolâtre te demande un asile, accorde-le-lui, afin qu'il puisse entendre la parole de Dieu... » (1)

On n'ignore pas quelle profonde horreur professe pour l'usure la loi de Mahomet : « Ceux qui avalent le produit de l'usure, dit-elle (2), se lèvent au jour de la résurrection comme souillés du contact de Satan... Ceux qui retourneront à l'usure seront livrés au feu, où ils demeureront éternellement. » Mais l'usure n'est pas seule prohibée; le prêt à intérêt est frappé de la même interdiction. Tout le système d'impôts est combiné et calculé de manière à favoriser les pauvres, à répandre l'oisiveté et à entretenir la passion de la guerre.

Les Arabes, les Maures, les Kabyles et les Fellahs, en Afrique, connaissent, de même que les Osmanlis, les corporations de métiers. Mais le travail, soumis à l'hérédité, se transmettant le plus souvent de père en fils, ne donne naissance à aucune espèce d'émulation, n'est l'objet d'aucune concurrence ni d'aucune rivalité : il se fait d'une manière régulière, il est vrai, mais purement machinale. Le fils adopte le métier qu'avait exercé son père; il le continue pour ainsi dire de même que ce dernier a continué celui de ses aïeux et emploie les procédés qu'on pourrait

---

(1) Coran, ch. 9, n° 6.
(2) Coran, ch. 2, n° 276.

appeler procédés de famille, sans jamais les modifier ni les améliorer (1).

Les Perses et les Afghans qui, eux aussi, se distribuent en corporations, ne manquent ni d'imagination ni d'esprit d'imitation. Sans le despotisme abrutissant qui a toujours écrasé leur intelligence et en a paralysé tous les efforts, ils auraient pu faire des progrès qui ne l'auraient en rien cédé à ceux des artisans de l'Europe.

Nous avons déjà longuement parlé des gens de métier chez les peuples de l'Inde que nous avons vus parqués et cantonnés, tant dans les castes inférieures que dans celles qui résultent du mélange des races. Mais, ici, il convient d'observer que ceux des Indiens qui habitent au delà du Gange, les Siamois et les Birmans, échappent aux règles que nous avons rapportées. Ces peuples, en effet, soumis non à la loi de Mahomet, mais au bouddhisme, ne se plient point à la division brâhmanique en castes proprement dites, mais connaissent seulement les corporations de métiers.

En Chine, les artisans forment une des classes inférieures; mais cette classe est placée encore au-dessus de celle des marchands. La suprématie, on le voit, est accordée à la main d'œuvre, à la production : l'industrie a le pas sur le commerce. Les différents métiers sont répartis dans un grand nombre de corporations, qui jouissent d'une organisation propre à chacune d'elles : mais toutes sont gouvernées par ceux de leurs membres auxquels l'autorité de l'âge et l'expérience qui en résulte ont permis de donner le nom *d'anciens*. On sait à quel point, en matière d'industrie et d'art, la Chine a été précoce, avec quelle surprenante rapidité les découvertes de tous genres s'y sont succédé, et avec quel merveilleux élan les progrès s'y sont réalisés et propagés dans toutes les branches où l'activité humaine se répand. Malheureusement, la Chine s'est arrêtée de

---

(1) Le général Daumas, dans son excellent livre sur *La vie arabe et la société musulmane*, publié récemment, exprime, dans les meilleurs termes, combien la race arabe est stationnaire et éloignée de tout progrès : « Il y a, dit-il, bien loin d'ici à Abraham, mais cette race arabe a tout conservé : idées, sentiments, habitudes, tour de l'esprit, prescriptions légales, même le costume, même la forme des instruments de culture... Si Abraham tombait aujourd'hui du ciel dans une tribu quelconque, il reconnaîtrait toujours vivantes les mœurs et les idées de son temps ».

bonne heure dans cette voie brillante où ses premiers pas l'avaient portée si avant; son activité s'est éteinte, son intelligence s'est affaissée, sa marche vers le progrès s'est non-seulement ralentie, mais tout à fait suspendue; son état est devenu ce qu'un de nos hommes politiques modernes a si heureusement appelé : *un piétinement sur place*. S'il nous fallait chercher les causes de ce marasme, ou plutôt de cette inertie, nous n'hésiterions pas à la placer dans cette disposition législative qui, de tout temps, en Chine, a fixé d'une manière invariable le prix des produits, de manière que l'ouvrier qui travaille bien ne peut exiger un salaire plus élevé que l'ouvrier qui travaille mal. C'est là, selon nous, l'obstacle qui a arrêté les progrès de l'industrie; c'est une barrière insurmontable, une véritable muraille de Chine qui s'est dressée devant elle et l'a empêchée d'avancer.

Chez tous les peuples dont nous venons de parler, on le voit, les corporations de métiers existent et fonctionnent : bien plus, elles se composent indistinctement d'artisans, de fabricants et d'artistes. Tous ceux qui se livrent au travail manuel sont constitués en corporations qui reposent sur des coutumes ou sont régies par des lois et des règlements. La principale loi rendue sur les corporations en cette matière et qui s'applique à un très-grand nombre de métiers est celle de Soliman II, dit le Législateur, successeur de son père Sélim II; il convient d'en reproduire les principales dispositions (1).

« Les boulangers ne doivent point vendre du pain noir ou » aigre. En cas de contravention, ils sont passibles d'une » amende d'un aspre(2) par drachme.

» Les boulangers (ekmekdchi et kirdedchi) ne doivent pas » empiéter sur le domaine des pâtissiers, et, de même, les » pâtissiers ne doivent pas empiéter sur le domaine des bou » langers.

» La pâte de gâteau doit contenir 7 okka (3) de beurre sur » un moudd de farine.

---

(1) Dans son ouvrage : *Des Osmanischen Reichs und Staatsverwaltung*, I, p. 154-162, de Hammer donne avec détail les dispositions fort nombreuses de cette loi.

(2) L'aspre vaut 1 centime 1/3.

(3) L'okka vaut 400 drachmes = 1 kilog. 288 gr.

» Les bouchers sont tenus, sous peine de prison, d'appro-
» visionner le marché de toute la quantité de viande qui est
» demandée (nécessaire). Ceux qui donnent moins qu'il n'est
» convenu, paieront un aspre d'amende pour chaque drachme.

» Aux cuisiniers il est défendu de servir la même viande,
» d'abord en bouilli puis en rôti.

» Les tripiers doivent bien nettoyer les tripes et les faire cuire
» *tout à point* avec du vinaïgre et de l'ail.

» Les tailleurs (tersi) doivent confectionner un *kaftan* de drap
» doublé de velours pour 15 aspres, un kaftan de velours ou
» de damas pour 20 aspres ; le prix des robes d'enfant doit
» être proportionné à ces autres prix. Le tailleur qui ne veut
» pas les accepter doit être puni; il en est de même lorsque le
» tailleur manque de parole, lorsqu'il gâche l'étoffe, lorsqu'il
» fait les coutures d'une manière défectùeuse, lorsque, enfin, il ose
» changer la forme convenue des vêtements (arrêtée à l'avance).

» Il faut aussi avoir l'œil ouvert sur ceux qui cousent les
» boutonnières.

» Les fabricants et vendeurs de chemises (goemkdche) ne
» doivent confectionner ni vendre d'autres chemises que d'après
» la coupe prescrite, et le prix doit être calculé à raison de la
» toile employée.

» Les cordonniers (khajaf) vendront les bottes rouges de
» première qualité pour 30 aspres, celles de moyenne qualité
» pour 28 aspres, et celles de qualité inférieure pour 26 aspres.
» Des bottes d'une autre couleur sont vendues 22 aspres, si elles
» sont de première qualité, et 21 aspres, si elles sont de qualité
» inférieure.

» Quant aux pantoufles (schirwan baschmak), les meilleures
» coûtent 20 aspres, les moyennes 18, les moindres 16 ; celles
» de cuir de bœuf, première qualité, 23 aspres ; deuxième
» qualité, 22; troisième qualité, 20.₃ Les pantoufles de femmes
» de première qualité se vendront 25 aspres, et les babouches
» des janissaires 10, 8 et 7 aspres.

» Si la chaussure se déchire après deux jours d'usage, le
» cordonnier doit être puni ; mais si c'est le cuir qui se troue,
» l'amende est pour le tanneur.

» Les libraires doivent se contenter d'un bénéfice de 10 à
« 11 pour cent.

» La journée des maçons et des menuisiers est de 10 aspres
» avec la nourriture; s'ils en exigent davantage, ils seront punis.

» Un cheval doit être ferré pour 4 aspres 1/2, un mulet pour
» 4 aspres, un âne pour 3 aspres.

» Il est défendu aux meuniers d'avoir des poules afin de sau-
» vegarder le blé des fidèles. C'est à peine s'il leur est permis
» d'avoir un coq pour savoir l'heure.

» Les parfumeurs attar peuvent vendre avec 10 à 11 0/0
» de bénéfice.

» Les armuriers (bidchakdchi) qui damasquinent le fer ne
» vendront pas les sabres de première qualité plus de 60 aspres.
» Les qualités inférieures vaudront 50 et 40 aspres.

» Aucun objet ne doit être vendu autrement qu'aux prix fixés
» par l'autorité. Toute vente qui dépasse la taxe est réputée usure
» et punie comme telle. »

Il suffit de prendre connaissance de cette loi pour comprendre
que la décadence commerciale des orientaux est un effet et une
conséquence de leur législation relative à l'organisation des
métiers. Distinguer, en effet, les différents corps d'état d'une
manière aussi subtile, les séparer par des lignes de démarcation
aussi fines que profondes; prohiber les empiétements d'une
branche ou plutôt d'un rameau d'industrie sur l'espace réservé
à un autre rameau; imposer à tous les artisans de toutes les
professions la nécessité de vendre certains produits, non-seulement déterminés d'une manière limitative, mais encore fabriqués
d'après certaines règles et destinés à répondre à certains besoins;
fixer impérativement les prix de vente de même que les bénéfices; en un mot, tracer un cercle autour de l'industrie et lui
dire : Tu n'iras pas plus loin! n'est-ce point entraîner les arts
et les métiers vers une ruine fatale?

Nous ne nous sommes pas encore demandé s'il y avait des
apprentis et comment ils devaient être traités chez les peuples
soumis à la religion musulmane. L'existence des corporations
et des corps de métiers étant parfaitement établie d'une part,
l'hérédité des professions n'étant point douteuse d'autre part,
il nous semble qu'on peut, sans crainte, avancer que l'apprentissage était pratiqué au sein de la corporation ou du corps de
métier et que l'apprenti, sinon toujours, du moins le plus souvent,
recevait de son père l'enseignement de la profession. Quant à

la manière dont l'apprenti était traité, la législation et les mœurs
musulmanes ne nous permettent par de croire qu'elle fût trop
rigoureuse ou trop cruelle. Le Koran, en effet, se montrait très-
préoccupé du respect que l'on doit à l'enfance, très-jaloux de
défendre les orphelins et les mineurs, très-opiniâtre à sauvegarder leurs intérêts et à protéger leur faiblesse. Il est presque
certain que les apprentis ont toujours été dans une situation
favorable : d'ailleurs, n'avons-nous pas dit qu'ils devaient être
les élèves de leur père ?

Sur ce point et sur d'autres encore, le temps a amené de
profonds changements, sinon chez tous les peuples de l'Orient,
du moins chez les Persans et déjà au dix-septième siècle.
C'est ce que nous permettent de reconnaître quelques pages de
ce livre rempli de faits intéressants qu'a écrit Chardin sur son
voyage en Perse. N'hésitons pas à les reproduire, car elles contiennent, non-seulement sur l'organisation du travail, mais aussi
sur l'apprentissage, des renseignements précieux et sur l'exactitude desquels l'esprit le plus scrupuleux ne pourrait élever
aucun doute.

« C'est une chose incroyable, nous dit Chardin, que la facilité
avec laquelle les ouvriers en Orient s'établissent et travaillent,
et le peu d'outils qu'il leur faut. La plupart n'ont ni boutiques
ni établis. Ils se mettent sur un méchant tapis, tenant leur
objet des pieds et travaillant des mains ou avec des instruments
grossiers. Ils vont travailler partout dans les maisons, sans qu'il
en coûte davantage. Le maître, avec son petit apprenti, apporte
toute sa boutique, consistant pour les orfèvres en une forge de
terre, faite presque comme un réchaud, mais un peu plus haute.
Le soufflet n'est qu'une simple peau de chevreau avec deux
petits morceaux de bois à un bout pour fermer l'ouverture par
où l'air entre, et quand ils s'en veulent servir, ils attachent un
petit canon à l'autre bout qu'ils fourrent dans la forge et souf-
flent de la main gauche. Ils tirent ce soufflet d'un sac de cuir
qui leur sert de peau à limer, dans lequel ils serrent aussi une
pincette, une lingotière, une filière, une enclume, un marteau,
des limes et d'autres petits outils. Le maître porte le sac et
l'apprenti la forge, et on les voit aller en cet état partout où on
les envoie quérir, et s'en revenir le soir avec leur boutique sous
le bras.

Les métiers ont chacun leur chef, pris au sein du corps du métier, lequel est nommé par le Roi. Ils ne font pourtant point de corps, à proprement parler, car ils ne s'assemblent jamais ; ils ont seulement quelques coutumes que le chef du métier fait observer, comme par exemple : qu'il y ait toujours une certaine distance entre les boutiques et les artisans du même métier, excepté dans les endroits qui sont particulièrement destinés à une sorte d'ouvrage. Quiconque veut lever boutique d'un métier va au chef de métier, donne son nom et sa demeure qu'on enregistre, et paie quelque petit droit.

Le chef n'examine nullement de quel pays est l'artisan, ni de quel maître il a appris son métier, ni s'il le sait bien. Les métiers aussi n'ont point de bornes marquées pour empêcher que l'un n'anticipe sur l'autre. Un chaudronnier fait des bassins d'argent si on lui en donne à faire. Chacun entreprend ce qu'il veut, on ne s'intente point de procès pour cela. *Il n'y a point aussi d'engagement d'apprentissage, et on ne donne rien pour apprendre le métier.* Au contraire, les garçons qu'on met en métier chez un maître ont des gages dès le premier jour. On fait marché entre le maître et l'apprenti à tant par jour la première année. Deux liards ou un sou par jour, selon l'âge de l'apprenti et la rudesse du métier, et ces gages s'augmentent avec le temps et selon que l'apprenti réussit. La chose est toujours sans engagement réciproque à l'égard du temps, le maître étant toujours libre de mettre son apprenti dehors et l'apprenti de sortir de chez son maître. C'est bien là qu'il faut dérober la science, car le maître, songeant plus à tirer du service de son apprenti qu'à l'instruire, ne se peine pas beaucoup après lui, mais l'emploie seulement par rapport à l'utilité qu'il en peut retirer. Les métiers sont obligés aux corvées du roi, c'est-à-dire à travailler pour le service de Sa Majesté lorsqu'on le leur commande, et les métiers que l'on n'emploie pas à ces corvées, comme les cordonniers, les bonnetiers, les chaussetiers, paient un droit à la place, qu'on appelle *cargh padcha* (la dépense du Roi).

Nous n'en sommes plus, on le voit, à la réglementation draconienne de Soliman II. Les Persans l'ont modifiée et presque bouleversée d'après les tendances naturelles de leur esprit. Ils ont conservé la corporation, mais, comme dit Chardin, il n'existe plus de corps, à proprement parler ; les gens de métier ne s'assemblent point ; il se retrouve encore quelques prescriptions et quelques coutumes, comme celle qui consiste à ne pas souffrir deux industries semblables placées à peu de distance l'une de l'autre, mais les empiétements d'un métier sur un autre métier sont affranchis de toute punition. L'apprentissage n'est régi par aucun règlement ; il est le résultat de la libre convention des parties, commence avec leur consentement mutuel et se termine selon la volonté ou le caprice de l'un ou de l'autre. Il n'existe même pas pour l'apprentissage ce que nos jurisconsultes ont appelé, se servant des termes du droit romain, le contrat de louage d'ouvrage. Un pareil système a certainement ses inconvénients, mais combien est-il plus favorable au progrès que le système étroit des règlements auxquels obéissent les autres peuples de l'Orient, restés fidèles en tout point à la législation du Prophète et de ses successeurs. Aussi l'industrie chez les Persans a pu arriver à un remarquable développement. C'est ce qu'atteste Chardin dans la partie de son remarquable ouvrage, où il énumère les divers métiers dans lesquels les Persans excellent et nous parle successivement des brodeurs, des faïenciers, des tisseurs et fileurs d'or, des tanneurs, des tourneurs, des taillandiers, des armuriers, des artificiers, des teinturiers, des barbiers et des tailleurs (1). Ainsi

---

(1) Voici le passage de Chardin relatif à l'énumération des métiers : « Les métiers dans lesquels excellent les Persans, sont : 1° La broderie, particulièrement celle d'or et d'argent sur le drap, sur la soie, sur le cuir.

2° La couture. Leur couture de cuir, celle des harnais entre autres, est si délicate et si bien faite, qu'on dirait que c'est de la broderie. Leurs seaux de cuir sont aussi fort bien cousus, quoique avec des cordes de mouton assez mal tannées.

3° L'émail de la faïence. La terre de cette faïence a le grain tout aussi fin et aussi transparent que la porcelaine de Chine. Le vernis en est beau et vif. La porcelaine de Perse se met au feu, de sorte que non-seulement on fait bouillir de l'eau dedans sans qu'elle casse, mais même on en fait des marmites. La matière de ce bel émail est de verre et de fort petits cailloux de rivière broyés avec un peu de terre. On raconte que les potiers de la ville Ydez, dans la Karamanie, envoyèrent un jour aux potiers d'Ispahan, comme par défi, un vase de porcelaine qui tenait douze livres d'eau, et ne pesait qu'un gros. Les potiers d'Ispahan leur renvoyèrent un vase de même grandeur et de même figure, qui ne pesait qu'un gros et tenait douze livres.

4° Les tireurs et les fileurs d'or. Ils filent un lingot du poids d'un mescal qui est un gros, long de 600 guèzes ou aunes persanes, qui ont chacune 35 pouces.

que nous l'avons dit plus haut, sans le despotisme énervant qui pèse sur eux, les Persans se seraient encore élevés plus haut sur l'échelle de la perfection industrielle. Toutefois il serait à désirer que tous les peuples de l'Orient, inspirés et animés par leur exemple, tentassent de secouer le joug trop patiemment supporté d'une législation tyrannique et rétrograde.

5° Les tanneurs. La tannerie des cuirs, surtout celui de chagrin et de toutes sortes de maroquin. Le *chagrin* se fait de croupe d'âne (1) et d'une graine dite graine de casbin, noire, dure et plus grosse que la graine de moutarde, dont on se sert à défaut de celle de casbin. Les tanneurs corroient le gros cuir et le préparent avec la chaux. Ils n'ont point l'usage du tan, au lieu duquel ils se servent de sel et de noix de galle.

6° Les tourneurs. Ils n'ont pas de métier pour le tour, comme nous. Le leur n'est composé que d'un pivot, auquel ils attachent ce qu'ils veulent tourner. Une bande de cuir qui fait un double tour à ce pivot et qu'un garçon tient à deux mains, tirant tantôt un bout et tantôt l'autre, fait mouvoir la machine et tourner la pièce.

7° Les taillandiers et les étameurs. Les taillandiers pour la vaisselle de table et la batterie de cuisine ne se servent habituellement que du cuivre ; ni fer, ni laiton, ni étain. L'étamure est fine, blanche et belle comme de l'argent. Une assiette ne coûte qu'un sou à étamer dedans et dehors. Le procédé des étameurs persans est tout autre que celui des nôtres.

8° Les armuriers. Excellent dans la fabrication des arcs et des épées. Les arcs des Perses sont les plus beaux et les plus estimés de tout l'Orient. Leurs sabres sont d'un fort beau damasquin, inimitable en nos pays. Ils forgent leurs lames à froid et les trempent avec le vinaigre ou le vitriol qui, étant corrosif, fait paraître ces vernis qu'on appelle damasquin. C'est là aussi ce qu'on appelle *acier de Damas*, ville qui, autrefois, était l'endroit le plus célèbre pour la fabrique de ces belles lames de sabre, dont l'acier le plus beau vient des Indes.

9° Les artificiers. L'art des feux d'artifice possède, en Perse, des ouvriers peut-être plus habiles qu'en aucune partie du monde.

10° Les teinturiers. Leurs couleurs ont beaucoup plus de corps, d'éclat et de durée que chez nous, ce qui tient cependant moins à l'art qu'à l'air et au climat du pays qui est sec et pur.

11° Les barbiers. Ils rasent avec une légèreté de main admirable. On ne les sent presque pas, ils ne se servent que d'eau froide et sont très-propres dans leur métier. Ils rasent et font la tête pour 3 sous.

12° Les tailleurs. Ils travaillent proprement et taillent les habits si justes, qu'ils ne font pas un pli sur le corps. Pour la couture, on n'en saurait faire de plus fine ni de plus égale. Leur couture est toujours en dedans, et la plus ordinaire est ce que nous appelons *arrière-point*. Ils font des tapis, des carreaux, des portières, etc., en compartiments, et à la mosaïque, qui représentent tout ce qu'ils veulent, et cela est si finement cousu, qu'on dirait que les figures sont peintes et non composées de pièces de rapport. »

(1) De là son nom, voulant dire *croupe*, *sagri* en persan.

LE TRAVAIL ET L'APPRENTISSAGE CHEZ LES GRECS.

C'est dans les poëmes d'Homère que nous trouvons les premiers renseignements que puisse fournir sur le travail la haute antiquité grecque. Les hommes de métiers et les artisans y sont honorés, et même les charpentiers sont compris avec les devins et les médecins sous le nom commun de travailleurs (δημιουργός) (1). On trouve mentionnées dans les Chants du premier poëte de la Grèce plusieurs sortes d'outils et d'instruments de travail tels que la hache (πέλεκυς et σκέπαρνον), le marteau (ραιστήρ), les tenailles (πυράγρα). Le tissage et les travaux des métaux sont déjà poussés à une grande perfection. Les femmes du plus noble sang, Hélène, Pénélope, Calypso, s'occupent à tisser ; la femme d'Alcinoüs file la laine de pourpre (2), et tous les gynécées servent de théâtre et d'asile aux travaux des aiguilles et des fuseaux. Au mode de tisser debout (ἱστὸν ἐποιχέσθαι), usité chez les Grecs, ne tarde pas à succéder l'habitude de tisser assis (3) qui a été empruntée aux Egyptiens.

Le bouclier d'Achille (4), si minutieusement décrit dans l'Iliade, les trépieds et baignoires (5), les boucles faites de main de maître (6), si magnifiquement représentées dans l'Odyssée, sont un éclatant témoignage de l'habileté exquise et du goût relevé des ouvriers sur métaux. L'art de la dorure n'échappait pas non plus aux habitants de la Grèce primitive (7) ; enfin les Θῆτες étaient aptes à faire toute sorte de travaux contre salaire (8).

A Sparte, la législation promulguée par Lycurgue était toute

---

(1) Odyssée XVII, 384.
(2) Odyssée V, 306.
(3) *Eustathius ad Iliadem*, I, 31. (Les commentaires sur l'Iliade et l'Odyssée, d'un savant grammairien de Constantinople (vers 1198), sont une compilation précieuse de scoliastes et de commentateurs : 4 volumes in-quarto, Leipzig 1825. — Schneider, *Scriptores*, Leipzig 1794, t. IV, p. 370.
Sophocle, dans *OEdipe à Colone* (v. 339 et 399), fait cette très-intéressante remarque qu'en Égypte les hommes sont assis dans les maisons, occupés à tisser de la toile, tandis que les femmes vont au dehors acheter ce qu'il faut pour vivre.
(4) Iliade, XVIII, 478 et sqq.
(5) Odyssée, V, 128.
(6) Odyssée, XVIII, 293 ; XIX, 226.
(7) Odyssée, XXIII, 159.
(8) V. Nitzsch sur l'Odyssée, IV, 664 ; 1790.

guerrière ; de bonne heure, les enfants, par des exercices quotidiens, étaient assouplis à la discipline militaire et préparés à la pratique des combats : les arts et les lettres étaient bannis de leur éducation. A tous les citoyens, il était formellement interdit de se livrer aux occupations des métiers (τέχνη βάναυσος) et toute application au gain était réputée méprisable (1). Afin de donner une sanction sévère à ses prescriptions, Lycurgue avait cru nécessaire d'imposer aux Spartiates l'usage d'une monnaie de fer dont la valeur était aussi légère que le poids en était considérable. Ainsi, dit Plutarque, il « ne permit que la monnaie de fer et donna des pièces d'un grand poids d'une valeur si modique que, pour loger une somme de dix mines il fallait une chambre entière, et un chariot attelé de deux bœufs pour la traîner ». Et plus loin, l'historien grec parlant des arts frivoles et superflus que Lycurgue avait proscrits de la cité, ajoute: « Quand même il ne les aurait pas chassés, la plupart auraient disparu avec l'ancienne monnaie, les artisans ne trouvant plus le débit de leurs ouvrages ». De là aussi un affaiblissement ou plutôt un anéantissement fatal de toute prospérité commerciale, car « les Spartiates ne pouvaient acheter aucune marchandise exotique, même de minime valeur, et il n'abordait même pas de vaisseau marchand dans leur port » (2).

Les Ilotes seuls, qui vivaient à Sparte en si grand nombre, étaient contraints de s'adonner à ces occupations que les hommes libres traitaient d'abjectes et de mercenaires. Ils se livraient surtout à la fabrication des choses nécessaires, indispensables à la vie, et il faut croire qu'ils n'étaient pas trop inhabiles, car Plutarque cite comme très-bien travaillés les siéges, les tables, les lits de repos et les vases à boire (3).

Chez les Athéniens, la législation de Solon, plus douce, plus favorable au développement de l'esprit que celle de Lycurgue, contenait quelques dispositions relatives au commerce et à la pratique des métiers.

Le commerce était surtout placé entre les mains des métèques (4) ; ils pouvaient exercer un métier, quoiqu'ils ne pussent

---

(1) Plutarq., *Vie de Lycurgue* XXIV.
(2) *Ib.* — trad. Alex. Pierron, p. 102.
(3) *Ib.*, XXIV.
(4) Les μέτοικοι étaient les étrangers ou descendants d'étrangers qui, après avoir répudié leur patrie naturelle, recevaient l'autorisation de s'éta-

posséder un fonds (1), mais ils étaient tenus de payer la taxe d'étranger (μετοίκιον), et quand ils ne satisfaisaient point à cette obligation ou n'avaient point de patron (προστάτης), ou se permettaient d'usurper les droits de citoyens, ils étaient vendus avec leurs biens (2).

Les métiers, loin d'être méprisés, étaient favorisés par les législateurs et des hommes d'Etat tels que Solon, Thémistocle et Périclès. Tout chef de famille était contraint à faire apprendre quelque métier à ses enfants, et celui qui se dérobait à cette obligation se voyait déchu du droit de réclamer des aliments pendant sa vieillesse. Si, d'une part, il existait des prix et des récompenses destinés à faire prospérer les métiers et à améliorer les arts, il y avait, d'autre part, une action en justice, une plainte en oisiveté (δίκη ἀργίας) ouverte contre tous les citoyens pauvres vivant dans la paresse (3).

Des artisans, comme Cléon et Hyperbolus, purent s'élever jusqu'à occuper les premières charges de l'Etat, et quelques-uns des plus nobles Athéniens, tels que Thémistocle, Périclès, Alcibiade, ne reculèrent pas devant la pratique des affaires. Loin de là, ils organisèrent des usines et des fabriques et favorisèrent les professions industrielles dans le but d'améliorer le sort de la basse classe, d'enrichir l'Etat, d'augmenter le commerce et d'obtenir des hommes capables de monter les flottes qui dominèrent les mers depuis Thémistocle (4).

Mais si les métiers et le commerce proprement dits n'étaient pas méprisés, le travail manuel fut longtemps l'objet d'un sérieux dédain, et il n'était guère permis qu'aux pauvres et aux esclaves de s'y livrer. Ces derniers étaient placés dans une situation analogue à celle où se trouvaient les plus infortunés métèques; ils devaient même acheter la permission de vendre au marché, obligation à laquelle échappaient seuls les étrangers. La loi *Diophante* avait été jusqu'à enlever à tous les hommes de métier les droits civiques et à en faire des esclaves

---

blir sur le territoire de l'Attique. Ne jouissant d'aucuns droits politiques, inhabiles aux emplois publics, ils formaient une classe *sui generis* dans la population.

(1) Bœckh, *Économ. polit. des Athéniens*, trad. de M. Laligant, t. I, p. 75.
(2) *Eodem opere*, t. II, p. 15.
(3) Plut. trad. Alex. Pierron, *Vie de Solon*, p. 209.
(4) Bœckh, *Écon. polit. des Athén.*, t. I, p. 74.

publics (δημόσιοι); mais elle n'avait jamais été exécutée. Une loi de Solon avait été jusqu'à décider qu'aucun homme ne devait faire commerce d'onguents; mais, de même que la loi de Diophante, elle était restée lettre morte.

En effet, le célèbre philosophe Eschine (1) s'occupait de la fabrication des onguents; il était, il est vrai, dans un tel état de pauvreté qu'il se proposa à Athènes· en qualité d'esclave.

La plus grande partie des ouvriers de métier et même des contre-maîtres, à Athènes, se recruta presque toujours au sein des esclaves (2); aussi est-il intéressant de se rendre compte de leur nombre, de leur condition et de leur travail. Les recherches si pleines d'érudition de Bœkch répondent à cette triple question. Nous y voyons, en effet, que le nombre des esclaves avait atteint des proportions considérables, que la proportion des esclaves aux hommes libres était de 27 à 100, ou de 1 à 4 à peu près. « Leur possession, ajoute Bœckh, ne différait en rien de celle d'un objet quelconque; ils pouvaient servir de gage et être hypothéqués. Leur travail se faisait pour le maître ou pour un prix convenu qu'il devait payer : on les louait pour les mines et pour d'autres travaux, même pour des ateliers étrangers ou comme serviteurs à gages, moyennant un salaire que le maître tirait de ceux même qui servaient sur la flotte. D'après la nature de la chose, le produit devait être très-grand et, comme pour le bétail, rendre à la fois le capital avec les

---

(1) Il ne faut pas confondre ce philosophe avec Eschine l'orateur, le rival de Démosthène, qui vécut un siècle après, dans le iv⁰ siècle av. J.-C., tandis que le philosophe fut contemporain de Socrate au v⁰ siècle.

(2) Pollux, grammairien du ii⁰ siècle et précepteur de l'empereur Commode, dit, dans son *Onomasticon*, I, p. 17, que les ouvriers des métiers assis étaient les suivants : 1⁰ Βάναυσοι (ce terme désigne, en général, un métier sédentaire, servile); (de là βαναυσία le métier par opposition à l'art libéral; χειροτεχνία est le métier comme art mécanique; τέχνη métier métallurgique, surtout construction (V. Passow, *Handwœrterbuch der griechischen Sprache*); — 2⁰ ἐργάται (ἐργάτης-ό) l'ouvrier; en général, le travailleur; en particulier, le laboureur; déterminé par opposition : ἐργάτης θαλάσσης le pêcheur; ἐργάτης λίθων le tailleur de pierres; — 3⁰ χειροτέχναι désignait ce que les Allemands appellent *handarbeiter*; le métier qui demande de l'habileté manuelle, de la dextérité, comme par exemple le métier de chirurgien (χειροτέχνης ιατορίας — le chirurgien); — 4⁰ χειρόυργοι (ὁ-χειρόυργος) l'artisan, le praticien manuel, le chirurgien; — 5⁰ ἀποχειροβίωτοὶ qui vivent du travail manuel, appelés aussi ἀποχειροβίοι;— 6⁰ δημιουργία désignait tous les travailleurs, hommes de métier, industriels exerçant publiquement, tels que charpentiers, pâtissiers, chanteurs, hérauts (Passow, *Eodem opere*).

intérêts si élevés dans les temps anciens, puisque leur valeur diminuait par l'âge et que la mort pouvait en causer la perte totale. Qu'on y joigne les dangers de les perdre par la fuite, surtout vers les troupes en temps de guerre, la nécessité de les poursuivre et de faire annoncer une récompense pour les saisir (σῶτρα). Il est impossible, nous dit encore Bœckh, de calculer quel intérêt rapportait un esclave. Toutefois les trente-deux ou trente-trois forgerons ou ouvriers de Démosthènes rapportaient annuellement 30 mines (1) (2,700 fr., valeur actuelle à peu près 7,110 fr.), et les faiseurs de siéges 12 (1,080 fr., valeur actuelle à peu près 3,240 fr.), tous frais faits, puisqu'ils valaient, les premiers 190 (17,000 fr., valeur actuelle à peu près 51,300 fr.) et les seconds 40 mines (3,600 fr., valeur actuelle à peu près 10,800 fr.), ils rapportaient les uns 30 et les autres 15 15/19 0/0, ce qui fait une différence assez frappante. Le maître, au reste, fournissait les matériaux, et une partie du bénéfice total pouvait être attribuée au gain qu'il en retirait (2).

De tous les historiens et de tous les philosophes grecs, Platon est le seul qui se soit occupé de l'organisation du travail et qui n'ait pas gardé le silence sur la classe des personnes qui se livrent à l'exercice des métiers. C'est dans les traités sur *la République* et *des Lois* que Platon nous fournit les plus intéressants renseignements, et nous avons mis d'autant plus de soin à les rechercher qu'il n'échappe à personne que le disciple de Socrate est le représentant le plus élevé et le plus fidèle de la civilisation grecque.

Dans *la République*, à la vérité, Platon ne parle guère des métiers qu'indirectement, par métaphore ou par antithèse; mais toutes ces allusions, toutes ces comparaisons, toutes ces oppositions sont placées dans la bouche de Socrate et elles puisent à cette source une force et une sincérité que rien ne saurait altérer. Qui pourrait, en effet, mettre en doute les paroles de celui qui passait sa vie à enseigner à tous les citoyens, aux plus élevés comme aux plus humbles, les règles d'une bonne

---

(1) Voir, sur la mine attique, de curieux et intéressants détails dans l'*Essai sur les systèmes métriques et monétaires des anciens peuples.* — Don Vasquez Queipo, t. I, p. 474 et 199.

(2) Bœckh. *Économ. polit. des Athéniens*; traduct. Laligant, t. I., p. 123.

conduite, et faisait profession de répandre sa philosophie morale et pratique, tantôt sur les places publiques, tantôt dans les carrefours, tantôt, et le plus souvent, dans les boutiques des simples artisans !

Dans son ouvrage sur *les Lois*, Platon, comme on le verra tout à l'heure, ne s'inspire pas seulement des lois de Solon, mais reproduit aussi des règles que les mœurs et les usages avaient établies et mises en vigueur. Empruntons à son traité *de la République* et à celui *des Lois* tout ce qui peut se rapporter à notre matière.

Platon donne une idée très-exacte de la considération dont jouissaient en Grèce les métiers et les hommes de métier, quand il fait dire par Socrate à Adimante (1) : « Ne souffrons en aucune manière que ceux dont nous prenons soin et que nous désirons rendre très-courageux s'amusent à contrefaire une femme . . . non plus les esclaves . . . ni les forgerons ou quelque ouvrier que ce soit », et qu'Adimante lui répond : « Comment le leur permettre, puisqu'il ne leur est même pas permis de faire attention à aucune de ces choses? »

Et, plus loin, Socrate convient que tous les citoyens sont frères, avec cette différence que « le Dieu qui vous a formés a fait entrer l'or dans la composition de ceux d'entre vous qui sont propres à gouverner les autres : aussi sont-ils les plus précieux. Il a mêlé l'argent dans la formation des guerriers, le fer et l'airain dans celle des laboureurs et des autres artisans. — Comme vous avez tous une origine commune, vous aurez le plus souvent des enfants qui vous ressembleront. Mais il pourra se faire qu'un citoyen de la race d'or ait un fils de la race d'argent, qu'un autre de la race d'argent mette au monde un fils de la race d'or, et que le même cas se présente à l'égard des autres races. Or . . . si les enfants (des magistrats) ont quelque mélange de fer ou d'airain, Dieu ne veut pas que leurs parents leur fassent grâce, mais qu'ils les relèguent dans l'état qui leur convient, soit d'artisans, soit de laboureurs. Il veut aussi que si ces derniers ont des enfants qui laissent voir de l'or ou de l'argent, on les élève, ceux-ci à la condition des guerriers, ceux-là à la dignité de magistrats, parce qu'il y a un oracle qui dit que la république périra lorsqu'elle sera gouvernée par le

____

(1) Platon, *République*, livre **III**.

fer ou par l'airain ». Socrate ne veut-il point dire, en rappelant cet oracle, que la république périra lorsqu'elle sera gouvernée par les artisans et que, pour éviter cette ruine, il est nécessaire de leur ouvrir les charges gouvernementales dès qu'ils s'en montrent capables? — Toutefois les gens de métier sont d'une nature inférieure ; s'ils ne parviennent pas à s'élever, ils demeurent toujours dans les bas-fonds de la société ; Socrate revient à plusieurs reprises sur cette même idée. Ainsi il dit (1) : « La philosophie conserve toujours sur les autres arts un ascendant, une supériorité qui la font rechercher par ces naturels qui n'étaient point faits pour elle, par ces vils artisans dont un travail servile a déformé les corps et dont il a en même temps dégradé l'âme ». Puis il les compare à des esclaves chauves et de petite taille, sortis depuis peu de la forge et des entraves, qui ont amassé quelque argent et qui, après s'être nettoyés au bain et revêtus d'un habit neuf, iront épouser la fille de leur maître. Et ailleurs encore (2), Socrate dit que la condition du cordonnier, du laboureur ou de tout autre artisan ne peut entrer en comparaison avec celle des guerriers, plus honorable et plus heureuse que celle même des athlètes qui ont remporté le prix. Quelques lignes plus loin, nous nous trouvons en présence d'un passage qui nous intéresse d'une manière toute particulière, car il indique très-nettement comment se faisait l'apprentissage chez les Grecs.

Socrate dit à Glaucon, son interlocuteur : « Il est évident qu'ils (les gardiens ou les guerriers de l'État) feront la guerre en commun et qu'ils y conduiront ceux de leurs enfants qui seront assez forts pour supporter les fatigues ; afin que ces enfants,

---

(1) Plat., *République,* liv. VI, p. 495. — Nous trouvons également dans Aristote les mêmes sentiments et les mêmes opinions : un respect très-grand pour les hommes libres, un mépris souverain pour les esclaves auxquels est abandonné le travail manuel : Parmi les hommes, dit-il, les uns sont des êtres libres par nature, les autres des créatures pour lesquelles il est utile et juste de vivre dans la servitude ; les esclaves ne diffèrent des bêtes qu'en ce qu'ils sentent la raison dans les hommes libres sans en avoir l'usage pour eux-mêmes ; ces instruments animés ne sont capables que de la vertu nécessaire pour vaquer à leurs travaux ; enfin, les Dieux leur ont départi la force convenable pour leurs occupations serviles, comme aux hommes libres, l'intelligence pour le commandement. — (Arist. *Polit.* liv. IV et V, *Moral,* liv. I.

(2) Platon, *République,* liv. V, p. 466.

à l'exemple de ceux des artisans, voient de bonne heure ce qu'il
leur faudra faire un jour et que, de plus, ils puissent aider leurs
pères et leurs mères et leur rendre, en tout ce qui regarde la
guerre, les services qui seront à leur portée. As-tu remarqué
ce qui se pratique à l'égard des autres métiers? Combien de
temps, par exemple, le fils du potier aide à son père et le
regarde travailler, avant de toucher lui-même à la roue? » Glaucon répond : « Je l'ai remarqué. » Socrate ajoute : « Nos guerriers doivent-ils donner moins de soins et de temps à former
leurs enfants au métier de la guerre? » Glaucon réplique : « Ce
serait une extravagance. » Ne voit-on point, d'après ce texte qui
s'occupe des métiers par comparaison, ou plutôt par analogie,
que l'apprentissage est le mode d'enseignement professionnel
de tous les artisans de la Grèce et qu'on ne s'élève à la pratique
du métier qu'après avoir assisté celui qui l'exerce et se charge
de le démontrer. Socrate ne parle pas seulement des métiers
considérés à un point de vue abstrait, mais aussi de quelques
métiers pris à part : ses connaissances et ses explications ne sont
pas seulement générales, mais spéciales. Par exemple, au sujet
de l'état de teinturier, il s'exprime ainsi (1) : « Tu sais la manière dont s'y prennent les teinturiers lorsqu'ils veulent teindre
la laine en pourpre. Parmi des laines de toute sorte de couleurs,
ils choisissent la blanche, ils la préparent ensuite avec beaucoup
de soin, afin qu'elle prenne mieux la couleur dont il s'agit :
après quoi, ils la teignent. Cette sorte de teinture ne s'efface
pas, et l'étoffe, soit qu'on la lave simplement, soit qu'on la
savonne, ne perd jamais son éclat; au lieu que si la laine que
l'on teint a déjà une autre couleur, ou si on se sert de la
blanche, mais sans la préparer, tu sais ce qui arrive. » Et Glaucon répond : « Je sais que la couleur ne tient point et n'a aucun
éclat. »

Enfin, dans ce même ouvrage sur *la République*, Socrate indique bien que celui qui est né pour un état, qui l'a appris et
exercé, ne doit point sortir du domaine réservé à cet état, lorsqu'il dit à Glaucon (2) : « Quand nous exigions que celui qui est
né pour être cordonnier, charpentier ou tout autre artisan fît

---

(1) Platon, *République*, liv. IV, p. 429.
(2) *Ib.*, liv. IV, p. 443.

bien son métier et ne se mêlât point d'autre chose, nous tracions l'image de la justice. »

Le traité sur *les Lois*, ainsi que nous l'avons déjà dit, s'occupe d'une manière plus directe des règles qui régissent le travail des artisans. Le titre de l'ouvrage suffit à expliquer la différence qui existe entre les renseignements que nous avons empruntés à *la République* et ceux que nous allons maintenant puiser dans *les Lois*.

« Pour devenir un homme excellent, dit Platon, en quelque profession que ce soit, il faut s'y exercer dès l'enfance . . . par exemple, il faut que celui qui veut être un jour un bon architecte s'amuse, dès sa première jeunesse, à bâtir des petits châteaux d'enfant ; que le maître qui l'élève lui fournisse de petits outils sur le modèle d'outils véritables ; qu'il lui fasse apprendre d'avance ce qu'il est nécessaire qu'il sache avant d'exercer sa profession, comme au charpentier à mesurer et à niveler ; en un mot, il faut qu'au moyen des jeux il tourne le goût et l'inclination de l'enfant vers le but qu'il doit atteindre pour remplir sa destinée. » Ces règles et ces conseils ne semblent-ils pas dictés par la plus haute sagesse, en même temps que par l'expérience la plus sûre, et les parents ainsi que les maîtres des enfants ne peuvent-ils pas utilement s'inspirer des uns et appliquer les autres?

« Il n'y a presque point d'homme, nous dit encore Platon (1), qui réunisse en soi les talents nécessaires pour exceller en deux arts ou en deux professions, ni même pour exercer avec succès un art par lui-même et diriger quelqu'un dans l'apprentissage d'un autre. Sur ce principe, il faut que la loi suivante soit fidèlement observée chez nous. Qu'aucun ouvrier en fer ne travaille en même temps en bois ; pareillement, qu'aucun ouvrier en bois n'ait sous lui des ouvriers en fer dont il conduise le travail en négligeant le sien, sous prétexte qu'ayant un grand nombre d'esclaves qui travaillent sous ses ordres et pour lui, il est naturel qu'il leur donne sa principale attention, parce que leur métier lui est d'un plus grand rapport que le sien propre. Mais que chacun n'ait dans l'État qu'un seul métier d'où il tire sa subsistance . . . » On voit que la considération de l'appren-

---

(1) Platon, *Lois*, liv. VIII, — Platon, *Opera ex recensione* Schneider, vol. II, p. 41.

tissage n'est pas étrangère à cette prescription très-formelle de
n'exercer qu'un seul état. Le maître, en effet, qui ne se contente
pas de l'exercice d'une profession unique, qui travaille le fer et
le bois, ne peut pas dispenser ses soins d'une manière égale à
ceux qui, sous ses ordres, apprennent à travailler le fer ou le
bois : son enseignement et ses leçons, en se multipliant et en
cherchant à se répandre sur une masse trop considérable d'ouvriers, deviennent sans profit et tout à fait inefficaces. — Aussi,
dans ce cas, les lois se montrent d'une grande sévérité. « Si
quelque étranger exerce deux métiers à la fois, que les magistrats (astynomes) le condamment à la prison, à des amendes
pécuniaires ; qu'ils le chassent même de la cité et le forcent
par la crainte de ces châtiments à être un seul homme et non
plusieurs . . . »

Voilà tout ce que, dans le traité *des Lois*, on peut trouver qui
s'applique à l'apprentissage ; mais non tout ce qui se rapporte
aux artisans et à l'organisation du travail. Ces deux sujets, comme
nous l'avons dit plusieurs fois, étant tout à fait connexes, liés
l'un à l'autre d'une manière, pour ainsi dire, solidaire, nous
croyons devoir reproduire tous les passages qui, dans *les Lois*,
contiennent quelques renseignements sur les métiers et les gens
de métier. D'ailleurs, nous aurons lieu de voir que Platon traite
la classe des artisans dans cet ouvrage, sinon avec beaucoup
plus de respect, du moins avec beaucoup moins de dédain que
dans *la République* : cette différence tient sans doute à ce que,
dans *la République*, Platon crée de toutes pièces et fait sortir
de son cerveau la cité qu'il rêve, sa république idéale, tandis
que dans *les Lois* il essaie de reproduire la cité qui existe, qu'il
a sous les yeux et avec la législation et les coutumes de laquelle
il est tenu de compter...

« La classe des artisans, dit Platon, est consacrée à Vulcain
et à Minerve, de qui nous tenons les arts nécessaires à la vie :
comme la nation de ceux qui, par d'autres arts, protégent et
garantissent les travaux des artisans est consacrée à Mars et à
Minerve. Les uns et les autres travaillent pour le bien de la
patrie et des citoyens, ceux-ci en combattant à la guerre pour
la défense commune, ceux-là en fabriquant pour un prix raisonnable toute sorte d'ouvrages et d'instruments... » Quel changement entre ce langage et celui que tenait Socrate dans *la
République !* Les guerriers et les artisans ne sont plus séparés

par toute la distance qui résulte des différences de race, d'aspirations et de sentiments ; la distance est effacée, l'abîme est comblé, les uns et les autres sont également placés sous la protection des dieux, et conspirent à travailler pour le bien de la patrie.

Aussi les artisans, ajoute Platon, « par respect pour les Dieux dont ils se glorifient de descendre, doivent éviter tout mensonge en ce qui concerne leur travail ». Et voici l'exemple qui suit le précepte. « Si quelque artisan n'a point fait, par sa faute, son ouvrage au temps convenu, sans aucun égard pour le Dieu qui lui donne du pain, se figurant par un excès d'aveuglement que, lui étant spécialement consacré, il ferme les yeux sur ses fautes ; outre le châtiment qu'il doit attendre de ce même Dieu, voici celui auquel la loi le condamne : il paiera le prix de l'ouvrage qu'il s'est engagé à faire et qu'il n'a pas fait ; de plus, il le fera pour rien dans le même temps marqué. »

Et ailleurs :

« La loi donne à quiconque entreprend un ouvrage le même avis qu'elle a donné à tout vendeur, de ne point chercher à tromper en surfaisant le prix de sa marchandise, mais de ne l'estimer que ce qu'elle vaut ; elle prescrit la même chose à l'ouvrier qui se charge d'un ouvrage, car il sait ce que vaut son travail . . . Quiconque aura souffert quelque dommage à ce sujet aura action contre celui qui en est l'auteur. »

Et ailleurs encore :

« Si quelqu'un ayant chargé un artisan de quelque ouvrage ne lui en paie pas le prix suivant la convention légitime passée entre eux et que, manquant à ce qu'il doit à Jupiter et à Minerve, conservateurs et protecteurs de l'État, par l'amour d'un petit gain, il rompe les principaux liens du commerce civil, la loi se joindra à ces Dieux pour venir au secours de la société qu'il tend à dissoudre. C'est pourquoi celui qui, ayant reçu le travail de l'artisan, ne lui en donnera pas le prix dans le temps convenu, paiera le double ; et s'il laisse s'écouler une année, il paiera aussi les intérêts à raison d'un sixième pour chaque drachme par mois, quoique d'ailleurs l'argent dû à tout autre titre ne doive produire aucun intérêt. — Le jugement de ces sortes de causes appartiendra aux tribunaux de chaque tribu. »

Résumons maintenant tous les développements que nous a fournis l'examen de l'organisation du travail à Athènes.

Nous avons vu que les Athéniens avaient commencé par mépriser le travail manuel et qu'ils l'avaient abandonné aux esclaves; nous avons vu que ces esclaves avaient été, de l'aveu même de Socrate, l'objet d'un profond dédain et que les épithètes les plus injurieuses pouvaient impunément leur être adressées; mais nous avons vu aussi que les lois s'étaient montrées moins sévères, plus indulgentes que les mœurs et qu'elles avaient traité la classe des artisans sinon avec une vive sollicitude, du moins avec un esprit incontestable de justice et d'équité. Au contact de pareilles lois, les mœurs, cela n'est point douteux, se modifièrent singulièrement, et de là nous sommes autorisé, presque obligé à conclure que la condition tant des ouvriers que des apprentis fut protégée et adoucie d'abord par des textes formels, ensuite par des coutumes et des usages remplis d'humanité. Comment pouvait-il en être autrement dans cette Grèce qui, au milieu des cités et des républiques anciennes, tenait d'une main ferme et élevée le flambeau de la civilisation, et qui, grâce à son génie si puissant et si séduisant, devait, au jour de la défaite, selon la belle expression du poëte latin, faire la conquête de son superbe conquérant?

LE TRAVAIL ET L'APPRENTISSAGE CHEZ LES ROMAINS.

L'existence des corporations ouvrières est presque contemporaine à Rome de l'existence de Rome elle-même. C'est en effet sous le règne de Numa qu'on place (1) les colléges d'artisans; et l'on s'accorde à dire que cette institution était destinée à opérer une fusion complète entre les Romains et les Sabins. Dès son avénement, Numa s'était aperçu qu'il y avait à Rome deux partis, deux peuples qui, au lieu de se confondre et de vivre en harmonie, co-existaient et étaient animés l'un contre l'autre des sentiments les plus contraires. Afin de faire cesser cet état d'hostilité et de tarir la source de querelles qui menaçaient de se perpétuer, ou au moins de se prolonger, Numa

____

(1) Plin., I. H. N., XXXIV, 1. XXXV, 46.

classa tous les artisans dans des corps de métiers ou colléges.
Ainsi, on cite comme datant de ce temps réculé: 1º la corporation des joueurs de flûte (tibicines — αὐλήται) qui, à cause de
l'importance du rôle que jouait la flûte dans les cérémonies
religieuses, jouissait de priviléges spéciaux (1) ; 2º la corporation des orfèvres (aurifices — χρυσοχόοι); 3º celle des ouvriers
en bois, qui comprenait les menuisiers, les charpentiers (fabri
— τέκτονες); 4º celle des ouvriers en cuir, dont faisaient partie
les cordonniers et selliers (sutores — σκυτοτόμοι) ; 5º celle des
tanneurs (cerdones — σκυτοδεψοί), dont les ateliers, à cause de
la mauvaise odeur des cuirs, étaient relégués au delà du Tibre;
6º celle des travailleurs en fer ou forgerons (fabri ærarii — χάλκεις
— fabri ferrarii); 7º celle des potiers de terre (figuli — κεράμεις);
8º enfin, celle des teinturiers (tinctores — βάφεις) (2). Parmi les
industries qui sont le partage de ces colléges, la céramique
surtout paraît avoir atteint de bonne heure un degré de perfection
remarquable, grâce à des ouvriers venus de l'Etrurie et de
Corinthe (3).

Chaque collége avait son Dieu protecteur, son chef (præfectus
collegii), ses finances (arca communis), son agent, son syndic,
ses réunions périodiques et ses fêtes.

« Les corporations, nous dit Mommsen (4), avaient le même
objet que les corporations sacerdotales qui leur ressemblaient
par le nom ; elles avaient enfin leurs experts qui se réunissaient
pour maintenir et affirmer la tradition. Sans doute, elles cher-
chaient à écarter de leur sein quiconque n'était pas du métier :
toutefois on ne constate chez les Romains ni tendances marquées au monopole, ni garanties organisées contre la fabrication des produits défectueux. » Cette observation de Mommsen
est confirmée par les faits; il n'était point rare, en effet, que

---

(1) Valer.-Maxim. II, 5.
(2) Plin. H. N. XXXV-17 Plut-Numa, 17. — Gruter, p. 45, 114, 261, 268.—
Dezobry, Rome au siècle d'Auguste, p. 241, t. I. Mommsen, Hist. rom. t. I,
p. 261. Le savant historien allemand nous dit, à propos de cette division
des colléges : « A cette époque où la boulangerie et l'art médical étaient
choses encore inconnues, où les femmes filaient à domicile la laine des étoffes
pour vêtement, la liste ci-dessus comprenait sans doute toutes les industries
travaillant pour le compte d'autrui.
(3) Pline, H. N. *ibidem*.
(4) Th. Mommsen. — *Hist. rom.*, t. I, p. 261 et 199.

deux métiers s'occupant de travaux tout à fait différents, fussent
réunis en une seule corporation. Ainsi les fabricants de grosses
étoffes de laine (centonarii) (1) avaient été associés aux ouvriers en bois, ceux que l'on appelait *fabri lignarii machinarum
belli*. La cause de cette réunion consistait en ce qu'on couvrait
avec de grosses étoffes de laine, pour les préserver du feu,
les machines dont les Romains se servaient pour faire le siége
des villes.

Ce n'est qu'assez tard que l'industrie du fer s'est développée
à Rome ; et pendant longtemps la charrue et le couteau sacer-
dotal furent faits de cuivre. Toutefois d'antiques chants natio-
naux ont été consacrés à Mamurius, l'habile armurier, qui a
su forger pour ses concitoyens des boucliers pareils au bouclier
divin un jour tombé du ciel (2). A Rome, au début de la
civilisation, dit Mommsen, celui qui forge le soc et l'épée
est tenu en même estime que celui qui les manie : on
est loin encore de ce dédain superbe de la postérité pour tout
ce qui est travail de l'artisan. Quand la réforme servienne eut
assujetti les domiciliés à l'obligation du service militaire, les
industriels n'étant point, pour la plupart, établis à demeure, se
virent de fait, sinon par la vertu de la loi, exclus du droit de
porter les armes. Une exception doit être faite pour les charpentiers, les ouvriers en bronze et quelques catégories de
joueurs d'instruments qui reçurent une sorte d'organisation

---

(1) M. Levasseur traduit le mot *centonarii* par *maçons*. Centonarii, dit le
savant historien, signifie évidemment une sorte de maçon, comme l'a traduit
M. Wallon, et non marchand de chiffons ; avec ce dernier sens, il serait impossible, d'expliquer l'alliance perpétuelle des centonaires avec les autres ouvriers en bâtiment. Quelle que soit l'autorité de MM. Wallon et Levasseur,
nous ne saurions partager leur opinion ; centonarii signifie non pas marchands
de chiffons, mais fabricants de grosses étoffes de laine ; et l'alliance de ces
personnes est parfaitement possible avec les corps de métiers qui s'adonnent
au bâtiment. C'est ce que démontre très-bien Forcellini et avec les meilleures
et les plus plausibles raisons : « Centonarii, artifices qui centones consuunt
(v. Cento, vestis stragula crassior et vilior). Horum erant sicut et cœterorum
artificium instituta collegia et in oppidis quidem centones suppeditabant ad
extinguendum si quod oriretur incendium ; in bello autem ad vestes militibus
conficiendas, ad tabernacula contegenda, ad munienda machinamenta contrà
ignem et telorum ictus. *Quare sœpè cum dendrophoris tignariis, delubrariis,
scalariis et ejusmodi fabris qui exercitum sequi solebant pinguntur* ut videri
est... » V. aussi *Allgemeine Encyclopédie* de Ersch et Gruber, verbo *Cento.*

(2) Festus, éd. Muller, p. 131. — Ovid., Fast III, 391. *Th. Mommsen.* t. I,
p. 261.

militaire et dont certaines escouades accompagnaient l'armée.»

« Peut-être, ajoute Mommsen, est-ce là la source du peu d'estime et de l'infériorité du rang politique assigné plus tard aux métiers (1). » Faisons remarquer que la source de ce dédain, qui, à Rome, n'a fait que s'augmenter et a envahi jusqu'aux historiens et aux philosophes les plus amis de la liberté (2), n'est pas celle qu'indique Mommsen. Les métiers n'étaient point méprisés parce que ceux qui les pratiquaient ne portaient pas les armes, mais parce que les métiers étaient par eux-mêmes choses viles et méprisables et rendaient ceux qui les exerçaient incapables de porter les armes. Les Romains avaient conçu pour les professions manuelles un mépris d'autant plus grand que leur esprit était guerrier et aristocratique et que leurs inclinations naturelles les entraînaient irrésistiblement vers la gloire des armes et l'étude des arts de la guerre. Il y a une grande différence, on le voit, entre cette explication et celle de Mommsen : l'une consiste dans la déduction tirée d'un fait isolé, d'un détail qui a plus ou moins d'importance : l'autre, au contraire, est puisée dans le caractère et dans le génie même du peuple romain ; elle a, en outre, le mérite d'être appuyée et fortifiée de l'autorité imposante de Montesquieu, car nous lisons dans un des chapitres (3) de ce pénétrant et profond ouvrage, *Grandeur et décadence des Romains*, le passage suivant : « Les citoyens romains regardaient le commerce et les arts comme des occupations d'esclaves ; ils ne les exerçaient point. S'il y eut quelques exceptions, ce ne fut que de la part de quelques affranchis qui continuaient leur première industrie. Mais, en général, ils ne connaissaient que l'art de la guerre qui était la seule voie pour aller aux magistratures et aux honneurs. »

---

(1) Th. Mommsen, *Hist. rom.* t. I, p. 261-262.

(2) Tite-Live, III, 3 et 27.—Tite-Live, IV, 31, IX, 7, XXIII, 25.—Cicéron, *De officiis*, liv. 1, chap. 42. Collection Nisard, t. IV, p. 460. « Parmi les différents arts, dit Cicéron, et relativement aux gains qu'ils procurent, les uns sont réputés libéraux et les autres mercenaires...... On tient pour indignes d'un homme libre ceux de tous les mercenaires qui louent leurs bras et rien de plus ; l'argent qu'on leur donne est comme le prix de leur servitude. On regarde encore comme peu honorables les profits de ces gens qui achètent aux marchands pour revendre immédiatement, car ils ne peuvent rien gagner s'ils ne mentent effrontément, et rien n'est plus honteux que le mensonge. En général, tous les *artisans exercent des professions viles et la place d'un homme libre n'est pas dans une boutique.* »

(3) Montesquieu, chap. x, *Grandeur el Décad. des Romains.*

Après l'expulsion des rois, la législation n'apporte aucun changement considérable dans la situation des métiers. Toutefois la loi des Douze Tables, qui s'est inspirée de l'œuvre de Solon, emprunte à sa devancière d'importantes dispositions.

Parmi les dispositions qu'elle a reproduites, citons les franchises données au droit d'association et l'autonomie assurée aux sociétés de tous genres. C'est ce qu'indique, en termes très-nets, le jurisconsulte Gaius, lorsqu'il dit dans son Commentaire sur la loi des Douze Tables (1) : « On appelle confrères (*sodales*) ceux qui sont membres du même collége ; le collége chez les Grecs porte le nom d'hétérie (έταιρία). La loi accorde aux membres de ce collége le pouvoir de faire les conventions qui leur conviennent, pourvu toutefois qu'ils ne contreviennent pas aux lois publiques.

Mais cette loi paraît avoir été empruntée à la législation de Solon, car elle y est ainsi énoncée : « Si des membres de la plèbe, ou des frères, ou des soldats enrolés ensemble, ou des nautes, ou des co-frumentaires, ou des co-propriétaires d'un même tombeau, ou des compagnons, ou des personnes qui cohabitent en assez grand nombre se réunissent en vue d'une entreprise commerciale ou de toute autre chose, que tout ce que ces personnes décideront soit *respecté*, à moins que les lois publiques n'y mettent obstacle. »

Les colléges d'artisans libres eurent de tout temps à lutter contre la concurrence des esclaves ; et l'on n'ignore pas que les esclaves, surtout à l'époque où la loi des Douze Tables a été promulguée, formaient à Rome une multitude, nous pouvons dire, une armée considérable, témoins les soulèvements et les révoltes ; témoins aussi les guerres serviles que l'histoire mentionne !

Les esclaves ouvriers étaient de deux espèces. Les uns étaient attachés à la personne de ceux qui les possédaient ; les autres travaillaient pour le public au profit et sous le nom de leurs

---

(1) Dig., XLVII, tit. 22, *de Colleg. et Corp.* Loi 4.

Id, si autem plebs, aut fratres, aut sacramentales, aut nautæ, aut confrumentales, aut qui in eodem sepulchro sepeliuntur, aut sodales, qui aut multum simul habitantes sunt, enimvero ad negotiationem aut quid aliud, quidquid hi disponent ad invicem firmum sit, nisi hoc publicæ leges prohibuerint.

maîtres. Les premiers remplissaient les fonctions de cuisiniers (1),
de boulangers (2), de foulons (3), de tisserands (4), et étaient
chargés sinon de satisfaire aux goûts les plus capricieux des
maîtres, au moins d'exercer tous les métiers indispensables à
l'alimentation et à l'entretien d'un homme. Les autres mettaient
en vente les objets qu'ils fabriquaient, tenaient boutique (5) et
se chargeaient des entreprises les plus variées; les maîtres perce-
vaient les bénéfices qui en résultaient. Quelquefois aussi les
esclaves étaient au service des étrangers, moyennant un loyer
alloué au propriétaire : le Digeste nous parle plusieurs fois de
pareils marchés (6).

Mommsen observe avec raison que l'esclavage avait empêché
Rome de comprendre dans son sein une classe moyenne composée de fabricants et de marchands indépendants.

« Il était d'usage chez les anciens, dit-il, et c'était là une
conséquence forcée de la possession de nombreux esclaves, de
préposer ceux-ci aux petites opérations du négoce urbain et
aux travaux manuels. Leur maître les établissait comme ouvriers
ou marchands. Il en était de même des affranchis, auxquels le
patron confiait le capital nécessaire, en se réservant soit
une moindre partie, soit même la moitié des bénéfices. Le petit
commerce et la petite industrie étaient en constant progrès, et
l'on voit s'introduire et se concentrer à Rome certains métiers
vivant plus spécialement du luxe des grandes villes. La cassette
de toilette (cesta), connue sous le nom de Ficoroni, est l'œuvre
d'un artisan romain du cinquième siècle. D'ailleurs, le produit net
du petit commerce retournant presque tout entier dans les coffres
des riches, il ne put donner l'essor à une classe moyenne et
proportionnée d'industriels et de négociants. Les gros négociants
et les gros industriels ne se distinguaient ainsi pas des gros
propriétaires.

« Le nombre des esclaves s'étant accru sous Crassus d'une
manière prodigieuse, et le travail des artisans libres ayant reçu.

---

(1) Dig., lib. XXXII, t. 1, Leg. 65, § 2.
(2) Dig., lib. XXXIII, t. 7, L. 12, § 5.
(3) Dig., lib. XXXIII, t. 7, L. 12, § 6.
(4) Dig., lib. XXXII, t. 1, 65, § 1.
(5) Dig., lib. XXXIII, t. 7, 15.
(6) Dig., lib. XXXIII, t. 7, l. 12, § 8. Ibid., l. 19, § 1.

de cet accroissement le plus rude coup, les colléges ne tardèrent
pas à devenir des foyers de révolte et de sédition et à prêter
main forte à toutes les tentatives des hommes politiques les
plus turbulents. » (1) Salluste nous apprend (2) que c'est parmi eux
que Marius recruta ses défenseurs les plus zélés ; Cicéron nous
enseigne (3) qu'à la suite d'une scène tumultueuse qui avait été
provoquée par les ouvriers au moment où Pompée devait présenter la défense de Milon, le Sénat rendit un sénatus-consulte
ordonnant que tous les colléges seraient dissous et que les
membres qui resteraient associés seraient passibles des peines
portées contre la violence ; enfin Suétone et Tacite nous racontent
que sous les empereurs la dissolution de ces mêmes colléges
fut prononcée plusieurs fois ; et dans maints passages de ses
lettres, Pline le Jeune nous parle de la crainte et de l'aversion
qu'inspiraient à Trajan les associations ouvrières.

Avant de pénétrer plus avant dans l'organisation du travail chez
les Romains, disons quelques mots des Gaulois qui, après avoir
été vaincus et domptés par César, s'adonnent avec intelligence
et activité à la culture de l'industrie et à la pratique du commerce.

Un atelier des monnaies s'installe à Lyon ; des écoles publiques s'ouvrent à Marseille et dans beaucoup d'autres villes (4);
un vaste commerce d'exportation s'établit entre l'Italie et la
Gaule ; l'art de fondre et d'étamer les métaux (5), l'art de
fabriquer les étoffes de laine, les toiles ; l'art de teindre et même
d'imprimer les tissus se développent avec rapidité. L'architecture n'est pas moins avancée que les professions manuelles,
ainsi que l'attestent et le pont du Gard, et la Maison carrée, et
l'amphithéâtre de Nîmes, et une foule d'autres monuments dont
nous admirons encore les ruines grandioses ; enfin la navigation
fait d'étonnants progrès, notamment sur la Seine, la Saône, la
Loire, le Rhône, l'Aude et la Garonne (6). Aussi, dès le
règne d'Auguste, la Gaule peut être regardée comme une des
provinces les plus riches et les plus fécondes de l'Empire. Elle

---

(1) Th. Mommsen, *Histoire romaine*, t. II, p. 277 et seqq.
(2) Sall. *Jugurth.*, 72-73.
(3) Cicer. *Ep. ad Quint. fratr.* II., 3.
(4) Strab. p. 181.
(5) Plin. XXXIV - 20 — XXXIV - 48 — VIII, 74.
(6) Strab. p. 139.

a échangé ses mœurs et ses institutions contre les mœurs et les institutions de Rome et le travail y a été réparti entre des artisans libres. En outre, les artisans libres s'y sont, de même qu'à Rome, formés et organisés en corporations, et ces corporations ont été régies par les mêmes règles que les colléges romains.

Avant de parler de ces colléges et d'examiner d'une manière plus approfondie leur organisation et leurs fonctions, jetons un rapide coup d'œil sur la situation des esclaves ouvriers que nous avons déjà mentionnés. Jusqu'au siècle des Antonins, les maîtres avaient sur eux une autorité absolue, le droit de vie et de mort; et l'on n'ignore pas que si quelques maîtres seulement eurent la barbarie de faire usage du droit de tüer (*jus occidendi*), le plus grand nombre ne se fit pas défaut d'infliger les châtiments les plus violents et les traitements les plus cruels.

Après avoir énoncé que dans toutes les branches professionnelles les métiers s'exerçaient généralement, du moins au vi^e siècle de Rome, par des hommes de condition servile; que les prêteurs et banquiers dirigeaient leurs comptoirs par l'entremise d'esclaves et d'affranchis; que l'entrepreneur de construction s'achetait des esclaves architectes; que l'entrepreneur de spectacles marchandait sa troupe d'esclaves dramatiques; après avoir ainsi démontré que les esclaves sont répandus dans toutes les différentes branches des métiers pratiqués par les Romains, Mommsen conclut en ces termes : « Rien de plus triste que leur condition à tous. Moins favorablement traités d'ordinaire que chez les Grecs, il y avait pourtant entre eux des différences, et ceux des métiers étaient en somme moins à plaindre que ceux de la culture. Ils avaient plus souvent une famille, un ménage indépendant de fait : il leur était plus possible de gagner leur liberté, un pécule. Mais en même temps ils furent la pépinière de ces parvenus d'origine servile qui, récompensés de leurs vertus, souvent aussi de leurs vices de valets, se glissaient jusque parmi les rangs des citoyens de Rome et arrivèrent nombre de fois à la fortune : funestes à la République et ruineux autant que l'institution de l'esclavage elle-même au point de vue des mœurs, de la politique et de l'économie politique. » Ainsi l'histoire nous cite les noms d'artisans qui avaient acquis une fortune assez considérable pour donner des jeux publics : la muse de Martial s'en indignait vivement.

Les associations ouvrières ayant pris à Rome un remarquable développement, surtout depuis l'empereur Alexandre Sévère qui les avait favorisées et avait encouragé la formation de colléges destinés à représenter chaque métier, il convient, ainsi que nous l'avons dit tout à l'heure, de rechercher les dispositions législatives qui ont été édictées en vue de ces associations et de ces colléges.

Nous savons déjà, d'après un texte de Gaïus, que les colléges ont été créés à Rome à l'exemple des *hétéries* grecques, et que chacun de ces colléges avait son dieu protecteur, son chef, ses finances, son agent, son syndic, ses réunions périodiques, ses fêtes. Nous ajouterons à ces détails les renseignements que nous fournit largement le *Digeste*.

« Il n'est pas permis à tout le monde indistinctement, dit Gaïus (1), de former une société, un collége ou quelque corps de cette nature ; les lois, les sénatus-consultes et les constitutions impériales y mettent obstacle. — Dans un petit nombre de cas, l'autorisation a été donnée de fonder de pareilles corporations ; ainsi il a été permis aux associés (*sociis*) des impôts publics de former une corporation en vue d'exploiter soit les mines d'or, soit les mines d'argent, soit les salines.

» De même, il est à Rome des colléges qui ont été sanctionnés par des sénatus-consultes et des constitutions impériales ; par exemple, les colléges des boulangers, de quelques autres corps d'état et des armateurs, lesquels s'étendent jusque dans les provinces.

» Ceux qui ont obtenu l'autorisation de former un corps de collége, de société ou toute autre institution méritant le même nom, se distinguent par ce caractère qu'ils ont, à l'exemple de la République, des biens communs (*res communes*), une caisse commune et un agent ou syndic qui a, de même que dans la République, mission d'intervenir et d'agir dans toutes les circonstances où il importe d'intervenir et d'agir pour la communauté (2).

---

(1) *Digeste*, lib. III., t. 5, leg. 1, proœm.
(2) *Ibid.*, § 1.

» Si personne ne peut en défendre les intérêts, le proconsul est chargé de jouer le rôle de défenseur. Cette obligation peut exister dans les cas où l'agent ou syndic est absent, malade ou incapable d'agir au nom du collége... (1)

» Si une personne étrangère à la corporation manifeste le désir de la défendre, le proconsul lui en donne l'autorisation conformément aux règles qu'on suit dans les causes des simples citoyens; par là, en effet, on améliore la condition de la communauté... » (2)

Le jurisconsulte Marcien nous dit, au sujet de la création des colléges en province (3), que « des rescrits impériaux ordonnent aux gouverneurs des provinces de ne pas souffrir que des corporations se forment (*collegia-sodalitia*); — non plus que les militaires établissent des colléges dans les camps. Mais il est permis aux petites gens (*tenuiores*) de s'associer pour fournir une cotisation mensuelle, pourvu toutefois qu'elles se réunissent une fois par mois et que, sous un tel prétexte, elles ne forment pas un collége illicite. Cette disposition ne doit pas être seulement en vigueur à Rome, mais dans l'Italie et dans les provinces : ainsi l'a ordonné l'empereur Sévère. »

Mais il n'est pas défendu de se réunir en vue de la religion; pourvu toutefois qu'on ne contrevienne pas au sénatus-consulte qui interdit les colléges illicites (4).

Il n'est pas permis d'avoir plus d'un collége ainsi que l'ont décrété les empereurs M. Antoninus et Vérus (*Divi fratres*); et si quelque personne est membre de deux colléges, il a été prescrit qu'il lui faudrait faire un choix et qu'elle recevrait du collége qu'elle abandonne ce qui lui revient du fonds commun (5).

S'il s'est formé des colléges illicites, leur dissolution est prononcée par des rescrits, des constitutions et des sénatus-consultes. Mais au moment de la dissolution, il est permis aux membres de faire le partage des fonds communs, s'il y en a, et d'en opérer entre eux la distribution ... (6).

---

(1) *Digeste*, lib. III, t. 5. leg. 2 proœm. § 2.
(2) *Ibid.*, § 3.
(3) *Ibid.*, XLVII. tit. 22 proœm.
(4) *Ibid.*, § 1.
(5) *Ibid.*, § 2.
(6) *Ibid.*, leg. 3.

Il est permis aussi, mais seulement lorsque les maîtres donnent leur consentement, de recevoir les esclaves dans les colléges
des petites gens. De cette manière, ceux qui administrent (*curatores*) ces corporations savent s'ils reçoivent les esclaves dans
le collége des petites gens contre le gré de leurs maîtres ou
à leur insu ; et, désormais, ils sont tenus de payer, à titre de
peine, pour chaque homme, cent pièces d'or.

Le jurisconsulte Ulpien, contemporain et conseiller d'Alexandre
Sévère, nous apprend quelle pénalité est réservée à ceux qui ont
formé un collége illicite. « Toute personne coupable d'avoir établi
un collége illicite, dit-il (1), sera punie de la peine infligée à
ceux qu'on juge avoir occupé des lieux publics ou des temples
à main armée. »

En revanche, les colléges licites ont droit à certains priviléges.
« A certaines corporations, dit Callistratus (2), ou à certains
colléges auxquels l'autorisation de se réunir a été donnée, on
accorde l'exemption d'impôts (*immunitas*) ; à savoir, aux corporations et colléges dans lesquels chaque membre est reçu à
raison de sa profession ; tel est le corps des ouvriers en métal
et tous ceux qui ont été institués dans le même but, c'est-à-dire
tous ceux qui ont été établis pour rendre les services qu'exige l'utilité publique. Et l'exemption n'est pas accordée indistinctement
à tous ceux qui font partie des colléges, mais seulement aux
ouvriers. » Le texte ajoute que la question d'âge ne doit pas être
perdue de vue, et que les personnes d'un âge trop avancé ont
été repoussées par l'empereur, de même que les personnes d'un
âge trop tendre. Et c'est à peine si ceux qui augmentent les ressources des cités et concourent à en soutenir les charges peuvent
jouir des priviléges accordés aux petites gens réparties dans les
colléges : c'est ce qu'établissent plusieurs dispositions de loi.

Dans tous les textes qui viennent de passer sous nos yeux, il
n'est nulle part question de l'éducation des gens de métiers. Et
même en les torturant, en les pressant en tous sens, nous ne
saurions trouver la plus légère mention qui pût s'appliquer de
loin ou de près à l'apprentissage. Faut-il nous en étonner ? Nulle-

---

(1) *Digeste*, lib. XLVII, tit. 22, leg. 2.
(2) *Ibid.*, lib. tit. 6., leg. 5, § 12.

ment. En effet, comme on a pu le remarquer, les dispositions
législatives que nous avons reproduites ne s'occupent pas de
l'organisation intérieure et, si nous pouvons dire, intime des colléges et des corporations. Il est bien fait mention dans le cas de
dissolution du collége, du partage des biens communs ; dans le
cas d'existence du collége, de la défense de ses intérêts en justice :
mais ce sont là des questions d'ordre général et public et non
des règles qui s'appliquent à telle corporation plutôt qu'à telle
autre. En un mot, la législation relative aux colléges et aux corps
de métiers ne cherche qu'à régler les rapports qui existent entre
les membres qui les composent et l'Etat. Faut-il en conclure
qu'il n'y ait eu sur l'éducation professionnelle des enfants voués
au commerce ou à l'industrie aucune loi, aucun règlement ? Nous
disons : loi et règlement, afin de comprendre dans notre question
le travail des artisans qui vivent en dehors des corporations et
colléges et le travail de ceux qui vivent au sein des corporations
et colléges.

Pour les artisans pris en dehors des colléges, l'existence de
lois relatives à l'apprentissage ne saurait être douteuse ; car, dans
plusieurs titres du *Digeste*, il est question d'enfants apprenant
une profession chez un maître. Ainsi, Julien (1) parle d'un enfant
placé chez un cordonnier qui, à la suite d'un acte de violence de
son maître, aurait perdu l'œil ; et, après avoir observé que le
droit de correction dont peut user le maître envers l'enfant, lors
même que ce dernier travaille mal, ne saurait dépasser un léger
châtiment (*levis castigatio*), le jurisconsulte décide qu'une action
ex locato sera accordée au père de l'enfant contre le maître.

Ainsi, encore, Ulpien (2) s'occupe du cas où le maître (*magister*)
blesse ou tue un esclave (*servus*) durant l'apprentissage ; et faisant allusion à l'espèce mentionnée par Julien, il emploie les
expressions : *discipulum in disciplinâ*.

Le texte ne répond-il pas à deux ordres de faits bien dis-
tincts, à savoir : le travail des ouvriers esclaves et le travail des
ouvriers libres ; et s'il montre qu'il n'y a pas eu pour désigner l'éducation professionnelle et celui qui y était soumis des
expressions spéciales, des termes consacrés, ne révèle-t-il pas

---

(1) *Digeste*, lib. XIX., tit. II. Locat. cond., leg. 13 § 4.
(2) *Ibid.*, lib. IX., tit. II. Ad leg. aquil. leg. 5, § 3.,

que l'apprentissage a été connu et usité à Rome, et que, de plus,
il a été régi par des lois qui lui étaient propres? Disons, enfin,
que d'autres textes des jurisconsultes Paul et Ulpien, dans lesquels il est question de la cruauté du maître et de l'action de
la loi Aquilia ouverte au père lorsque son fils est maltraité
ou blessé, prouvent, d'une manière éclatante, l'existence de
l'apprentissage organisé chez les Romains.

Pour les artisans répartis dans les corporations et les colléges
(il s'agit, bien entendu, des colléges et corporations licites), il
est très-probale que les règlements et les statuts, ceux-mêmes
qui fixaient les conditions de réception et les conditions de travail dans le collége, s'occupaient aussi des obligations et du
traitement imposés aux apprentis. L'Etat n'en prenait sans doute
pas connaissance, car il se désintéressait volontiers de toutes
les questions qui dérivent de la puissance patronale ou domi-
nicale : car il n'aimait pas à intervenir dans les faits et les actes
particuliers qui relèvent de l'organisation intime de la famille
(et ici nous prenons le mot famille dans son sens le plus large,
s'appliquant non-seulement aux enfants, mais à toutes les personnes, à toute la domesticité, à toute la *gens du pater-fami-
lias*). Il devait en être de même pour les corporations : l'Etat
ne voulait point sans doute se mêler à leur administration
intérieure. Aussi nous sommes loin de croire que l'humanité
et la douceur aient toujours présidé aux leçons données par les
membres des colléges (*præceptores-magistri*) aux enfants-apprentis (*discipuli*). La condition des maîtres étant très-dure et très-
rigoureuse, combien devait l'être plus encore celle des enfants
placés sous leurs ordres !

Quelque intéressante que soit l'histoire des corporations et
des colléges, nous ne pouvons la suivre dans tous ses détails ;
car, vu l'influence qu'exercent sur eux et les contre-coups que
leur font ressentir tous les changements et toutes les fluctuations
politiques, il nous faudrait suivre aussi dans tous ses détails
l'histoire de l'empire romain. Nous nous bornerons donc à indiquer les points principaux et les faits les plus saillants de
cette histoire des associations ouvrières dont la dissolution coïn-
cide d'une manière presque exacte avec la chute de Rome.

Dès le IIIe siècle, l'ensemble des colléges s'est partagé en
trois groupes : dans le premier sont comprises les manufac-

tures de l'Etat ; dans le second, les professions nécessaires à la subsistance du peuple ; le troisième, enfin, se compose des métiers libres.

Les ouvriers des manufactures de l'Etat sont employés à l'exploitation des mines, carrières et salines (1), à la fabrication des monnaies, des armes, des machines de guerre, dans les ateliers de tissage, d'orfévrerie, dans les pêcheries (2) ; et les ouvriers des professions nécessaires à la subsistance du peuple s'adonnent aux métiers de boulanger, de boucher, de caudicaire et de naviculaire. Quelque différentes que soient les occupations des premiers et des seconds, leur condition est presque en tous points semblable, et sauf l'exemption de la milice, des corvées et des redevances, qui est accordée aux ouvriers des professions nécessaires à la subsistance du peuple, les uns et les autres sont soumis à un esclavage des plus rudes et enfermés dans les règlements les plus sévères.

Dans les corporations de métiers libres, le nom seul de liberté, et non la liberté elle-même, apparaît, et les membres qui les composent ne sont pas plus exempts de liens et d'entraves que les artisans des deux autres groupes. C'est pour ces corporations que l'apprentissage est considéré comme mode de formation et de recrutement. « Si, dit M. Levasseur (3), les conditions de l'apprentissage étaient en Gaule, au IVe siècle, ce qu'elles étaient en Orient à la même époque, les parents s'engageaient à fournir tout ce qui était nécessaire à la nourriture et à l'entretien de l'enfant, et passaient un contrat par lequel ils abandonnaient au maître son temps et sa conduite pendant un certain nombre d'années. » Et le savant auteur, poussant plus loin son raisonnement par analogie, ajoute : « Le jeune apprenti quittait sa famille pour aller vivre chez son patron, et ne pouvait plus retourner dans la maison paternelle pendant la durée de l'initiation. L'apprentissage commençait de bonne heure... » La vérité de quelques-unes de ces asser-

---

(1) *Cod. Just.*, lib. XI, tit. 6. Les mines, carrières et salines ne sont pas toujours exploitées par l'Etat ; quelquefois elles sont affermées à des particuliers. *Dig.* L. XXVIII, tit. 5, Leg. 59, § 1.

(2) *Code de Just.*, L. XI, t. 6, 7, 9 ; *Cod. Théod.*, l. X, t. 19, 20, 21, 22.

(3) Levasseur, *Hist. des Classes ouvrières*, t. 1, p. 55.

tions semble être démontrée par une inscription trouvée sur
le tombeau d'un jeune esclave; la voici (1) :

« Passant, qui que vous soyez, versez quelques larmes sur
l'enfant qui repose ici. Il avait atteint sa douzième année :
cher à son maître, cher à ses parents dont il était l'espoir, il
a été arraché à eux, et cette séparation a été la cause d'une
longue douleur. Il savait de sa main habile fabriquer des col-
liers et enchasser dans l'or des pierres précieuses. Son nom était
Pagus, une mort cruelle a fait transporter ici ses cendres; son
corps, si on peut l'appeler de ce nom, gît sous cette pierre. »

On pourrait croire que l'abondance des colléges, toujours de plus
en plus considérable à Rome, et due surtout au besoin de protection que ressentaient les ouvriers, eût sinon jeté sur l'industrie un
très-vif éclat, du moins atténué le mépris qui s'y était si longtemps
attaché. Il n'en était rien : la pratique du commerce et des métiers
avait continué à être dédaignée; et, même au vᵉ siècle, Majorien
avait porté une loi tout à fait injurieuse pour les artisans. Voulant,
en effet, empêcher que les curiales épousassent des filles de colons
ou des esclaves, il avait disposé que (2) « la femme et les filles resteraient asservies à la terre du maître; les fils suivraient leur
père dans la cité, mais avec cette différence que s'ils étaient nés
d'une colone, ils seraient admis dans la curie et que s'ils
étaient nés d'une esclave ils entreraient dans les corporations ».

En Gaule, comme à Rome, les colléges prennent une extension prodigieuse, et il suffit, pour s'en assurer, de prendre connaissance d'inscriptions trouvées sur les tombeaux où sont gra-
vés les noms et les professions d'artisans de toute espèce (3).

L'empire romain, afin de satisfaire aux besoins chaque jour
grandissants de l'administration compliquée sur laquelle il s'appuie, va jusqu'à imposer tous les sujets. Caligula et Vespasien

---

(1) Quicumque es, puero lacrymas effunde, viator.
Bis tulit hic senos primævi germinit (*sic*) annos,
Deliciumque fuit domini, spes grata parentum
Quos male deseruit longo post fata dolori.
Noverat hic docta fabricare monilia dextra
Et molle in varias aurum disponere gemmas.
Nomen erat puero Pagus, at nunc funus acerbum,
Nunc cinis in tumulis jacet, et sine nomine corpus.
        (Wall., *Histoire de l'esclavage*, t. ɪɪ, p. 11 et 66.)
(2) *Cod. Théod.* Majorien, nov. 1.
(3) Qui fabricæ in... et sign... in præfecit (Gruter, p. 624, 4, Valence.)-

mettent une taxe sur quelques métiers, et Alexandre Sévère étend l'impôt à toutes les professions et à tous les artisans. Ainsi, l'Etat s'empare de la direction du travail et, pour répondre à ses besoins et satisfaire ses intérêts, subordonne à sa volonté et soumet à une véritable exploitation tous les artisans libres. Sous le règne de Constantin, l'impôt créé sur le travail prend le nom grec de chrysargire ou d'or lustral (1) ; et au lieu d'être perçu chaque lustre, comme son nom l'indique, c'est-à-dire tous les cinq ans, il ne tarde pas à être réclamé tous les quatre ans. C'est par des collecteurs responsables que le chrysargire est réparti et perçu ; et c'est au sein même des artisans qu'on choisit les personnes chargées de cette difficile et pénible fonction. Le plus souvent, l'ouvrier qui gagne au jour le jour de quoi satisfaire à ses modestes besoins est dans l'impossibilité de fournir l'impôt; dans ce cas, il est contraint de consacrer à l'Etat une ou plus fréquemment plusieurs journées de travail, ou bien encore on l'oblige à vendre ses enfants comme esclaves. C'est le spectacle de toutes ces vexations et de tous ces abus qui rappelle à Libanius (2) le triste souvenir de savetiers levant au ciel leur alène et jurant que cet outil était tout le bien qu'ils possédaient sur cette terre !

Il est facile de comprendre la funeste et mortelle influence que les lois trop sévères, les redevances et les taxes trop lourdes exercent sur la classe des artisans. Opprimés par les corporations qui les enchaînent et les emprisonnent depuis leur sortie du berceau jusqu'à leur dernière heure, où ils ne sont plus seulement

---

Viatori (p. 627, 11, 12, Narbonne.) — Decuria lictorum viatorum (p. 630, 12, Narbonne.) — Stator civitatis (p. 631. 7, Vienne.) — Mensor frumenti (p. 631, 8, Mayence.) — Medicus (p. 633, 10, Narbonne.) — Consummatæ peritiæ medico (634, 4, Mayence.) — Medica (635, 9, Nîmes.) — Unctor (636, 11, Nîmes.) — Thermarius (636, 13, Metz.) — Faber argent. (639, 4, Narbonne.) Egyot. artis. cret. m. (641, 3, Metz.) — Elosa mater. — Artis. cretar. dif. (641, 2 Metz.) — Viminius (642, 3, Narbonne.) — Fictilario (643, 1, Metz. — Argent. vasculario (643, 3, Valence.) — Ampullarius (643, 10, Narbonne).

Capistrarius (Orelli, 4158, Narbonne.) — Cartarius (4159, Nemausus.) Clavarius materiaer. (4164, Narbonne.) Cuparius et saccarius (4176, Trèves.) Ferrararius (4188 Nemausus.),

Neg. frumentarius (Boissieu, 415, Lyon) ; neg. muriarius (418.) — Hospitalis. — Exclussor. artis. arg. (424) ars caracteraria (425) — Tectorm, 428.

V. Levasseur, *Hist. des classes ouvrières*, p. 70 et 71.

(1) *Cod. Théod.* Lib. XII. Tit. 1, Leg. 9.

(2) Libanius, *Oratio contra Florent.*, p. 247.

des artisans, mais surtout des contribuables; obligés, sous peine
de mort, de payer les marchandises au prix qu'avait fixé l'Etat
et de ne faire payer leurs travaux et leurs services que d'après
les tarifs également déterminés par l'Etat ; enfin, accablés d'impôts croissants chaque jour, les ouvriers sont en proie à la plus
grande et à la plus effroyable misère ! En outre, l'argent des
riches disparaît , soit à l'étranger, malgré les défenses des
empereurs, soit au sein même de Rome , dans des endroits
mystérieux; et l'usure, ce mal terrible, presque incurable, qui
affaiblit les nations pleines de vie et précipite la mort de celles
qui languissent, envahit toutes les classes ouvrières de l'empire
romain et de la Gaule ! Aussi, l'esclavage devenu odieux et la
misère devenue intolérable ne tardent pas à produire leurs tristes
effets. A Rome, les artisans s'échappent des corporations, comme
des prisonniers s'échappent d'une prison, et courent chercher un
asile au fond des campagnes ou à l'extrémité des bois. Dans la
Gaule, les ouvriers ne se contentent pas d'une simple évasion :
associés aux paysans, ils se révoltent, se soulèvent, dévastent les
villages, assiégent les villes et pillent celles dont ils s'emparent.

L'empire romain est obligé de combattre non-seulement avec
les Barbares, mais avec les Gaulois ; s'il peut triompher des artisans rebelles, il est incapable de résister à la fureur des invasions
et d'opposer une barrière énergique aux hordes des barbares.
L'empereur Honorius appelle en vain à son secours les ouvriers
de la Gaule et de Rome qui ont pris la fuite; en l'année 400,
il ordonne en vain aux artisans des colléges de quitter les
retraites où ils se sont ensevelis; aucun des déserteurs ne répond
à la voix impériale. Les Barbares ne trouvent partout que des
villes mal défendues, abandonnées ou dépeuplées ; et, ainsi que
nous l'avons déjà dit, l'empire romain ne survit que fort peu
de temps aux associations d'artisans et d'ouvriers(1) !

FIN DE L'INTRODUCTION HISTORIQUE.

------

(1) S'il est des lecteurs qu'une étude plus complète de l'organisation du
Travail et de l'Apprentissage intéresse et qui, désireux de la suivre à travers
le cours des siècles, pensent que cette *Introduction* s'arrête trop tôt, nous les
prions de se reporter au travail que nous avons publié sous ce titre : *Étude
historique sur l'Apprentissage*, et qui a paru dans le *Bulletin de la
Société de protection des Apprentis et des Enfants employés dans les manufactures*, ann.1868, n°ˢ 1 et 2.

TRAITÉ

DU CONTRAT D'APPRENTISSAGE

PRÉLIMINAIRES.

Avant d'aborder l'étude du contrat auquel l'Apprentissage donne naissance, avant de reproduire, d'interpréter et de commenter les différents textes de lois qui s'y rapportent, il convient de revenir en quelques mots sur les considérations générales et les notions historiques que nous avons eu occasion d'exposer et de développer ailleurs (1).

Par là nous ne ferons que suivre l'exemple de **M.** Auguste Callet qui, chargé de présenter le rapport de la loi de 1851, au Corps législatif, faisait précéder l'exposé et l'examen des articles de la loi d'observations puisées autant dans l'étude de l'histoire que dans l'étude de la législation de l'apprentissage... Pour suivre mieux et de plus près l'exemple du rapporteur, nous ne croyons pouvoir nous arrêter à un parti meilleur que celui de résumer de la manière la plus fidèle, en même temps que la plus succincte, la partie du rapport dans laquelle sont traités l'Histoire des apprentis et l'Historique de la législation de l'apprentissage.

---

(1) Voy. ci-dessus. *Introduction historique*, p. LVII, note.

Après avoir examiné l'état de l'enseignement professionnel,
duquel, en 1851 et auparavant, l'État s'abstenait de s'occuper,
M. Auguste Callet (1) met en relief le but moral élevé de l'ap-

---

(1) Pour les lecteurs que la connaissance du Rapport, dans la partie que nous
nous sommes proposé d'analyser, intéresserait plus que notre modeste résumé
ou notre pâle analyse, nous croyons prudent de transcrire ici le document
lui-même.

« Messieurs,

» Notre législation présentait naguère une singulière anomalie. Tandis que
l'enseignement des sciences et des lettres était assujetti à des règles sévères,
à une surveillance ombrageuse, à des conditions préventives de toute nature,
l'éducation professionnelle était abandonnée à tous les hasards d'une liberté
sans limites. Il n'était pas permis de réunir chez soi quelques enfants pour
leur apprendre à lire; mais le premier venu, même un repris de justice,
pouvait les recevoir et les garder deux ou trois ans dans sa maison pour
leur enseigner un métier. Ici l'État reconnaissait le droit des pères de famille mais il abandonnait le sien; là au contraire il établissait son propre
droit à l'exclusion des droits paternels. On avait, d'une part, le despotisme ;
de l'autre, la licence.

» Vous avez, Messieurs, commencé la réforme de cette législation contradictoire en introduisant dans les écoles le salutaire principe de la concurrence, sans enlever toutefois à l'État le droit de surveiller ces établissements
dans l'intérêt des mœurs. Vous voudrez sans doute compléter cette réforme,
en usant du droit qui vous appartient, de fixer les conditions essentielles du
contrat d'apprentissage, tout en respectant d'ailleurs la liberté des contractants et cette concurrence féconde qui n'est pas moins utile à l'éducation
professionnelle qu'aux progrès de nos industries.

» Il est évident que la société a ici le même intérêt que dans la question
d'enseignement. Chaque atelier est une véritable école où l'apprenti reçoit
non-seulement l'éducation professionnelle mais en grande partie l'éducation
morale qui doit influer sur le reste de sa vie. La maison du maître remplace
pour lui celle du père de famille. Tout ce qui se dit là, tout ce qui s'y fait
sert de leçon et d'exemple. Au sortir d'apprentissage, il n'est pas encore un
habile ouvrier, mais il a déjà des principes de conduite ; il apporte dans le
monde des habitudes, des goûts, un caractère que le temps même ne pourra
que superficiellement modifier. Si l'on reconnaît que l'État a de justes motifs
d'intervenir entre les instituteurs et les parents en matière d'instruction tant
primaire que secondaire, et de stipuler les garanties pour la santé et la moralité des élèves, on ne saurait nier qu'il a précisément les mêmes motifs
d'intervenir au contrat d'apprentissage ; seulement il doit tenir compte de la
différence qu'il y a entre les écoles proprement dites et les écoles pratiques
de l'industrie. Les premières sont peu nombreuses relativement au nombre
des disciples ; les secondes, au contraire, sont innombrables, et l'on ne
saurait songer à établir à leur égard un système d'inspection et de surveillance analogue à celui qu'on a institué dans le ressort de chaque académie
ou même à celui qu'on a organisé en 1841 dans la loi sur le travail des
enfants dans les manufactures. Les relations du maître et de l'apprenti ont
quelque chose d'intime que le législateur doit respecter. L'atelier touche de
près au foyer domestique et l'État n'a pas le droit d'y pénétrer sans une
absolue nécessité. Des garanties sont pourtant nécessaires, mais elles diffère-

prentissage et confondant ou, si nous pouvons dire, fondant
l'atelier avec l'école et même avec le foyer domestique, énonce

---

ront de celles qui sont écrites dans la loi de l'enseignement, quoi qu'elles
aient au fond le même objet.

« » Les garanties, vous le savez, Messieurs, elles existaient dans la législation
abolie en 1789. Les intérêts moraux, les intérêts matériels qui se rattachent
à la question d'apprentissage avaient éveillé plus d'une fois la sollicitude
royale. Mais les édits touchant cette matière se ressentaient de l'esprit de
privilége qui animait nos vieilles institutions. Ils tendaient à favoriser l'espèce
de monopole industriel qu'exerçaient les corporations d'arts et métiers, et à
restreindre la concurrence dans les plus étroites limites. Déjà du temps de
St-Louis, le nombre des apprentis que peut recevoir un maître est fixé pour
chaque profession. On avait aussi déterminé l'âge où l'enfant peut entrer
en apprentissage et le temps qu'il y devait rester soit pour se perfectionner
dans la pratique de son état, soit pour s'acquitter envers son maître. Mais
l'apprenti n'était pas moins protégé que la communauté elle-même. Il était
placé sous la tutelle des jurés ou syndics des corps dont il embrassait la
profession : ceux-ci veillaient à la fidèle exécution du contrat dont ils s'étaient
portés garants devant notaire. Un membre du syndicat remplissait les fonctions de *visiteur* ou d'inspecteur, entrait librement dans les ateliers et les
boutiques, suivait, en juge compétent, les progrès de l'apprenti, s'informait
de sa conduite, surveillait aussi celle des maîtres, et les syndics étaient armés
d'une autorité suffisante pour réprimer tous les abus signalés par le visiteur.
Il fallait que l'apprenti fût véritablement initié aux mystères de la profession,
et, en outre, convenablement logé, convenablement habillé, paternellement
élevé. Les lois et statuts entraient, à cet égard, dans les détails les plus
touchants. Aussi, lors de la convocation des états généraux, en 1789, le tiers-
état, tout en proposant, dans ses cahiers, la suppression des priviléges de la
maîtrise et des coutumes gênantes consacrées par notre législation industrielle, demandait expressément qu'on rédigeât, d'après ces coutumes, une
loi générale sur l'apprentissage.

» Cette loi est encore attendue.

» Le décret du 2 mars 1791 a rompu le faisceau qui unissait entre eux
les maîtres, les compagnons et les apprentis. Il a substitué le régime d'une
liberté absolue au régime des communautés. Le développement de notre
commerce et de nos industries, l'accroissement de nos richesses sont le fruit
de cette innovation. Mais la liberté avec ses avantages a aussi ses périls ;
elle en a qui sont inhérents à son existence et qu'il faut savoir supporter ;
ils peuvent compromettre quelques intérêts, occasionner même dans les
masses des souffrances passagères ; mais ils fortifient les âmes, tiennent l'intelligence en éveil et sont la source des perfectionnements. Telles sont les
luttes et les crises qu'engendre la concurrence. Ce sont là des inconvénients
auxquels il faut s'accoutumer ; car ils ne disparaîtront qu'avec la liberté
même et sa dignité et ses bienfaits. Mais la liberté a d'autres périls plus
sérieux, plus affligeants ; ce sont ceux qui troublent l'ordre moral et qui
échappent à la répression par la négligence plutôt que par l'impuissance du
législateur. L'apprentissage, par exemple, a donné lieu à des abus que nous
signalerons bientôt, abus dont les jeunes apprentis ont été les premières
victimes, dont toute la classe ouvrière a souffert et qui ne sont complétement
étrangers ni aux discordes de ce temps ni à la décadence de certaines branches d'industrie.

qu'apprentissage veut non-seulement dire : éducation professionnelle, mais aussi éducation morale. A ce titre, et en vue des

---

» La loi du 22 germinal an xi tenta d'obvier aux premiers inconvénients
qu'entraînait l'absence de toute législation sur la matière. Elle donna au juge
le droit de briser, en certains cas, le contrat d'apprentissage; elle frappa de
nullité toutes stipulations ayant pour objet de prolonger, dans l'intérêt du
maître, la durée de l'apprentissage au delà du terme d'usage. Elle protégea
la liberté de l'apprenti contre les exigences tyranniques, et la probité du
maître contre la mauvaise foi de l'apprenti : dispositions utiles, mais incomplètes et pourtant les seules qui existent dans nos codes.

» A la vérité, la sagesse des parties a souvent suppléé au silence de la loi.
Il s'est même établi sous ce régime de liberté sans bornes des précédents,
des coutumes, des traditions, des mœurs. Mais quand les intérêts et les passions de l'homme sont en jeu, les coutumes les plus respectables sont un lien
bien fragile. Ces règles morales n'enchaînent que les gens de bien. Si la
plupart des contractants ont sagement usé de la liberté qu'on leur avait
faite, beaucoup en ont abusé : l'apprenti envers le maître, le maître envers
l'apprenti. L'ignorance des parents, la faiblesse de l'enfant, l'avidité du maître,
celle des père et mère de l'apprenti, ont engendré des fraudes et des violences criantes. On a trop souvent oublié de part et d'autre le caractère moral et le but de l'apprentissage pour en faire un indigne trafic.

» L'institution des prud'hommes, en 1810, a corrigé en partie ces abus
en ramenant au joug de l'équité ceux qui voulaient s'en affranchir. Ces tribunaux se sont créé à la longue une jurisprudence qui n'est que la consécration des bons usages naturellement établis dans certaines villes entre les
maîtres et les apprentis.

» Mais vous comprendrez, Messieurs, l'insuffisance de cette institution. Il
n'y a pas des prud'hommes partout, et, là où il y en a, leur juridiction est
restreinte. Ces conseils d'ailleurs fussent-ils plus nombreux, une loi sur l'apprentissage n'en serait pas moins indispensable. La loi est la force du magistrat, la garantie du justiciable, la lumière de tous. En enseignant à chacun son droit et son devoir, elle prévient les conflits; en donnant une règle
au juge, elle ne le dispense pas de prudence. Elle ne rend qu'à la justice ce
qu'elle ôte à l'arbitraire. Il y a déjà longtemps que le gouvernement a été
averti de la nécessité d'imprimer enfin un caractère légal et même une sanction à ces règles tacites que la sagesse des prud'hommes a su jusqu'ici maintenir, à ces salutaires coutumes qui sont nées de la nature même des choses
et qui finiront par s'altérer si la loi ne les protége et ne les fortifie.

» Dès 1845, le gouvernement soumit au Conseil général des manufactures
et du commerce le projet de loi conçu dans cet esprit et dont les dispositions revivent dans le projet de votre commission.

» En 1848, notre honorable collègue, M. Peupin, saisit l'Assemblée constituante d'une proposition en partie modelée sur le projet de 1845, et le résultat des délibérations du Comité du Travail, chargé de l'examen de cette
proposition, est consigné dans un savant rapport de M. de Parieu, aujourd'hui
ministre de l'instruction publique.

» Sur l'invitation du ministre du commerce de cette époque, la Chambre
de commerce de Paris examina, à son tour, la question, et ses observations
sur le projet de M. Peupin amendé par le Comité du Travail méritent une
sérieuse attention.

» La question étant ainsi préparée, la Commission jugea que la loi sur

relations intimes qui existent entre le maître et l'apprenti, M. Callet se demande si des garanties légales ne sont pas

---

l'apprentissage rentrait naturellement dans le cercle des travaux qu'elle a mission d'accomplir, et elle résolut de vous le présenter, en vertu du droit d'initiative que vous lui avez confié. Elle s'entoura de tous les documents que je viens de mentionner ; elle ouvrit une espèce d'enquête et entendit, entre autres personnes MM. les présidents des diverses sections du Conseil, des prud'hommes de Paris.

» C'est dans ces circonstances qu'est intervenu un nouveau projet du gouvernement, préalablement soumis au Conseil d'État.

» Le but que s'est proposé M. le Ministre du commerce est sans doute le même que poursuivait votre commission. Mais après un examen attentif, il nous a paru que le projet ministériel ne répondait pas complétement à la pensée qui l'a inspiré. Ce projet contient, en effet, les principes de la loi qu'il faut faire, mais non la loi elle-même. A part deux ou trois articles dépourvus d'ailleurs de sanction pénale, il tend à confirmer purement et simplement les coutumes en vigueur, mais sans les définir, sans apporter au bien une force nouvelle, au mal aucune répression.

» On se demande à quoi bon une loi de plus dans nos codes, si elle n'ajoute rien aux lois existantes, si elle laisse subsister toutes choses dans leur obscurité ancienne et dans leur incertitude. Fallait-il une loi nouvelle pour dire que les contestations relatives au contrat d'apprentissage seront portées devant le conseil des prud'hommes ? M. le Ministre du commerce, dans son exposé des motifs, nous explique, il est vrai, la réserve qu'il s'est imposée. Il a vu dans le contrat d'apprentissage un contrat de famille et il a craint d'en altérer le caractère par des prescriptions légales trop nombreuses. Il a craint d'armer d'un texte positif l'apprenti contre le maître, le maître contre l'apprenti, d'éveiller des prétentions, des exigences, des litiges dont on n'entendrait pas parler si la loi était muette.

» Ces motifs n'ont pas persuadé votre commission.

» Il n'y aurait besoin ni de magistrats, ni de codes, si le sentiment de la justice était à ce point vif dans tous les cœurs qu'il pût tenir lieu de loi écrite.

» Il est d'expérience qu'une loi claire prévient les procès plutôt qu'elle ne les favorise. Les lois ne gênent pas les gens de bien qui pourraient s'en passer, mais elles imposent une gêne salutaire à ceux dont la conscience ne parle pas si haut que la loi. M. le Ministre du commerce oublie que nous sommes en présence d'une société qui ne se distingue point par le respect qu'elle porte aux institutions et aux usages les mieux éprouvés. Il s'en réfère avec confiance à la jurisprudence des conseils de prud'hommes, et il oublie que l'institution des prud'hommes a été modifiée par la loi de 1848, et que cette jurisprudence a besoin d'être fixée, si l'on ne veut pas qu'elle varie au gré des combinaisons politiques et des hasards d'une élection.

» Telles sont, Messieurs, les considérations qui ont déterminé votre commission, non pas à rejeter le projet ministériel, mais à le développer, à le compléter, de manière à le rendre véritablement utile. Elle n'a pas voulu, soyez-en convaincus, compromettre par des règles arbitraires la liberté du contrat d'apprentissage, liberté qui touche à celle du travail et à celle de l'éducation, c'est-à-dire à ce que la liberté individuelle a de plus délicat et de plus saint.

» C'est dans cette pensée qu'elle a écarté de son projet les dispositions nécessaires. Cette question est pour le rapporteur l'occasion d'un retour vers le passé; et après y avoir répondu affirma-

---

contenues en l'article 3 et l'article 7 du projet de loi préparé par l'Assemblée constituante.

» Nous n'avons pas cru devoir, en premier lieu, fixer un âge au-dessous duquel aucun enfant ne pût être mis en apprentissage. Il nous a paru que cette limitation offrait de graves inconvénients et qu'elle n'avait aucun avantage qu'il ne fût facile d'obtenir par d'autres moyens. On nous dit qu'un enfant, âgé de moins de douze ans, n'est pas un véritable apprenti. Si l'on ne l'emploie aux travaux domestiques, il perd son temps, ou il use sa santé à des labeurs au-dessus de ses forces. Cela est possible, en effet, mais grâce à l'imprévoyance de la législation actuelle.

» Si, comme nous vous le demandons en la section 3, titre 1er, de notre projet, vous protégez l'enfance contre l'abus qu'on peut faire de ses forces, et contre celui qu'on fait trop souvent de sa faiblesse; si vous offrez, sous ce rapport, aux pères de famille et à la société des garanties sérieuses, n'aurez-vous pas atteint ce but que vous vous proposez? Mais si vous empêchez l'enfant de devenir apprenti avant sa douzième année, qu'en ferez-vous jusque-là? Vous chargerez-vous de le loger, de le vêtir, de le nourrir?

» Ce sont les familles nombreuses et indigentes pour qui l'enfant est presque une charge, et les familles sans mœurs pour qui il est un objet de spéculation; ce sont elles qui n'attendent pas la maturité de l'enfant pour le mettre en apprentissage. Serait-ce, par hasard, protéger cet enfant que de dire aux parents pauvres : Vous ne pouvez ni le vêtir, ni l'envoyer à l'école; n'importe! vous le garderez nu, souffrant, ignorant, jusqu'à ce qu'il ait atteint sa douzième année; et que dire aux autres : Voici un enfant que vous n'aimez guère et qui ne reçoit chez vous que des mauvais exemples; n'importe! vous le garderez; je vous défends de le mettre en apprentissage. Vous l'éleverez, si cela vous plaît, dans l'oisiveté et la misère. Il mendiera plutôt que d'apprendre un métier. S'il se trouve un maître compatissant qui consente à le recueillir et à lui enseigner sa profession, vous direz à cet homme : Non, c'est impossible! La loi est là qui ne me permet pas de traiter avec vous; le contrat serait nul et vous paieriez l'amende.

» Il suffit d'énoncer de pareilles conséquences pour en faire condamner le principe par tout homme de bon sens.

» Nous avons en second lieu supprimé la disposition qui avait pour but de limiter le nombre des apprentis que pourrait former ensemble un même maître. Tout en reconnaissant qu'il est difficile à un maître de donner des leçons profitables à des apprentis trop nombreux, on ne peut nier cependant qu'un ouvrier intelligent, ayant la main prompte et le coup-d'œil sûr, formera aisément trois ou quatre apprentis dans le même temps qu'un ouvrier moins habile réussira à peine à en former un seul. Faut-il donc, par une règle inflexible, empêcher ce bon ouvrier de faire de bons apprentis? Qu'est-ce que l'industrie y gagnera?

» Les partisans de la limitation reconnaissent, d'ailleurs, qu'elle est naturellement en vigueur dans la plupart des ateliers. On n'a, en général, qu'un ou deux apprentis, trois au plus, selon les exigences particulières de chaque profession. Mais ce n'est pas là, comme on se l'imagine, la révélation d'une idée morale, qu'on puisse traduire dans une loi. C'est un fait économique pur et simple. Quant aux abus qui résultent de la réunion d'un trop grand nombre d'apprentis dans un même atelier, votre commission croit qu'il est

tivement en ce qui concerne la législation abolie en 1789, il
jette un rapide coup d'œil sur l'histoire des apprentis sous le

---

possible de les réprimer toutes les fois qu'ils se produisent. Elle y a pourvu
par les articles 8 et 12 du projet qu'elle vous soumet. Nous ne demanderons
pas au maître combien il a d'apprentis; mais qu'il en ait dix ou qu'il n'en
ait qu'un, nous exigerons que l'apprentissage soit sérieux et le contrat loyalement exécuté. C'est tout ce que réclame la justice.

La répression n'atteint que le mal; une mesure préventive empêcherait
souvent le bien, elle ne tarderait même pas à reproduire des maux dont la
société serait justement responsable. Limiter le nombre des apprentis, n'est-ce
pas limiter, dans un temps donné, le nombre des ouvriers et celui des
maîtres? n'est-ce pas interdire à une infinité de personnes l'accès des professions industrielles? Ce système conduit au rétablissement des corporations
que nos pères ont abolies. On veut que ce soit un privilége de devenir ouvrier. Tout le monde ne pourra plus l'être. On se figure que les ouvriers en
seront plus riches quand la production aura diminué. Mais on ne se demande
pas ce que deviendra cette multitude, tous les jours grossissante, qu'on aura
réduite à l'impuissance de travailler. L'État procurera-t-il un abri et du
pain à tous ces enfants à qui l'on parle d'ôter la liberté qu'ils ont de se
choisir à leurs risques et périls un maître et une carrière?

. . . » Nous avons peut-être trop insisté sur des propositions si manifes-
tement contraires à la liberté individuelle, à la liberté des contrats, à la
liberté du travail, à l'esprit même de toute notre législation. Mais quoique
ces questions ne méritent pas en elles-mêmes un long examen, elles empruntent une certaine gravité aux préoccupations dont elles sont l'objet et
aux illusions qu'elles ont fait naître dans la population ouvrière.

» Votre commission, nous ne saurions, Messieurs, trop le redire, s'est dé-
fendue de tout esprit de système; elle n'a recherché que les conseils de
l'expérience; elle a étudié les rapports nombreux qui, sous le régime d'une
liberté indéfinie, se sont établis entre les apprentis et les maîtres et elle a
voulu les respecter et les protéger dans tout ce qu'ils ont de conforme aux
lois morales. Nous avions un moyen facile d'arriver, à cet égard, au point
fixe où l'on peut régler la liberté, sans la blesser, et frapper l'abus, en respectant l'usage. Ces tribunaux d'équité, institués au centre des populations
industrieuses, ont eu depuis longtemps à statuer sur les contestations survenues en cette matière. Il s'est formé ainsi, comme nous l'avons dit, et sur
les points les plus délicats, une sorte de jurisprudence uniforme. C'était là,
Messieurs, une règle naturelle; nous l'avons suivie, mais en ajoutant,
dans certains cas, à la règle, une sanction pénale, et en attribuant dans ces
cas-là seulement, au tribunal de police, la connaissance des infractions et le
droit de les réprimer.

» Cette innovation, adoptée en 1849 par le comité du travail, approuvée par
la Chambre de commerce de Paris, sollicitée par les conseils de prud'hommes,
a disparu dans le projet du gouvernement. Nous la rétablissons dans le nôtre.
C'est dans cette partie du projet, relative à la compétence, que réside, selon
nous, toute l'efficacité de la loi. Les prud'hommes, en effet, peuvent casser
un contrat; mais ils ne peuvent procurer au plaignant aucune espèce de satisfaction. Il en résulte que l'apprenti, par exemple, s'il a quelque intérêt à
éviter cette rupture, subit en silence des traitements injustes, et qu'il endure
les privations et les coups, comme s'ils eussent été prévus et stipulés au
contrat.

régime si plein de règlements, si protecteur des corporations d'arts et métiers, puis sur la législation née du décret du 2 mars 1791, législation empreinte d'un esprit de liberté si absolue qu'elle cessait d'être tutélaire et autorisait les abus et les excès; enfin sur la loi du 22 germinal an XI qui, dans des dispositions utiles mais incomplètes, essaya de protéger la liberté de l'apprenti contre les exigences tyranniques du maître et la liberté du maître contre la mauvaise foi de l'apprenti.

A la vérité, observe M. Callet, la sagesse des parties et l'adoucissement des coutumes, des traditions, des mœurs ont pu suppléer au silence de la loi, mais, le plus souvent, on a fait de l'apprentissage « un indigne trafic. » La jurisprudence des conseils de Prud'hommes n'a pas non plus suffi à remédier aux abus, à réprimer les excès. Une loi était donc indispensable pour enseigner à chacun son droit et son devoir.

Aussi, dès 1845, le Gouvernement soumit un projet de loi au Conseil général des manufactures et du commerce. En 1848 ce projet fut repris par M. Peupin et présenté par lui à l'Assemblée constituante dont il était membre; M. de Parieu fit un remarquable rapport sur la proposition et la Chambre de commerce fut par le Ministre du commerce invitée à soumettre ses observations; puis la commission d'assistance s'empara du projet et ouvrit un enquête dans laquelle furent entendus les membres

---

« On entrevoit dans ce fait une des causes qui ont le plus contribué à dénaturer les relations du maître et de l'apprenti, et à faire de quelques ateliers les plus dangereuses des écoles. Il y a eu là, nonosbtant la foi jurée, oppression et servitude; il y eu des injustices impunies. Ces premières impressions, n'en doutez pas, laissent des traces funestes dans le cœur de l'homme; l'ouvrier se souvient longtemps des misères de l'apprenti, il s'accoutumé à considérer l'Etat comme indifférent aux injures qui n'atteignent que des faibles, et sans vouloir exagérer la portée de cette remarque, nous ne pouvons nous empêcher de signaler, dans cette défaillance de la loi, l'origine obscure, mais certaine, de bien des égarements.

« La crainte d'une juridiction pénale suffira seule, nous l'espérons, à assurer de part et d'autre la fidèle exécution des contrats d'apprentissage.

« Après cet exposé des principes qui ont dirigé le travail de votre commission, il est nécessaire d'entrer un peu plus avant dans l'économie du projet qu'elle a l'honneur de vous soumettre..... »

des Conseils de Prud'hommes de Paris : enfin le projet soumis préalablement au conseil d'État, fut présenté au corps Législatif par le Gouvernement.

Le projet nouveau, ouvrage de la commission, fut, dit M. Callet, beaucoup plus large, plus étendu que le projet primitif rédigé sous les auspices du Ministre du commerce ; et pour justifier son assertion, le rapporteur fait la comparaison des deux projets ; ensuite il entre dans l'examen consciencieux des articles de la loi et termine son rapport par des observations générales et empruntées, pour la plupart, à l'ordre moral. Ici nous croyons devoir donner la parole à M. Callet lui-même :

« Nous confions, Messieurs, le projet à vos méditations ; seulement, quand vous le lirez, nous vous prions de ne pas oublier qu'un grand nombre d'apprentis sont ou orphelins ou enfants des campagnes, c'est-à-dire privés ou éloignés de leurs protecteurs naturels. Vous n'oublierez pas que d'autres appartiennent, soit à des familles pauvres, lesquelles n'osent pas assigner le maître au Conseil des Prud'hommes, de peur de voir l'enfant retomber à leur charge par la rupture du contrat ; soit à des familles dépravées, qui abandonnent avec indifférence leurs fils et leurs filles à la merci d'un maître, et ne songent à la parenté que pour en réclamer un jour les bénéfices. Ce sont là, en vérité, des espèces d'orphelins dignes de quelque sollicitude. Nous ne prétendons pas que l'État leur doive aucun de ces soins onéreux qui sont le fait de la famille ; mais il se doit à lui-même, il doit à sa propre conservation, de faire en sorte que là où la tendresse paternelle manque aux enfants, la justice du moins ne leur manque pas.

» Les enfants employés dans les usines et manufactures ne sont-ils pas placés sous la protection d'une loi spéciale ? Leur situation, cependant, a toujours été préférable à celle de beaucoup d'apprentis. La porte de ces grands établissements est continuellement ouverte ; on y vit comme en public. Quelque faible que soit par lui-même l'enfant de la fabrique, il trouve, dans le nombre des compagnons qui partagent sa destinée, une force secrète et une défense naturelle. L'excès du travail est le plus grand danger auquel ils soient exposés. Dans l'atelier privé, il y a aussi bien souvent l'excès du travail, et, de plus, les services, le manque de nourriture, le mauvais exemple, l'abus de la force, le mépris des conventions. L'apprenti ne gagne rien ; il n'apprend rien. Du reste peu ou point de communication avec le dehors. Le mal se fait dans l'ombre; les plaintes du patient sont étouffées; la justice n'intervient guèreque lorsque la rumeur publique lui dénonce un crime. Ceux qui ont suivi avec attention, depuis dix ans, nos annales judiciaires, savent si les preuves nous manqueraient à l'appui de cette assertion.

« Nous avons voulu, Messieurs, mais dans la mesure du possible, arrêter ces désordres. Vous ne trouverez dans le projet que nous avons l'honneur de vous soumettre aucune disposition qui soit de nature à inquiéter personne sur l'inviolabilité de ses foyers. La loi que nous vous proposons laisse à l'industrie toute sa liberté, toute leur liberté aux contrats. Loin de gêner la liberté, elle la protége contre les abus et les excès qui la font haïr. Elle stipule pour le faible et pour l'ignorant. En un mot, elle restitue à l'apprentissage son caractère moral un peu effacé. »

Nous n'ajouterions rien à ces *préliminaires* déjà longs, que nous avons eu seulement la peine d'emprunter à M. Callet, si nous ne voulions faire observer à nos lecteurs, d'une manière toute particulière, qu'il leur faut se garder de confondre la loi qui régit les enfants employés dans les usines et manufactures et la loi qui régit les apprentis. La loi de 1841 ne s'applique qu'aux manufactures, usines, ateliers à moteur mécanique ou à feu continu et aux fabriques occupant plus de 20 ouvriers réunis en atelier; et, sauf quelques prescriptions qu'elle édicte d'une manière définitive, elle se confie à des règlements d'administration publique pour statuer sur un grand nombre de questions de la plus haute importance auxquelles elle essaie à peine de répondre provisoirement : — la loi de 1851, au contraire, s'applique à tous les ateliers, manufactures, usines, en un mot, à tous les établissements capables de contenir deux personnes dont l'une donnerait et l'autre recevrait des leçons : tout est fixé, définitif dans cette loi, et les règlements d'administration viendraient plutôt l'interpréter que la compléter. En outre, la loi de 1841 donne naissance au contrat de louage d'ouvrage proprement dit ; et, sauf quelques conditions particulières (conditions d'âge, de travail), soumet l'enfant au droit commun ; tandis que la loi de 1851 donne naissance à un contrat de louage d'ouvrage *sui generis*, et prescrit un grand nombre de conditions et de règles qui lui sont propres.

On a souvent dit que ces deux lois étaient sœurs. Il nous semble qu'il vaudrait mieux énoncer que l'une est née de l'autre et qu'il y a entre elles non pas seulement un lien de parenté, mais un lien de filiation. — La loi de 1841, à peine mise au jour, a été reconnue insuffisante, incomplète, inefficace. Son seul mérite, selon nous, a été, en éveillant l'attention sur les questions qu'elle traite, de faire voir que, si elle était incomplète, elle portait néanmoins dans ses entrailles une loi plus complète, meilleure, plus salutaire. Cette loi, est-il besoin de le dire, est celle de 1851.

. La conception, on le voit, en a été longue, l'enfantement laborieux, et cependant elle n'a pas remédié au mal que la loi de 1841 avait plutôt signalé que guéri ; elle est loin d'avoir comblé la lacune que sa devancière avait plutôt dévoilée aux yeux de tous que fait disparaître ! En effet, elle n'est point encore arrivée à ce degré, sinon de perfection, du moins de qualité, auquel doit atteindre une loi relative à l'éducation professionnelle et morale des enfants. Disons, toutefois, qu'elle a fait un grand pas dans la voie du progrès et facilité l'accès d'un chemin sûr vers le bien et le juste, but éternel et immuable auquel doit tendre toute loi humaine qui veut être suivie et respectée.

LÉGISLATION

LOI

RELATIVE AUX MANUFACTURES, FABRIQUES ET ATELIERS

du 22 germinal an XI de la République française.

TITRE III.

Des obligations entre les ouvriers et ceux qui les emploient.

ART. 9. — Les contrats d'apprentissage consentis entre majeurs, ou par des mineurs avec le concours de ceux sous l'autorité desquels ils sont placés, ne pourront être résolus, sauf l'indemnité en faveur de l'une ou de l'autre des parties, que dans les cas suivants : 1° d'inexécution des engagements de part ou d'autre; 2° de mauvais traitements de la part du maître; 3° d'inconduite de la part de l'apprenti; 4° si l'apprenti s'est obligé à donner, pour tenir lieu de rétribution pécuniaire, un temps de travail dont la valeur serait jugée excéder le prix ordinaire des apprentissages.

ART. 10. — Le maître ne pourra, sous peine de dommages et intérêts, retenir l'apprenti au-delà de son temps, ni lui refuser un congé d'acquit quand il aura rempli ses engagements.

Les dommages-intérêts seront au moins du triple du prix des journées depuis la fin de l'apprentissage.

Art. 11. — Nul individu employant des ouvriers ne pourra recevoir un apprenti sans congé d'acquit, sous peine de dommages-intérêts envers son maître.

Art. 12. — Nul ne pourra sous les mêmes peines, recevoir un ouvrier s'il n'est porteur d'un livret portant le certificat d'acquit de ses engagements, délivré par celui de chez qui il sort.

Art. 13. — La forme de ces livrets et les règles à suivre pour leur délivrance, leur tenue et leur renouvellement, seront déterminées par le Gouvernement, de la manière prescrite pour les règlements d'administration publique.

Art. 14. — Les conventions faites de bonne foi entre les ouvriers et ceux qui les emploient seront exécutées.

Art. 15. — L'engagement d'un ouvrier ne pourra excéder un an, à moins qu'il ne soit contre-maître, conducteur des autres ouvriers, ou qu'il n'ait un traitement et des conditions stipulés par un acte exprès.

LOI

Des 22 janvier, 3-22 février, 4 mars 1851.

SECTION I.

De la nature et de la forme du contrat.

—

Art. 1er — Le contrat d'apprentissage est celui par lequel un fabricant, un chef d'atelier ou un ouvrier s'oblige à enseigner la pratique de sa profession à une autre personne qui s'oblige, en retour, à travailler pour lui; le tout à des conditions et pendant un temps convenus.

Art. 2. — Le contrat d'apprentissage est fait par acte public ou par acte sous seing privé.

Il peut aussi être fait verbalement; mais la preuve testimoniale n'en est reçue que conformément au titre du code civil des contrats ou des obligations conventionnelles en général.

Les notaires, les secrétaires des Conseils de Prud'hommes et les greffiers des justices de paix peuvent recevoir l'acte d'apprentissage.

Cet acte est soumis pour l'enregistrement au droit fixe d'un franc, lors même qu'il contiendrait des obligations de sommes ou valeurs mobilières, ou des quittances.

Les honoraires dus aux officiers sont fixés à deux francs.

Art. 3. — L'acte d'apprentissage contiendra :

1° Les nom, prénoms, âge, profession et domicile du maître ;

2° Les nom, prénoms, âge et domicile de l'apprenti ;

3° Les nom, prénoms, profession et domicile de ses père et mère, de son tuteur ou de la personne autorisée par les parents, et, à leur défaut, par le juge de paix ;

4° La date et la durée du contrat ;

5° Les conditions du logement, de la nourriture, du prix et toutes autres arrêtées entre les parties.

SECTION II.

Des conditions du contrat.

Art. 4. — Nul ne peut recevoir des apprentis mineurs, s'il n'est âgé de vingt et un ans au moins.

Art. 5. — Aucun maître, s'il est célibataire ou en état de veuvage, ne peut loger comme apprenties des jeunes filles mineures.

Art. 6. — Sont incapables de recevoir des apprentis, les ndividus qui ont subi une condamnation pour crime, ceux qui ont été condamnés à plus de trois mois d'emprisonnement pour les délits prévus par les articles 388, 401, 405, 406, 407, 408 et 423 du Code pénal.

Art. 7. — L'incapacité résultant de l'article 6 pourra être levée par le préfet sur l'avis du maire, quand le condamné après l'expiration de sa peine, aura résidé pendant trois ans dans la même commune. — A Paris, les incapacités seront levées par le préfet de police.

SECTION III.
Devoirs des maîtres et des apprentis.

Art. 8. — Le maître doit se conduire envers l'apprenti en bon père de famille, surveiller sa conduite et ses mœurs soit dans la maison, soit au dehors, et avertir ses parents ou leurs représentants des fautes graves qu'il pourrait commettre ou des penchants vicieux qu'il pourrait manifester.

Il doit aussi les prévenir, sans retard, en cas de maladie, d'absence, ou de tout fait de nature à motiver leur intervention. Il n'emploiera jamais l'apprenti sauf conventions contraires, qu'aux travaux et services qui se rattachent à l'exercice de sa profession. Il ne l'emploiera jamais à ceux qui seraient insalubres ou au-dessus de ses forces.

Art. 9. — La durée du travail effectif des apprentis âgés de moins de quatorze ans ne pourra dépasser dix heures par jour.

Pour les apprentis âgés de quatorze à seize ans, elle ne pourra dépasser douze heures. Aucun travail de nuit ne peut être imposé aux apprentis âgés de moins de seize ans.

Est considéré comme **travail** de nuit tout travail fait entre neuf heures du soir et cinq heures du matin.

Les dimanches et jours de fête reconnues ou légales, les apprentis, dans aucun cas, ne peuvent être tenus, vis-à-vis de leur maître, à aucun travail de leur profession. Dans le cas où l'apprenti serait obligé, par suite des conventions ou conformément à l'usage, de ranger l'atelier aux jours ci-dessus marqués, ce travail ne pourra se prolonger au delà de dix heures du matin. Il ne pourra être dérogé aux dispositions contenues dans les trois premiers paragraphes du présent article que par un arrêté rendu par le préfet, sur l'avis du maire.

Art. 10. — Si l'apprenti âgé de moins de seize ans ne sait pas lire, écrire et compter, ou s'il n'a pas encore terminé sa première éducation religieuse, le maître est tenu de lui laisser prendre, sur sa journée de travail, le temps et la liberté nécessaires pour son instruction. Néanmoins, ce temps ne pourra pas excéder deux heures par jour.

Art. 11. — L'apprenti doit à son maître fidélité, obéissance et respect; il doit l'aider, par son travail, dans la mesure de son aptitude et de ses forces.

Il est tenu de remplir, à la fin de l'apprentissage, le temps qu'il n'a pu employer par suite de maladie ou d'absence ayant duré plus de quinze jours.

Art. 12. — Le maître doit enseigner à l'apprenti, progressivement et complétement, l'art, le métier ou la profession spéciale qui fait l'objet du contrat.

Il lui délivrera, à la fin de l'apprentissage, un congé d'acquit ou un certificat constatant l'exécution du contrat.

Art. 13. — Tout fabricant, chef d'atelier ou ouvrier, convaincu d'avoir détourné un apprenti de chez son maître pour l'employer en qualité d'apprenti ou d'ouvrier, pourra être passible de tout ou partie de l'indemnité à prononcer au profit du maître abandonné.

SECTION IV.

De la résolution du contrat.

Art. 14. — Les deux premiers mois de l'apprenti sont considérés comme un temps d'essai, pendant lequel le contrat peut être annulé par la seule volonté de l'une des parties. Dans ce cas, aucune indemnité ne sera allouée à l'une ou à l'autre partie, à moins de conventions expresses.

Art. 15. — Le contrat d'apprentissage sera résolu de plein droit :

1° Par la mort du maître ou de l'apprenti ;

2° Si l'apprenti ou le maître est appelé au service militaire ;

3° Si le maître ou l'apprenti vient à être frappé d'une des condamnations prévues en l'article 6 de la présente loi ;

4° Pour les filles mineures dans le cas de décès de l'épouse du maître, ou de toute autre femme de la famille qui dirigeait la maison à l'époque du contrat.

Art. 16. — Le contrat peut être résolu sur la demande des parties ou de l'une d'elles :

1° Dans le cas où l'une des parties manquerait aux stipulations du contrat ;

2° Pour cause d'infraction grave ou habituelle aux prescriptions de la présente loi ;

3° Dans les cas d'inconduite habituelle de la part de l'apprenti ;

4° Si le maître transporte sa résidence dans une autre commune que celle qu'il habitait lors de la convention ;

(Néanmoins, la demande en résolution de contrat fondée sur ce motif ne sera recevable que pendant trois mois, à compter du jour où le maître aura changé de résidence.)

5° Si le maître ou l'apprenti encourait une condamnation emportant un emprisonnement de plus d'un mois ;

6° Dans le cas où l'apprenti viendrait à contracter mariage.

ART. 17. — Si le temps convenu pour la durée de l'apprentissage dépasse le maximum de la durée consacré par les usages locaux, ce temps peut être réduit, ou le contrat résolu.

TITRE II.

De la compétence.

ART. 18.— Toute demande à fin d'exécution ou de résolution de contrat sera jugée par le Conseil des Prud'hommes dont le maître est justiciable, et, à défaut, par le juge de paix du canton.

Les réclamations qui pourraient être dirigées contre des tiers, en vertu de l'article 13 de la présente loi, seront portées devant le Conseil des Prud'hommes ou devant le juge de paix du lieu de leur domicile.

ART. 19. — Dans les divers cas de résolution prévus en la section IV du titre 1er, les indemnités ou les restitutions qui pourraient être dues à l'une ou à l'autre des parties seront, à défaut de stipulations expresses, réglées par le Conseil des Prud'hommes, ou par le juge de paix, dans les cantons qui ne ressortissent point à la juridiction d'un Conseil de Prud'hommes.

Art. 20. — Toute contravention aux articles 4, 5, 6, 9 et 10 de la présente loi sera poursuivie devant le tribunal de police et punie d'une amende de cinq à quinze francs.

Pour les contraventions aux articles 4, 5, 9 et 10, le tribunal de police pourra, dans le cas de récidive, prononcer, outre l'amende, un emprisonnement de un à cinq jours. En cas de récidive, la contravention à l'article 6 sera poursuivie devant les tribunaux correctionnels, et punie d'un emprisonnement de quinze jours à trois mois, sans préjudice d'une amende qui pourra s'élever de cinquante francs à trois cents francs.

Art. 21. — Les dispositions de l'article 463 du Code pénal sont applicables aux faits prévenus par la présente loi.

Art. 22. — Sont abrogés les articles 7, 10 et 11 de la loi du 22 germinal an XI. Délibéré en séance publique, à Paris, les 22 janvier, 3 et 22 février 1851.

Le président et les secrétaires,

Signé : Dupin, Arnaud (de l'Ariége), Lacaze, Chapot, Peupin, Bérard, de Heeckeren.

La présente loi sera promulguée et scellée du sceau de l'État.

Le président de la République,

Signé : Louis-Napoléon Bonaparte.

Le garde des sceaux, Ministre de la Justice,

Signé : E. de Royer.

DU

CONTRAT D'APPRENTISSAGE.

CHAPITRE PREMIER.

DE LA NATURE DU CONTRAT.

1. Définition du Contrat d'apprentissage, d'après l'article 1 de la loi de 1851. — **2.** Ce Contrat est synallagmatique et commutatif. — **3.** Rapports juridiques de ce contrat avec le louage d'ouvrage ou d'industrie et les contrats de vente et d'échange. — **4.** Il est soumis à l'application des articles du Code civil traitant des obligations conventionnelles. — **5.** *Quid* de l'article 14 de la loi du 22 germinal an XI qui parle des conventions faites de bonne foi entre les ouvriers et ceux qui les emploient? — **6.** La loi de 1851, à la différence de la loi de l'an IX, ne s'occupe que des conventions ayant pour objet l'apprentissage. — **7.** Proposition d'une définition complète du contrat d'apprentissage. — **8. 8** *bis.* **9. 10. 11. 12. 13.** Discussion de l'article 1 de la loi de 1851 au Corps législatif.

1. — La loi de 1851, dans son article 1er, dispose que : « *Le* » *contrat d'apprentissage est celui par lequel un fabricant, un* » *chef d'atelier ou un ouvrier s'oblige à enseigner la pratique* » *de sa profession à une autre personne, qui s'oblige, en retour,* » *à travailler pour lui; le tout à des conditions et pendant un* » *temps convenu.* »

2. — De cette définition, — que donnaient déjà, avant la loi, les auteurs qui ont traité cette matière(1), — il résulte que le contrat d'apprentissage est à la fois synallagmatique et commutatif : *synallagmatique*, parce que, d'après l'art. 1102 du Code civil, chacune des parties s'oblige l'une envers l'autre à fournir certains services; *commutatif*, parce que, d'après l'article 1104 du même Code, chacune des parties contractantes s'engage à donner ou à faire une chose qui est regardée comme l'équivalent de ce qu'on lui donne ou de ce qu'on fait pour elle.

---

(1) Mollot, *Le Contrat d'apprentissage expliqué aux maîtres et aux apprentis*, 1845, p. 17.

2

3. — Le contrat d'apprentissage se rapproche du contrat de louage d'ouvrage ou d'industrie et des contrats de vente et d'échange. Il touche au premier en ce que l'apprenti rentre dans la classe des gens de travail qui, dans le 1° de l'article 1779 du Code civil, « *s'engagent au service de quelqu'un* »; il se rattache à la vente et à l'échange en ce que le maître s'oblige à donner à l'enfant ses leçons, ses soins et souvent même à fournir d'autres services, en retour des services qui lui sont promis; et, à ce double titre, et en sa qualité de contrat ou d'*obligation conventionnelle*, pour emprunter les termes du Code, il est soumis aux principes du droit commun.

4. — Aussi, il tombe sous le coup des articles du Code civil qui traitent de l'*Effet des Obligations conventionnelles* et, particulièrement, de ceux qui, dans le livre III, titre III, contiennent les *Dispositions générales* et s'occupent de l'*Interprétation des Conventions.*

5. — Faisons, dès à présent, remarquer que, depuis la promulgation du Code civil, l'article 14 de la loi du 22 germinal an XI est devenu inutile. Il énonce en effet ce principe que : *les conventions faites de bonne foi entre les ouvriers et ceux qui les emploient seront exécutées*, principe développé aux articles 1134, 1135, 1156 et suiv. du Code civil. Nous aurons plus tard, au sujet de questions importantes, à examiner si le terme *ouvrier* peut s'appliquer à l'apprenti, et si les dispositions qui sont édictées à l'égard de l'un régissent aussi l'autre.

6. — Parmi les conventions dont parle l'article 14 de la loi de l'an XI, nous n'avons à nous occuper que de celle qui oblige, d'un côté, le maître (fabricant, chef d'atelier ou ouvrier) à enseigner la pratique de sa profession à une autre personne, le plus souvent, un enfant; et, de l'autre côté, l'enfant à travailler pour le maître. N'avons-nous point à nous demander si une pareille convention est, à l'égard des deux parties contractantes, civile, ou, au contraire, commerciale, ou bien encore

civile à l'égard de l'une d'elles et commerciale à l'égard de l'autre? Cette question, qui peut sembler sans intérêt, n'en présente pas cependant un médiocre au point de vue de la preuve. Aussi nous croyons devoir en renvoyer l'examen au *chapitre* qui traitera *de la forme et des preuves du Contrat.*

7. — Pouvons-nous accepter comme complète la définition que nous donne du contrat d'apprentissage l'*article 1er* de la loi de 1851? Nous ne le pensons pas. Une bonne définition ne doit pas seulement expliquer ce qu'est une chose, mais encore énoncer les attributs, les qualités qui la distinguent (1). Ainsi, il ne nous suffit pas de savoir que l'apprentissage est l'enseignement pratique d'une profession ; — nous tenons encore à connaître la nature de cet enseignement. Nous croyons donc devoir rapprocher l'article 12 de l'article 1er et corroborer la définition de celui-ci par les énonciations de celui-là. L'article 12 s'exprimant ainsi : « le maître doit enseigner à l'apprenti *progressivement et complétement* l'art, le métier ou la profession spéciale qui fait l'objet du contrat, » il nous semble qu'une bonne et exacte définition du contrat d'apprentissage serait la suivante : le contrat d'apprentissage est celui par lequel une personne, artiste, fabricant, chef d'atelier ou ouvrier, s'oblige à enseigner *complétement et progressivement* la pratique de son art, de son métier ou de sa profession à une personne *qui en retour* s'oblige à travailler pour elle, le tout à des conditions et pendant un temps convenus.

8. — L'*article 1er*, tel qu'il est dans le texte de la loi qui régit actuellement les contrats d'apprentissage, n'a pas été adopté sans discussion.

A la deuxième lecture du Projet au Corps Législatif, MM. Benoît (du Rhône) et Doutre proposèrent de remplacer les derniers mots de l'article: « le tout à des conditions et pendant un temps convenus, » par ceux-ci : « *le tout à des conditions déterminées par les*

____

(1) Voir le mot *définition*, au *Dictionnaire de l'Académie.*

Conseils de Prud'hommes. » — Il importait, selon M. Benoît (du Rhône), de respecter les usages locaux, de ne point entraver leur application; il était utile « d'établir une réglementation variable comme les métiers et les industries; » il était surtout nécessaire de protéger le faible et de lui assurer des garanties sérieuses. Pour arriver à ce but multiple, le moyen le plus efficace était de recourir aux Conseils de Prud'hommes. En effet, leur autorité, plus que toute autre, est incontestable en cette matière; et seuls, ils peuvent empêcher que les pères, que les tuteurs spéculent sur leurs enfants comme sur toute autre marchandise, et que, les grands centres manufacturiers appelant à eux, absorbant tous les enfants des campagnes, ceux-ci ne soient pour toujours arrachés au foyer de la famille. M. Benoît (du Rhône) terminait le discours qui appuyait son amendement en disant qu'abandonner la réglementation des contrats d'apprentissage aux conseils de Prud'hommes n'était pas une atteinte portée à la liberté des contrats; car cette liberté ne peut pas aller jusqu'à la négation des droits des faibles.

8 *bis.* — M. Aug. Callet, rapporteur de la loi, proposa de maintenir la rédaction de l'article, parce que, les conditions du contrat qui intéressent l'ordre public étant stipulées par la loi, et celles qui n'intéressent que les parties elles-mêmes devant être laissées à leur libre volonté, le Projet avait l'indiscutable avantage de protéger les enfants sans traiter les pères et les maîtres comme de véritables mineurs.

9. — A la deuxième lecture, l'amendement de MM. Benoît (du Rhône) et Doutre, mis aux voix, ne fut pas adopté.

Toutefois, à la troisième lecture, il fut reproduit sous une nouvelle forme, à savoir : « *le tout à des conditions conformes aux bases réglementaires arrêtées par les Conseils de Prud'hommes.* » M. Benoît (du Rhône) recommença à soutenir sa proposition plus longuement et avec plus d'énergie que la première fois. Les motifs produits étaient de deux ordres : ils concernaient l'apprenti, ils concernaient l'industrie. Ils concernaient l'apprenti, en ce que, dans le contrat qui lie l'enfant au maître, il importait qu'un tiers ne stipulât pas pour l'apprenti, mais que la société, dont le devoir est de défendre le faible, intervînt en son nom. Ils concernaient l'industrie en ce que son essor, son libre développement étaient étouffés par la loi. « De nos jours, disait M. Benoît, l'industrie, esclave comme elle l'est des caprices de la mode, entraînée par le génie du progrès et des découvertes, poussée par la force irrésistible des choses, des besoins nouveaux qu'elle crée et qu'elle doit satisfaire, ne peut pas se laisser enserrer dans des liens qui tueraient la spontanéité en gênant ses mouvements; elle ne peut vivre et se mouvoir que par l'activité mobile et variée que lui donnent le mouvement et l'impulsion. » Or, il ne faudrait pas assujettir les différentes industries à des règles uniformes ; il faudrait, au contraire, laisser aux coutumes leur utile et salutaire vigueur. Toutefois, il serait nécessaire de réprimer les nombreux abus qu'elles renferment, et les Conseils de Prud'hommes, « dans des règlements variables et mobiles comme les progrès et les besoins du travail, seraient aptes à apprécier et résoudre ces questions d'intérêt, de moralité, de protection et de travail, qu'ils connaissent par leurs relations autant que par la pratique de la justice populaire qu'ils sont appelés à rendre. »

10. — M. Aug. Callet, s'appuyant, à la séance du 22 février 1851, sur les mêmes raisons qu'à la séance du 3 février, se prononça, encore une fois, contre l'amendement, parce qu'il avait pour effet d'enlever aux parties la liberté que la loi doit leur laisser, parce que la réglementation nouvelle confiée à l'autorité des Prud'hommes aurait ressemblé à celle des anciennes jurandes, parce qu'enfin il n'y aurait eu bientôt, en France, de liberté pour l'industrie que là où il n'aurait pas existé de Conseils de Prud'hommes.

11. — Après cette réponse du rapporteur du Projet, M. Madier-

Montjau appuya la proposition de MM. Doutre et Benoît et l'envisagea surtout au point de vue des articles 9 et 10 de la Loi, qui concernaient la durée du travail imposé aux enfants, et qui auraient été certainement effacés si l'amendement avait été adopté. Nous aurons lieu d'examiner plus tard les observations qu'inspirèrent ces deux articles.

12. — M. de Riancey, voulant demeurer sur le terrain de l'article 1er, répondit qu'il avait peine à comprendre qu'on osât faire si bon marché de la tendresse éclairée et de la sollicitude des parents. « Je crois, disait-il, qu'ils ont dans le cœur et dans la tête assez de force et de courage pour savoir faire des stipulations en faveur de ceux à qui ils ont donné le jour. Mais j'ajoute que ce n'est pas cela seulement à quoi la loi s'est attachée. Il s'agit de mineurs. Eh bien, à ces mineurs on a donné une tutelle et on l'a prise jusque dans la magistrature elle-même. » Par ces derniers mots l'orateur désignait le Juge de paix (1) qui, à défaut des parents, peut rédiger le contrat d'apprentissage ou examiner les stipulations des parties contractantes. Il prononça ensuite un long et éloquent plaidoyer sur les dispositions générales de la loi de 1851 : nous n'avons pas à le résumer ici ; mais nous devons indiquer de quelle manière il répondit à l'éloge que le préopinant avait fait des Conseils de prud'hommes : « Nous n'avons pas, dit-il, contre les Conseils de prud'hommes, cette défiance si extraordinaire dont M. Madier-Montjau veut bien nous gratifier. Au contraire, et la preuve de la confiance que nous leur accordons, c'est que précisément nous leur avons remis le jugement de toutes les contestations relatives au contrat. Nous nous sommes dit : Un contrat d'apprentissage devra d'abord se conformer à la loi ; ensuite interviendront, par des stipulations particulières, la liberté de la famille, la liberté du patron, la liberté du maître ; et puis enfin, il y a

---

(1) Voir Loi de 1851, art. 3, *in fine*.

certains points, certains usages d'après lesquels le contrat devra être apprécié. Ce jugement nous le remettons tout entier aux tribunaux de Prud'hommes. Assurément, ce n'est pas se défier d'une juridiction que de venir lui déférer la connaissance, la résiliation et même le prononcé des indemnités qui pourraient résulter des contrats d'apprentissage. »

13. — Tels sont les principaux arguments qui ont rapport à notre question. Une nouvelle discussion s'éleva entre MM. Madier-Montjau et Aug. Callet relativement au maximum de la durée du travail, à la suite de laquelle l'Assemblée *rejeta* l'amendement proposé.

Bien que la controverse soulevée par l'article 1er ait été longuement rappelée, nous avons cru utile de le faire, parce qu'elle nous initie dès le début aux principes généraux de la matière; et que, grâce à elle, à peine au seuil de la loi, notre lecteur connaît déjà quelques-unes de ses plus importantes dispositions.

CHAPITRE II.

—

DES PARTIES CONTRACTANTES.

15. — La loi de 1851 ne parle pas d'une manière formelle des parties contractantes. Cherchons donc dans la loi de l'an XI, dans la loi de 1851 et dans le Code civil, tout ce qui peut se rattacher à cette grave question.

La loi du 11 germinal an XI disait, dans son article 9, que les *contrats d'apprentissage doivent être consentis entre majeurs ou par des mineurs avec le concours de ceux sous l'autorité desquels ils sont placés.*

La loi de 1851 contient, dans son article 3, le même principe et l'exprime plus brièvement en ces termes : « *L'acte d'apprentissage devra être signé par le maître et par les représentants de l'apprenti.* »

Enfin le Code civil nous donne sur la capacité des parties contractantes des règles qu'il est opportun de rappeler ici (liv. III, titre III, chap. 2) et d'appliquer au contrat d'apprentissage.

16. — Afin de suppléer utilement au silence regrettable que la loi de 1851 sur la capacité des parties contractantes; afin de faire la lumière et d'établir l'ordre dans cette matière par elle-même obscure et confuse, il importe d'adopter un plan méthodique, rationnel et d'en faire le cadre des diverses observations que nous allons présenter. Le plan auquel nous avons cru devoir nous arrêter consiste à établir trois catégories de personnes, dont la première comprendra les personnes capables de s'engager en qualité de maîtres ; la seconde, les personnes capables de s'engager en qualité d'apprentis ou aux lieu et place des apprentis ; la troisième enfin, les personnes incapables. — Les trois sections qui vont suivre correspondront à chacune de ces trois catégories de personnes.

SECTION I.

Des personnes capables de s'engager en qualité de maîtres.

17. — Toutes personnes majeures sont capables de signer un contrat d'apprentissage en qualité de maîtres. C'est là le principe qui ressort *par analogie* de l'article 1123 du Code civil.

18. — Mais, l'article suivant 1124, combiné avec l'article 217, nous apprend qu'il faut faire exception pour la femme mariée, majeure ou émancipée par mariage, même séparée de biens, à

moins qu'aux termes des articles 4 et 5 du Code de commerce, elle ne soit autorisée par son mari à être marchande publique.

19. — En ce cas seulement, elle peut valablement prendre un apprenti. L'article 5, en effet, permet à la femme mariée marchande publique de s'obliger, sans l'autorisation de son mari, pour ce qui concerne son négoce. Or, le fait de prendre un apprenti intéresse très-souvent, au plus haut point, le négoce, et il importe de ne point refuser à la marchande ce droit, si avantageux, de contracter sans l'autorisation de son mari.

20. — Le mineur émancipé, qui se livre au commerce, pourra-t-il recevoir des apprentis, signer un contrat d'apprentissage en qualité de maître? Si l'on consulte seulement l'article 1308 du Code civil ainsi conçu : « le mineur commerçant, banquier ou artisan n'est point restituable contre les engagements qu'il a pris en raison de son commerce ou de son art » ; si l'on réfléchit que, soit dans certaines branches d'industrie, soit dans certains établissements de banque, soit dans la pratique de certains arts, il est avantageux, il importe d'engager des apprentis, on n'hésitera pas à accorder au mineur émancipé le droit de signer des contrats d'apprentissage, en qualité de maître. On hésitera d'autant moins qu'on se souviendra de l'article 487 du Code civil, qui énonce que « le mineur émancipé qui fait un commerce est réputé majeur pour les faits relatifs à ce commerce. » Ajoutons aussi que, pour le mineur émancipé qui fait le commerce, en vertu de ce même article 487, on ne s'attache point, comme pour le mineur non-commerçant, à l'énonciation limitative des faits qui sont déclarés faits de commerce par les dispositions des articles 632 et 633. » Il faudra néanmoins considérer ces articles 487 et 1308 comme recevant une exception, comme étant tenus en échec, quand le mineur émancipé voudra engager des apprentis mineurs. En effet l'article 4 de la loi de 1851 interdit de recevoir des apprentis mineurs à ceux qui ne sont point âgés de 21 ans au moins. Le mineur émancipé et reconnu apte à faire tous les actes de son commerce

se verra donc privé du droit précieux de recevoir des apprentis mineurs ! Cette disposition est d'autant plus étroite qu'elle est plus générale, qu'elle s'applique aux apprentis de tout sexe ; elle est d'autant plus rigoureuse qu'elle tend presque à empêcher un mineur émancipé, commerçant, banquier ou artisan d'engager tous apprentis ; car les apprentis, on le sait, sont le plus souvent des mineurs !

21. — Examinons, dès à présent, la question de savoir si un étranger aurait le droit de recevoir des apprentis ? Oui. Et cette réponse n'est douteuse pour personne, si l'étranger remplit les conditions que contiennent les articles 4 et 6 de la loi de 1851. — Le contrat d'apprentissage relève en effet du droit des gens, et tout ce qui dérive de ce droit appartient aux étrangers résidants ou domiciliés en France.

22. — Si l'étranger non naturalisé jouit du droit de recevoir des apprentis, à plus forte raison en sera-t-il de même de l'étranger naturalisé. A l'un et à l'autre on appliquera toutes les dispositions de la loi de 1851, et leur condition ne différera en rien de la condition des citoyens français.

SECTION II.

Des personnes capables de s'engager en qualité d'apprentis ou aux lieu et place des apprentis.

23. — En vertu de l'article 1123 du Code civil, que nous avons cité à la section précédente, toutes personnes majeures sont capables de s'engager comme apprentis. Mais, ainsi que nous venons de le faire remarquer, l'application de ce principe sera très-rare. Il sera, au contraire, très-fréquent, habituel même, que des mineurs s'engagent comme apprentis.

24. — Avant de parler d'eux, disons quelques mots seulement du mineur émancipé, et demandons-nous s'il pourra s'engager comme apprenti ?

En présence de l'article 481 du Code civil qui énonce que : le mineur émancipé... fera tous les actes qui ne sont que de pure administration, sans être restituable contre ces actes, dans tous les cas où le majeur ne le serait pas lui-même, la réponse affirmative ne paraît pas douteuse à M. Mollot. En effet, il considère le fait de se placer en apprentissage comme ne dépassant pas les limites d'une simple administration.

Il nous semble, au contraire, que le fait de contracter avec un maître, de s'engager à son service, de s'obliger « à travailler pour lui » excède singulièrement les limites d'une simple administration. C'est l'abdication complète de sa liberté, c'est l'aliénation absolue de la propriété de soi-même et de la disposition de ses facultés que signe le mineur émancipé en signant le contrat d'apprentissage, et il serait permis de lui accorder, à lui seul, le droit exorbitant et si dangereux de signer ! Non, cela n'est point admissible. Quand le mineur émancipé ne peut passer des baux dont la durée excède neuf ans; ne peut intenter une action immobilière ni y défendre, même recevoir et donner décharge d'un capital mobilier sans l'assistance de son curateur...; quand il ne peut faire d'emprunts sans une délibération du conseil de famille...; quand il ne peut vendre ni aliéner ses immeubles...; quand tous les actes de cette nature lui sont interdits, il pourra, d'un seul trait de plume, sans demander ni conseil ni autorisation, aliéner pour plusieurs années, la direction et l'administration de ses facultés physiques et intellectuelles! — Nous ne le croyons pas : loin de là, et contrairement à l'avis de M. Mollot, nous pensons que le curateur devra autoriser le mineur émancipé, de même que le tuteur autorise le mineur non émancipé.

25. — Que devrons-nous décider lorsqu'il s'agira non plus du mineur émancipé non commerçant, mais du mineur émancipé qui se livre à un commerce, en vertu des articles 487 du Code civil et 2 et 3 du Code de commerce?

Il aura, selon nous, le droit de s'engager comme apprenti, puisque le fait de s'engager peut être relatif à son commerce (art. 487 et 1308) ; et puisque, pour le mineur émancipé qui fait le commerce, ainsi que nous l'avons déjà fait remarquer, on ne tiendra aucun compte des faits de commerce énoncés aux articles 632 et 633.

26. — La femme mariée majeure, ou émancipée par mariage, même séparée de biens, n'a le droit, avons-nous dit (voir n°19), d'engager un apprenti sans le consentement de son mari, que lorsqu'elle est marchande publique. Mais, en cette qualité, a-t-elle le droit de s'engager en apprentissage sans le consentement de son mari? Il y aura là, selon nous, une question de fait, et les tribunaux devront apprécier si la femme s'oblige dans l'intérêt de son négoce ; en ce cas, elle pourra contracter valablement et sans autorisation de son mari.

27. — En dehors de cette situation de marchande publique, il n'est pas douteux que la femme mariée majeure ou émancipée par mariage, séparée ou non de biens, n'aura le droit de s'engager comme apprentie qu'avec le concours du mari dans l'acte ou son engagement par écrit (Code civil, art. 217).

28. — Le mineur non émancipé ne pourra souscrire un contrat d'apprentissage, ni en qualité de maître, ni en qualité d'apprenti.

Nous devons donc examiner les personnes capables de contracter en son nom. Nous allons entrer, à ce sujet, dans de longs et minutieux développements.

29. — Le mineur devra être représenté par ceux sous l'autorité desquels il est placé, c'est-à-dire par son père, ou, en cas de prédécès de celui-ci, par sa mère tutrice légale (Code civil, art. 390), ou, à défaut de cette dernière, par le tuteur qui lui aura été désigné par le conseil de famille (Code civil, art. 405).

30. — Il pourra se rencontrer d'autres représentants légaux. Ainsi toutes personnes autorisées par les parents (art. 3 de la Loi de 1851) et, à leur défaut, par le juge de paix.—Ainsi encore toutes

les Sociétés, tous les Bureaux de bienfaisance et tous les Établissements autorisés à l'effet de placer les enfants en apprentissage
et de contracter en leur nom.

31. — A ce sujet, nous trouvons dans l'ouvrage de M. Mollot (1),
publié en 1845, quelques renseignements qu'il nous semble
utile de placer sous les yeux de nos lecteurs.

« Beaucoup de traités se contractent par les soins des Socié-
» tés et des Bureaux de bienfaisance. Si la Société y est auto-
» risée par le Gouvernement, elle délègue un de ses membres,
» qui signe le contrat et devient le *patron* de l'apprenti. — La
» commission de la Chambre des Pairs, amendant le nouveau
» projet de loi sur les livrets d'ouvriers, a consacré le principe
» de notre opinion, en proposant de faire nommer par le Con-
» seil de Prud'hommes, ou, à son défaut, par le Juge-de-paix,
» un citoyen qui assistera comme *curateur*, en toute instance,
» l'apprenti mineur dont les père et mère ou tuteur se trouvent
» absents ou éloignés de lui. Mais, pour être complète, la me-
» sure devrait aussi s'appliquer à la formation et à l'exécution
» du contrat. »

32. — Encore aujourd'hui, ou plutôt surtout aujourd'hui,
beaucoup d'institutions s'occupent de placer les enfants en apprentissage : parmi les plus recommandables se trouvent en première
ligne la *Société de protection des Apprentis et des Enfants
employés dans les manufactures* (1), les Patronages et les Pen-
sions d'apprentis, qui, non-seulement président au choix du
métier que doit embrasser l'enfant, mais encore rédigent le contrat qui le lie au maître et surveillent l'exécution de toutes les
clauses et conditions qui y sont énoncées (2).

33. — Ces mots : « Personne autorisée par les parents » peuvent-
s'appliquer légalement aux institutions de bienfaisance, aux

---

(1) Mollot, *Le Contrat d'apprentissage expliqué aux maîtres et apprentis*,
p. 21.

(2) La *Société de protection des Apprentis et des Enfants des manufactures*
intervient souvent, en effet, en faveur d'enfants (en général orphelins),
auxquels elle prend intérêt, et qu'elle place en apprentissage. (Voir son
Bulletin du Travail.)

associations charitables, etc.? Cette question n'a point échappé
aux membres du Corps législatif.

34. — En effet, à la seconde lecture du projet de loi, M. Morellet
demanda ce que signifiaient ces mots : la *personne autorisée par
les parents*. « Entendez-vous par là, dit-il à M. de Riancey, les
associations charitables?... Votre article est-il applicable aux
congrégations religieuses? »

35. — « Il ne s'agit en aucune façon, répondit M. de Riancey, d'associations religieuses, d'associations charitables se livrant à l'industrie, mais seulement du patronage à exercer sur les apprentis et
en leur faveur. Voici ce que nous avons voulu. Dans les grandes
villes, il existe un grand nombre d'enfants appartenant à des
familles que la misère ou l'éloignement empêche de leur donner
des soins et d'exercer sur eux une surveillance aussi active qu'il
est nécessaire et désirable... Il faut bien peu connaître la classe
ouvrière pour ne pas savoir combien un père chargé de famille
est embarrassé, combien une mère éprouve de peine et de difficulté et quelquefois même de fausse honte pour aller stipuler
pour son enfant.

« Eh bien, quand on a eu le bonheur d'avoir avec ces humbles
et honnêtes familles les relations de ce patronage et de cette
charité que je ne saurais trop exalter, le premier besoin est de
tâcher de placer les enfants. Alors on va chercher des maîtres
honnêtes, des maîtres chrétiens. On stipule, on fait des contrats
pour ces familles, pour ces enfants destitués de secours et pour
lesquels la puissance et l'autorité de la famille sont affaiblis par
le dénûment et la misère. C'est là une des sources les meilleures
de la charité ; je ne voudrais pas qu'elle fût tarie et c'est pour
cela que nous avons introduit ces mots : « Les personnes autorisées par les parents.» Ainsi, vous avez la garantie de la famille,
ou, à défaut de celle-là, la garantie de la magistrature, la garantie
du Juge-de-paix. — Donc, pas d'équivoque, il ne s'agit pas d'associations religieuses se livrant au travail : il s'agit des asso-

ciations ou plutôt des membres des associations de charité qui, autorisés par les parents, peuvent stipuler au nom de ces parents en faveur de leurs enfants. Voilà ce que c'est. Je ne comprendrais pas qu'il se trouvât dans cette Assemblée un seul membre pour fermer cette porte à la charité. »

36. — Le Président du Corps législatif, M. Dupin, fit remarquer que non-seulement les membres de ces Sociétés stipulaient, mais payaient le plus souvent. Après cette observation, le paragraphe fut adopté (1).

37. — M. Dupin avait fait cette observation en jurisconsulte : par là en effet il avait rappelé les principes du Code civil énoncés aux art. 1120 et 1121 en vertu desquels :

. « 1° On peut se porter fort pour un tiers en promettant le fait de celui-ci, sauf l'indemnité contre celui qui s'est porté fort ou qui a promis de faire ratifier, si le tiers refuse de tenir l'engagement (art. 1120).

« 2° On peut pareillement stipuler au profit d'un tiers, lorsque telle est la condition d'une stipulation que l'on fait pour soi-même ou d'une donation que l'on fait à un autre. Celui qui a fait cette stipulation ne peut plus la révoquer si le tiers a déclaré vouloir en profiter. » C'est en faisant allusion à cet article que M. Mollot dit dans son livre sur le contrat d'apprentissage (2) : « Un tiers est habile à stipuler pour l'apprenti, en s'obligeant de payer la somme réclamée pour l'apprentissage et de garantir les autres obligations contractées par lui ; c'est alors une libéralité qu'il fait à celui-ci et il oblige le maître envers lui-même. »

38. — M. Mollot avait raison d'indiquer qu'un tiers serait capable de stipuler pour l'apprenti, lorsqu'il ajouterait une clause pénale à la convention, c'est-à-dire lorsque, pour assurer l'exécution de la convention, il s'engagerait à quelque chose en

---

(1) Duvergier, *Collection des lois....*, année 1851, p. 84.
(2) Mollot, *op. j. citat.*, p. 21.

cas d'inexécution (Cod. civ., art. 1226). En effet, avant la loi de 1851, il en était ainsi ; tout tiers, en se conformant aux prescriptions des art. 1120, 1121 et 1226, pouvait contracter au nom de l'apprenti ; mais, depuis 1851, il faut réduire le commentaire de M. Mollot aux termes de la loi de 1851 et énoncer que tout tiers n'aura la capacité de stipuler au profit de l'apprenti que lorsqu'il sera autorisé *par les parents* ou par les personnes qui représenteront ou remplaceront les parents dans les cas où leur autorisation ferait défaut, soit, par suite de mort, d'absence ou d'incapacité.

39. — Mais, qu'arriverait-il si un tiers non autorisé par les parents avait stipulé au nom de l'apprenti et si, par conséquent, les parents n'avaient pas déclaré vouloir profiter de la stipulation ? Ne faudrait-il pas distinguer entre la situation du patron et celle de l'apprenti ? Assurément oui. En effet le patron ne pourrait se dédire ; il serait lié de la manière la plus étroite ; et fût-il même mineur commerçant, il ne serait point, en vertu de l'article 1308, restituable contre un pareil engagement, pris à raison de son commerce. L'apprenti, au contraire, serait parfaitement libre à l'égard du patron ; et, suivant la volonté de ses parents, pourrait ou non profiter de la stipulation faite par le tiers, lequel serait aussi étroitement engagé envers le patron que le patron le serait envers lui-même.

40. — M. Duvergier, après avoir mentionné la discussion au Corps législatif du § 3 de l'*art. 5*, termine le commentaire de ce paragraphe par ces mots : « Quoique le texte ne parle que de l'autorisation donnée par les parents, c'est-à-dire par les père et mère, il n'est pas douteux qu'une semblable autorisation serait valablement donnée par le tuteur de l'apprenti.

« J'ajoute que cette autorisation devra, autant que possible, être rédigée par écrit. Dans ce cas, cet écrit sera remis au maître, qui, seul, peut avoir besoin d'en justifier. »

41. — Mais, le tuteur n'est pas le seul qui peut contracter aux

lieu et place des parents et au nom de l'enfant. Le Juge de paix est investi du même pouvoir. C'est ce qui résulte du § 3 *in fine* de l'*art. 5.* « La personne autorisée par les parents, et, *à leur défaut, par le Juge de paix.*» — Le Juge de paix peut donc, ainsi que le tuteur lui-même, agir au nom de l'enfant et le représenter dans tous les actes relatifs à son apprentissage. Bien plus, il peut confier à toute personne qui lui plaira la mission de placer l'enfant chez un maître.

A cet effet, il n'a besoin de provoquer ni réunion ni conseil de famille ; il choisit spontanément, librement, et son choix peut s'étendre au-delà même du cercle de la famille. C'est ce qui résulte, à notre avis, des termes du § 3 de l'*article 5*; nous ne les interprétons pas, en effet, dans un sens trop étroit, trop rigoureux. Mais, si nous pensons que le Juge de paix a le droit, disons plus, le devoir de faire représenter l'enfant par une personne de son choix, au cas où les parents font défaut, nous ne l'y croyons autorisé, si les parents sont vivants, que dans le cas où ils ne voudront absolument point ou ne pourront pas, pour cause d'incapacité morale ou légale, se charger du soin de défendre eux-mêmes les intérêts de leur enfant.

42. — Si le mineur est un enfant né hors mariage, il pourra être représenté au contrat d'apprentissage par celui de ses père et mère naturels qui l'aura reconnu, d'après les principes énoncés aux art. 334 et suiv. du Code civil.

43. — Si l'enfant né hors mariage a été légitimé par le mariage subséquent de ses père et mère, — d'après les formes énoncées à l'art. 331, les enfants légitimés par le mariage subséquent ayant les mêmes droits que s'ils étaient nés de ce mariage (art. 333), — il va sans dire que les parents auront les mêmes devoirs à exercer que si les enfants avaient été des enfants légitimes dès la première heure.

44. — Si l'enfant né hors mariage a été reconnu par l'un et l'autre des parents naturels, auquel des deux faut-il accorder de

préférence le droit de contracter au nom de l'enfant? Aucun texte de loi ne répond à cette question : il faut donc chercher dans les principes généraux la solution que nous poursuivons.

45. — M. Mollot, avant nous, a énoncé celle qui lui paraît le plus convenable en ces termes : « S'il (l'enfant né hors mariage) a été reconnu par tous deux (les **deux parents naturels**), la loi ne déférant aucune prééminence à l'un des parents naturels plutôt qu'à l'autre, il nous semble que le Juge de paix devra, aux termes de la nouvelle loi, autoriser l'un d'eux à contracter pour l'enfant, en se déterminant par le plus grand avantage de celui-ci (1). »

46. — Nous ne saurions nous ranger à l'opinion de M. Mollot, parce que, loin de reposer sur le texte de la nouvelle loi, c'est-à-dire de la loi de 1851, elle nous semble n'en pas tenir le plus léger compte. Que dit en effet l'*art. 3 in fine* : personne autorisée par les parents, *et à leur défaut*, par le Juge de paix? Or, dans ce cas, les parents font-ils défaut? Assurément non : puisque, sans cela, la question de savoir auquel des deux parents on doit accorder la prééminence ne s'élèverait point! Recourir au Juge de paix dans cette espèce, ce n'est donc pas, comme le dit l'honorable auteur, rester dans les termes de la loi ; il faut, selon nous, au contraire, en vertu de la loi, l'écarter et n'appeler son intervention que dans les cas où il y a de la part des parents absence de volonté ou de pouvoir. Mais alors auquel des parents compétera le droit de contracter au nom de l'enfant? Faudra-t-il décider ici de même que lorsqu'il s'agit d'enfants légitimes, et faire passer la volonté du père avant celle de la mère? Les deux situations sont très-différentes, et ne sauraient être mises en comparaison. — Il peut se faire que le père ait reconnu l'enfant postérieurement à la mère, ou qu'au contraire (et cette espèce sera beaucoup plus rare) la mère ne l'ait reconnu qu'en second lieu. — Dans ces deux cas, nous croyons que le

____

(1) *Code de l'Ouvrier*, p. 38.

droit de contracter au nom de l'enfant reviendra toujours de préférence à celui des deux parents naturels qui l'aura le plus tôt reconnu et en aura depuis plus longtemps accepté, bien plus reclamé la garde et la surveillance.

47. — Dans le cas où les reconnaissances seront contemporaines, il faudra, selon nous, accorder le droit de contracter au nom de l'enfant à celui des deux parents qui conservera l'enfant par-devers lui.

48. — Nous croyons cette solution non-seulement conforme au bon sens et à la justice, mais encore à l'intérêt des enfants : et c'est pour cela que nous la proposons. Un argument, inspiré par l'article 1302 du Code civil, peut d'ailleurs lui donner plus d'autorité. Les enfants, dit cet article, seront confiés à l'époux qui a obtenu le divorce (la séparation de corps); le droit de garde est donc, d'après le Code, confié à celui des deux époux qui paraît le plus apte à remplir ses devoirs, à celui en faveur duquel la séparation est prononcée. Bien que l'assimilation puisse paraître très-lointaine, n'est-il pas permis de rapprocher ce cas de celui qui nous occupe, et de dire que le parent qui a le premier reconnu l'enfant est, de même que celui qui a obtenu la séparation, le plus capable d'inspirer et de mériter la confiance?

49. — Si le droit de contracter au nom de l'enfant est contesté au parent naturel qui aura reconnu en premier lieu par le parent qui aura reconnu ultérieurement, c'est alors seulement, selon nous, que les tribunaux seront appelés à juger le différend, et qu'ils pourront, en appliquant les principes semblables à ceux qu'énoncent les articles 302 et 303 du Code civil, ordonner pour le plus grand avantage de l'enfant qu'il sera confié aux soins de l'un ou de l'autre des parents naturels, ou même d'une tierce personne, par exemple du Juge de paix...

50. — Le système de M. Mollot, relatif à l'intervention du Juge de paix, lorsqu'il s'agit d'enfants naturels reconnus, ne sera applicable, selon nous, que dans le cas exceptionnel où la recon-

naissance ayant été forcée du côté du père et de la mère, les parents ne prendront pas soin de l'enfant; alors, en effet, on pourra dire, d'après la lettre et l'esprit de la loi, que les parents ont fait défaut.

51 — Pour en finir avec ces observations touchant l'intervention du Juge de paix, examinons encore deux hypothèses qui peuvent très-bien appartenir au domaine de la pratique.

52. — Qu'arrivera-t-il, lorsque le père refusera de placer l'enfant en apprentissage et que la mère aura la volonté contraire? Qu'arrivera-t-il lorsque le père voudra engager l'enfant comme apprenti chez tel maître, lui faire apprendre tel métier, et qu'au contraire la mère aura la volonté de l'engager chez un autre maître et de lui faire apprendre une autre profession? — Le Juge de paix sera-t-il invoqué? Aura-t-il le droit d'intervenir? Nous sommes d'avis, — on a pu le voir, — qu'il faut, autant que possible, se reposer sur les parents seuls, sur le père ou sur la mère, du soin de placer l'enfant en apprentissage et repousser, chaque fois que les parents ne font pas défaut, l'intervention de toute tierce personne. Aussi, dans ces deux hypothèses, point ne sera besoin de l'intervention du Juge de paix. Les parents, en effet, ne désertent pas tous deux leur commun devoir de munir l'enfant d'une profession, devoir non-seulement écrit dans le cœur des père et mère, mais consacré par le Code et à l'art. 303 et au 2° de l'art. 385. Toutefois, comme il y a conflit entre les volontés des parents et conflit sur un acte très-grave qui intéresse les parents au même degré, puisqu'il décide de l'avenir, du bonheur de leurs enfants, examinons s'il faudra, au point de vue des droits propres aux époux, distinguer entre l'hypothèse dans laquelle le père refuse absolument de placer l'enfant en apprentissage, et celle dans laquelle le père est seulement en discussion avec la mère sur le choix de telle ou telle profession, de tel ou tel maître?

53. — Dans la première, nous croyons que, l'avenir de

l'enfant pouvant être sérieusement compromis par le refus du père, la mère pourra, en invoquant l'art. 219 du Code civil, en référer aux tribunaux. En effet, les termes de cet article sont généraux. « Si le mari, dit-il, refuse d'autoriser sa femme à » passer un acte, la femme peut faire citer son mari directement » devant le tribunal de première instance... »

54. — Dans la seconde hypothèse, nous penserions facilement que la volonté du père, en vertu des principes généraux contenus dans les Chapitres *des droits et des devoirs respectifs des époux* et *de la puissance paternelle*, primera la volonté de la mère, (art. 215, 216 et 373.) Mais, d'après les tendances très-nettes de la jurisprudence actuelle qui s'occupe surtout de l'intérêt de l'enfant, et tempère, dans presque tous les cas où cet intérêt peut être en souffrance, les droits de l'autorité paternelle ; en présence du pouvoir discrétionnaire plus étendu chaque jour, dont jouissent les tribunaux, pour déterminer, d'après l'avantage de l'enfant, dans quelle mesure doit s'exercer la puissance du père, nous ne pouvons refuser à la mère le droit de recours aux magistrats. Le seul dissentiment sur le choix de la profession suffira donc pour que la mère puisse faire aux tribunaux un appel qui ne sera point rejeté.

55. — En cas de séparation de corps, il n'est pas douteux que l'époux qui aura obtenu la garde des enfants (art. 302) ne puisse en toute liberté choisir la profession et le maître de l'enfant. C'est pour lui en même temps un devoir et un droit : car l'action fait de conserver les enfants le fait présumer capable de décider seul toutes les questions qui intéressent leur avenir. Il y aura toutefois exception lorsque, appliquant la fin de l'article 302 que nous avons déjà vu, le tribunal ordonnera que les enfants soient confiés aux soins de l'autre époux, soit d'une tierce personne.

56. — Nous n'avons que peu de mots à dire des enfants trouvés ou abandonnés et des orphelins, dont se sont occupés d'une manière

spéciale et la loi des 15-25 pluv. an XIII (4 février 1805) et le décret du 19 janvier 1811. Il nous suffira, en citant les articles de ces deux textes relatifs à notre matière, de faire observer que le législateur a eu surtout en vue les parents faisant absolument défaut, et de les remplacer par *une personne* ou *une collectivité de personnes* remplissant envers l'enfant les fonctions qu'impose la tutelle.

57. — ART. 1. « Les enfants admis dans les hospices à quelque titre et sous quelque dénomination que ce soit seront sous *la tutelle* des Commissions administratives de ces maisons, lesquelles désigneront un de leurs membres pour exercer, le cas advenant, les fonctions de tuteur, et les autres formeront le conseil de tutelle. »

ART. 2. « Quand l'enfant sortira de l'hospice pour être placé comme ouvrier, serviteur ou apprenti dans un lieu éloigné de l'hospice où il avait été placé d'abord, la Commission de cet hospice pourra, par un simple acte administratif visé du préfet ou du sous-préfet, déférer *la tutelle* à la Commission administrative de l'hospice du lieu le plus voisin de la résidence actuelle de l'enfant.

ART. 3. « La *tutelle* des enfants admis dans les hospices durera jusqu'à leur majorité ou émancipation par mariage ou autrement. »

58. — Les art. 15, 16, 17 et 18 contiennent les dispositions suivantes sur la tutelle et la seconde éducation des enfants trouvés et des enfants abandonnés :

ART. 15. — « Les enfants trouvés et les enfants abandonnés sont sous la tutelle des commissions administratives des hospices, conformément aux règlements chargés de cette tutelle.

ART. 16. — « Lesdits enfants élevés à la charge de l'État sont *entièrement à sa disposition* et, quand le Ministre de la marine en dispose, la tutelle des Commissions administratives cesse.

ART. 17. — « Les enfants ayant accompli l'âge de 12 ans,

desquels l'État n'aura pas autrement disposés, *seront, autant que faire se pourra, mis en apprentiesage*, les garçons chez les laboureurs ou les artisans, les filles chez des méngaères, des couturières ou autres ouvrières ou dans des fabriques et manufactures.

Art. 18. — « Les contrats d'apprentissage ne stipuleront aucune somme en faveur du maître ni de l'apprenti, mais ils garantiront au maître les services gratuits de l'apprenti jusqu'à un âge qui ne pourra excéder 25 ans; et, à l'apprenti, la nourriture, l'entretien et le logement. »

59. — Examinons une dernière question au sujet de la capacité de contracter à titre d'apprenti : l'étranger aura-t-il le droit de s'engager en qualité d'apprenti? Oui, s'il est majeur; et si, en cas de minorité, il est représenté comme le mineur citoyen français. Il en sera de même de l'étranger naturalisé. L'un et l'autre jouiront donc du double droit et de se mettre en apprentissage et de recevoir des apprentis.

60. — Disons, par avance, que l'étranger, même non résidant en France, qui se serait engagé comme maître ou comme apprenti envers un Français serait, en vertu de l'article 14 du Code civil, justiciable des tribunaux français. Cet article porte en effet, dans son paragraphe 2, que l'étranger, même non résidant en France, peut être cité devant les tribunaux français, en raison des obligations par lui contractées envers un Français en pays étranger.

SECTION III.

Des personnes incapables.

61. — Nous avons consacré une seule section aux personnes incapables : par là nous avons cherché à ne pas embarrasser la division de notre plan d'un trop grand nombre de catégories de personnes. Mais, il est facile de comprendre que, de même qu'il y a plusieurs sortes de capacité, il y a aussi plusieurs espèces d'incapacité plus ou moins complètes; et, si nous n'a-

vons pas voulu, dès le début, attribuer des sections particulières aux différentes personnes affectées de différentes incapacités, on nous permettra de reproduire à peu près la division que nous avons suivie et de considérer dans des paragraphes séparés :

1° Les personnes incapables de contracter en qualité de maîtres ou d'apprentis.

2° Les personnes incapables de contracter en qualité de maîtres.

3° Les personnes incapables de contracter en qualité d'apprentis.

Nous connaissons déjà bon nombre de ces personnes, que nous avons signalées dans les sections précédentes ; nous n'hésitons pas cependant à en parler de nouveau : mais nous en parlerons d'une manière très-sommaire.

§ 1. — *Personnes incapables de contracter en qualité de maîtres et en qualité d'apprentis.*

62. — Sont absolument incapables de contracter en l'une ou l'autre de ces qualités :

Les mineurs non autorisés et les femmes mariées majeures ou émancipées par mariage séparées ou non de bien, non autorisées à faire le commerce, ou privées du concours de leur mari dans l'acte d'apprentissage ou de son consentement par écrit.

63. — Il faut ajouter à ces incapables :

Les interdits, que l'article 509 du Code civil assimile au mineur pour sa personne et pour ses biens, et auxquels il applique toutes les lois relatives à la tutelle des mineurs.

64.—Les prodigues, auxquels l'article 513 défend de plaider, de transiger, d'emprunter, de recevoir un capital mobilier et d'en donner décharge, *d'aliéner*..., sans l'assistance d'un conseil qui leur est nommé par le tribunal.

Les prodigues sont incapables en qualité de maîtres ; car le contrat d'apprentissage pourrait donner naissance à des transactions auxquelles l'article 513 leur interdit de consentir ; ils sont incapables en qualité d'apprentis : car le même article leur défend, entre autres actes, d'aliéner, sans l'assistance du conseil judiciaire.

65. — Les personnes placées dans un établissement d'aliénés, en vertu de la loi du 30 juin 1838, tant qu'elles demeurent dans l'établissement d'aliénés.

66. — Enfin, les personnes énumérées à l'article 6 de la loi de 1851, et dont il est question aussi à l'article 15, 3°, à savoir : Les individus qui ont subi une condamnation pour crime ; ceux qui ont été condamnés pour attentats aux mœurs ; ceux qui ont été condamnés à plus de trois mois d'emprisonnement pour les délits prévus par les articles 388, 401, 405, 406, 407, 408, 423 du Code pénal.

Nous aurons lieu de revenir sur ces causes d'incapacité en parlant et du maître et de l'apprenti.

§ 2. — *Personnes incapables de contracter en qualité de maîtres.*

67. — Sont incapables de contracter en cette qualité toutes les personnes que nous avons énumérées au paragraphe précédent et de plus les mineurs émancipés autorisés ou non à se livrer au commerce (art. 4, Loi de 1851).

§ 3. — *Personnes incapables de contracter en qualité d'apprentis.*

68. — Sont incapables de contracter en cette qualité les personnes que nous avons énumérées au § 1 et au § 2. Mais, à l'égard des mineurs émancipés, il faudra, à la différence de ce que nous avons énoncé au § 2, établir une distinction entre ceux qui sont simplement émancipés et ceux qui se livrent à un commerce ; les premiers seuls seront incapables de s'engager comme apprentis.

CHAPITRE III.

—

DE LA FORME ET DE LA PREUVE DU CONTRAT.

69. Division de ce chapitre. — **70.** Historique de la rédaction de l'*art. 2* de la Loi de 1851.

SECTION I. — **71.** Le contrat d'apprentissage est écrit ou verbal. — **72.** Brevet d'apprentissage. — **73.** De la compétence et des honoraires des personnes préposées à la rédaction du contrat. — **74.** Avantage de l'acte authentique. — **75.** Appréciation de la compétence des greffiers des Justices de paix et des secrétaires des Conseils de prud'hommes. — **76.** L'acte sous seing-privé doit être fait double. — **77.** Mention du double. — **78, 79.** Le nombre des originaux doit être égal au nombre des parties ayant un intérêt distinct. — **80.** Différence entre l'acte d'apprentissage rédigé sous seing-privé et l'acte d'apprentissage rédigé authentiquement.

SECTION II. — **81.** *Quid* de la valeur testimoniale quand le contrat d'apprentissage est verbal? — **82, 83.** De l'interrogatoire sur faits et articles. — **84, 85.** De l'aveu de la partie. — **86, 87.** Du serment. — **88.** Discussion sur la question de savoir si l'art. 1781 du Code civil pouvait s'appliquer à l'apprenti. — **89, 90, 91.** Des présomptions. — **92.** Le contrat d'apprentissage est-il civil ou commercial à l'égard des parties contractantes ou seulement civil à l'égard de l'une d'elles et commercial à l'égard de l'autre? Intérêt de cette question.

SECTION III. — **93.** Objet de cette Section. — **94.** Mentions énumérées par l'*art. 3* de la loi de 1851. — **95.** Mentions des §§ 1 et 2 de l'art. 3. — **96.** Mentions du § 4. — **97.** De la durée du contrat. — **98.** De la faculté de réduire la durée du contrat, — **99.** Mentions du § 5 de l'art. 3. — **100.** Des clauses du logement et de la nourriture. — **101.** De la clause du prix d'apprentissage. — **102.** Système de la loi du 22 germinal an XI relatif au prix d'apprentissage. — **103.** Système de la loi de 1851. — **104.** Appréciation de ce dernier système. — **105.** Développements et renseignements fournis par M. Mollot sur le prix consistant en temps. — **106.** Le prix et les frais d'apprentissage sont-ils sujets à rapport, quand l'apprenti vient à la succession de celui qui les a acquittés? — **107.** Par quel laps de temps peut être prescrit le prix d'apprentissage? — **108.** Par rapport à l'apprenti. — **109.** Par rapport au maître. — **110.** Application de l'art. 2275 du Cod. civ. — **111.** Le prix d'apprentissage peut-il être considéré comme une des créances privilégiées sur les meubles? — **112.** sur les immeubles? — **113.** De la valeur des clauses facultatives énoncées au contrat. — **114.** *Quid* quand des clauses illicites ou immorales s'y seront glissées? — **115.** *Quid* quand la clause conclut à l'exécution d'une chose impossible? — **116, 117, 118, 119, 120, 121, 122, 123, 124, 125.** De quelle manière peuvent être interprétées les différentes clauses et mentions insérées au contrat d'apprentissage.

69. — La loi de 1851 donne à la section Ire ce titre : *De la nature et de la forme du contrat.* — En analysant les articles 1 et 3, nous avons vu combien ce titre était incomplet, puisque nous avons pu faire de ces deux articles la matière de longs développements et sur la nature du contrat et sur les parties contractantes. Après avoir scindé la rubrique de la section Ire, nous éprouvons le besoin d'en compléter encore la IIe partie, en l'énonçant ainsi : *De la forme et de la preuve du contrat.* — Il ne s'agit pas, en effet, simplement de former un contrat; il faut

encore le prouver. L'article 1315 du Code civil nous dit :
« Celui qui réclame l'exécution d'une obligation doit la prouver. Réciproquement, celui qui se prétend libéré doit justifier
le paiement ou le fait qui a produit l'extinction de son obligation. » — C'est, en prenant conseil des articles 1315 et 1316,
qu'après avoir indiqué la forme du contrat, nous tracerons
sommairement les règles qui concernent la preuve littérale, la
preuve testimoniale, les présomptions, l'aveu de la partie et le
serment (article 1316, Code civil). Nous nous occuperons aussi de
l'interrogatoire sur faits et articles; et, pour que nos observations soient classées avec plus d'ordre et lues avec plus de
fruit, nous les présenterons dans trois sections différentes.
La première traitera des formes et des preuves du contrat littéral ; la seconde des formes et des preuves du contrat verbal ;
et la troisième des mentions que doit contenir le contrat littéral.

70. — Avant d'entrer dans le développement de chacune de ces
sections, empruntons à M. Duvergier l'historique de la rédaction de
l'article 2, qui s'en occupe. «Cet article, dit le savant commentateur,
correspond aux articles 11 et 12 du projet de Gouvernement. Les
trois derniers paragraphes de notre Titre reproduisent textuellement l'article 12 du projet. L'article 11, dont la Commission avait
la disposition, était ainsi conçu : «Le contrat d'apprentissage adopté
doit être formé par écrit. » Nous ne devons pas vous laisser ignorer, a dit M. le Ministre du Commerce, que cette disposition a
été l'objet d'une vive controverse, dans les Enquêtes successives
auxquelles le projet a été soumis. Les avis se sont à peu près partagés sur ce point en nombre égal. Le Gouvernement aurait
voulu pouvoir laisser aux conventions verbales les effets que leur
attribuent l'usage et le droit commun ; mais nous avons dû considérer, d'un côté, qu'en donnant un caractère de certitude aux
conditions stipulées, un écrit était de nature à prévenir ou à simplifier une foule de contestations ; d'un côté le contrat d'apprentissage est un acte important de tutelle qui engage la liberté de
l'enfant souvent pour plusieurs années. Or, d'après la loi du 22

germinal an XI, l'ouvrier, même majeur, ne peut s'engager pour plus d'un an, si le traitement et les conditions ne sont pas déterminés par un acte exprès : comment dès lors admettre que l'enfant mineur puisse être engagé pendant plusieurs années par une simple stipulation verbale? En exigeant que le contrat soit constaté par écrit, le Projet s'applique d'ailleurs à rendre plus facile l'accomplissement de cette formalité. Il n'impose pas l'intervention des officiers publics; mais, comme le contrat se fera toujours mieux sous les auspices d'hommes expérimentés, l'article 12 réduit les frais de toute nature qu'entraîne la rédaction des actes authentiques. Il n'est pas inutile qu'une certaine solennité soit attachée à l'entrée de l'enfant dans la carrière du travail (Exposé des motifs). »Lors de la seconde lecture, la disposition qui formait le premier paragraphe de l'article a été abandonnée. M. Valette, de concert avec la Commission, a présenté une nouvelle rédaction qui consacre en cette matière l'application du droit commun. Cette rédaction, qui comprend les deux premiers paragraphes de notre article, a été votée sans observation.

SECTION I

Des formes et des preuves du contrat littéral ou écrit.

71. — La forme du contrat d'apprentissage, nous le savons, peut être envisagée sous un double point de vue. Le contrat, en effet, peut avoir lieu soit littéralement, soit verbalement.

Quand il affecte la première de ces formes, il *peut être fait, soit par acte public, soit par acte sous seing-privé* (1).

72. — Autrefois, l'écrit destiné à prouver le contrat recevait le nom de *brevet d'apprentissage;* il était rédigé dans la forme des actes notariés (2); et, quand il ne contenait ni obligations de sommes et valeurs mobilières ni quittance, était soumis au

____

(1) Art. 2, loi de 1851.
(2) Voy. *Bulletin de la Société de protection des Appr. et des Enf.* (seconde année) nos 1 et 2 : *Histoire de l'Apprentissage,* par M. Julien Hayem, p. 49.

droit d'enregistrement d'un franc (1), mais dans le cas contraire était assujetti au droit de 50 centimes; enfin la résolution du brevet était passible du droit fixe (2). M. Mollot observe que la dénomination de brevet d'apprentissage est encore usitée à Rouen, à Lyon et dans les principales villes de fabrique (3).

73. — Aujourd'hui les notaires ne sont plus seuls compétents pour rédiger les contrats d'apprentissage mais les secrétaires des Conseils de Prud'hommes et les greffiers de Justices de paix.

Les honoraires dus à ces officiers publics sont fixés à 2 francs, auxquels il faut ajouter un droit d'enregistrement de 1 franc, droit fixe, lors même que l'acte contiendrait des obligations de sommes ou valeurs mobilières ou des quittances (4). L'acte d'apprentissage rédigé soit par les notaires, soit par les secrétaires des Conseils de Prud'hommes, soit par les greffiers de justice de paix est *authentique*; et, comme tous les actes de cette nature, il fait pleine foi de la convention qu'il renferme entre les parties contractantes (art. 1319, Cod. civ.)

74. — L'avantage de l'acte authentique, on le sait, est de faire présumer l'authenticité, de *se prouver lui-même*, sauf toutefois la faculté de s'inscrire en faux, (art. 1319 *in fine*, Cod. civ.) : et cette faculté, on le sait aussi, bien peu de personnes consentent à en user, tant elle exige de précautions, de peine et de frais !

75. — Le législateur de 1851 a bien fait de donner aux greffiers des Juges de paix et aux secrétaires des Conseils de Prud'hommes le droit d'*instrumenter* en notre matière (v. art. 1317, Code civil). Appelés, en effet, à avoir connaissance de faits relatifs à l'apprentissage (puisque les Juges de paix sont souvent les représentants des apprentis), les greffiers des Juges de paix peuvent donner aux parents qui engagent leurs enfants de sages

---

(1) Loi du 22 frimaire an VII, art. 68, n° 14.
(2) Même loi art. 69, p. 52, n° 17.
(3) Mollot, *Code de l'ouvrier*, p. 31.
(4) *Art. 2*, 4ᵉ §, Loi de 1851.

et précieux conseils. Quoiqu'il en soit, les secrétaires des Conseils de Prud'hommes nous semblent, ainsi qu'à l'honorable M. Mollôt (1), les plus capables de bien rédiger un contrat d'apprentissage et les plus dignes d'inspirer en même temps la confiance des maîtres et celle des apprentis. Leur expérience théorique et pratique, leur connaissance chaque jour plus étendue des difficultés auxquelles peut donner naissance un contrat incomplet ou inique, leur esprit de conciliation et d'impartialité dérivant du caractère de leurs fonctions, tout, en un mot, porte à croire que les secrétaires des Conseils de Prud'hommes sont les officiers publics les plus compétents en matière de rédaction de contrat d'apprentissage.

76. — Quand l'acte d'apprentissage a lieu sous seing-privé, il doit être fait double. En effet, comme il contient des conventions synallagmatiques (Code civil, art. 1325), comme il est rédigé par deux parties ayant un intérêt distinct, un original doit être dans les mains de chacune d'elles; et, sur chaque original doit être placé ce que les jurisconsultes appellent la *mention du double*.

77. — Si cette mention du double est omise, mais que la convention ait été exécutée par les parties, il y a lieu à l'application de la fin de l'article 1325, et le défaut de mention ne peut être opposé ni par le maître ni par l'apprenti.

78. — Que si les actes d'apprentissage n'ont pas été rédigés en autant d'originaux qu'il y a de parties ayant un intérêt distinct, ils ne seront pas valables, dit le texte de l'article 1325 ; mais, la convention, ayant une existence indépendante, distincte de celle des actes, pourra toujours être démontrée par tout mode de preuve légal.

79. — Le nombre des originaux, nous venons de le voir, doit être égal à celui des parties ayant un intérêt distinct. Ainsi,

____

(1) *Code de l'ouvrier*, p. 32.

deux originaux suffiront, lorsqu'une personne s'obligera comme caution soit du maître, soit de l'apprenti, en vue du paiement des indemnités ou des dommages et intérêts stipulés dans le contrat.

Mais, si un membre d'une Commission administrative, en exécution de la loi du 15 pluviôse an XIII et du décret du 19 janvier 1811 ou un Juge de paix, en vertu de l'article 3 de la loi de 1851, engage plusieurs enfants chez un même maître, il ne saurait être douteux que, chacun d'eux ayant un intérêt distinct, l'acte d'apprentissage doive être rédigé en autant d'originaux qu'il y a d'enfants à placer en apprentissage.

80. — L'acte d'apprentissage rédigé *sous seing-privé* n'a pas, à la différence de celui qui est rédigé *authentiquement*, la même autorité à l'égard des tiers, qu'entre les parties contractantes : ainsi, d'après l'article 1328, il n'a point de date contre les tiers, sauf toutefois du jour où il a été enregistré, du jour de la mort de celui ou de l'un de ceux qui l'ont souscrit, ou du jour où la substance en est constatée dans des actes dressés par des officiers publics, tels que procès-verbaux ou scellés d'inventaire (Code civil., art 1328).

SECTION II

Des formes et des preuves du contrat verbal.

81. — Le contrat d'apprentissage peut aussi, nous dit l'*article 2* de la loi de 1851, *être fait verbalement* : mais « *la preuve testimo-* « *niale n'en est reçue que conformément au titre du Code civil* « *des contrats ou des obligations conventionnelles en général.* »

Qu'a voulu dire par là le législateur de 1851 ? On le sait, dans les contrats purement consensuels, la preuve testimoniale n'est admissible que jusqu'à concurrence de 150 francs. Faut-il conclure de ce principe que, dans tous les cas, toute réclamation de dommages et intérêts, d'indemnités, de salaires excédant 150 francs et non constatés par un acte authentique ou sous seing-privé, ne serait pas admissible devant le Conseil des Prud'hommes? Assurément non; ainsi, quand il y aurait commencement de preuve écrite, c'est-à-dire quelque acte par écrit, émané de celui contre lequel la demande est formée ou de celui qu'il représente et qui rend vraisemblable le fait allégué (art. 1347, C. civ.); quand il y aurait impossibilité matérielle de se procurer la preuve littérale du contrat (art. 1348, 4°), la règle posée par l'article 1341 du Code civil souffrirait une exception.

82. — Nous pensons même que, dans le cas où des sommes supérieures à 150 francs seraient l'objet de la contestation, il pourrait être procédé par le Conseil des Prud'hommes à *l'interrogatoire sur faits et articles*. La généralité des termes de l'article 324 du Code de procédure nous autorise à le croire. « Les parties, dit-il, peuvent en toute matière et en tout état de cause, demander de se faire interroger respectivement sur faits et articles pertinents, concernant seulement la matière dont est question, sans retard de l'instruction ni du jugement ». En outre, le caractère de la juridiction des Prud'hommes nous semble un argument invincible en faveur de cette opinion. Il faut en effet pacifier, concilier les parties, et la procédure de l'interrogatoire sur faits et articles nous semble très-propre à amener cette conciliation, qui est comme la base et le point d'assise de l'institution des Prud'hommes.

83. — Ajoutons quelques mots sur ce mode de procédure.

L'interrogatoire sur faits et articles ne peut avoir lieu qu'entre parties, dit l'article 324; de même, dans tous les articles du Titre XV du Code, qui s'en occupe, il n'est question que des parties. Il est donc bien évident qu'on ne peut interroger des tiers ; mais il est permis de se demander si on peut interroger des personnes qui sont intéressées dans la cause, sans être des parties dans le sens propre du mot : ainsi la femme mariée; ainsi, en cas de prédécès du mari, le subrogé-tuteur (Code civil, art. 393) et, en cas de second mariage, le co-tuteur

(Code civil, art. 396). Bien que pareille question n'ait jamais été soulevée et n'ait peut-être point l'occasion de l'être pendant très-longtemps, il nous semble cependant avantageux de lui donner, dès à présent, une solution, et nous croyons cela d'autant plus avantageux que l'interrogatoire sur faits et articles peut non-seulement être employé pour prouver le contrat, mais pour faire la lumière sur tous autres faits qu'il appartiendra de porter à la connaissance des juges. L'article 324 dit, en effet : « Les parties peuvent, en toutes matières... » Or, dans la question qui nous intéresse, nous croyons pouvoir appliquer la doctrine, qu'ont consacrée, dans d'autres matières, un arrêt de la cour d'Orléans du 10 juillet 1812 et un arrêt de la cour de Poitiers du 13 février 1827, et qui consiste à interroger la femme commune, dans toutes les affaires qui·concernent son mari. Bien que la jurisprudence ait semblé suivre une autre voie, dans une espèce un peu différente de celles auxquelles se rapportent les arrêts précités (arrêt de la cour de Paris du 21 juin 1860), nous croyons que la femme même non commune pourrait être interrogée sur faits et articles relatifs, soit au contrat d'apprentissage, soit à l'apprentissage. La femme, en effet, bien qu'elle ne soit pas, à proprement parler, partie dans la cause, est, d'après l'arrêt de la cour d'Orléans, virtuellement partie dans cette cause. C'est elle qui, le mari venant à faire défaut, aurait le pouvoir dont il jouissait et qu'il exerçait.

Il nous paraît équitable de donner, pour des raisons analogues, la même solution à l'égard des subrogés-tuteurs et des co-tuteurs.

84. — Nous devons transporter dans notre matière les principes que le Code civil applique à l'aveu de la partie, c'est-à-dire à la déclaration que fait en justice la partie ou son fondé de pouvoir spécial (Cod. civ., art. 1356). Mais, il ne saurait être question que de l'aveu judiciaire, de celui qui aurait lieu soit devant le Conseil de Prud'hommes, soit, dans les localités où il n'y a pas de Conseil des Prud'hommes, devant le Juge de paix

du canton (Loi de 1851, art. 18); car, de la déclaration qui n'aurait pas lieu devant ces deux juridictions, c'est-à-dire de l'aveu extra-judiciaire, il ne pourrait être tenu aucun compte.

85. — L'aveu de la partie fait pleine foi contre celui qui l'a fait (art. 1356, Code civil), à la condition d'être libre et spontané; ainsi prononcé, il ne peut être révoqué,.... à moins toutefois « qu'on ne prouve qu'il a été la suite d'une erreur de fait. » Enfin l'aveu est indivisible; et, à ce titre, il n'est pas permis à une partie, quelle qu'elle soit, de le scinder, d'en retrancher, d'en isoler certaines expressions, afin d'arriver à en modifier le sens ou la portée. Il faut le prendre tel qu'il est; et, sans rien supprimer ni changer, l'accepter ou le rejeter.

86. — Un autre mode de preuve orale consiste dans le serment: il est régi à peu près par les mêmes règles que l'aveu de la partie. Ainsi, tout serment extra-judiciaire ne saurait produire aucun effet légal ; mais ici, de même que pour le mode précédent, il ne faut pas considérer comme extra-judiciaire le serment prêté devant le Juge de paix dans les localités où il n'est pas établi de Conseil de Prud'hommes. Là, en effet, la Justice de paix n'est plus seulement, comme en matière civile ordinaire, si l'on veut uous permettre cette comparaison, un premier échelon sur lequel on peut, à son gré, poser le pied avant de s'élever aux autres juridictions; elle forme un premier et véritable degré de juridiction.

Aussi les Juges de paix, les membres des Conseils de Prud'hommes pourront admettre ou déférer le serment d'office.

87. — Dans le cas de serment décisoire, c'est-à-dire de serment déféré par l'une des parties à l'autre, quand le serment est prêté, la contestation est terminée; dans toutes les hypothèses, il faut s'en référer au Droit civil, art. 1358 et suiv. Quand il y a serment supplétoire, c'est-à-dire serment déféré par le juge à l'une ou l'autre des parties, il est nécessaire que les deux conditions exigées par le Code civil coexistent : à savoir, 1° que la demande ou l'exception ne soit pas pleinement justifiée; 2° qu'elle

ne soit pas complétement dénuée de preuves (art. 1367 et suiv.)
Une question, qui aujourd'hui paraît être devenue sans importance grâce à l'abrogation de l'article 1781, mais qui, il y a quelques années encore, présentait un grand intérêt, est celle de
savoir si, au sujet du serment, l'apprenti peut rentrer dans
la classe des personnes qui, à la différence des maîtres, ne
sont point crues sur leur affirmation.

88. — « Le maître, dit ou plutôt disait l'article 1781,
(si vivement, si légitimement critiqué et si tardivement effacé
de notre Code,) est cru sur son affirmation, pour la quotité
des gages, pour le paiement du salaire de l'année échue, et
pour les à-comptes donnés pour l'année courante. » — Les trois
cas peuvent très-bien s'appliquer aux apprentis; il n'est pas
rare, en effet, que des gages soient promis aux enfants (Loi de
1851, art. 3, 40), un salaire dû pour l'année échue et des
à-compte fournis pour l'année courante.

Au sujet de cette question, qui, nous l'expliquerons tout-à-
l'heure, offre encore un sérieux intérêt, « M. Mollot décide que
le maître n'est pas cru sur son affirmation, car l'apprenti n'est
ni un ouvrier à temps, ni encore moins un domestique... »

« La difficulté, ajoute M. Mollot, doit se juger d'après les
règles et les preuves ordinaires. » M. Dalloz (1) semble se ranger à
l'opinion que nous venons de reproduire, en disant : « ne sont
point applicables au contrat d'apprentissage proprement dit ni
à ses diverses clauses les dispositions de l'article 1781... Il n'y
a pas d'analogie entre le contrat d'apprentissage et celui qui
intervient entre le maître et l'ouvrier : le premier, étant fait
pour un temps assez long et à condition de paiement d'une
certaine somme, est et doit être presque toujours rédigé par
écrit. » Cependant il s'éloigne du système de M. Mollot dans
ce qui suit : « Mais, ajoute-t-il, si, en dehors des clauses du
contrat le maître a promis un salaire à titre d'encouragement,

______

(1) *Rép.*, *v° Industrie et commerce*, n° 59.

il faut appliquer, quant à ce, l'article 1781. De même, quant au contrat purement nominal d'apprentissage, qui consiste dans un véritable louage d'industrie, le prétendu apprenti, recevant un salaire, n'étant engagé que pour un temps très-court, et n'étant pas en réalité autre chose qu'un ouvrier, les dispositions de cet article doivent évidemment recevoir leur application. »

Il ne nous paraît pas possible d'accepter le système de M. Mollot, et encore moins la distinction de M. Dalloz.

Notre principal argument pour repousser cette double opinion sera puisée dans les ouvrages de nos contradicteurs eux-mêmes. « L'apprenti n'est pas un ouvrier à temps, dit M. Mollot » ; mais alors, qu'est-ce qu'un ouvrier à temps ? A cette question, l'honorable auteur répond en ces termes (1) : « Les ouvriers à temps ce sont ceux qui, dans les fabriques et pour toutes les professions industrielles, louent leur service à la journée, à la huitaine, à la quinzaine, au mois. » Et plus loin même l'auteur ajoute (2) : « les ouvriers à temps prennent diverses dénominations selon la condition de leur travail et selon les localités (ce qui n'a d'ailleurs aucune importance). Ils s'appellent communément compagnons, hommes de peines, garçons, manœuvres..... » De la définition, que donne M. Mollot, des ouvriers à temps, il nous suffit de retenir ces mots : louent leurs services, et de les rapprocher de ceux-ci (3) : « Le contrat d'apprentissage *tient essentiellement au contrat de louage d'ouvrage ou d'industrie* » pour en conclure que l'apprenti est un ouvrier à temps. Qu'est-ce qui, en effet, caractérise l'ouvrier? N'est-ce pas le fait de louer ses services? Les conditions de temps ne sont-elles pas au contraire secondaires, presque indifférentes? C'est ce que reconnaît M. Mollot lui-même, en disant que les ouvriers à temps louent leurs services à la journée, à la huitaine, à la quinzaine, au mois, quelque-

---

(1) Mollot, *Code de l'ouvrier*, p. 72, n° 13.
(2) *Ib*, p. 72, n° 14.
(3) *Ib*, p. 30.

fois même pour un an, six mois, etc... Enfin notre prédécesseur dans la matière que nous traitons oublie-t-il et l'article 1ᵉʳ de la loi de 1851, qui dit que l'apprenti « s'oblige à travailler pour le maître », et l'article 3 de la même loi, qui permet aux parties de s'entendre librement et sur la durée du contrat et sur le *quantum* du prix. N'est-ce donc point aux mêmes signes qu'on reconnaît, aux mêmes actes qu'on signale la qualité d'apprenti et celle d'ouvrier?

Nous n'hésitons pas à critiquer l'opinion que reproduit M. Dalloz, en ces termes : « Ne sont point applicables au contrat d'apprentissage... les dispositions de l'article 1781 » ; et nous ne critiquons pas moins vivement la distinction qu'il veut établir entre le contrat d'apprentissage proprement dit et le contrat purement nominal d'apprentissage. Nous blâmons cette distinction, non pas parce qu'elle n'est point exacte en fait; non pas parce que, dans le domaine de la pratique et de l'application de la loi, il ne faudra pas souvent reconnaître, sous la forme d'un *contrat d'apprentissage proprement dit, un contrat purement nominal,* mais parce qu'elle est un argument mauvais, inutile dans la discussion de la question que nous examinons et qui, loin de l'éclairer, ne fait que l'embarrasser. Il ne s'agit pas en effet de savoir, — ce que recherche M. Dalloz, — si le contrat d'apprentissage est le même que le contrat de louage, mais si l'apprenti est ou non un ouvrier. Ceci est d'autant plus vrai, que la rubrique de la section 1ʳᵉ du liv. III, tit. viii du Code civil, où est placé l'article 1781, est ainsi conçue : « Du louage des domestiques et ouvriers, » or, n'est-il pas évident que tous ceux qui seront ouvriers seront soumis aux règles énoncées dans cette section ? Nous laisserons à M. Dalloz lui-même le soin de répondre à cette question: l'apprenti est-il un ouvrier (1)? « L'ouvrier, dit-il, est celui qui travaille de la main et fait quelque ouvrage pour recevoir un salaire. Les ouvriers sont *apprentis,* compagnons ou maîtres. Mais,

____

(1) Dalloz, *Rép. Jurisp. gén.,* vᵒ *Industrie et commerce,* nᵒ 98.

dans le sens propre du mot, l'ouvrier est celui qui travaille pour le compte d'autrui, de l'entrepreneur, moyennant salaire... Ne voit-on pas, d'après ces définitions empruntées et à M. Mollot et à M. Dalloz, que c'est avec leurs propres armes que nous les avons combattus. Pour nous, nous n'aurions pas éprouvé le besoin d'entrer dans une trop longue discussion, si nous n'avions point été frappés par la contradiction dans laquelle sont tombés nos honorables contradicteurs; et, pour prouver que l'apprenti est un ouvrier, partant qu'il est soumis, ou pour mieux dire, qu'il était soumis à l'article 1781, nous nous serions contentés des arguments de texte qui ressortent clairement, selon nous, et du Code civil et de la loi du 22 germinal an XI et de la loi de 1851 : *du Code civil*, parce que, traitant du louage d'ouvrage, c'est-à-dire du louage des gens de travail qui s'engagent au service de quelqu'un, il ne s'occupe que du louage des domestiques et *ouvriers* ; — *de la loi du 22 germinal an XI*, parce qu'elle ne s'occupe des apprentis que sous le titre III, ainsi conçu: des obligations entre les *ouvriers* et ceux qui les emploient; enfin, *de la loi de 1851*, parce qu'elle reproduit, à peu près d'une manière exacte, les termes de l'article 1779, 1° et de l'article 1781 du Code civil. Nons nous félicitons d'une manière d'autant plus vive de la suppression de cet article 1781, — qui appartenait à un autre âge, — que, en fait, rarement, l'apprenti, pas plus que l'ouvrier, et à la différence du maître, n'était cru sur sa simple affirmation..... Nous avons dit, au commencement de cette discussion, qu'elle n'était pas aussi oiseuse qu'on pourrait le croire; elle exercera, en effet, une décisive influence sur une grande quantité de questions très-importantes qui seront plus tard soulevées, ainsi sur celle-ci: l'apprenti est-il soumis à la loi sur les coalitions du 27 mai 1864, et aux articles du Code pénal, qui s'occupent de la violation des règlements relatifs aux manufactures, au commerce et aux arts. Nous reviendrons, en temps et lieu, sur cette grave question et, sans plus tarder, nous allons examiner le dernier moyen de preuve du contrat d'apprentissage.

89. — Après cette longue digression, arrivons au dernier mode de preuve du contrat d'apprentissage ; il consiste dans *les présomptions*. Les présomptions, dit l'article 1349 du Code civil, sont des conséquences que la loi ou le magistrat tire d'un fait connu à un fait inconnu. Il y a donc deux espèces de présomptions ; les *présomptions légales*, c'est-à-dire (Code civil, art. 1350), celles qui sont attachées par une loi spéciale à certains actes ou à certains faits ;... et les *présomptions simples* c'est-à-dire celles qui ne sont point établies par la loi (Cod. civ., art. 1353), mais abandonnées à la lumière et à la prudence des magistrats.

90. — Le juge pourra, en l'absence de toute autre preuve, tenir compte des présomptions légales ; il trouvera même dans la loi de 1851 un exemple de ce genre de preuve. En effet, l'article 14 énonce une présomption, en déclarant comme temps d'essai les deux premiers mois de l'apprentissage : ajoutons toutefois qu'il réserve aux parties le droit d'insérer des conventions contraires à cette présomption. Nous aurons lieu, plus tard, de revenir plus longuement sur le caractère et l'utilité de cette présomption.

91. — Toutes les fois que la preuve testimoniale est admissible, le juge pourra, afin de déterminer sa décision, s'entourer des autres présomptions, que l'on appelle en droit présomptions de fait ou de l'homme, «parce qu'elles sont, ainsi que nous l'avons vu, abandonnées aux lumières et à la prudence du magistrat» et «non établies par la loi ». Elles devront être graves, précises, concordantes, et le juge n'aura pas besoin d'en consulter le nombre, mais le caractère ; ainsi un seul fait suffira pour entraîner sa conviction : par exemple, l'état de santé, l'âge de l'apprenti....

92. — Il nous reste maintenant à répondre à la question que nous avons posée dès le début du Chapitre Ier, à savoir : le contrat d'apprentissage est-il, à l'égard des deux parties contractantes, civil ou commercial, ou seulement civil à l'égard de l'une d'elles

et commercial à l'égard de l'autre (voir notre *Chap.* Ier, n° 6)? On comprend facilement, dans notre matière, tout l'intérêt d'une pareille question. Que si, en effet, le contrat est civil à l'égard des deux parties, il sera nécessaire de recourir aux seuls moyens de preuve que trace et développe le Code civil ; que si le contrat est commercial, à l'égard des deux parties, il sera loisible à chacune d'elles de faire appel aux différents modes de preuves indiqués à l'article 109 du Code de commerce; que si, enfin, le contrat est civil à l'égard de l'une d'elles et commercial à l'égard de l'autre, l'usage des preuves édictées en petit nombre par le Code civil compétera à l'une et l'usage des preuves autorisées d'une façon plus libérale par le Code de commerce compétera à l'autre.

Cette question pourrait être de nature à nous embarrasser, si nous n'en trouvions point la solution nettement indiquée dans l'*article 2* de la loi de 1851.

Dans le silence complet de la loi sur ce point, nous serions autorisés à considérer le contrat comme un acte civil du côté de l'apprenti et comme un acte commercial du côté du maître.

Il n'échappe, en effet, à personne que l'apprenti qui engage sa liberté au profit d'un maître et aliène en sa faveur la disposition de ses facultés et des services dont elles sont capables ne fait point un acte commercial ; qu'au contraire, le maître en contractant avec lui agit non-seulement le plus souvent en vue et dans l'intérêt de son négoce, mais encore (et cela toujours) en sa qualité de commerçant. — D'une pareille manière de voir, certainement conforme, selon nous, à la nature des choses, il résulterait que l'article 109 du Code de commerce serait applicable au maître, lui permettrait de recourir à tous les modes de preuve que cet article énonce et donnerait surtout l'avantage de faire appel à la preuve testimoniale dans tous les cas où le tribunal croirait devoir l'admettre (Code de commerce, art. 109).

Notre réponse consisterait donc à dire, si l'*article 2* n'existait

point, que l'apprenti serait civilement et le maître commer--
cialement obligé.

Quoiqu'il en soit, [il nous semble que le législateur a bien
fait de ne point tenir un compte trop exact du caractère naturel et intrinsèque des actes auxquels se livrent l'apprenti et
le maître, en se liant par le contrat d'apprentissage, et qu'il a
eu raison de priver le maître du bénéfice des preuves énoncées au Code de commerce, lorsque le bénéfice de ces mêmes
preuves échappait à l'apprenti. En vertu de l'*article 2* de la
loi de 1851, le contrat d'apprentissage est rendu civil de part
et d'autre, et c'est aux règles du Code civil qu'il faut avoir
recours pour en fournir la preuve.

De là résulte l'application à notre matière de l'art. 1330 du
Code civil, qui énonce que les livres des marchands font preuve
contre eux. C'est donc un *nouveau mode de preuve* que l'apprenti a le droit d'invoquer, d'appeler à son secours : et nous
nous empressons de dire que ce mode pourra être souvent
appliqué dans la pratique; car il est peu de commerçants,
peut-être même peu d'artisans qui soient assez dénués, je ne
dis pas de toute comptabilité, mais de tous livres commerciaux
pour ne pas y inscrire une énonciation qui soit relative aux
personnes placées en apprentissage.

L'article 1330 ne prenant point la peine de désigner d'une
manière précise quels sont les livres des marchands qui font
preuve contre eux, il nous semble que tous les livres indistinctement pourront être invoqués par l'apprenti d'une manière
utile, pourvu toutefois qu'ils contiennent une mention qui lui
soit relative; mais si, à côté d'une mention qui peut lui servir,
il s'en rencontre une autre qui lui nuit, il y aura *indivisibilité*
de la preuve; car si, en vertu de l'article 1330, les livres des
marchands font preuve contre eux, celui qui veut en tirer avantage ne peut les diviser en ce qu'ils contiennent de contraire
à sa prétention.

SECTION III

Des mentions que doit contenir le contrat littéral.

93. — Nous avons déjà parlé des mentions à propos de la rédaction du contrat d'apprentissage : aussi il convient de dire, dès à présent, que les mentions, dont s'occupe notre section iii, n'ont rien de commun avec la mention que nous avons appelée mention du double, et empruntée aux règles du Code civil qui est relatives aux actes sous-seing privé (Cod. civ., art. 1325).

L'*article 5* de la loi de 1851 énumère les mentions que doit contenir l'acte d'apprentissage : qu'il ait été rédigé authentiquement ou sous seing-privé, peu importe ; les mentions doivent être les mêmes.

94. — Autrefois, presque chacun des Conseils de Prud'hommes avait dressé une formule de brevet, et les clauses variaient avec les usages des lieux ; mais notre article a rendu presque uniforme la rédaction des actes d'apprentissage. Désormais, ils diffèrent entre eux seulement par l'insertion des clauses exceptionnelles, dépendant de la volonté des parties contractantes, mais non contraires à l'ordre public et aux bonnes mœurs (C. civ., art. 6).

L'acte d'apprentissage, dit l'*article 5,* contiendra :

1° Les nom, prénoms, âge, profession et domicile du maître ;

2° Les nom, prénoms, âge et domicile de l'apprenti ;

3° Les noms, prénoms, profession et domicile de ses père et mère, de son tuteur, ou de la personne autorisée par les parents, et à leur défaut, par le Juge de paix ;

4° La date et la durée du contrat ;

5° Les conditions de logement, de nourriture, de prix et toutes autres arrêtées entre les parties.

Il devra être signé par le maître et par les représentants de l'apprenti.

95. — Des paragraphes 1 et 2, nous n'avons que fort peu de

chose à dire. Les formalités qui y sont énoncées, formalités d'ailleurs communes à tous les actes, peuvent être considérées comme rudimentaires et il est toujours facile de les observer. Toutefois, nous ne saurions laisser passer inaperçue la mention de l'âge de l'apprenti sur l'acte d'apprentissage? Elle est, on le comprendra aisément, d'une autre importance que celle de l'âge du maître. La première mention, en effet, ne peut avoir pour but que de nous faire savoir si le maître est capable ou non par suite de majorité ou de minorité, tandis que la seconde a pour effet de nous renseigner sur toutes les questions qui intéressent au plus haut point l'apprentissage, celle par exemple de savoir si l'enfant a été engagé trop jeune ou si le travail qu'on lui a imposé n'a point été supérieur à ses forces. Cette mention aurait certainement présenté un bien plus vif intérêt si le législateur avait fixé un âge au-dessous duquel aucun enfant ne pût être mis en apprentissage. Mais, on le sait, la disposition relative à la fixation d'un maximum d'âge n'a pas triomphé au sein de la commission. M. Callet en a donné les raisons dans son rapport, et il les a puisées dans l'intérêt même de l'enfant qu'il importe d'enlever à une famille indigente dont il est toujours une charge et pour laquelle il serait le plus souvent « un objet de spéculation ». Les législateurs de 1851 ont suivi l'exemple de leurs devanciers de l'an xi, et relativement au minimum d'âge n'ont pas admis les dispositions de la loi de 1841.

96. — Le § 4 de notre *article 3* recommande de mentionner la date et la durée du contrat. Cette double mention, on le comprend, n'est pas une des moins importantes. L'énonciation de la date, si elle est sincère (et elle le sera sans contestation possible, si l'acte d'apprentissage est rédigé authentiquement), servira à fixer, à faire connaître et à vérifier la durée du contrat ; elle en sera le point de départ et permettra au juge de savoir si l'engagement a eu lieu pour un temps trop long, partant d'appliquer *l'article 17* de notre loi qui autorise à résilier le contrat ou à

réduire le temps d'apprentissage lorsque la durée stipulée dépasse le maximum de la durée convenue par les usages locaux. L'énonciation de la durée du contrat présentera, cela va sans dire, l'avantage que nous venons d'indiquer; elle permettra au juge de voir d'un seul et premier coup d'œil si les usages ont été battus en brèche et ainsi elle complètera la première énonciation sans laquelle, d'ailleurs, elle semblerait inutile ou vide de sens.

97. — Aucun maximum invariable n'ayant été assigné par le légistateur à la durée du contrat, il sera possible de le fixer selon la volonté des parties, pourvu toutefois que les conditions imposées par l'*article 17* ne soient pas violées. Cet article, en parlant des usages locaux, nous démontre que la durée du contrat d'apprentissage variera avec la nature, les difficultés des métiers ; or, il est impossible que les usages locaux ne tiennent pas compte de ces différences. Ajoutons qu'il est des usages excessifs, qu'on pourrait à plus juste titre qualifier d'abus et qui permettent de fixer un temps démesuré pour l'étude de certaines professions; les parties, en ce cas, auront non–seulement le droit mais le devoir de déroger à ces usages; en ne le suivant pas, elle les réformeront et les rendront meilleurs.

98. — La loi du 22 germinal ne contenait, nous l'avons vu, aucune disposition au sujet du minimum d'âge ; mais, relativement à la durée du contrat, elle édictait, en son article 9, que le contrat pourrait être résolu, lorsque le travail de l'apprenti tenant lieu de prix, un temps excessif serait stipulé en raison de la nature de la profession. « Il existe alors, dit M. Mollot (1), une véritable lésion au préjudice de l'apprenti ; et c'est une exception sagement faite aux principes des contrats de vente et d'échange qui n'admettent pas de lésions relativement aux choses mobilières; il s'agit d'un objet qui intéresse l'ordre

---

(1) M. Mollot, *Le Contrat d'apprentissage*, n° 129, p. 66.

public, la liberté et presque l'existence de l'apprenti. »
Aujourd'hui notre loi de 1851, plus large que la loi de germinal, accorde au juge le droit de réduire la durée du contrat ou
de résoudre le contrat sans qu'il soit besoin de s'occuper si
le prix consiste en argent, ou si le prix consiste en travail (loi
du 22 février 1851, art. 17).

99. — Le § 5 de *notre article 3* s'occupe de la mention des conditions du logement, de la nourriture, du prix et autres arrêtées
entre les parties. Nous ne saurions nous empêcher de reprocher
au législateur d'avoir employé ici le mot conditions. Ce mot, en
effet, se trouve avoir un autre sens dans un autre endroit de la
loi ; et une semblable négligence mérite d'être vivement critiquée. A *l'article 3*, le mot désigne les clauses, les stipulations
du contrat, relatives au logement, à la nourriture, etc. ; et à
la rubrique de la section II, le même mot signifie les éléments
spéciaux du contrat, ceux sans lesquels le contrat n'existerait
point.

On le voit, il y a entre ces deux termes employés, dans ces
deux sens, une différence si grande, si profonde que le législateur eût dû chercher à prévenir, à éviter toute confusion.

100. — Le § 5 parle d'abord des clauses du logement et de la
nourriture, non pas pour les faire regarder comme les plus importantes, mais seulement pour donner un exemple des énonciations que peut contenir le contrat. Cela résulte suffisamment,
selon nous, de ces mots très-généraux : toutes autres arrêtées
entre les parties, dont la généralité même indique que toute
clause, pourvu qu'elle ne soit pas contraire à l'ordre public et
aux bonnes mœurs (Code civil, art. 6), sera abandonnée à la
liberté des parties. De là faculté pour le maître et pour l'apprenti,
ou, pour mieux dire, les représentants de l'apprenti, de faire toutes
les stipulations qu'ils voudront mais dans les limites qui leur
sont imposées tant par la considération de l'ordre public et des
bonnes mœurs que par l'observation des dispositions de la
loi de 1851.

101. — Nous ne saurions en finir avec les clauses arrêtées entre les parties sans parler de celle qui peut entraîner le plus de différends et de discussions, est-il besoin de dire, du *prix*.

Le prix, nous le savons, peut consister soit en argent, soit en travail; pour mieux nous exprimer, les devoirs que le maître rend à la personne à laquelle il enseigne une profession peuvent avoir comme équivalent ou le temps et le travail de cette personne ou l'argent qu'elle promet de fournir ; et réciproquement les services que l'apprenti rend à la personne qui lui enseigne une profession peuvent avoir comme équivalent ou le temps et le travail que le maître emploie à enseigner la pratique de sa profession ou l'argent qu'il s'engage à fournir en échange des services de l'apprenti. C'est précisément ce prix, ou, pour ainsi dire, cet équivalent, qui, nous l'avons vu, nous a permis de placer le contrat dans la classe des *contrats commutatifs*. (Voir Chap. I, n° 2.) Quand le prix consiste en argent, aucune règle n'est tracée par la loi de 1851, la plus grande liberté est laissée aux parties; aussi le prix payable en argent variera, suivant la volonté des parties, avec la durée stipulée pour le contrat, les difficultés du métier, la valeur et la renommée du maître.

102. — D'après la loi du 22 germinal an XI, au contraire, les parties ne pouvaient pas fixer librement le prix des apprentissages. C'est ce qu'il aurait été facile d'observer si nous avions reproduit textuellement l'art. 9, 4° : à savoir, les contrats pourront être résolus « si l'apprenti s'est obligé à donner, pour tenir lieu de rétribution pécuniaire, un temps de travail dont la valeur serait jugée excéder *le prix* ordinaire des apprentissages ». Il y avait donc un *prix ordinaire* des apprentissages, celui que servaient à déterminer les usages locaux et dont la fixation et le *quantùm* étaient abandonnés à la lumière et à la conscience des magistrats.

103. — La loi de 1851 n'a pas suivi les errements de sa devan-

cière et tandis que celle-ci intervenait dans le *quantum* du prix
soit en argent, soit en temps, celle-ci n'a cru devoir mettre un
frein à la liberté des parties que lorsque le prix de l'apprentissage consiste en temps. En ce cas, en effet, il s'agit d'un très-
grave intérêt, de la liberté de l'enfant; et il importe que son
temps, son travail, ses forces ne soient l'objet ni d'un « indigne
trafic » ni d'une odieuse spéculation. Toutefois on comprend
aisément que, lorsque le prix n'est pas fourni en argent, la durée de l'apprentissage soit plus longue ; car le maître doit
trouver dans les efforts et les produits du travail des enfants,
sinon un profit, du moins une compensation à ses soins et un
dédommagement de ses peines. Le prix en temps subira les
mêmes variations que le prix en argent, suivant que le métier
sera plus ou moins difficile, plus ou moins lucratif et le maître
plus ou moins habile et connu ; mais en cas d'exagération de
prix, il faudra toujours recourir à *l'article 17*. Pour indiquer
la différence entre le prix payable en temps et le prix payable
en argent, supposons qu'un enfant s'est engagé chez un maître
pour apprendre un métier des plus simples ou, au moins, un
métier dans lequel, dès les premières semaines, l'enfant peut
rendre de réels services : supposons, par exemple, un jeune
garçon placé en apprentissage chez un forgeron ou une jeune
fille engagée chez une lingère. Si le contrat stipule une somme
de 500 francs payable au maître, somme exorbitante, puisque
les enfants peuvent immédiatement, dans ces deux métiers, se
rendre utiles et bien mériter de ceux qui les emploient, le contrat ne pourra être, en aucune manière, résolu et la volonté
des parties devra être respectée; si, au contraire, l'acte d'apprentissage énonce que le temps convenu pour la durée de
l'apprentissage sera de quatre années et que ce temps dépasse
le maximum déterminé par les usages locaux, le temps sera
réduit ou le contrat résolu.

104. — Le législateur de 1851 aurait-il bien fait de reproduire
la disposition contenue au 4° de *l'article* 9 et de prescrire la

résolution du contrat ou la réductiou du prix lorsque le prix excède le prix ordinaire des apprentissages, ou, pour mieux dire, le maximum du prix déterminé par les usages locaux? C'est là une question délicate et sur laquelle les avis peuvent être facilement partagés. On peut dire en effet qu'il serait avantageux aux parents, le plus souvent ignorants des difficultés d'un métier, d'être protégés par la loi et de ne pouvoir être trompés sur le prix réel d'un apprentissage. Mais il nous semble qu'il vaut mieux ne point apporter d'entrave à la liberté des parties ou n'en apporter que lorsque le prix dépasse *de, beaucoup* le prix ordinaire des apprentissages. Il faudrait, selon nous, déférer l'appréciation de cette question aux magistrats. Il y aurait donc dans notre matière deux cas de lésion; l'un admis par la loi et ne dépendant que d elle; l'autre admis par la loi mais soumis au jugement des magistrats. La liberté des parties serait, à la vérité, doublement tenue en échec, mais il ne faut pas oublier que nous sommes dans une matière où la loi doit venir au secours non seulement des mineurs mais aussi des personnes qui représentent leurs intérêts et de l'ignorance desquelles on peut souvent abuser.

105.— Lorsque le prix consiste en temps, M. Mollot dit : « Que le temps le plus ordinaire de l'apprentissage, dans le plus grand nombre des professions, est de trois à quatre ans, si l'apprenti paie une somme d'argent, et de cinq à six ans s'il ne paie aucune somme (1). » Nous ne voulons pas contester l'exactitude de cette affirmation ; mais nous nous bornons à faire remarquer qu'il est bien difficile d'établir une durée moyenne, une règle générale quand il s'agit de tant de métiers dont les difficultés et les exigences sont si variées et dont les uns sont si complexes et si embarrassants et les autres si simples et si faciles?

M. Mollot (2) nous donne sur le mode de paiement de la

---

(1) Mollot. *Contrat d'apprentiss. expl.* p. 30, n° 31.
(2) *Id.*, p. 31, n° 35, 37, 38 ; *Code de l'Ouvrier*, p. 35.

somme promise au maître et sur les usages établis à Lyon et à Rouen quelques renseignements que nous croyons utile de résumer. Le mode de paiement est le plus communément stipulé payable par parties et d'avance pour chaque terme.

A Lyon, une donnée de travail, nommée tâche, est proposée à l'apprenti en soieries; et, après une année, lorsqu'il s'est montré capable de l'accomplir et de diriger un métier, l'enfant gagne pour l'excédant de cette tâche moitié de la façon.

A Rouen, les apprentis reçoivent un salaire dès le début de l'apprentissage, et les maîtres leur retiennent 25 centimes par jour, lesquels grossissant et s'accumulant, produisent à la fin de l'apprentissage une somme de 300 ou 400 francs ou plus. Cette somme est remise aux enfants quand l'apprentissage s'éteint; mais lorsque des difficultés s'élèvent, dans le cours de l'apprentissage, et que les conventions demeurent inexécutées, le maître conserve la somme jusqu'à concurrence des dommages et intérêts qui lui sont dus. « Il est même stipulé, ajoute M. Mollot, qu'elle lui restera tout entière, si l'apprenti quitte le maître sans motif ou si celui-ci est forcé de le renvoyer pour mauvaise conduite. »

106.— Le prix d'apprentissage, les frais qu'il entraîne sont-ils soumis au rapport lorsque l'apprenti vient à la succession de celui qui les a acquittés ? La réponse ne saurait être douteuse en présence de l'article 852 du Code civil ainsi conçu : « Les frais de nourriture, d'entretien, d'éducation, d'apprentissage, les frais ordinaires d'équipement, ceux de noce et présents d'usage ne doivent pas être rapportés. » L'article 852 n'eut-il pas parlé d'une manière expresse des frais d'apprentissage, la même réponse aurait pu être faite; car les frais d'apprentissage ne sont pas autre chose que des frais d'éducation. Toutefois, en l'absence d'un texte précis, on aurait pu équivoquer non-seulement sur la question de savoir si les frais d'apprentissage rentrent dans la dénomination et dans la classe des frais d'éducation, mais encore, et surtout, sur la question plus compli-

quée et plus embarrassante de savoir si les frais d'apprentissage
doivent être soumis à rapport lorsqu'ils ne sont pas proportionnés à la fortune ou aux ressources du défunt ou, dans le
cas où il existe plusieurs enfants, lorsqu'ils ont été faits d'une
manière inégale et diversement-répartis entre les divers succes-
sibles. Grâce aux termes si explicites de l'article 852, toute
controverse est fermée sur ces questions. M. Demolombe (1),
à propos de cét article, nous dit que tous les frais dont le but.
est de préparer le successible à l'exercice d'une profession
quelconque, libérale, industrielle ou mécanique, sont compris
dans les frais d'éducation. C'est en ce sens, ajoute-t-il, que
la coutume de Reims,. exemptait du rapport « les deniers
déboursés pour institution des enfants, *tant ès-arts libéraux que
mécaniques.* »

107. — Par quel laps de temps peut être prescrit le prix
d'apprentissage ? Si nous interrogeons M. Mollot sur cette
question, il nous répondra (2) que la créance de la somme due
pour l'apprentissage ne se prescrit contre le maître que par le
laps de trente ans écoulé sans poursuites de sa part (Code civ.,
art. 2262). Cette réponse est non-seulement tout à fait inexacte
mais incomplète : tout à fait inexacte, car un texte de loi formel
résout notre question ; incomplète, car elle ne s'occupe que de
la somme due au maître et non de la somme que le maître.
peut devoir à l'apprenti. Essayons de relever l'erreur et de
réparer l'omission.

108. — Pour la somme due par l'apprenti au maître, que le temps
de 'l'apprentissage soit ou non terminé, il y aura prescription
au bout d'un an. L'article 2272 nous dit, en effet, dans son 4ᵉ alinéa, que l'action des maîtres de pension pour le prix de la
pension de leurs élèves et celle des autres maîtres, pour *le prix
de l'apprentissage,* se prescrivent par un an. En présence de

---

(1) Demolombe, *Traité des Successions,* t. IV. p. 501, nᵒ 426.
(2) *Contrat d'apprentissage* expliqué, p. 31, nᵒ 36.

ces termes très-précis, il est impossible de méconnaître l'erreur dans laquelle **M.** Mollot est tombé.

. 109. — Ponr la somme due par le maître à l'apprenti, elle sera, selon nous, soumise à la prescription, plus courte encore que la précédente, qui découle de l'article 2271. L'action des ouvriers et gens de travail, dit cet article, pour le paiement de leurs journées, fournitures et salaires se prescrit par six mois. Nous n'hésitons pas à appliquer cet article aux apprentis, parce qu'on se souvient de la solution que nous avons donnée à la question de savoir si l'apprenti pouvait être classé parmi les ouvriers et les gens de travail dont parlent les articles 1779, 1780 et 1781 (voir chap. III, n° 88). En outre, nous ne pouvons penser que la somme due par le maître à l'apprenti puisse être assujettie à la prescription de cinq années que l'article 2277 applique à tout ce qui est payable par année ou à des termes périodiques plus courts. Selon nous, ces derniers mots veulent désigner tout ce qui est payable par semestre ou par trimestre peut-être même à des termes périodiques plus courts, mais non ce qui est payable à la journée, à la semaine, à la quinzaine, par exception, au mois, comme le prix d'apprentissage dont nous nous occupons

110. — Dans le cas où les deux prescriptions seront opposées, la première au bout d'un an par l'apprenti au maître, et la seconde au bout de six mois par le maître à l'apprenti, il y aura lieu d'appliquer l'article 2275. Et, envertu de cet article, le maître et l'apprenti auxquels ces prescriptions seront opposées pourront déférer le serment à leurs adversaires « sur la question de savoir si la chose a été réellement payée. Le serment pourra être déféré aux veuves et héritiers, ou aux tuteurs de ces derniers s'ils sont mineurs, pour qu'ils aient à déclarer s'ils ne savent pas que la chose soit due.

111. — Demandons-nous maintenant si le prix d'apprentissage peut être considéré comme une des créances privilégiées énoncée par l'article 1201, 4°, en ces termes : les salaires des gens de service

pour l'année échue et ce qui est dû sur l'année courante ?
Il nous semble inutile de rappeler ici qu'une créance privilégiée
est celle qui, à raison de sa qualité, donne au mineur le droit
d'être préféré aux créanciers même hypothécaires, qu'il y a des
créances privilégiées sur les meubles et sur les immeubles, qu'enfin l'article 2101 s'occupe des créances privilégiées sur les meubles.

L'apprenti, on l'a vu et nous l'avons assez dit, peut
compter parmi les ouvriers et gens de travail désignés aux
articles 1779, 1780 et 1781, mais il ne saurait être confondu
avec les gens de service, dont le salaire est stipulé pour une
année et qui habituellement ne sont loués ou engagés que pour
ce laps de temps, et qui sont désignés par la dénomination de
domestiques. Aussi ne saurait-on, en aucue manière, regarder
comme une créance privilégiée sur les meubles, le salaire dû à
l'apprenti par le maître.

112. — En sera-t-il de même à l'égard des créances privilégiées
sur les immeubles ? Les créanciers privilégiés sur les immeubles
sont, dit l'article 2103, 4° : les architectes, entrepreneurs, maçons
et autres ouvriers employés pour édifier, reconstruire ou réparer
des bâtiments, canaux ou autres ouvrages quelconques, pourvu
néanmoins que, par un expert nommé d'office par le tribunal de
première instance dans le ressort duquel les bâtiments sont
situés, il ait été dressé préalablement un procès-verbal, à l'effet de constater l'état des lieux relativement aux ouvrages que
le propriétaire déclarera avoir dessein de faire et que les ouvrages aient été dans les six mois au plus de leur perfection,
reçus par un expert également nommé d'office.....

Il nous semble que sur ce point la contestation n'est guère
possible. L'article 2103 ne s'occupant que des personnes qui travaillent à leur compte, en leur propre nom ; que des ouvriers
qui contractent directement avec ceux qui font édifier, reconstruire ou réparer des bâtiments ; et les apprentis n'étant jamais
des ouvriers de cette nature, le salaire dû à ces derniers pour
les services qu'ils rendent au maître ne sera jamais une créance

privilégiée pas plus sur les immeubles que sur les meubles. Aussi la créance de l'apprenti ne lui donnera-t-elle jamais le droit d'être préféré aux autres créanciers du maître.

113. — Nous venons de parler des principales mentions de l'acte d'apprentissage, de celles que l'*article 3* de la loi de 1851 donne seulement à titre d'exemple : mais nous savons que toutes les clauses peuvent être insérées par les parties dans cet acte, pourvu, nous l'avons déjà dit plus d'une fois, qu'elles ne violent pas l'article 6 du Code civil. Ainsi les parties peuvent exprimer leur volonté, non seulement au sujet du logement et de la nourriture, mais encore au sujet du règlement des heures de travail et de repos, des jours et heures de sortie et de toutes les mesures et questions relatives à l'entretien de l'apprenti. Les clauses énoncées au contrat, acquérant pour elles-mêmes la valeur de ce contrat, devront être respectées comme la convention dont elles font partie. En vertu de l'article 1134, elles tiendront lieu de loi à ceux qui les ont faites, ne pourront être révoquées que de leur consentement mutuel ou pour les causes que la loi autorise et devront être exécutées de bonne foi.

114. — Mais qu'arrivera-t-il si des clauses illicites ou contraires à l'ordre public ou aux bonnes mœurs ont été insérées dans le contrat d'apprentissage ? Ainsi, un maître a stipulé que son apprenti, âgé de moins de quatorze ans, travaillerait plus de dix heures par jour ; ainsi, s'occupant du logement, il s'est engagé à le faire demeurer dans une chambre où demeurent des enfants d'un autre sexe. Faudra-t-il appliquer l'article 900 qui énonce que dans toute disposition entre-vifs ou testamentaire les conditions contraires aux lois ou aux mœurs seront réputées non écrites (Code civ., art. 900), et, raisonnant par *a simili*, réputer non écrites les clauses que nous venons d'indiquer ? Assurément non. Il faudra avoir recours au texte très-précis de l'article 1172 du Code civil et déclarer non-seulement que toute

clause de cette nature est nulle mais encore rend nulle la convention qui en dépend. Aussi le contrat qui contiendrait les clauses que nous avons supposées serait entaché d'un vice radical et tout entier frappé de nullité ! Cette solution nous paraît juste et nous semble bien servir la cause des apprentis : en effet, l'insertion de pareilles stipulations dans l'acte d'apprentissage suffit à prouver la déloyauté, l'immoralité, en un mot, l'indignité du maître.

115. — Si la clause conclut à l'exécution d'une chose impossible, il faudra, en vertu du même article 1772, appliquer la même solution. Ainsi, si les parties stipulent que l'apprenti ou le maître doit « arrêter le soleil », ou faire toute autre chose aussi dénuée de raison et aussi impossible, la convention entière sera nulle.

116. — Afin de compléter nos explications sur l'article 3 de la loi de 1851, relatif à l'énonciation des mentions et des clauses de l'acte d'apprentissage, examinons de quelle manière les clause et mentions pourront être interprétées. Il suffira, à ce sujet, de rappeler les articles du Code civil qui traitent de l'interprétation des conventions, et contiennent les règles suivantes :

ART. 1156. — *On doit dans les conventions rechercher quelle a été la commune intention des parties contractantes plutôt que de s'arrêter au sens littéral des termes.*

ART. 1157. — *Lorsqu'une clause est susceptible de deux sens, on doit plutôt l'entendre dans celui avec lequel elle peut avoir quelque effet que dans le sens avec lequel elle n'en pourrait produire aucun.*

117. — Assurément les parties n'ont pas inséré dans l'acte d'apprentissage une clause pour qu'elle ne produisît aucun effet. Ainsi, supposons qu'un acte énonce que « le maître et l'apprenti sont convenus que ledit apprenti se servira de ses outils ». Quoique le sens littéral, grammatical soit que l'apprenti pourra se servir de ses propres outils, il ne faudra point s'arrêter à cette inter-

prétation ; car il est évident qu'on n'a pas besoin de rédiger une clause dont l'objet et le résultat seraient de prouver qu'on a le droit de se servir de ce qui est votre bien. Il faudra donc comprendre que l'apprenti pourra se servir des outils du maître. Cela, d'ailleurs, sera conforme à cette règle posée par l'article 1156, qu'on doit plutôt rechercher l'intention des parties que s'arrêter au sens littéral des termes.

ART. 1158. — *Les termes susceptibles de deux sens doivent être pris dans le sens qui convient le plus à la matière du contrat.*

118. — Ainsi, j'engage votre fils comme apprenti pour quatre ans, moyennant 300 francs. Sera-ce 300 francs pour l'ensemble des quatre années ou bien 300 francs pour chaque année? La nature de notre contrat influera sur la solution de cette question. Il faudra, en outre, considérer la difficulté du métier, consulter l'usage, partant avoir recours à l'article 1159, que nous allons mentionner plus loin ; il faudra surtout rechercher la commune intention des parties et, prenant comme point de départ la question de fait, s'avancer jusqu'à l'interprétation exacte de la volonté intime des contractants.

ART. 1159. — *Ce qui est ambigu s'interprète par ce qui est d'usage dans le pays où le contrat est passé.*

119. — Ainsi, j'engage mon fils chez tel maître pour plusieurs années, depuis le 1ᵉʳ décembre 1871 jusqu'au 1ᵉʳ janvier 1873 ou 1875. Il y a là ambiguïté évidente et l'esprit ne saura à quelle année s'attacher. Aussi, il faudra interroger les usages locaux et voir quel laps de temps ils consacrent à l'apprentissage (art. 17, loi e 1851).

ART. 1160. — *On doit suppléer dans le contrat les clauses qui y sont d'usage, quoiqu'elles n'y soient pas exprimées.*

120. — Ainsi, j'ai omis dans l'acte d'apprentissage de dire que le maître devra enseigner progressivement et complètement sa profession : qu'il devra se conduire en bon père de famille.

(art. 8, art. 12, loi de 1851.) Ces clauses étant d'usage et dérivant de la nature du contrat, seront « *suppléés* » et considérées comme insérées au contrat malgré le silence des parties.

ART. 1161. — *Toutes les clauses des conventions s'interprètent les unes par les autres, en donnant à chacune le sens qui résulte de l'acte entier.*

121. — Il va sans dire que pour découvrir la commune intention des parties, pour interpréter exactement et fidèlement leurs volontés respectives, il ne faudra pas détacher, isoler chaque phrase ou chaque membre de phrase de la convention, mais considérer les clauses dans leur ensemble et d'après l'esprit commun qui les a inspirées.

ART. 1162. — *Dans le doute, la convention s'interprète contre celui qui a stipulé et en faveur de celui qui a contracté l'obligation.*

122. — Nous appuyant sur l'autorité imposante de M. Marcadé(1), nous considérons cette règle comme appartenant bien moins à la matière de l'interprétation qu'à la matière de la preuve. Ainsi elle ne trouvera son application que dans un cas analogue à celui que nous allons citer. J'ai engagé un apprenti pour un certain nombre d'années ; ces années écoulées, je le prétends encore obligé envers moi par suite de maladies ou d'absences ayant duré plus de quinze jours, et je veux le forcer, en vertu de l'art. 11, à remplacer le temps qu'il n'a pu employer pendant ces maladies ou absences. Je ne puis établir ce prétendu droit; le magistrat est dans le doute. Or, dans le doute, je devrai succomber, ma prétention s'évanouir et l'apprenti verra l'obligation interprétée en sa faveur et obtiendra gain de cause.

ART. 1163. — *Quelque généraux que soient les termes dans lesquels une convention est conçue, elle ne comprend que les choses sur lesquelles il parait que les parties se sont proposé de contracter.*

---

(1) *Explicat. du Code Nap.,* n° 471, p. 398.

123. — Ainsi, étant serrurier ou exerçant un métier analogue, je m'engage a enseigner la mécanique à l'apprenti qui est placé chez moi. Évidemment, on n'aura pas le droit d'exiger de moi que j'apprenne autre chose de la mécanique que ce qui concerne ma profession spéciale.

Art. 1164. — *Lorsque, dans un contrat, on a exprimé un cas pour l'explication de l'obligation, on n'est pas censé avoir voulu par là restreindre l'étendue que l'engagement reçoit de droit aux cas non exprimés.*

124. — Ainsi, un enfant s'engage chez un maître dont la profession peut se décomposer en plusieurs états secondaires et à la connaissance de laquelle on ne peut s'élever qu'après avo : traversé différentes étapes. Il s'agit, par exemple, d'un ébéniste : si la convention s'explique seulement sur l'état secondaire de menuisier, il ne faudra point en restreindre l'étendue à l'énonciation de cette profession mais l'appliquer aussi aux différents états qui sont du ressort de l'ébénisterie ; ainsi à la peinture, à la serrurerie, à la dorure, etc...

125. — On ne nous reprochera pas, nous l'espérons, d'avoir fait suivre chacun des articles qui précèdent d'exemples, d'explications et de commentaires. Nous nous sommes volontiers livré à ce travail parce qu'il a l'avantage de nous faire connaître bon nombre d'espèces qui sont du domaine de la pratique. Si nous n'avions pas cru devoir quitter le terrain sûr de la théorie, nous nous serions empressé de condenser le sens de tous ces articles, et de les résumer au moyen de cette règle générale de l'article 1156 qui les précède et les domine tous, « qu'on doit, dans les conventions, rechercher quelle a été la commune intention des parties plutôt que s'arrêter au sens littéral des termes. »

CHAPITRE IV.

—

DES CONDITIONS DU CONTRAT.

126. — « *Des conditions du contrat* » : telle est la rubrique de la section ii de la loi de 1851, et le mot *conditions* y signifie les éléments spéciaux essentiels du contrat, ceux sans lesquels il n'y aurait pas de contrat d'apprentissage. C'est dans le même sens que les rédacteurs du Code civil ont écrit en tête du chapitre II du titre iii, Liv. 3 : *Des conditions essentielles pour la validité des conventions.* Ces conditions sont celles sans lesquelles il ne saurait y avoir aucune convention ou du moins aucune convention valide : aussi peuvent-elles et doivent-elles s'appliquer à toute espèce de convention, à tout genre de contrat.

De même que nous avons cru utile d'appliquer à notre matière tout ce que contient le Code civil au sujet de l'interprétation des conventions, de même il nous semble utile de transporter ici toutes les règles sur : les conditions essentielles pour la validité des conventions. Nous diviserons notre Chapitre en deux sections : dans la première nous traiterons des *conditions essentielles pour la validité des conventions appliquées au contrat d'apprentissage :* dans la seconde des *conditions spéciales au contrat d'apprentissage.* De cette manière nous pouvons faire connaître complètement toutes les conditions de validité du contrat d'apprentissage. Un grand nombre de ces conditions, et des plus importantes, étant déjà connues, lorsqu'il nous arrivera de les rencontrer de nouveau, nous ne ferons que les indiquer légèrement et nous renverrons le lecteur aux chapitres et aux sections qui précèdent.

SECTION I

Des conditions essentielles pour la validité des conventions appliquées au contrat d'apprentissage.

127. — ART. 1108. — *Quatre conditions sont essentielles pour la validité d'une convention :*

Ee consentement de la partie qui s'oblige ;

La capacité de contracter ;

Un objet certain qui forme la matière de l'engagement ;

Une cause licite dans l'obligation.

De ces quatre conditions nous n'aurons à nous occuper que de la première, du consentement. La seconde, en effet, a déjà été traitée dans toute l'étendue qu'elle nous paraît comporter (voir chap. ii), la troisième a seulement besoin d'être indiquée ; car un *objet certain*, déterminé forme toujours la matière de l'engagement *pris par le maître et par l'apprenti;* la quatrième enfin, ne demande aucun développement, puisque l'obligation de l'une des parties contractantes est la cause de l'obligation de l'autre ; et que, dans notre contrat la cause de l'obligation soit du maître soit de l'apprenti est toujours licite.

En parlant de la première condition, du *consentement de la partie qui s'oblige*, il est bien entendu qu'il ne s'agit pas seulement du consentement de l'une des deux parties mais de l'une et de l'autre ; car les obligations synallagmatiques exigent que les deux parties consentent en même temps.

128. — ART. 1109. — « *Il n'y a point de consentement valable*

si le consentement n'a été donné que par erreur ou s'il a été
extorqué par violence ou surpris par dol.

D'après cet article, le contrat a pu naître, se former ; mais
il est non viable, affecté d'un vice qui permet de le faire briser
et annuler. C'est ce que l'article 1234 du Code civil et l'article
1304 nous enseignent, l'un en énonçant que l'action en nullité
est une des causes d'extinction de l'obligation (art. 1234), l'autre
en limitant à dix ans la durée du temps pendant lequel on
peut intenter l'action en nullité.

Mais il est certains cas dans lesquels le contrat ne s'est même
point formé, où il y a bien eu un consentement, mais un consentement donné par une personne incapable de consentir,
partant un consentement nul, qui n'a pas permis au contrat de
naître. Ainsi une personne en état d'ivresse, de délire ou de
démence a consenti à un contrat d'apprentissage , mais il faudra regarder ce consentement comme absolument dénué d'effet.
Bien que quelques auteurs aient contesté cette solution, nous
n'hésiterons pas à nous ranger du côté des éminents jurisconsultes (1) qui l'ont approuvée et enseignée.

129. — ART. 1110. — *L'erreur n'est une cause de nullité de la con-*
vention que lorsqu'elle tombe sur la substance même de la chose
qui en est l'objet. Elle n'est point une cause de nullité lorsqu'elle
ne tombe que sur la personne avec laquelle on a intention de
contracter, à moins que la considération de cette personne ne soit
la cause principale de la convention.

On n'ignore pas ce que les jurisconsultes entendent par le
mot substance. C'est l'ensemble, la réunion des qualités principales d'une chose, ou bien, encore, la qualité prédominante,
constitutive, caractéristique d'une chose ; en un mot, ce qui fait
qu'on appelle la chose de tel nom, et non point de tel autre ;
ce qui la fait distinguer par un *substantif* ou, dit M. Demolonbe,

---

(1) Marcadé, *Explic. théor. et prat. du Code civil*, t. IV, p. 358, n° 405 ;
Demolombe, *Traité des Contrats et Obligations conv.*, t. I, p. 82, n°° 81
et 82.

par une réunion de mots employés *substantivement*. La substance, on le comprend, n'est point susceptible de plus ou de moins ; les qualités substantielles, à la différence des qualités accidentelles, sont ou ne sont pas ; pour elles il n'y a ni degré ni nuance.

Dans quel cas, en notre matière, pourra-t-on dire qu'il y a erreur sur la substance ? Ne sera-ce point lorsqu'une des parties aura voulu faire apprendre à l'enfant tel métier et que le contrat aura eu pour objet l'apprentissage d'un autre métier ? Le métier n'est-il pas la substance et, si, nous pouvons dire, la moelle du contrat ; est-il susceptible de plus ou de moins ; n'est-ce pas en vue de ses qualités spéciales, de sa manière d'être spéciale que les parties contractent ? Ainsi le métier d'ébéniste n'est pas le métier de serrurier et, réciproquement, le métier de serrurier n'est point le métier d'ébéniste. Que si l'on peut dire, en effet, qu'il y a des qualités accessoires, secondaires, communes à ces deux métiers, il n'en est pas moins vrai, constant que le fond du métier, les qualités principales, essentielles qui font que le métier s'appelle ébénisterie et non point serrurerie, constituent *la substance*. Or, lorsque l'erreur tombera sur la substance, c'est-à-dire sur le métier lui-même, il faudra accorder aux parties le droit d'intenter l'action en nullité ; et ce droit appartiendra à l'une ou à l'autre des parties victime de l'erreur. Tel est le premier cas dans lequel l'erreur est une cause de nullité du contrat. Le second est celui dans lequel l'erreur tombe sur la personne avec laquelle on a intention de contracter, à la condition toutefois que la considération de cette personne soit la cause principale de la convention. Cette espèce pourra être d'une application fréquente dans notre matière. Il est, en effet, habituel que le maître ne soit pas le premier venu, mais une personne déterminée ; non pas Pierre ou Paul ou Jacques, mais Jacques seul. Pothier (1) disait au

---

(1) Pothier, *Traité des Obligations*, Part. 1, Chap. I, n° 19.

sujet de cette sorte d'erreur : « Toutes les fois que la considération de la personne avec qui je veux contracter *entre pour
quelque chose dans le contrat que je veux faire*, l'erreur sur la
personne détruit mon consentement et rend par conséquent la
convention nulle. » Et plus loin : « Au contraire, lorsque la
considération de la personne avec qui je croyais contracter n'est
entrée pour rien dans le contrat et que le contrat est un que
j'aurais également voulu faire· avec quelque personne que ce
fût, comme celui avec qui j'ai dû contracter, le contrat doit
être valable. » Il en sera ainsi lorsque j'aurai voulu engager
un enfant en apprentissage chez quelque maître que ce soit;
alors l'erreur sur la personne ne donnera point ouverture à
l'action en nullité : car il n'y aura pas ce que les Romains
appelaient : *intuitus, consideratio personæ*.

L'erreur sur la nature du contrat ne sera-t-elle pas aussi une
cause de nullité? Ainsi, j'ai cru faire, non pas un contrat de
louage d'ouvrage et d'industrie, mais un contrat d'apprentissage,
et vous avez cru faire, non pas un contrat d'apprentissage,
mais un contrat de louage d'ouvrage et d'industrie. Évidemment,
nos volontés ne se sont pas rencontrées et, le consentement
étant le concours de deux volontés, le contrat n'a pu se former.

L'erreur sur la cause du contrat peut donner également
naissance à l'action en nullité lorsque la cause du contrat se
rapporte à une qualité essentielle, substantielle. Ainsi, j'ai mis
en apprentissage mon fils chez Paul parce que je croyais Paul
menuisier, et qu'en réalité cette qualité n'existe pas chez Paul.
Mais s'il y a erreur sur une cause se rapportant aux qualités
secondaires, accessoires, il n'y aura pas lieu à ouvrir l'action
en nullité. Ainsi j'ai engagé mon fils chez Paul, parce que je
le croyais un très-habile contre-maître; et il n'est qu'un médiocre ouvrier! Là, point d'action en nullité (Code civil,
art. 1131).

Il en sera de même lorsqu'il y aura erreur sur les motifs qui
portent une partie à contracter.

130. — Art. 1111. — *La violence exercée contre celui qui a contracté l'obligation est une cause de nullité, encore qu'elle ait été exercée par un tiers autre que celui au profit duquel la convention a été faite.*

La violence dont on veut user envers une personne, ou, pour mieux dire, la crainte que fait naître la violence dont on doit user est une cause de nullité de la convention. Il importe peu que la violence soit exercée par un tiers ou par l'une des parties contractantes, il suffit qu'elle soit la cause déterminante de l'engagement et que le consentement ait été extorqué sous son influence directe et décisive (Dijon, 24 mai 1865. — Dev., 66. II, 64). Le Code civil nous indique lui-même quel doit être le caractère de la violence.

131. — Art. 1112. — *Il y a violence lorsqu'elle est de nature à faire impression sur une personne raisonnable et qu'elle peut lui inspirer la crainte d'exposer sa personne et sa fortune à un mal considérable et présent. — On a égard en cette matière à l'âge, au sexe et à la condition des personnes. —* Comme, dans notre matière, l'apprenti, le plus souvent mineur, doit être représenté par des parents ou par des majeurs capables de contracter ; et, comme, d'un autre côté, le maître doit être également capable de contracter, il faut considérer les parties comme des personnes raisonnables sur lesquelles les violences ne peuvent faire d'impression que pour de sérieux motifs, lorsque, par exemple, leur existence ou leur fortune est exposée à un mal considérable et présent. Il faut, d'ailleurs, avoir égard à leur âge, à leur sexe, à leur condition ; car telles menaces qui n'intimideraient pas un jeune homme pourraient effrayer une femme ou un vieillard ; et la crainte de certaines voies de fait et violences pourrait changer de degré d'intensité suivant la condition, le genre d'éducation, le tempérament et les habitudes des personnes qui les ont exercées ou contre lesquelles elles ont été pratiquées.

132. — Art. 1113. — *La violence est une cause de nullité du*

contrat non-seulement lorsqu'elle a été exercée sur la partie con-
tractante, mais encore lorsqu'elle l'a été sur son époux ou son épouse,
sur ses descendants ou ascendants. — Ainsi le contrat d'apprentissage pourra être sujet à l'action en nullité non-seulement lorsque
la violence aura été exercée contre moi qui ai placé mon enfant
en apprentissage, mais encore lorsqu'on aura menacé d'infliger
des mauvais traitements à ma femme ou de ruiner mes parents ou
d'assassiner mes enfants. La même cause de nullité existera
lorsque la violence aura été exercée contre le maître ou contre
l'épouse, les descendants ou ascendants du maître. L'énuméra-
ton des personnes que fait l'article 1113 est-elle limitative? Nous
ne le pensons pas, et nous accordons aux juges le droit de déterminer celles au sujet desquelles toutes voies de fait ou toutes
menaces de violence pourraient inspirer une crainte de nature
à peser sur la volonté des parties contractantes et à supprimer
leur liberté d'esprit.

Art. 1114. — *La seule crainte révérentielle envers le père,*
la mère ou autre ascendant sans qu'il y ait eu violence exercée
ne suffit point pour annuller le contrat.

Cet article est d'une application très-fréquente dans notre
matière; car la personne qu'on place en apprentissage agit presque toujours sous l'empire de la crainte révérentielle qu'inspirent les parents. Ce n'est point, en effet, le plus souvent l'enfant qui fait le choix du métier, mais les parents ou les personnes sous l'autorité desquels il est placé. Et, si le métier
n'est pas conforme à ses goûts, la crainte révérentielle force
néanmoins l'enfant à l'embrasser et à lui consacrer ses soins,
son temps, et ses facultés! « La crainte de déplaire à un père,
à une mère ou autres personnes à qui l'on doit des égards,
disait Pothier (1), n'est pas une crainte qui rende vicieux le
contrat fait sous l'impression de cette espèce de crainte. » Il en
est de même d'après les principes de notre Code civil et la seule

____

(1) Pothier, *Oper. jam. cit.*

6

crainte révérentielle qui procède du respect que l'on doit à ses parents et dérive des sentiments d'affection et de tendresse qu'ils nous inspirent ne saurait être une cause de nullité.

134. — ART. 1115. — *Un contrat ne peut être attaqué pour cause de violence si, depuis que la violence a cessé, ce contrat a été approuvé soit expressément, soit tacitement, soit en laissant passer le temps de la restitution fixé par la loi.*

Aucune explication n'est, pour le moment, nécessaire sur cet article. Disons toutefois qu'il est inutile, ou au moins superflu, en présence des articles 1304 et 1338 que nous aurons plus tard l'occasion d'examiner.

135. — ART. 1116. — *Le dol est une cause de nullité de la convention lorsque les manœuvres pratiquées par l'une des parties sont telles qu'il est évident que sans ces manœuvres l'autre partie n'aurait pas contracté.*

Il ne se présume pas et doit être prouvé.

Le dol, dont parle l'article 1116, n'étant prévu que pour les cas où le consentement n'est ni considéré comme nul ni affecté d'un vice radical, ne pourra produire l'erreur que sur des circonstances indifférentes ou étrangères à la validité des conventions, par exemple sur les qualités accessoires de la chose ou sur les motifs du contrat. Il devra être tel qu'il aura induit en erreur les parties contractantes et qu'il les aura décidées à ne consentir à l'engagement qu'à la suite des manœuvres pratiquées contre les parties et à raison de l'erreur qu'elles auront fait naître. Ainsi, j'ai engagé en apprentissage un enfant sortant de l'atelier d'un autre maître et les parents m'ont présenté un congé d'acquit pour satisfaire aux règles de l'article 12 de la loi de 1851. J'ai cru cet enfant libre de tout engagement, tandis qu'en réalité il avait quitté son maître sans avoir exécuté son contrat et qu'il était passible envers lui d'une indemnité ou de dommages-intérêts. L'erreur provenant d'une pareille manœuvre certainement constitutive de dol doit être considérée dans notre matière comme une cause de nullité : sans cette manœuvre je n'aurais pas contracté. Il en serait de même de toute erreur résultant des manœuvres que pratiquerait un maître contre les parents d'un enfant pour les décider et, pour mieux dire, les entraîner à contracter.

En tout cas, le dol devrait être prouvé ; car, d'après l'article 1116, il ne se présume point, et il ne suffirait pas pour que le contrat pût être annulé, qu'il s'agît d'un dol incident, tendant seulement à une réparation, donnant lieu à de simples dommages-intérêts, mais il faudrait qu'il y eût un dol principal, ayant déterminé les parties trompées à contracter.

136. — Art. 1117. — *La convention contractée par erreur, violence ou dol, n'est pas nulle de plein droit, elle donne seulement lieu à une action en nullité ou en rescision dans les cas et de la manière expliquée à la section* vii *du chap. V du présent titre.*

Nous aurons lieu de revenir sur cet article quand nous nous occuperons des différents cas de nullité et de rescision du contrat d'apprentissage.

137. — Art. 1118. — *La lésion ne vicie les conventions que dans certains contrats ou à l'égard de certaines personnes, ainsi qu'il sera expliqué en la même section.*

Nous avons déjà parlé de la lésion, en nous occupant des clauses relatives au prix de l'apprentissage ; nous en traiterons de nouveau, lorsque nous serons arrivés au Chapitre traitant *des causes de nullité et de rescision* de notre contrat. Nous avons aussi eu l'occasion de parler des articles 1119, 1120, 1121 et 1122 relatifs aux cas dans lesquels on stipule pour autrui, on se porte fort pour un tiers en promettant le fait de celui-ci et on stipule au profit d'un tiers lorsque telle est la condition d'une stipulation qu'on fait pour soi-même (Voir chap. II, sect. II, n° 37 et suiv.). Nous ne reviendrons point sur les questions que soulèvent ces articles ; car nous croyons, sinon les avoir complétement traitées, du moins avoir indiqué les principes généraux qui permettent de les résoudre.

Passons maintenant à l'examen des conditions spéciales du contrat d'apprentissage que la loi de 1851 énumère aux *articles 4, 5 et 6.*

SECTION II
Des conditions spéciales du contrat d'apprentissage.

138. —· Là loi de germinal an XI ne contenait aucune condition spéciale, pour le cas où l'apprenti contractait pour la première fois; nous disons : pour la première fois, car elle édictait certaines règles, certaines conditions dans le cas où l'apprenti avait quitté son maître avant l'expiration du temps stipulé par l'apprentissage (ainsi elle imposait l'obligation *du congé d'acquit*). Nous aurons bientôt lieu d'examiner ces règles, d'indiquer ces conditions.

Ajoutons cependant qu'elles ne présentent point le même caractère que celles dont s'occupe la loi de 1851 dans sa section ii, et, ce qui le prouve d'une manière éclatante, c'est que la condition du congé d'acquit est placée dans notre loi de 1851 non point sous la rubrique des conditions du contrat, mais sous celle de la section iii ainsi conçue : Devoirs des maîtres et des apprentis.

Que si on se demande pourquoi dans la loi du 22 germinal an XI on ne trouve aucune des conditions qui sont énumérées aux articles 4, 5 et 6 de la loi de 1851, on en trouvera la raison dans le but différent que poursuivent les deux lois. Celle de l'an XI, intitulée : Loi relative aux manufactures, fabriques et ateliers et n'ayant à son titre iii, qui s'occupe surtout des apprentis, que cette rubrique : « Des obligations entre les ouvriers et ceux qui les emploient, » se propose surtout de faire respecter les obligations et d'en assurer l'exécution au moyen de dispositions spéciales. — Pour elle, l'apprenti est non un élève-ouvrier, mais un ouvrier; l'apprentissage non un mode d'enseignement professionnel, mais un mode d'engagement particulier, régi par des règles spéciales; la maison du maître, en un mot, n'est pas une école où, comme le disait M. Aug. Callet, l'apprenti reçoit l'éducation professionnelle et l'éducation morale ; elle se borne purement et simplement à l'atelier. Pour la loi de 1851, on le sait, il n'en est pas de même ; le législateur moderne n'a pas trouvé suffisant d'assurer le respect des obligations contractées par les apprentis et ceux qui les emploient ; il a été plus loin et, considérant le maître non pas seulement comme chargé de l'éducation matérielle, mais aussi de l'éducation morale de l'apprenti, il a cherché à environner ce dernier des précautions les plus efficaces et des plus sûres garanties. C'est cette pensée et ce désir de moralité qui ont dicté aux rédacteurs de 1851 les incapacités énoncées aux *articles 4, 5 et 6.*

139. — *L'article 4*, dont nous avons déjà parlé (Voir chap. II, sect. i, n° 20), interdit aux personnes âgées de moins de vingt et un ans de recevoir des apprentis mineurs.

Cette règle est d'ordre moral et, par cela même qu'elle intéresse la société et les mœurs, peut se passer de commentaire.

Toutefois nous avons vu quelle situation gênante, étrange elle a créée au mineur émancipé autorisé à faire le commerce, en l'empêchant de recevoir tout apprenti ; car, le plus souvent, ainsi que nous l'avons déjà fait remarquer, les apprentis sont des mineurs. Notre article est tellement précis, dit M. Mollot, qu'il n'admet pas d'exception pour l'apprentissage en faveur du mineur émancipé qui se livre au commerce. « Il s'agit pour le maître, ajoute l'honorable auteur (1), d'enseigner l'état manuel, et, avant tout, la loi suppose avec raison que celui qui veut montrer cet état doit l'avoir appris lui-même dans un apprentissage et par sa propre expérience. D'un autre côté, il est tenu de diriger l'éducation morale de l'apprenti. Tout cela, évidemment, n'est pas possible avant l'âge de vingt et un ans. » Ce n'est pas tout, M. Mollot, dans une note à laquelle il renvoie à la fin du passage que nous avons extrait, nous apprend que « quelques fabricants avaient demandé que l'âge obligatoire fût

______

(1) Mollot, *Code de l'ouvrier* p. 39.

porté à vingt-cinq ans. » Il nous semble que ces fabricants allaient beaucoup trop loin ; il nous semble aussi que M. Mollot va trop loin en approuvant sans réserve le législateur d'avoir interdit à tout mineur de vingt et un ans de recevoir des apprentis mineurs. Nous avons déjà, en effet, dit et répété qu'il était bizarre, contradictoire, illogique de ne point « restituer » le mineur commerçant, banquier ou artisan contre les engagements qu'il prend à raison de son commerce ou de son art et de lui défendre de prendre à son service des apprentis mineurs. Quoique M. Mollot dise que pour montrer un état, il faut l'avoir appris soi-même dans un apprentissage et par sa propre expérience ; quoique M. Mollot insiste sur cette idée que le maître doit diriger l'éducation morale de l'apprenti, nous ne maintenons pas moins que le mineur émancipé aurait pu et aurait dû être investi du droit si avantageux d'engager des apprentis. Il serait bien malheureux en effet qu'un jeune homme de dix-huit ans, reconnu capable de faire le commerce, de surveiller ses affaires et de diriger ses intérêts, fût impropre à enseigner une profession et à donner l'exemple d'une bonne conduite : s'il ne pouvait inspirer la confiance qui s'attache à ceux qui ont une semblable capacité, on peut dire hardiment qu'on ne l'aurait pas émancipé. En outre, n'est-il pas vrai que, dans la pratique, au moins en ce qui concerne la grande industrie, ce n'est jamais le maître lui-même qui se chargera de donner des leçons à l'enfant. Ce sera le plus souvent un contre-maître, un chef d'atelier ou toutes autres personnes auxquelles un mineur émancipé peut commander et dicter ses ordres. Des apprentis mineurs seuls ne pourront être engagés par ce jeune maître, lors même que d'autres que lui auront mission d'enseigner la pratique de la profession qu'il exerce. Faudra-t-il enfin avoir recours à ce système, usité dans certaines industries, qui consiste à faire engager directement les apprentis par les contre-maîtres ou chefs d'atelier ? Nous le voudrions d'autant moins qu'on n'ignore pas quelles tristes conséquences enfante ce procédé et de quelles violences,

de quels actes de brutalité sont souvent victimes les enfants engagés dans ces conditions et que les maîtres n'ont même pas le
droit de surveiller? Voilà cependant à quel résultat pourrait
entraîner notre *article 4.*

Aussi nous sommes d'avis qu'il aurait été bon d'introduire
une exception en faveur du mineur émancipé. Mais, dans l'intérêt de la morale et à l'exemple de l'article 5 de notre loi,
l'*article 4,* étendu dans le sens que nous indiquons, aurait
défendu au mineur émancipé de recevoir des apprentis du sexe
féminin. Ainsi, il aurait pu être rédigé de la façon suivante :
« Nul ne peut recevoir des apprentis mineurs, s'il n'est âgé de
vingt et un ans au moins. Il y a toutefois exception pour le
mineur émancipé, sauf dans le cas où il engagerait comme
apprenties des jeunes filles mineures. »

140. — Si le législateur de 1851 avait voulu limiter le nombre des
apprentis que peut instruire un maître, il l'aurait fait, selon toute
apparence, dans notre *article 4.* M. Aug. Callet, dans son rapport,
nous apprend que, dans le projet de loi préparé par l'Assemblée
constituante, une disposition « avait pour but de limiter le
nombre des apprentis que pourrait former un même maître. »
Mais il avait semblé à la Commission chargée de l'examen de
la loi qu'un ouvrier intelligent et habile pourrait aisément
faire plusieurs bons apprentis ; qu'il serait d'ailleurs facile de
remédier au grave inconvénient de réunir trop d'apprentis dans
un même atelier ; et que le moyen de réduire le nombre des
apprentis serait d'exiger pour chacun d'eux un apprentissage
sérieux, et de faire exécuter loyalement le contrat. En outre,
limiter le nombre des apprentis, ne serait-ce pas interdire à
une infinité de personnes l'accès des professions industrielles et,
par là, rétablir le système des corporations? Aussi la Commission avait préféré supprimer de la loi une disposition « si mani-
festement contraire à la liberté individuelle, à la liberté des
contrats, à la liberté du travail, à l'esprit même de toute notre
législation. »

Ce que la Commission avait omis de remarquer, c'est que très-souvent, et cela surtout dans la grande industrie, le maître n'enseigne pas lui-même la profession industrielle à l'apprenti, mais charge de ce soin, ainsi que nous l'avons dit tout à l'heure, un ou plusieurs de ses contre-maîtres ou chefs d'atelier. En ce cas, on comprend combien la limitation serait inutile.

141. — *L'article 5* défend à tout maître célibataire ou en état de veuvage de loger, comme apprenties, des jeunes filles mineures.

Cet article, comme le précédent, est de ceux qui se passent de tout développement accessoire ; car il a pour but de sauvegarder toute une classe de personnes qui, par leur condition, leur âge et leur situation se trouvent exposées à de terribles et continuels dangers. Cet article ajouté par la Commission, dit M. Duvergier (1), est destiné, ainsi que l'exprime le rapport, à prévenir des scandales qui ont souvent affligé la justice. Mais il est loin d'être complet ; car, ainsi que l'a fait remarquer le savant commentateur, « il a omis de statuer sur le cas où le maître vivrait séparé de sa femme (2). C'est une lacune d'autant plus regrettable que la disposition est prohibitive et doit par conséquent être strictement appliquée. » Et M. Duvergier ajoute : « Remarquons que la prohibition de loger des apprentis mineurs s'applique même au maître dont la maison est dirigée par une personne de sa famille (voyez *art. 15, 4°*). Cette personne, quelle que soit d'ailleurs sa moralité, n'offre pas ici les mêmes garanties que la femme du maître.

142. — Lors de la troisième lecture au Corps législatif, M. Morellet proposa de substituer au mot : loger, le mot : avoir. Dans l'intérêt de la moralité publique, il croyait préférable une interdiction absolue. Mais on observa que c'était nuire d'une manière trop grave à la liberté de l'industrie et l'amendement fut repoussé.

---

(1) Duvergier, *Collect. complète des lois, décrets...* tome 51, p. 4, note 3.
(2) *Ib.*, p. 84, note 4.

143. — Les *articles 4 et 5*, ainsi que le suivant, établissent des présomptions légales contre certains individus placés dans de telles conditions qu'il est juste, légitime, de se défier d'eux. C'est ainsi que l'incapacité de recevoir des apprentis sera déclarée contre :

1° Ceux qui auront subi des condamnations pour crimes ;

2° Ceux qui auraient été condamnés à plus de trois mois d'emprisonnement pour certains délits.

L'incapacité énoncée à l'article 5 est une incapacité relative, elle n'enlève pas d'une manière absolue à ceux qui en sont atteints la faculté de recevoir tous apprentis, mais seulement certaine classe d'apprentis, les jeunes filles mineures. Il n'en est point de même de l'incapacité contenue dans l'article 6 : elle s'adresse à toute sorte d'apprentis ; elle n'est plus relative, mais absolue. — (Voir chap. II séct. ii, § 2, n° 66.)

144. — « Sont incapables de recevoir des apprentis, dit l'article 6, les individus qui ont subi une condamnation pour crime ; ceux qui ont été condamnés pour attentat aux mœurs ; ceux qui ont été condamnés à plus de trois mois d'emprisonnement pour les délits prévus par les articles 388, 401, 405, 406, 417, 428, 423 du Code pénal. » — On n'ignore pas ce que le Code pénal désigne par le mot crime : « L'infraction, dit l'article 1 du Code pénal, que les lois punissent d'une peine afflictive ou infamante est un crime. » Par conséquent, tous les faits qui seront punis d'une semblable peine entraîneront l'incapacité de recevoir toute sorte d'apprentis. Nous verrons plus tard que ces mêmes faits, ainsi que tous ceux énoncés à l'article 6 de la loi de 1851 mettent fin au contrat d'apprentissage. (Voir *art. 15, 5°* loi de 1851.)

L'article 388 du code pénal s'appliquant aux vols ou tentatives de vol dans les champs de chevaux, de bêtes de charge, de voitures........ aux vols de bois dans les ventes et de pierres dans les carrières......... aux vols dans les champs de récoltes.........; l'art 401 s'appliquant aux larcins et filouteries ainsi qu'aux tentatives de ces mêmes délits ; l'article 405 s'ap-

pliquant à l'usage de faux noms ou de fausses qualités et à
certaines manœuvres frauduleuses pour persuader l'existence de
fausses entreprises, d'un pouvoir ou d'un crédit imaginaire.....
à cette seule fin d'escroquer ou de tenter d'escroquer la totalité ou partie de la fortune d'autrui; l'art 406 s'appliquant à l'abus
des besoins, des faiblesses ou des passions d'un mineur pour
lui faire souscrire, à son préjudice, des obligations.........;
l'article 407 s'appliquant à l'abus d'un blanc-seing; l'article 408
au détournement ou à la dissipation au préjudice des propriétaires, possesseurs ou débiteurs d'effets, diverses marchandises,
billets,..... remis à titre de louage, de dépôt, de mandat,
de nantissements.........; enfin l'article 423 s'appliquant à
la tromperie sur la qualité ou la quantité de la marchandise;
toutes les personnes qui auront commis des vols dans les champs,
des larcins, des filouteries ou escroqueries, des abus de confiance
seront incapables de recevoir des apprentis. On ne saurait evi-
demment mettre entre les mains de pareilles personnes l'éducation professionnelle et morale, l'avenir de mineurs qui ont
naturellement besoin de protection et de bons exemples. Aussi,
tous mineurs qui se trouveraient avoir contracté avec des
personnes désignées à l'*article 6* de la loi de 1851 auraient
le droit de demander la rupture de l'engagement.

145.—L'interdiction résultant de l'article 6, dit M. Duvergier (1),
ne doit s'entendre que des apprentis mineurs non émancipés.
Toutefois, le mineur émancipé qui aurait traité avec un individu compris dans l'une des catégories exprimées par notre
article et dont il ignorait les antécédents, pourrait demander la
rupture du contrat, par application de l'article 1110 du Code
civil; mais cette action devrait être intentée dans un délai assez
rapproché de la découverte qu'il aurait faite de ces antécédents.
—S'il attendait trop longtemps, l'action serait difficilement accueillie: Les juges ne verraient plus dans le motif tiré des an-

____

(1) Duvergier, *op. jam. cit.*, p. 84, note n° 7.

técédents du maître qu'un prétexte mis en avant par l'apprenti pour se soustraire aux eugagements qu'il a contractés.

Faut-il admettre la distinction qu'établit M. Duvergier? Conséquents avec le système que nous avons exposé plus haut (voir chap. II, section ɪɪ, n° 24) et qui déclare le mineur émancipé incapable de s'engager seul chez un maître, nous pouvons d'autant moins consentir à le traiter d'une autre manière qu'un mineur ordinaire lorsqu'il s'agit d'une rupture de contrat fondée sur des principes de morale et qu'au point de vue de l'engagement, sans entrer dans aucune espèce de considération, nous l'avons traité purement et simplement comme le mineur ordinaire. Et nous allons encore plus loin; car nous pensons que non-seulement le mineur émancipé, mais aussi le mineur non émancipé autorisé à faire le commerce pourra s'appuyer sur les *articles 4, 5 et 6* pour demander la rupture du contrat. Point ne sera besoin d'invoquer l'article 1110 dont nous avons vu, plus haut, l'application naturelle et logique. C'est donc à tort, selon nous, que M. Duvergier nous cite cet article et en propose l'application à nos articles 4, 5 et 6: nous sommes d'autant plus attachés à cette opinion, qu'il nous semble qu'en principe on doit aussi peu souvent que possible, et seulement à défaut absolu de texte, détourner les articles d'une matière pour les transporter dans une autre.

146. — L'article 7 de la loi de 1851 nous apprend que l'incapacité résultant de l'article 6 pourra être levée par le préfet, sur l'avis du maire, quand le condamné, après l'expiration de sa peine, aura résidé pendant trois ans dans la même commune. A Paris, ajoute-t-il, les incapacités seront levées par le préfet de police. » On le voit, le mot incapacité est employé par la loi de 1851 au singulier et au pluriel. Au singulier, il désigne l'incapacité absolue de *l'article* 6 opposée à l'incapacité relative de *l'article* 5; au pluriel, il s'applique aux diverses espèces d'incapacités qu'indique la fin de l'article 5 : ce changement n'offre d'ailleurs qu'un médiocre intérêt.

147. — M. Benoît et quelques autres députés demandèrent à ce qu'on transférât entre les mains du maire le pouvoir qui appartenait au préfet, et qu'on donnât au conseil municipal le rôle attribué au maire. Le maire, disait M. Morellet, est le premier fonctionnaire de la commune et entretient des rapports presque journaliers ave cceux qu'il administre : il est donc naturel qu'on lui confie l'attribution que nous demandons.

,.... Le préfet ne sait pas par lui-même; le maire et le conseil municipal savent par eux-mêmes : ce sont eux qui donneront l'avis qui sera sanctionné par le Préfet. Cette proposition ne fut pas accueillie

148. — Les cas d'incapacité étant,.ainsi que nous l'avons déjà dit, limitativement déterminés, il en résulte naturellement que la capacité est la règle générale, et que tout individu ne se verra privé de l'autorisation d'employer des apprentis que lorsqu'il encourra l'application des *articles 4, 5, 6 et 7* de la loi de 1851.

149. — Ajoutons que, dans le cas d'amnistie, la condamnation étant effacée rétroactivement, l'incapacité serait levée *ipso jure* (1), mais qu'au contraire elle subsisterait dans le cas de grâce accordée par le chef de l'État. Il y aurait toutefois exception à cette règle si la grâce intervenait avant l'exécution du jugement, si les lettres de grâce contenaient la réintégration expresse de l'individu dans ses droits civils (2), si enfin le condamné poursuivait la réhabilitation conformément aux articles 619 et suivants du Code d'instruction criminelle.

---

(1) C. Cass., avr. 1832 (*Raynal*). — 5 février 1847 (*Diolot*). — Cons. d'État, 8 janvier 1823.

(2) Cons. d'État arrêt précité; C. Cass., 6 juillet 1827.

CHAPITRE V.

—

DEVOIRS DES MAITRES ET DES APPRENTIS.

150. Objet du Chapitre v et de la section iii de la loi de 1851. — **151.** Division du chapitre v.

Section i. — **152.** Retour vers la législation romaine. — **153, 153** *bis.* Le maître a le droit de châtier légèrement : quand il a blessé l'enfant est-il tenu de l'action *injuriarum*, de l'action *ex locato* ou de l'action de la loi Aquilia ? — **154.** Le maître doit se conduire en bon père de famille. — **155, 155** *bis.* Que signifie l'expression bon père de famille ? Explications fournies par M. Callet, rapporteur de la loi de 1851. — **156.** Le maître a-t-il le droit d'infliger des corrections à l'apprenti ? — **157, 158, 159, 160.** Examen et appréciation de la jurisprudence des Conseils de prud'hommes sur le droit de correction. — **161.** *Quid* quand le maître aura frappé trop violemment l'apprenti et entraîné une incapacité de travail ? — **162.** Le maître doit surveiller la conduite et les mœurs de l'apprenti. — **163, 164, 165.** Jurisprudence des Conseils de Prud'hommes en matière de défaut de surveillance des maîtres — **166.** Les maîtres ont le devoir de surveiller leur propre conduite. — **167, 168.** Jugements rendus par les Conseils de prud'hommes dans les cas où le maître a été inconvenant. — **169.** *Quid* quand le maître a abusé de son autorité pour attenter aux mœurs ? — **170.** Quels devoirs incombent au maître quand il nourrit et entretient l'enfant ; — **171.** Quand il s'est engagé à le blanchir ? — **172.** Le maître doit avertir les parents des fautes graves que peut commettre ou des penchants vicieux que manifeste l'apprenti ; — **173.** Il doit les prévenir en cas d'absence, de maladie ou de tout fait de nature à motiver leur intervention. — **174, 175, 176.** Obligations qui incombent au maître en cas de maladie des apprentis. — **177.** A la charge de qui sont les frais de médicaments ? — **178.** Quelle personne devra être prévenue par les parents ? — **179.** Le maître ne doit employer l'enfant qu'aux travaux et services de la profession ; — **180.** Il ne doit pas l'employer aux travaux insalubres ou au-dessus de ses forces. — **181.** Des devoirs du maître relativement à la durée du temps pendant lequel l'apprenti fournit ses services. — **182.** De la journée de travail effectif. — **183.** Interdiction du travail de nuit. — **184, 184** *bis,* **184** *ter,* **184** *quater,* **184** *quinque.* Résumé de la discussion relative à la fixation du temps pendant lequel l'apprenti doit fournir ses services et à la fixation d'un maximum d'âge. — **185.** De l'obligation pour les apprentis de se reposer les dimanches et jours de fêtes reconnues ou légales. Dans quel sens faut-il entendre cette obligation ? — **186.** Reproduction de la discussion au Corps législatif relative à l'obligation de se reposer les jours de dimanches et de fêtes légales. — **187.** Opinion de M. Duvergier sur la rédaction de l'alinéa de l'article 9 de la loi de 1851, relatif au repos dominical. Appréciation de cette opinion. — **188.** Les apprentis de la religion israélite ou de toute autre religion peuvent-ils remplacer le repos dominical par le repos du Sabbat ou de tout autre jour, en cas de silence du contrat d'apprentissage ? — **189.** Le temps consacré au repos du samedi doit être restitué au maître à la fin de l'apprentissage. — **190.** Les parties peuvent-elles, d'un commun accord, substituer le repos de tout autre jour de la semaine au repos dominical ? **191.** Du droit que le maître a de faire ranger l'atelier par l'apprenti. — **192.** Dans quels cas le préfet, sur l'avis du maire, peut-il déroger aux dispositions contenues dans les 3 premiers §§ de l'article 9. — **193.** Les dispositions de la loi de 1851 portent-elles atteinte aux dispositions de la loi de 1841 qui ne lui sont pas conformes ? — **194.** L'article 10 de la loi de 1851 s'occupe de l'instruction. — **195, 195** *bis.* Discussion au Corps législatif au sujet de la question de l'instruction. — **196.** De l'obligation pour le maître d'apprendre progressivement et complétement. — **197.** Cette obligation s'applique-t-elle aux procédés particuliers de fabrication ? — **198.** *Quid* quand les procédés sont brevetés ? — **199.** Le maître doit conserver l'apprenti jusqu'à l'expiration du temps fixé pour la durée de l'apprentissage. — **200.** Le maître peut-il déléguer à une autre personne le soin d'instruire l'apprenti ? — **201.** Les maîtres n'ont pas le droit de détourner les apprentis des ateliers où ils sont engagés. — **202.** Système de la loi

150. — Le titre III de la loi de germinal an XI, porte pour rubrique : *Des obligations entre les ouvriers et ceux qui les emploient.* Cette loi ne détermine pas d'une manière spéciale les devoirs des maîtres et des apprentis ; celle de 1851 a essayé de le faire, nous disons : essayé, parce qu'il n'est pas possible d'énoncer nominativement chacun des devoirs imposés à des personnes, qui vivent le plus souvent l'une à côté de l'autre et dont les relations constantes ne s'arrêtent pas au seuil de l'atelier ou de la fabrique, mais se poursuivent jusque dans l'intérieur de la maison. En outre, les devoirs des maîtres et des apprentis seront plus ou moins restreints; leur nombre sera plus ou moins grand, suivant les clauses que contiendra le contrat. La loi ne pouvait donc mentionner que les

plus essentiels des devoirs, que ceux sans lesquels il n'aurait pas existé d'apprentissage. Le législateur de l'an XI s'en est occupé en parlant de la résolution du contrat; celui de 1851 en a traité dans un titre spécial. Comme l'inobservation des règles posées dans cette section rompt les conventions, le rédacteur de la loi a dû en parler de nouveau dans celle qui porte pour rubrique : *De la résolution du contrat*; ainsi que lui, nous indiquerons d'abord les devoirs réciproques des parties contractantes; puis, nous traiterons des causes de résolution, au risque de revenir sur quelques-unes d'entre elles.

Afin de donner aux explications qu'exige la section III de la loi de 1851 plus d'ordre et de clarté, nous étudierons dans une première section les devoirs et les droits des maîtres; dans une deuxième, les devoirs et les droits des apprentis, et, dans une troisième, nous établirons une comparaison entre les droits du père et les droits du patron, entre les droits du fils et ceux de l'apprenti. Une pareille comparaison nous paraît devoir être une conclusion utile de notre chapitre.

SECTION I.

Des devoirs et des droits des maîtres.

152. — Avant d'examiner ce que contiennent sur ce grave sujet la loi du 22 germinal an XI et la loi de 1851, faisons un retour vers la législation romaine et considérons quels devoirs prescrivait cette dernière au maître, quelles barrières elle opposait à son absolue autorité.

153. — « (*Item*) Julianus, libro LXXVI Digest... scripsit, si sutor puero parum bene facienti formâ calcei tam vehementer cervicem percusserit, ut oculus effunderetur ex locato esse actionem patri ejus; quamvis enim *magistris levis castigatio concessa sit*, tamen hunc modum non tenuisse. Sed et de Aquiliâ suprà diximus. Injuriarum autem actionem competere Julianus negat : qui non

injuriæ faciendæ causâ hoc fecerit, sed præcipiendi (1). »
(De même) étant donné le cas où un cordonnier, mécontent du
travail d'un enfant, l'aurait frappé à la tête avec une forme de
soulier d'une manière si violente, qu'il lui aurait crevé un œil,
Julien a écrit au livre LXXVI du Digeste que l'action *ex locato*
compèterait au père de l'enfant, et cela, malgré le principe qui
permet au maître un léger châtiment; car, dans l'espèce, le
maître a dépassé la mesure : nous avons déjà énoncé ces règles
au sujet de la loi *Aquilia.* Mais Julien n'est pas d'avis qu'il
faille accorder l'*actio injuriarum*; parce que le maître n'a pas
frappé avec l'intention de blesser, mais dans le but d'instruire.»

153 *bis.* — Examinons aussi les textes que le Digeste peut
nous fournir dans le titre : ad legem Aquiliam.

Et d'abord Ulpien adresse à peu près la même question que
celle à laquelle Julien vient de répondre, puis il cite l'espèce
même à laquelle ce dernier jurisconsulte a donné la solution
que nous avons indiquée : « Si magister *in disciplinâ* vulnera-
verit servum, vel occiderit an Aquiliâ teneatur, quasi damnum
injuriâ dederit ? Et Julianus scribit, Aquiliâ teneri eum qui
eluscaverat discipulum in disciplinâ. Multò magis igitur in
occiso idcm erit dicendum. »

« Proponitur autem apud eum species talis : sutor (inquit)
puero discenti, ingenuo, filio-familias, parum benefacienti
quod demonstraverat, formâ calcei cervicem percussit, ut oculus
puero perfunderetur. Dicit igitur Julianus: injuriarum quidem actionem non competere; quia non faciendæ injuriæ causâ percusserit, sed monendi et docendi causâ, an ex locato, dubitat :
quia *levis duntaxat castigatio concessa est docenti.* Sed lege
Aquiliâ posse agi non dubito (2). »

Si le maître, *durant l'apprentissage,* a frappé un esclave ou
l'a tué, sera-t-il tenu de l'action de la loi Aquilia, comme s'il
avait causé ce dommage à tort (*injuriâ*)?

---

(1) Digest., lib. XIX, tit. II, *Locat. conduct.,* leg. 13, § 4.
(2) Digest, lib. IX, tit II., ad. leg. Aquil., leg, 5 § 3.

Julien décide qu'un maître qui avait éborgné un enfant placé
en apprentissage tomberait sous le coup de la loi Aquilia. A plus
forte raison faut-il donner la même décision lorsqu'il s'agit
d'une personne tuée.

Julien pose l'hypothèse suivante : un cordonnier, dit-il, dont
l'apprenti, ingénu, fils de famille, avait mal exécuté ce qu'il lui
avait enseigné, frappa l'enfant avec une forme de soulier de
telle manière qu'il lui creva un œil. Julien dit que le maître ne
sera pas passible de *l'actio injuriarum,* vu qu'il n'a pas frappé
dans l'intention de blesser, mais dans le but d'instruire et
d'enseigner, il exprime les doutes au sujet de l'emploi de l'action
ex locato ; car le maître a bien été autorisé à châtier, *mais à
châtier légèrement.* Cependant il n'est pas douteux qu'on ne
puisse agir en vertu de la loi Aquilia. Ensuite Paul s'exprime
en ces termes : præceptoris (enim) nimia sævitia culpæ adsigna-
tur (1). La cruauté du maître (en effet), est assimilée à une
faute. Et, plus loin, Ulpien examine la question de dommages-
intérêts, lorsqu'une blessure a été faite : « Quâ actione patrem
consecuturum sit, quod minus ex operis filii sui propter vitiatum
oculum sit habiturus ; et impendia quæ pro ejus curatione
fecerit (2). » Et, au moyen de l'action de la loi Aquilia, le père
obtiendra, par suite de la blessure qui a privé son fils d'un œil,
des dommages-intérêts et pour ce qu'il pourra retirer de moins
du travail de l'enfant, et pour les dépenses qu'il aura faites
pour sa guérison.

On voit que ces textes du Digeste s'appliquent très-bien à
notre matière et qu'ils nous fournissent, pour les questions que
soulèveront les articles de la section III de la loi de 1851, des répon-
ses, dont nous aurons à tenir compte. C'est dans cette prévision et dans ce but que nous avons voulu les placer en tête des
pages qui traitent des devoirs des maîtres envers les apprentis.

---

(1) Dig., eod. titul., leg., 6.
(2) Dig., eod. titul., leg., 7.

154. — Le maître, dit l'*article 8*, doit se conduire envers l'apprenti en *bon père de famille*, surveiller sa conduite et ses mœurs, soit dans la maison, soit au dehors, et avertir ses parents des fautes graves qu'il pourrait commettre ou des penchants vicieux qu'il pourrait manifester.

La forme très-générale du 1er alinéa de l'*article 8* justifie très-bien ce que nous énoncions au début de ce chapitre ; à savoir : que la loi ne pouvait déterminer un à un tous les devoirs des maîtres envers les apprentis. C'est cette vérité qu'exprime le rapporteur de la loi, en ces termes : « Quoique votre commission ait énoncé dans les *articles 8, 9, 10* et *12* les principales obligations du maître envers l'apprenti, elle en a cependant sous-entendu quelques-unes, et les a, en même temps, résumées toutes dans une seule expression, en ordonnant au maître (art. 8) de se conduire envers l'apprenti en *bon père de famille*. »

155. — Et l'honorable rapporteur ajoute au sujet de cette expression *bon père de famille* : « Notre législation, vous le savez, Messieurs, a déjà consacré ce terme. L'article 450 du Code civil veut, en effet, que le tuteur administre en bon père de famille les biens du pupille, et c'est au juge d'apprécier jusqu'à quel point le tuteur s'est acquitté de sa mission.

Le législateur n'a pas craint d'exiger d'un étranger, lorsqu'il accepte les fonctions presque toujours onéreuses de la tutelle, une vigilance, des soins qu'on ne peut naturellement attendre que du cœur paternel ; le législateur a exigé cela dans l'intérêt de la fortune du mineur. »

155 *bis*. — Faisons remarquer, dès à présent, que cette expression : *bon père de famille*, employée si souvent dans nos textes de lois pour désigner un administrateur diligent, n'est pas ici détournée de son sens habituel. Même si on voulait subtiliser et aller jusqu'à demander ce que signifient, vis-à-vis d'un apprenti, ces mots : se conduire en administrateur diligent, la réponse nous semblerait facile. Comme on n'administre que des choses, et qu'au contraire, les créatures humaines, les

personnes, on les surveille, on les dirige, on les élève en les
moralisant, il n'y aurait pas d'équivoque possible dans l'interprétation de cette expression : bon père de famille, par celle-ci :
administrateur diligent. L'une et l'autre ayant le même sens,
on pourrait employer indifféremment celle-ci pour celle-là. Tel
est l'avis de M. Callet : en effet, continuant son commentaire
sur l'*article 8*, il dit : « Votre Commission, d'accord avec le Gouvernement, a pensé que cette expression de *bon père de famille* ne
serait point déplacée dans une loi sur l'apprentissage et qu'elle
éclairerait le maître comme elle éclaire le tuteur sur la nature
de ses devoirs et l'étendue de sa responsabilité. Le maître n'a
pas à gérer les biens d'un pupille, mais il a sous sa garde un
dépôt plus précieux, l'innocence d'un enfant, sa santé, sa force,
sa croyance, sa moralité. »

Le rapporteur ajoute : « Il ne faut pas que cet enfant, s'il
est entré pur dans la maison, en sorte souillé par de funestes
contacts. Il serait difficile et peut-être dangereux de préciser
les règles de conduite qu'embrasse dans sa généralité le premier
paragraphe de l'*article 8*. On dirait trop, on ne dirait pas assez.
Les faits n'empruntent leur véritable caractère qu'aux circonstances dans lesquelles ils se produisent. Il est des actes dont un
apprenti peut être témoin, et qui, tantôt par leur nature seulement, tantôt par leur répétition, lui ôteraient le respect qu'il
doit à son maître, le familiariseraient avec le scandale, féconde-
raient en lui de mauvais penchants. L'apprenti lui-même peut
apporter dans un atelier des germes de corruption dangereux
pour ses compagnons d'apprentissage. Dans toutes ces hypothèses,
si le Conseil des Prud'hommes, sur la plainte d'une des parties,
juge dans sa sagesse qu'il y a lieu de briser le contrat, il aura
fidèlement interprété le sens moral de l'*article 8* et cette expression
qui contient l'esprit de l'article et de toute la loi (1). » Dans les
lignes qui précèdent, M. Callet nous fournit un excellent com-

---

(1) Extrait du Rapp. de M. Aug. Callet : Duvergier, *Collect. des lois, décrets*,
tome LI, p. 85.

mentaire du 1ᵉʳ alinéa de *l'article 8;* examinons maintenant les applications pratiques qui peuvent en découler.

156. — Le maître, devant se conduire en bon père de famille, aura-t-il le droit de châtier l'enfant, de lui infliger des punitions ou des corrections ? Appelons à l'aide de la solution de cette question les textes du droit romain, que nous avons mis en tête de cette section. Les mauvais traitements devront, sans aucun doute, être interdits tout de même qu'à Rome. Il n'y aura place qu'à la *levis castigatio*, à la correction légère, infligée non avec l'intention de blesser, mais avec le désir d'enseigner et d'instruire (*monendi et docendi*) et, en outre, cette correction légère ne devra jamais être une correction manuelle. Ainsi, si le maître a le droit de retenir auprès de lui l'apprenti à un de ses jours de sortie ; s'il a le droit de le priver de certains plaisirs promis ou de certaines distractions dépendantes de sa seule volonté, il lui sera défendu d'avoir recours aux voies de fait, d'infliger des châtiments et des punitions telles que le développement des facultés physiques ou intellectuelles de l'enfant puisse être arrêté ou compromis et même de frapper de quelque manière que ce soit. On appliquera sur ce point, mais en les restreignant, les principes que posaient les jurisconsultes Ulpien et Julien, et qu'on retrouve dans l'article 9 2° de la loi du 22 germinal an XI, qui prononce la résolution du contrat dans le cas « de mauvais traitements de la part du maître. »

157. — Bien que la loi de 1851 ne se soit pas expliquée formellement sur ce point, la jurisprudence des Conseils de Prud'hommes brise le plus souvent les contrats d'apprentissage, lorsque le maître a usé de mauvais traitements ou exercé des voies de fait. Ainsi le Conseil des Prud'hommes de Lyon a jugé que, « bien qu'une apprentie se montre insoumise et insolente envers ses maîtres, ceux-ci n'ont pas le droit d'exercer des voies de fait contre elle (1). »

____

(1) Jugement du Conseil des Prud'hommes de Lyon, 17 avril 1855 : *Mémor. du Commerce et de l'Industrie*, année 1855, 2ᵉ partie, jurisprudence, t. XIX, p. 331.

158. — Mais, dans une espèce semblable, le Conseil des Prud'hommes de Paris n'a pas cru devoir prononcer la dissolution. « Attendu, dit le jugement, que si le sieur G. fils a été le sujet de mauvais traitements de la part de son patron, il est reconnu que le sieur R. n'a agi de la sorte que poussé par l'insolence, les actes de désobéissance répétés et les insultes de son apprenti... Attendu, en outre, que le sieur R. s'est acquitté de ses devoirs envers son apprenti...»

Pouvons-nous accepter un pareil jugement comme conforme à l'esprit et au texte de la loi? Assurément non : car, en aucun cas, le législateur de 1851 n'a voulu que le maître se rendît justice à lui-même. Et ce qui le prouve, c'est non-seulement le commencement du 1ᵉʳ alinéa de l'*art. 8*, mais surtout la fin de cet alinéa, ainsi conçue : « (le maître doit) avertir les parents ou leurs représentants des fautes graves qu'il (que l'apprenti) pourrait commettre ou des penchants vicieux qu'il pourrait manifester.» Nous reviendrons d'ailleurs sur ce point.

159. — Bien plus juste et bien plus conforme à l'esprit de la loi nous semble être un jugement du Conseil des Prud'hommes de Paris, qui brise, dans le même cas, le contrat d'apprentissage et justifie ainsi cette rupture : « Attendu que des dépositions des témoins et des aveux mêmes de la défenderesse, résulte la preuve que la jeune B., placée en apprentissage chez les époux S., a été plusieurs fois maltraitée par sa maîtresse d'apprentissage; — Attendu qu'alors même que la veuve B. aurait engagé madame S. à corriger sa fille, le droit de correction manuelle, qui n'appartient aux parents que dans une mesure très-restreinte, n'est pas de nature à se déléguer et que ce consentement ne suffirait pas à justifier les emportements de madame S. etc. »

160. — C'est là, selon nous, la véritable et fidèle interprétation du 1ᵉʳ alinéa de l'*article 8* de la loi de 1851; et, bien que le jugement contienne, sur le droit de correction manuelle qui compète aux parents, une théorie qui peut prêter à la discussion,

nous ne pouvons nous empêcher de l'approuver quand il déclare que, même avec l'autorisation des parents, toute correction manuelle est interdite aux maîtres. Telle est, relativement au droit de punir, la jurisprudence qu'il importe que les Conseils de Prud'hommes adoptent et consacrent sans jamais s'en écarter.

161. — Ce n'est pas tout quand les maîtres auront frappé d'une manière trop violente et entraîné une incapacité de travail, ils encourront l'application des peines portées aux articles 309 et 311 du Code pénal (1).

Ainsi, la Cour d'appel de Paris a condamné un maître pour mauvais traitements envers ses apprentis à 15 mois de prison et 200 francs d'amende (*Le Dr.*, 22 avril 1855) (2).

162. — *Le maître*, dit l'*article 8*, *doit surveiller la conduite et les mœurs de l'apprenti soit dans la maison, soit en dehors.*

A cet effet, il lui est nécessaire d'exercer une surveillance non-seulement des plus actives, mais des plus constantes, une surveillance qui ne s'arrêtera pas à l'atelier, à l'usine, à la fabrique, mais poursuivra l'enfant au dehors et jusqu'au seuil du domicile de ses parents.

---

(1) Art. 309, C. Pén. Tout individu qui volontairement aura fait des blessures ou porté des coups ou commis toute autre violence ou voie de fait, s'il est résulté de ces sortes de violences une maladie ou incapacité de travail personnel pendant plus de 20 jours, sera puni d'un emprisonnement de 2 ans à 5 ans et d'une amende de 16 francs à 2,000 francs.

Il pourra, en outre, être privé des droits mentionnés en l'article 42 du présent code pendant 5 ans au moins et 11 ans au plus, à compter du jour où il aura subi sa peine. — Quand les violences ci-dessus exprimées auront été suivies de mutilation ou amputation ou privation de l'usage d'un membre, cécité, perte d'un œil, ou autres infirmités permanentes, le coupable sera puni de la réclusion.

Art. 311, C. Pén. Lorsque les blessures ou les coups, ou autres violences, ou voies de fait n'auront occasionné aucune maladie ou incapacité de travail personnel de l'espèce mentionnée en l'article 309, le coupable sera puni d'un emprisonnement de 6 jours à 2 ans et d'une amende de 16 francs à 200 francs ou de l'une de ces deux peines seulement.

S'il y a eu préméditation ou guet-apens, l'emprisonnement sera de 2 à 5 ans et l'amende de 50 à 500 francs.

(2) Voy. aussi la condamnation à 13 mois de prison prononcée contre une maîtresse brunisseuse (Trib. corr. Seine, 14 mai 1870) : *Bull. Soc. prot. App. et Enf. des Manuf.* t. IV (1870), p. 38.

163. — Le jugement qui ordonne la résiliation du contrat pour cause de défaut de surveillance nous paraît bien rendu. Tel est un jugement du Conseil des Prud'hommes des métaux de Paris, prononcé le 29 avril 1852 (1), qui résilie des conventions verbales d'apprentissage, parce que, tous les soirs, le maître a abandonné l'apprenti de sept heures à minuit et ne s'est, en aucune manière, inquiété de l'emploi de ses soirées.

164. — Tel est encore un jugement qui conclut à la résiliation du contrat dans un cas où le père a surveillé à la vérité, mais

---

(1) « Ouï les demandeurs et le défendeur et encore, du consentement des parties à titre de renseignement, plusieurs personnes présentes à l'audience :

» Attendu qu'il résulte des faits et circonstances de la cause, des explications des parties et aussi des renseignements recueillis à l'audience, qu'en mettant en apprentissage leur fils mineur Eugène chez Guillemain, les époux Meunier avaient demandé à celui-ci de donner non-seulement audit apprenti, les soins que doit tout maître d'apprentissage, mais encore de le tenir et surveiller avec la plus grande exactitude, et que c'est pour cette raison qu'ils lui avaient versé une somme de 500 francs qui dépasse de beaucoup les sommes payées ordinairement pour apprentissage; — que, loin de répondre aux intentions des parents et d'accomplir ce qui n'était que son devoir, non-seulement il négligeait l'éducation industrielle de l'apprenti qu'il employait à faire des courses étrangères à sa profession, mais, en outre, ce qui à lui seul forme un grief plus grave que tous les autres, chaque soir à sept heures, il faisait sortir l'apprenti de chez lui, et ne lui permettait de rentrer qu'entre onze heures et minuit, quand il était rentré lui-même, ne s'inquiétant pas, du reste, de ce que devenait ledit apprenti, pendant cette sortie du soir qu'il lui imposait;

» Attendu que, par tous ces faits bien avérés, le sieur Guillemain a manqué à toutes ses obligations envers l'apprenti et les parents de ce dernier, et que, par cet abandon de chaque soir, il a commis une infraction grave et habituelle à l'art. 8, notamment de la loi du 4 marsicle 1851, relative au contrat d'apprentissage, et qu'il y a lieu de prononcer la résiliation de l'apprentissage du mineur Eugène Meunier chez Guillemain; que, dans de pareilles circonstances, cette résiliation doit être prononcée sans indemnité aucune au profit dudit Guillemain; attendu que, la résiliation étant prononcée, ledit Guillemain doit rendre aux parents de l'apprenti tous les effets de literie ou autres, ainsi que les outils de cet apprenti; ou, sinon, leur payer l'équivalent à titre d'indemnité, et que le Conseil est en mesure d'en faire l'estimation;

» Par tous ces motifs, — sans s'arrêter ou avoir égard à la demande d'indemnité de Guillemain dont il demeure débouté, déclare résilier à la date de ce jour les conventions verbales d'apprentissage au mineur Eugène Meunier chez Guillemain, et ce, purement et simplement sans aucune indemnité; condamne Guillemain à rendre et restituer tous les effets de literie et autres, ainsi que les outils de l'apprenti aux époux Meunier, sinon à leur payer à titre d'indemnité et comme l'équivalent desdits objets, la somme de cent francs.... » : *Mémor. du Com. et de l'Ind.*, ann. 1852, 2ᵉ partie, jurisp., t. XVI, p. 454.

non d'une manière assez étroite, assez inquiète pour que la jeune fille apprentie n'ait pas été en butte « *à une tentative de la part de son fils* (1). »

Il y a lieu à résilier, sans indemnité, le contrat d'apprentissage d'une jeune fille, si cette dernière a été en butte à une tentative de la part du fils de la maison, lors même que le père de famille a empêché la réussite par son intervention, et a même défendu à son fils, non logé avec lui, de venir coucher dans la maison (10 avril 1850).

165. — Tel est enfin un jugement dans lequel il apparaît trop clairement à quelles malheureuses et funestes conséquences expose le défaut de surveillance des maîtres. Trop souvent, en effet, lorsque ces derniers ferment les yeux et négligent « de surveiller la conduite et les mœurs des enfants, soit dans la maison, soit au dehors, » il arrive que la corruption devient la triste compagne des apprentis, leur mauvaise conseillère et que leur corps et leur âme sont pervertis, flétris au moment même où l'innocence et la vertu devraient être leurs seuls, leurs plus beaux ornements (2).

---

(1) « *Mémorial du Com. et de l'Industr.*, année 1850, 2ᵐᵉ partie, jurispr., t. XIV, p. 304.

(2) LE BUREAU GÉNÉRAL :—«Attendu qu'il est constant qu'à la date du 27 mai 1867, la dame X plaça sa fille M., âgée alors de treize ans, en apprentissage chez les époux Z., qui consentirent à la recevoir et à la conserver chez eux pendant deux années entières et consécutives pour lui apprendre l'état d'ouvrière modiste, à la nourrir et loger pendant toute la durée de l'apprentissage ; que de son côté la dame X. s'est engagée à payer et a payé la somme de 500 francs pour prix de l'apprentissage : — Attendu qu'il est constant que, dès le premier jour, les époux Z. établissaient l'apprentie pour son coucher au cinquième étage de la maison qu'ils habitaient, loin de toute surveillance, lui donnant pour compagne une jeune fille déjà pervertie et qu'à peu de temps ils chassaient de chez eux pour cause d'inconduite notoire ; que, dans le même temps, les époux Z., qui s'absentaient et quittaient leur maison chaque semaine, du samedi soir au lundi et quelquefois au mardi matin, laissaient l'apprentie abandonnée à elle-même et libre de se livrer à tous ses penchants comme exposée à tous les dangers, avec cette circonstance aggravante qu'ils la savaient sans famille où elle pût se réfugier ; que cet abandon ne tarda pas à produire les effets les plus déplorables puisqu'à moins d'un mois de là l'enfant était flétrie, sa santé à jamais compromise, et que sa famille était dans les larmes et obligée à des dépenses coûteuses; qu'ensuite les époux Z., qui avaient pourtant de bien graves reproches à se

166. — Si les maîtres ont le devoir de surveiller la conduite des apprentis, ils ont aussi celui de surveiller leur propre conduite de manière à ne laisser pénétrer dans l'esprit des enfants ni « germes mauvais » ni « penchant vicieux. » Il faudra qu'ils se souviennent de cette pensée si noble et si vraie qu'a exprimée le poëte romain « *maxima debetur puero reverentia ;* » qu'ils ne se permettent en présence des apprentis ni propos inconvenant, ni discours malsain, et qu'ils se gardent surtout de leur donner de mauvais conseils. C'est ce principe qu'ont consacré sagement et à plusieurs reprises les Conseils des Prud'hommes.

---

faire, n'en ont pas moins continué à laisser la jeune fille dans le même état d'abandon, semblant nonobstant s'étonner aujourd'hui que tout sentiment honnète ait abandonné l'enfant dont ils ont si peu pris soin.

« Attendu que la loi sur l'apprentissage impose aux maîtres la surveillance des apprentis qui leur sont confiés ; qu'elle les oblige à prévenir les parents toutes les fois qu'ils commettent un fait grave ou qu'ils annoncent seulement des penchants vicieux ; — que les époux Z. ont poussé l'oubli de ces devoirs jusqu'à laisser les parents dans l'ignorance non-seulement des penchants que manifestait leur fille, mais de l'action la plus regrettable dont elle pût être victime, puisque ce n'est qu'incidemment que la dame X., qui venait voir ses filles à Paris, en fut instruite ; — qu'en vain, les époux Z. allèguent qu'ils ont écrit à la dame X. qu'ils n'entendaient pas se charger de leur fille le dimanche, puisque la loi leur en faisait l'obligation, que les conventions stipulées ne les en déchargeaient pas et qu'il est constant d'ailleurs que, s'ils ont écrit, de leur aveu ce ne fut que postérieurement à l'acte que leur incompréhensible insouciance a laissé s'accomplir ;

» Attendu qu'en agissant ainsi qu'ils l'ont fait, les époux Z. ont gravement manqué aux devoirs qui leur étaient imposés par la loi du 4 mars 1851 (article 8) sur l'apprentissage et à ceux qui sont imposés par les sentiments naturels ; que l'apprentie ne peut plus leur être laissée ; que le prix de l'apprentissage né peut leur être acquis, puisqu'ils n'ont pas rempli les conditions ; que de plus, ils doivent réparation à la dame X. du dommage qu'ils lui ont fait éprouver et qu'elle éprouvera encore, étant obligée de s'occuper à nouveau de sa fille ; Attendu que la dame X. a laissé au Conseil l'appréciation de sa demande quant au chiffre ; que le Conseil, d'après les éléments d'appréciation qu'il possède fixe ce chiffre comme suit : 1° remboursement des 500 francs versés pour prix de l'apprentissage ; 2° paiement de 1,000 francs à titre de dommages-intérêts ;

» Par ces motifs, — jugeant en premier ressort, autorise la dame X. à ester en justice, faute par son mari de l'avoir fait : — Dit l'apprentissage de la mineure X. résolu du fait des époux Z. ; condamne les époux Z. solidairement à rembourser à la dame X. les 500 francs qu'ils ont reçus d'elle comme prix de cet apprentissage, plus à lui payer, avec intérêts suivant la loi, la somme de 1,000 francs à titre de dommages-intérêts ; les condamne, en outre, aux dépens ; — Reçoit les époux Z. en leurs demandes reconventionnelles, les en déboute, etc..... » 20 août 1868. Conseil des Prud'hommes de la Seine (industrie des tissus) : *Mémorial du Com. et de l'Indust.*, année 1868, 2ᵐᵉ partie, jurisprudence.»

167. — Ainsi, le bureau général du Conseil des Prud'hommes du ressort de Paris a prononcé la résiliation du contrat, dans une affaire où il résultait : « de l'audition des parties à l'audience et des aveux mêmes du sieur D., que ce dernier tenait, devant les ouvrières et les apprenties de sa maison, un langage qui ne peut être toléré ; que, dans cette circonstance, les époux L*** (les parents) ont sagement agi, en usant du droit de surveillance qu'a tout père de famille sur la moralité des principes inculqués à ses enfants par le maître d'apprentissage, auquel il les a confiés (1). »

168. — Ainsi, encore le Conseil des Prud'hommes des métaux de Paris a bien jugé, en prononçant la résiliation du contrat, dans un cas où le maître avait oublié « la prudence qu'il devait avoir dans les conseils qu'il a donnés à l'apprenti. » Le Conseil, en effet, a vu dans ce fait une violation des prescriptions de l'*article 8* de la loi de 1851 (2).

169. — Les maîtres doivent non-seulement surveiller leur propre conduite vis-à-vis de leurs apprentis, mais encore se garder d'abuser de leur autorité. Afin de fortifier les prescriptions de la loi de 1851 et de les compléter dans des cas qui ne sont pas spécialement prévus par cette dernière, la jurisprudence a fait application aux maîtres des articles 333 et suiv. du Code pénal, lesquels s'occupent des attentats à la pudeur et de l'excitation à la débauche.

La jurisprudence, en effet, a vu une désignation tacite du maître non-seulement dans ces mots de l'article 333 (3) : « si les coupables sont de la classe de ceux qui ont autorité » sur la personne victime de l'attentat, mais encore dans ces termes de l'article 334 : « ou autres personnes chargées de la surveillance des mineurs ; » et elle a prononcé avec raison contre le maître toutes les peines sévères édictées aux articles 333, 334 et 335 (3).

---

(1) *Mémor. du commerce et de l'industrie*, année 1856, 2ᵉ partie, jurisprudence, tome XVII, p. 358.
(2) *Ib.*, année 1852, p. 423.
(3) Art. 333, C. Pén.

170. — Le maître qui très-souvent s'oblige à nourrir et à entretenir l'enfant pendant le temps convenu pour l'apprentissage ne *se conduit pas en bon père de famille,* lorsqu'il donne un logement peu convenable ou insalubre, une nourriture insuffisante ou malsaine. En ce cas, il y a une « infraction grave » à l'une des prescriptions de la loi ; et en vertu de l'article 1620 la résolution du contrat peut être prononcée. Aussi à ce sujet, a-t-on dit avec raison « qu'il peut y avoir lieu à la résiliation du contrat d'apprentissage, pour inexécution des engagements contractés, car les conventions n'obligent pas seulement à ce qui y est exprimé, mais encore à toutes les suites que l'équité, l'usage donnent à l'obligation. C. civ., art. 1133 (1). »

171. — Quand il y a une clause relative à l'obligation de blanchir l'apprenti, le maître doit remplir cette obligation de manière à ce que l'enfant ait toujours du linge propre. Nous n'allons pas jusqu'à dire, comme fait M. Mollot (2), que du linge blanc doit être remis une fois par semaine ; mais nous exigeons seulement du linge propre. Or les conditions de propreté varieront avec les nécessités du métier et les habitudes de l'enfant. En outre, le juge, pour les déterminer, fera appel à l'usage.

172. — Souvent il est certaines natures rebelles, vicieuses, sur lesquelles le bon exemple n'a pas de prise et que la surveillance ne saurait ramener dans le droit chemin. Si quelque patron a le malheur d'en avoir rencontré de semblables, s'il a pris dans son atelier des apprentis insoumis et « de mauvaises mœurs, » il ne faut point qu'une trop lourde responsabilité pèse sur lui. Aussi *l'article 8* (fin du premier alinéa) lui ordonne d'avertir les parents de l'apprenti ou leurs représentants « des fautes graves qu'il pourrait commettre, ou des penchants vicieux qu'il pourrait manifester. »

Mais, comme nous l'avons vu, ce n'est pas seulement pour

---

(1) Dalloz, *Rép.* v° *Industrie et Commerce,* n° 65.
(2) Mollot, *Code de l'ouvrier,* p. 42.

affranchir le maître du poids d'une trop grande responsabilité, que l'article 8 exige que les parents ou les représentants de l'apprenti soient prévenus dans les cas que nous venons d'indiquer, c'est aussi pour tracer la ligne de démarcation qui existe entre les droits qui incombent aux pères et ceux dont jouissent les maîtres. Aux parents il appartient d'appliquer les châtiments sévères, d'aviser aux moyens énergiques pour punir les fautes graves ou réprimer les penchants vicieux des enfants; mais aux maîtres il convient et il suffit d'éclairer les parents que l'affection aveugle ou que l'éloignement de la maison du maître rend incapables de connaître les sentiments et les tendances de leurs enfants.

173. — Le deuxième alinéa de l'*article 8* justifie pleinement notre interprétation; il est ainsi conçu : « Il (le maître) doit aussi les (les parents) prévenir, sans retard en cas de maladie, d'absence ou de tout fait de nature à motiver leur intervention. C'est aussi afin de dégager la responsabilité du maître que les parents doivent être prévenus en cas de maladie, d'absence ou de tout autre fait de nature à motiver leur intervention.

Lorsqu'il y aura maladie, il ira sans aucun doute de l'intérêt de l'apprenti que notre *article 8* soit appliqué strictement. Qui, en effet, pourrait, mieux que les parents, lui donner les soins nécessaires à la guérison de l'enfant? Qui surtout pourrait, auprès de lui, remplacer l'assiduité inquiète et scrupuleuse de sa mère, cette femme qui trouve dans l'accomplissement des plus tristes et plus pénibles devoirs une joie douce et une sereine satisfaction? « Vienne une maladie, dit M. Jules Simon (1), elle sera la seule garde-malade..... Chaque service qu'elle rend est un bonheur pour elle. Elle a plus de force qu'une mercenaire, parce qu'elle travaille avec tout son cœur. Elle se dévoue sans le savoir, parce qu'elle aime le bonheur de ceux qui l'entourent plus que le sien. »

---

(1) *L'Ouvrier de huit ans*, p. 73.

174. — Dans le cas où l'enfant est malade pendant la durée du contrat d'apprentissage, le maître doit lui fournir ses soins et les lui fournir d'une manière encore plus active et plus scrupuleuse qu'en temps ordinaire. Il doit, d'ailleurs, ainsi que nous l'avons vu et *quelle que soit la maladie* dont l'enfant est affecté, prévenir sans retard les parents (3ᵐᵉ alinéa, *art. 8*).

175. — Mais est-il tenu, quelle que soit la maladie, de faire soigner l'apprenti chez lui ? **M.** Mollot est d'avis que lorsque la maladie n'est pas de longue durée, seulement de trois à huit jours, le maître est obligé de faire soigner l'apprenti chez lui (1). Nous trouvons que le système de **M.** Mollot est tout à fait arbitraire. Le maître doit surtout, d'après la loi, prévenir les parents en cas de maladie ; les parents prévenus, il doit soigner l'apprenti autant de temps qu'il est nécessaire, trois jours, huit jours, douze jours, quinze jours, s'il le faut : dès que les parents sont prévenus, il ne donne plus ses soins en qualité de maître, mais comme mandataire des parents. Ajoutons que le maître ne pourra être vraiment regardé comme mandataire que s'il accepte la charge de soigner ou de faire soigner l'enfant chez lui. L'acceptation du mandat pouvant être simplement tacite et résulter de l'exécution qui lui a été donnée par le mandataire (art. 1985, Code civil), le fait de soigner l'enfant, sans protestation, sans manifestation du désir de déposer cette charge, constituera le maître mandataire des parents. Mais si le maître a exprimé la volonté de ne point conserver l'enfant chez lui, s'il a sommé les parents de le reprendre auprès d'eux, il devra le soigner, sinon par humanité, du moins à l'effet de répondre à l'obligation qui lui incombe toujours, dans tous les cas, de se conduire *en bon père de famille*. Nous ne sommes donc point de l'avis de M. Mollot, nous ne le trouvons conforme ni à l'esprit ni au texte de la loi, et nous pensons que le maître doit toujours soigner

---

(1) Mollot, n° 81 ; Dalloz, vᵒ *Indust. et Comm.*, n° 66.

ou faire soigner l'enfant, sauf à agir contre les parents pour qu'ils aient à le soigner eux-mêmes.

176. — Dans le cas de maladie contagieuse, le maître qui aurait prévenu les parents, mais les aurait trouvés sourds à sa demande de prendre l'apprenti auprès d'eux, pourrait non-seulement leur adresser une sommation, mais faire soigner l'apprenti, à leurs frais, dans une maison de santé ou dans un hospice.

177. — Les frais de médicaments et autres exigés par la maladie sont-ils à la charge des parents de l'apprenti ou à la charge du maître ? M. Mollot est d'avis que ces sortes de dépenses sont à la charge de l'apprenti, s'il n'y a convention contraire. « Un usage constant, ajoute l'honorable auteur, confirme notre opinion. » Nous regrettons de ne pas partager encore l'opinion de M. Mollot et d'autant plus qu'il l'exprime fortifiée de l'autorité de l'usage ; mais nous pensons qu'il faut établir une distinction et ne mettre les frais de maladie à la charge des parents de l'apprenti que lorsque le maître les aura, conformément à la loi, prévenus sans retard. En cas contraire, les maîtres auront violé une des prescriptions de la loi de 1851, et leur faire payer les frais de maladie n'est pas exiger d'eux une réparation exagérée. D'ailleurs, il nous semble juste de présumer que le silence des maîtres, en cas de maladie, leur fait accepter toutes les charges morales et matérielles.

Si l'on répond à notre opinion en disant que le maître, pour des maladies légères, qui n'exigent pas l'intervention des parents, peut ne point donner des remèdes à l'enfant dans la prévision que les frais seront à sa charge, nous répliquerons qu'en ce cas le maître manque gravement à une des obligations qui lui sont imposées, celle de se conduire envers l'apprenti *en bon père de famille.*

178. — L'avertissement ne sera, bien entendu, dans le cas de maladie, d'absence, de faute grave, adressé aux parents que s'ils ont représenté l'enfant dans le contrat d'apprentissage; s'il en est autrement, c'est le *représentant spécial* qui sera prévenu.

179. — Un des devoirs du maître, que la loi ne pouvait passer sous silence, consiste « à n'employer l'apprenti, *sauf convention contraire*, qu'aux travaux et services qui se rattachent à l'exercice de sa profession. » En effet, celui qui, au lieu d'apprendre à un enfant les secrets de son métier, de lui livrer les ressources de son art, s'appliquerait à lui enseigner une profession différente ou par des occupations stériles et non convenues en distrairait son esprit, ne mériterait plus le nom de maître, ferait mentir la définition du contrat d'apprentissage donnée par *l'article 1er* de notre loi, et contreviendrait aux prescriptions de *l'article 12*.

Aussi les Conseils de Prud'hommes jugent bien, quand ils résilient les contrats d'apprentissage, parce que les maîtres ont employé les enfants à des travaux et des services étrangers à la profession. Ainsi est bien rendu le jugement du Conseil des Prud'hommes de la Seine (Industrie des métaux — 9 mars 1868), qui résout le contrat d'apprentissage passé entre un bijoutier chaîniste et un apprenti, parce que le maître emploie l'enfant à des travaux domestiques et lui cache la partie essentielle de la profession de bijoutier.

Il serait bon qu'en cette matière, les Conseils des Prud'hommes se montrassent d'une sévérité extrême; car, l'habitude d'employer les enfants *soi-disant apprentis* est un des plus grands fléaux de l'apprentissage. Cet abus sévit surtout dans la petite industrie, où l'enfant mis en apprentissage n'est considéré que comme un domestique à bon marché, destiné à faire les courses, à porter les fardeaux, à nettoyer les ateliers ou la maison des maîtres, toutes occupations aussi énervantes qu'elles sont étrangères à la profession qui fait l'objet de l'apprentissage.

180. — Un devoir, non moins important que celui d'employer l'apprenti aux travaux et services se rattachant à la profession du maître, est celui de ne l'employer qu'aux travaux salubres et proportionnés aux forces de l'enfant. C'est ce qu'a fait la loi de 1851 dans l'alinéa dernier de *l'art. 8*, qui reproduit à peu près

la loi de 1841, l'article 7, 4°, à savoir : « Des règlements d'administration publique pourront......, interdire aux enfants dans les ateliers où ils sont admis certains genres de travaux dangereux et nuisibles. » Toutefois notre loi a bien fait d'interdire expressément et de sa propre autorité tout travail insalubre, c'est-à-dire nuisible, et tout travail au-dessus des forces de l'apprenti, c'est-à-dire dangereux.

La santé de l'enfant, en effet, est une question dont la gravité et l'importance exigent que les législateurs parlent impérativement, et au sujet de laquelle il importe qu'ils prennent des mesures énergiques et décisives, et il serait regrettable qu'à l'imitation de leurs devanciers, les rédacteurs de la loi de 1851 n'eussent pris qu'une résolution provisoire, partant, une résolution molle, pouvant entraîner de nombreuses infractions, pendant un espace de temps indéterminé.

181. — L'article 9 s'occupe des devoirs du maître relativement à la durée du temps pendant lequel l'apprenti fournit ses services, et prévoit certains cas où il aurait été convenu entre les contractants que des charges spéciales incomberaient à l'enfant.

Tandis que, pour les hommes ouvriers, la durée du travail jusqu'en 1848 (1) n'a pas eu de limites précises, qu'elle a varié d'après les conventions des parties, les professions, le plus souvent, suivant les usages des lieux, presque toujours selon les saisons, celle du travail des enfants ouvriers a été fixée, dès 1841, par la loi relative au travail des enfants dans les manufactures ; la loi de 1851 en a généralisé et modifié les dispositions. De là des divergences, des anomalies, qui ont été souvent et à juste titre critiquées, et que nous allons examiner.

182. — La durée du travail effectif des apprentis âgés de moins de 14 ans, dit l'*article 9*, ne pourra dépasser 10 heures par jour. Par ces mots : travail effectif, le législateur a entendu parler de celui qui a lieu au profit du patron, dont il tire bénéfice.

____

(1) Décret du 2 mars 1848. — Décret du 9 septembre 1848.

La durée de ce travail s'étend à 10 heures par jour et constitue ce que l'*article 10* appelle *la journée de travail*. Nous
verrons plus loin, à l'*article 10,* comment cette journée peut être
utilement abrégée.

Lorsque les apprentis arrivent à l'âge de 14 ans, et jusqu'à
ce qu'ils. aient atteint 16 ans, elle ne doit jamais dépasser 12
heures.

Par cette double prohibition, la loi a voulu confirmer e
sanctionner le dernier paragraphe de l'*article 8,* qui défend que
les enfants soient employés à des travaux au-dessus de leurs
forces. Il arrive, en effet, dans la pratique, que c'est surtout à
l'âge où l'enfant doit être le mieux protégé, où il faut plus que
jamais ménager sa santé, épargner ses forces, afin de n'en point
arrêter le développement, qu'il doit fournir le plus de services et
que le maître abuse de sa vigueur précoce et de sa docile énergie (1).

Il n'a pas suffi aux législateurs de 1851 de fixer le travail
effectif des enfants; pendant la journée : suivant l'exemple de
leurs devanciers de 1841, ils ont prohibé toute espèce de travail
de nuit, c'est-à-dire tout travail fait *entre neuf heures du soir
et cinq heures du matin* (2).

184. — Nous avons déjà dit que la fixation de la durée du
temps, pendant lequel l'apprenti est obligé de fournir ses services,
avait été l'objet d'une vive et ardente discussion. Il est de notre
devoir, non-seulement de la mentionner, mais de l'indiquer
dans ses principaux traits. Voici le résumé des débats qui se
sont produits au sein du Corps législatif :

D'après M. Didier-Montjau, la situation des enfants ouvriers
est aggravée par la loi de 1851. En effet, elle n'indique pas un

---

(1) Voy., sur l'art. 8, Mollot, *Code de l'Ouvrier,* p. 47; et la note relative
aux *Enfants surchargés de fardeaux ou traînant des voitures à bras sur la
voie publique : Bulletin Soc. prot. des Appr. et Enf. manuf.,* t. V (1872),
p. 128-131.

(2) Voy. sur le Travail de nuit, *Mémor. du Comm. et de l'Indust.,* année
1857, p. 361.

maximum d'âge avant lequel les enfants ne pourront être reçus dans les manufactures. Une fois admis, les maîtres peuvent leur demander 10 heures de travail jusqu'à l'âge de 14 ans et, après cet âge, leur imposer 12 heures. La loi de mars 1841 est meilleure, plus protectrice : elle stipulait que les enfants ne pourront être assujettis au travail avant l'âge de 8 ans ; que de 8 ans à 12 (c'est-à-dire pendant une portion considérable de la période déterminée par la nouvelle loi) ils ne pourraient être soumis à un travail de plus de 8 heures, travail qui sera même scindé par un repos. De 12 à 16 ans, à la différence de la loi de 1851, qui ne fixe la durée du temps de travail que jusqu'à l'âge de 14 ans, elle permet de demander 12 heures de travail, mais rend ce maximum de travail plus léger en le divisant par des repos. ·

M. Didier-Montjau cite, à titre d'exemple, l'Angleterre où de 9 ans, âge minimum de l'entrée des enfants dans les ateliers, jusqu'à 13 ans, on ne peut exiger des enfants que 48 heures de travail par semaine, soit 8 heures par jour, c'est-à-dire 2 heures de moins que d'après la loi française. De 13 ans à 18, c'est-à-dire jusqu'à un âge où ne s'étend pas la protection de la loi de 1851, l'adolescent travaille en Angleterre une demi-heure de moins qu'en France. L'orateur rappelle que M. Wolowski, dans son projet sur le travail des enfants et des femmes, proposait que le travail ne fût pas exigible avant 10 ans, et que de 10 à 13 ans, il ne pût être imposé plus de 6 heures, ni plus de 10 heures de 13 à 18 ans. Il cite le décret du 2 mai 1848, qui, pour les ouvriers faits, habitués au travail, déclare que la journée de travail, pour l'ouvrier, sera fixée à 10 heures. Il demande, parlant dans le sens d'un amendement que nous avons déjà eu lieu de développer, qu'on laisse à des règlements généraux ou locaux les conditions d'application de la loi qui se serait bornée à prononcer des peines contre l'emploi abusif des forces de l'enfant. « Nous ne donnons pas, dit-il, au patron du Nord la faculté de faire autant travailler l'enfant du Nord, moins

précoce que l'enfant du Midi... Nous ne donnons pas au serrurier, au mécanicien, le droit de faire travailler 12 heures à
la lime et à l'étau un enfant qui pourrait travailler 12 heures
dans les ateliers de Lyon, sans pour cela nuire à son développement, à sa santé...

« Nous laissons à l'industrie de Lille le soin de déterminer ce
qui peut être fait à Lille, suivant la nourriture, le climat de
Lille, et à celle de Marseille ce qui peut être fait à Marseille; car
ce qui convient au Midi ne convient pas au Nord et réciproquement. » En un mot, M. Didier-Montjau demande que la durée
du temps de travail imposé aux apprentis varie d'après les lieux et
les industries et soit déterminée par les Conseils de prud'hommes.

184 *bis.* — Nous avons vu déjà comment M. de Riancey
répondit à l'éloge de cette juridiction; examinons de quelle
manière il justifia les règles posées relativement à la durée du
temps de travail? « Comme il était arrivé, dit-il, qu'on imposait
dans des moments de travail plus pressant, pour certaines
industries de luxe, plus de dix heures de travail à un apprenti,
nous avons dit : On ne le pourra plus, la loi y mettra une
infranchissable barrière ! — Mais ensuite, et c'est le caractère
que je voudrais que l'Assemblée remarquât dans la loi, et, selon
moi, c'est un caractère éminemment sage, en posant un
maximum nous avons laissé le jeu et la liberté des conventions... au contrat. Nous lui avons imposé pour la durée du
travail un maximum, cela est vrai; mais nous n'avons pas
voulu dire qu'on ne pourrait en aucune façon descendre au-
dessous de ce maximum... »

184 *ter.* — En réalité, reprit M. Didier-Montjau, le maximum sera toujours la règle du contrat... Maintenant, ajouta-t-il,
vous me dites que vous avez fait une moyenne, que vous avez
dû étudier les habitudes des diverses industries, prendre les
divers temps employés ordinairement au travail et faire une
moyenne..... En vérité, cette expression de moyenne appliquée
à de pareilles exigences est exorbitante! »

L'honorable orateur avait raison. En outre, il y avait entre les lois de 1841 et de 1851 des divergences, des différences inadmissibles, et ses observations eussent-elles eu seulement pour objet d'empêcher que la loi de 1851 fût rétrograde, auraient mérité un examen sérieux, parce qu'elles mettaient fin, dans deux lois analogues, deux lois sœurs, si nous pouvons dire, à des dispositions contradictoires, incompatibles.

184 *quater*. — Le rapport de M. Aug. Callet semblait prévoir les objections qui précèdent ; il les indiquait, mais n'y répondait pas victorieusement : « Nous n'avons pas cru devoir, disait-il,.... fixer un âge au-dessous duquel aucun enfant ne pût être mis en apprentissage. Il nous a paru que cette limitation offrait de graves inconvénients et qu'elle n'avait aucun avantage qu'il ne fût facile d'obtenir par d'autres moyens. On nous dit qu'un enfant âgé de moins de 12 ans n'est pas un véritable apprenti. Si l'on ne l'emploie aux travaux domestiques, il perd son temps ou il use sa santé à des labeurs au-dessus de ses forces. Cela est possible, en effet, mais grâce à l'imprévoyance de la législation actuelle. — Si, comme nous vous le demandons, en la section III, titre 1er, de notre projet, vous protégez l'enfance contre l'abus qu'on peut faire de ses forces et contre celui qu'on fait trop souvent de sa faiblesse ; si vous offrez sous ce rapport aux pères de famille et à la société des garanties sérieuses, n'aurez-vous pas atteint dans tout ce qu'il a de généreux le but que vous vous proposez ? Mais si vous empêchez un enfant de devenir apprenti avant sa douzième année, qu'en ferez-vous jusque-là ? Vous chargez-vous de le loger, de le vêtir, de le nourrir ? Ce sont les familles nombreuses et indigentes pour qui l'enfant est presque une charge, et les familles sans mœurs pour qui il est un objet de spéculation ; ce sont elles qui n'attendent pas la maturité de l'enfant pour le mettre en apprentissage. Serait-ce par hasard protéger cet enfant que de dire aux parents pauvres : « Vous ne pouvez ni le vêtir ni l'envoyer à l'école ; n'importe ! Vous le garderez nu, souffrant, ignorant, jusqu'à ce qu'il ait atteint

sa douzième année, » et que de dire aux autres : « Voici un enfant que vous n'aimez guères et qui ne reçoit chez vous que de mauvais exemples : n'importe ! Vous le garderez, je vous défends de le mettre en apprentissage. Vous l'élèverez, si cela vous plaît, dans l'oisiveté et la misère ! Il mendiera plutôt que d'apprendre un métier. S'il se trouve un maître compatissant qui consent à le recueillir et à lui enseigner sa profession, vous direz à cet homme : Non, c'est impossible ! La loi est là qui ne me permet pas de traiter avec vous ; le contrat serait nul et vous paieriez l'amende. Il suffit d'énoncer de pareilles conséquences pour en faire condamner le principe par tout homme de bon sens. »

Non, Monsieur le rapporteur, le vrai n'est pas de votre côté ; et, malgré les noirs tableaux que vous faites passer devant nos yeux, nous pensons qu'il est nécessaire de fixer un âge au-dessous duquel les enfants ne pourront être apprentis. Jusqu'où en effet ne va pas l'abus ? On voit de malheureux petits êtres, traînés plutôt que conduits dans les ateliers, travailler du matin jusqu'au soir, sous le titre menteur *d'apprentis* ? Ces malheureux et chétifs esclaves, ces serfs prématurés sont occupés aux emplois souvent les plus pénibles ; et leurs maîtres, que disons-nous, ceux qui les exploitent, ceux qui spéculent sur leur docilité et leur faiblesse ne rougissent pas de les maltraiter après qu'ils les ont surmenés !

184 *quinque*. — La situation des enfants n'est pas malheureusement beaucoup moins triste aujourd'hui qu'en 1847, qu'à l'époque à laquelle M. Boissel s'exprimait ainsi : « Qui d'entre vous, Messieurs, à l'aspect de la dégradation physique de la classe pauvre dans toutes vos grandes villes industrielles, qui de vous n'a plaint la destinée de ces pauvres enfants, maigres, pâles, décharnés et si épuisés déjà qu'on doute presque, en les voyant, qu'ils puissent vivre jusqu'à l'âge d'homme ? En effet, beaucoup de ces êtres étiolés meurent vers l'époque de la puberté ; quant à ceux qui vivent jusqu'à la conscription, lors-

qu'ils arrivent au conseil de révision, ce sont ceux qui forment cette foule de jeunes soldats réformés. Plus tard, hommes faits, ils augmenteront cette population étiolée, maladive, qui semble une race d'hommes à part et qui portent sur la figure le cachet d'une misère incurable. »

Assurément, si ces descriptions ne sont pas moins sombres que les peintures de M. Callet, elles sont plus vraies ! Nous ne demandons pas, comme dit l'honorable rapporteur, que l'enfant ne puisse être apprenti avant l'âge de 12 ans ; qu'il soit réduit à attendre, nu et grelottant, que l'heure où l'atelier s'ouvrira pour lui ait sonné ; qu'il soit contraint à subir les mauvais traitements de parents déshonnêtes et méchants, qu'il ne puisse enfin, avant l'âge de 12 ans, échapper à l'influence des exemples funestes et malsains dont il est témoin en attendant qu'il en devienne victime. Non, — nous ne voulons pas soutenir de pareils principes ; mais nous prétendons qu'il est nécessaire, indispensable de fixer à l'entrée en apprentissage une limite d'âge, grâce à laquelle on ne voie point de malheureux petits êtres de 6 ou 7 ans déjà occupés à des travaux fatigants, qui répugnent également à leur intelligence inculte et à leur constitution débile et chétive !

185. — « Les dimanches et jours de fêtes, reconnues ou légales, dit l'*article 9* dans son quatrième alinéa, les apprentis, dans aucun cas, ne peuvent être tenus vis-à-vis de leur maître à aucun travail de leur profession. »

Par cette disposition, la loi, en ce qui concerne les cultes catholique et protestant, a-t-elle voulu favoriser et faciliter l'observation des devoirs religieux ? Son intention protectrice, pourrait-on dire, se manifeste clairement dans l'alinéa dernier de l'*article 9*, ainsi conçu : « Il ne pourra être dérogé aux dispositions contenues dans les trois premiers paragraphes du présent article, que par un arrêté rendu par le préfet, sur l'avis du maire. » En effet, l'alinéa qui s'occupe de l'interdiction du travail les dimanches et jours de fêtes n'étant pas compris dans ceux que désigne l'*article 9 in fine*, il n'est pas permis au Préfet d'y déroger.

Son intention protectrice, pourrait-on dire encore, se trahit d'une manière plus claire, s'il est possible, à l'*article 10* qu'à l'*article 9* : car ce dernier article, comme nous le verrons tout à l'heure, prescrit au maître de laisser prendre à l'apprenti le temps nécessaire pour terminer sa première éducation religieuse. Évidemment il y a dans ces arguments quelque chose de vraisemblable et de spécieux, et il pourrait en résulter que l'observation des devoirs religieux du culte de la majorité fût entrée pour quelque chose dans la prescription du repos dominical édictée dans notre *article 9*. — C'est ce qu'aurait d'ailleurs tendu à faire croire la disposition du projet du Gouvernement et de celui de la Commission ainsi conçue : les dimanches et jours de fêtes reconnues et légales, le travail est interdit aux apprentis.

Mais, reconnaissons-le hautement, le désir de protéger la pratique des cultes catholique et protestant n'est pas le motif qui a fait inscrire dans l'*article 9* le repos des dimanches et des fêtes reconnues ou légales. Le législateur a voulu tenir compte des forces de la nature humaine ; il n'a pas perdu de vue les ménagements et les soins que réclame la santé, mais que paient avec usure les services des enfants ; en un mot, il a pris conseil des seules prescriptions de la science et du bon sens. Témoin le rapport de la Commission, qui s'exprimait en ces termes : « Le repos dominical nécessaire à tous, est principalement nécessaire à l'enfance. On a, d'ailleurs, le droit de présumer que le travail du dimanche n'est jamais pour l'apprenti un travail libre ; c'est plutôt une servitude dont la loi doit affranchir ceux qui en portent le joug. » Témoin encore la discussion engagée par M. Morellet à la deuxième lecture du Corps législatif, sur la question de savoir si la disposition de la loi de 1851 avait pour objet de donner une nouvelle consécration à la loi du 18 novembre 1814 sur l'observation des fêtes et dimanches, ou si, au contraire elle voulait seulement énoncer que ce jour-là les apprentis ne seraient tenus à aucun travail vis-à-vis de leurs maîtres dans l'exercice de la profession qu'ils apprennent.

186. — Reprenons cette partie intéressante de la discussion, que M. Duvergier a eu raison de mentionner (1).

« Si c'est là ce qu'on a voulu dire, observait M. Morellet, je appuierai. Si, au contraire, on a entendu imposer aux apprentis l'obligation de ne pas travailler, je combattrai l'article. — Je proposerai donc de modifier la rédaction de manière à ce qu'il n'y ait pas d'équivoque, en ces termes : « Les dimanches et jours de fêtes reconnues ou légales, les apprentis ne seront tenus vis-à-vis de leurs maîtres à aucun travail de la profession qu'ils apprennent. »

M. Aug. Callet déclara que la Commission maintenait sa rédaction, et ce, par les motifs consignés au rapport. L'amendement, selon lui, était inutile ; la disposition énoncée au projet ne prohibait pas le travail de l'apprenti d'une manière absolue, mais seulement le travail dans l'atelier et au profit du maître. En outre, l'amendement proposé par M. Morellet allait contre le but que celui-ci se proposait de réaliser ; car il était conçu, rédigé de telle façon que le maître semblait être autorisé à employer l'apprenti dans la maison à des usages domestiques.

M. le Ministre de l'Agriculture et du Commerce prit la parole pour soutenir l'amendement : « Ce qui importe essentiellement, a-t-il dit, c'est que la pensée de la Commission et du Gouvernement soit parfaitement entendue. Le Gouvernement et la Commission ont voulu non pas que le travail habituel, que le travail de l'atelier fût interdit à l'apprenti, mais que le maître ne pût pas lui en imposer.

---

(1) Voir Duvergier, *Collec. des Lois, Décrets*, etc., année 1851, p. 85 et 86, note 7.

« La commission pense que la rédaction qu'elle a formulée suffit dans tous les cas, la pensée de tous est actuellement suffisamment fixée. Vous avez une troisième lecture. Si d'ici là on trouve une rédaction plus correcte et qui consacre cela d'une manière plus précise, vous pourrez l'adopter. Il ne s'agit que d'un mot. » Renvoyé à la Commission, le paragraphe fut heureusement changé et rédigé, ainsi que nous le voyons dans le texte de la loi. »

187. — M. Duvergier ajoute au récit de la discussion de ce paragraphe ces quelques lignes : « Ainsi les dimanches et jours de fêtes, le maître ne peut imposer à l'apprenti aucun travail de sa profession ; mais la loi n'empêche pas celui-ci d'exécuter ce travail si bon lui semble. Je crois qu'il eût mieux valu maintenir l'interdiction. De la part de l'apprenti le travail n'est pas libre. On abusera de sa faiblesse pour le faire travailler et rendre le chômage illusoire. »

Nous sommes loin de partager l'opinion de M. Duvergier ; et il nous semble que la loi a été suffisamment prévoyante. Le travail de la profession du maître est interdit. Quel travail pourra donc être imposé à l'apprenti ? Sera-ce le rangement de l'atelier ou quelque autre ouvrage étranger à la profession ? Non assurément ; car le paragraphe 5 de l'*article 10* de la loi de 1851 s'occupe du rangement de l'atelier ; et en outre, l'*article 12*, prescrivant au maître d'enseigner à l'apprenti progressivement et complétement sa profession, lui prescrit en même temps, par *à contrario*, de ne pas l'employer à d'autres travaux que ceux de sa profession. Si donc le maître, abusant de la faiblesse de l'enfant, rend le chômage illusoire, le Conseil des prud'hommes prononcera contre lui la résolution du contrat. Si le législateur avait interdit d'une manière absolue le travail du dimanche, on aurait pu croire, malgré les protestations du rapporteur, à une tentative de rétablissement de cette loi du 18 novembre 1814, qui, à une époque de tolérance et de progrès, est un véritable anachronisme et qu'on n'a pas eu le bonheur de voir s'ensevelir sous la poussière des années et de l'oubli !

188. — Ici se soulève une grave et délicate question, à savoir : les apprentis de la religion israélite ou de toute autre religion, en cas de silence du contrat d'apprentissage sur ce point, auront-ils le droit de ne pas observer le repos dominical et de le remplacer par le repos du sabbat ou de tout autre jour ? On saisit facilement l'intérêt que présente la solution de cette question. Que si, en effet, les apprentis israélites ou les apprentis appartenant à une autre religion ont le droit, d'après la loi, de se soumettre au repos du samedi ou au repos d'un autre jour, ils n'auront pas besoin de remplacer à la fin de l'apprentissage les journées non employées au profit du maître ; que si, au contraire, le droit de se reposer le samedi ou tout autre jour n'est point légal, ou, pour mieux dire, n'est pas reconnu, autorisé par la loi, les apprentis devront remplacer les journées consacrées au repos du sabbat ou de tout autre jour. La solution de cette question doit être puisée dans la discussion soulevée au Corps législatif et que nous venons de reproduire. Nous avons vu qu'il en ressortait clairement que le repos dominical était dicté par le seul besoin de ménager les forces des enfants ; et que le choix d'un jour de repos s'était non-seulement fixé sur le dimanche, mais encore sur les jours de fêtes légales, uniquement dans le but de faire profiter l'apprenti des jours destinés, sinon par tous, du moins par la majorité, au repos ou à la distraction. Il faut donc décider que la cessation du travail pendant les jours de dimanche et de fêtes légales est seule licite, et qu'à tout autre moment, en cas de silence du contrat d'apprentissage, elle est *attentatoire* aux dispositions de la loi. Ainsi le repos du samedi ou de tout autre jour rentre bien, selon nous, dans l'interruption du travail dont s'occupe l'*article 11*, et il faut remplacer, à la fin de l'apprentissage, le temps dont n'a pas profité le maître.

189. — La décision que nous venons de donner s'applique dans le cas où le contrat d'apprentissage ne s'est point expliqué

sur le repos du samedi; à plus forte raison, en sera-t-il de
même lorsque les parties auront énoncé dans le contrat que
l'enfant devra remplacer, à la fin de l'apprentissage, le temps
perdu par l'apprenti. Ainsi le Conseil des prud'hommes de Paris
(Industrie des métaux) nous paraît avoir, avec raison, prononcé
la restitution du temps non employé par l'apprenti dans une
espèce où, le contrat ayant stipulé la restitution du temps perdu
pour maladie ou quelque cause que ce fût, l'apprenti avait quitté
l'atelier tous les samedis (1).

190. — Les parties peuvent-elles d'un commun accord substituer le repos de tout autre jour de la semaine au repos
dominical?

Nous avons vu que le dernier alinéa de l'*article 9* ne permet
pas au Préfet d'autoriser le travail du dimanche, portant
qu'aucun arrêté rendu par lui, même avec l'avis du maire, ne
pourrait avoir de valeur. L'hypothèse que nous examinons
peut-elle et doit-elle être comparée à celle dans laquelle le Préfet
intervient? Le texte du quatrième alinéa pris tel qu'il est, envi-
sagé au point de vue de la lettre, nous ordonne d'assimiler les
deux espèces. En effet, il énonce en termes clairs et précis
qu'en aucun cas l'apprenti ne peut être employé aux travaux
de la profession les dimanches et jours de fêtes reconnues ou
légales. Mais éclairé de la lumière de la discussion, considéré
dans son esprit, le quatrième alinéa de l'*article 9* est-il si absolu;
et, le sens de ces mots: « En aucun cas, » qui est si large et si
étendu ne peut-il point être restreint et resserré? En d'autres
termes, les parties pourront-elles, d'un commun accord, déroger
à la disposition de la loi qui prescrit le repos dominical? Ainsi,
deux israélites pourront-ils, sans contrevenir à la loi, décider
que leurs apprentis travailleront le dimanche et les jours de
fêtes légales ou reconnues et qu'ils se reposeront, au contraire,
le samedi et les jours de fêtes judaïques?

______

(1) *Mémor. du Comm. et de l'Indust.*, ann. 1865, 2ᵉ part., jurisp., t. xxvII,
p. 425.

Il est vrai que l'*article 9* dit : « Les dimanches et jours de fêtes reconnues ou légales, les apprentis, dans aucun cas, ne peuvent être tenus vis-à-vis de leur maître à aucun travail de leur profession. » Mais, transportons ce quatrième alinéa, peut-on dire, à l'endroit où le législateur de 1851 l'a placé; rappelons-nous que les dispositions qui le précèdent s'occupent de la durée du travail des apprentis, et que le cinquième alinéa commence ainsi : « Dans le cas où l'apprenti serait obligé, par suite des conventions ou conformément à l'usage, de ranger l'atelier, etc..... » Il peut donc sembler légitime d'appliquer ces mots, dans aucun cas, aux seuls cas dans lesquels il y aurait ou surabondance de travail ou usage local contraire aux prescriptions de l'*article 9;* et l'on peut soutenir avec quelque apparence de raison que ces mêmes mots : « Dans aucun cas » ne prévoient pas l'hypothèse d'une religion différente de la religion de la majorité, de la religion qui observe le repos du dimanche.

Il nous paraît que l'argument, tiré de l'esprit et de l'intelligence de la loi, mérite d'être pris en sérieuse considération. Il peut, en effet, se résumer en ces termes : Le législateur a voulu, non pas le rétablissement de la loi du 13 novembre 1814, mais un repos nécessaire, le repos du septième jour! Peu lui importe que ce jour soit le samedi ou le dimanche, pourvu qu'il y en aît un. Mais si le législateur a tenu à ce que ce jour fût le dimanche, il a donné une nouvelle consécration à la loi de 1814, ce qu'il a démenti formellement au sens du Corps législatif. La conséquence est donc que des israélites ou des maîtres quelconques pourraient convenir de jours de repos autres que le dimanche et les jours de fêtes légales ou reconnues.

Nous trouvons cette conséquence très-juste, très-équitable, très-conforme au principe de l'égalité des cultes et de la liberté des conventions. Malheureusement la loi contient ces mots . *en aucun cas,* qu'on ne peut supprimer, avec lesquels il faut compter et qui rendent impossible toute dérogation au repos dominical. Le législateur a donc par là, et sans le vouloir, pro-

tégé la religion de la majorité, maintenu l'inégalité des cultes
et lié les mains aux contractants. Pour détruire un pareil résultat
il serait bon, même nécessaire, que le législateur modifiât l'*article 9* sur ce point, supprimât les mots : « Dans aucun cas, »
et ajoutât ceux-ci par exemple : « Dans le cas où les parties
ne voudraient pas observer le repos des dimanches et jours de
fêtes reconnues ou légales, elles pourraient, mais devraient
toujours fixer un jour de repos hebdomadaire autre que le
dimanche et des jours de repos autres que ceux des fêtes légales
mais équivalant en nombre à ceux que fournit le calendrier
grégorien. »

191. — Le maître peut exiger, en vertu du cinquième alinéa
de l'*article 9*, que l'enfant range l'atelier les dimanches et les jours
de fêtes reconnues ou légales. Mais il ne peut le faire que dans
le cas où le contrat d'apprentissage s'est occupé du rangement
de l'atelier ou que lorsque les usages locaux l'y autorisent; et,
en outre, le travail de l'apprenti ne pourra dépasser 10 heures
du matin. En effet la loi s'exprime en ces termes: « Dans le
cas où l'apprenti serait obligé, par suite des conventions ou
conformément à l'usage, de ranger l'atelier aux jours ci-dessus
marqués, le travail ne pourra se prolonger au delà de dix heures du matin.» Disons seulement, au sujet du droit que le maître a de faire ranger l'atelier le dimanche par l'apprenti, que
nous souhaiterions voir ce dernier affranchi de cette obligation
d'une manière absolue et générale.

192. — Nous avons déjà parlé du dernier alinéa de l'*article 9*,
ainsi conçu : « Il ne pourra être dérogé aux dispositions contenues dans les trois premiers paragraphes du présent article que
par un arrêté rendu par le préfet sur l'avis du maire.» — On
sait quels sont les paragraphes que vise notre dernier alinéa :
le premier s'occupe de la durée du travail des apprentis âgés
de moins de quatorze ans; le second de la durée du travail des
apprentis âgés de plus de quatorze ans; le troisième interdit le

travail de nuit. C'est donc seulement lorsqu'il s'agit de prolonger le travail des apprentis pendant les jours autres que des dimanches ou des jours fériés, que le préfet pourra intervenir après avoir pris l'avis du maire. Pour les autres prescriptions édictées à l'*article 9* tout arrêté préfectoral, ainsi que nous l'avons déjà dit, constitue un excès de pouvoir.

193. — Une dernière question avant d'en finir avec l'*art. 9* : les dispositions de la loi de 1851 portent-elles atteinte aux dispositions de la loi du 22 mars 1841, qui ne lui sont pas conformes. Cette question a été soulevée et résolue au Corps législatif. « Je demande, avait dit M. Victor Lefranc, le 3 février 1851, si la disposition relative au repos du dimanche s'applique aux enfants qui portent les bouteilles dans les verreries, et si l'on veut, par suite, éteindre les verreries les dimanches et jours de fêtes? » M. le rapporteur répondit que les verreries, où il y a d'ailleurs un plus grand nombre d'ouvriers que d'apprentis, seraient toujours régies par la loi sur le travail des enfants dans les manufactures, et M. le Président ajouta qu'on ne dérogeait en aucune manière à la loi spéciale.

194. — L'*article 10* est tout entier consacré à l'instruction de l'apprenti. Il est ainsi conçu : « Si l'apprenti âgé de moins de seize ans ne sait pas lire, écrire et compter, ou s'il n'a pas encore terminé sa première éducation religieuse, le maître est tenu de lui laisser prendre, sur la journée du travail, le temps et la liberté nécessaires pour son instruction. Néanmoins ce temps ne pourra pas excéder deux heures par jour. »

195. — Essayons, sinon de reproduire, au moins d'analyser la discussion soutenue au Corps législatif au nom de la cause de l'instruction.

Dès la deuxième lecture, l'*article 10* a subi une modification importante. L'article du projet de loi était ainsi rédigé : « Si l'apprenti âgé de moins de quatorze ans ne sait pas lire, écrire et compter, ou s'il n'a pas encore terminé sa première éducation religieuse, le maître est tenu de lui laisser prendre sur la journée de travail le temps et la liberté nécessaires pour son instruction. Néanmoins, ce temps ne pourra pas excéder deux heures par jour. — Quand l'apprenti a atteint l'âge de quatorze ans, il ne peut réclamer la faculté de compléter son instruction qu'en dehors du temps ordinaire de la journée de travail. »

M. Doutre réclama la suppression de ce dernier paragraphe dans les termes suivants : « Tout le monde comprendra que l'instruction n'étant pas répandue autant qu'on le désirerait, il peut bien arriver qu'un apprenti âgé de quatorze ans ne possède pas toutes les notions même élémentaires que l'article paraît désirer. Je demande qu'on enlève à cet article la mesure restrictive qu'il renferme, et que l'apprenti qui a atteint l'âge de quatorze ans puisse réclamer la faculté de compléter son instruction pendant les heures du travail, ainsi que le projet de loi le permet aux apprentis âgés de moins de quatorze ans. »

Les observations de M. Doutre étaient justes, conformes au bon sens et à l'intérêt général. Il arrive, en effet, trop souvent que les enfants qui entrent à l'atelier n'ont reçu aucun de ces principes élémentaires, sans lesquels l'homme est comme un étranger dans cette vaste société, au sein de laquelle il vit, et où, chaque jour, ses relations se développent et se multiplient.

L'amendement qui avait pour but de porter remède à ce mal si grave n'ayant pas été nettement rédigé, fut remis à la troisième lecture, et l'*article 10* du projet fut provisoirement maintenu.

Mais, dans l'intervalle de temps qui s'écoula entre cette lecture et la précédente, la Commission, tenant compte des observations qui lui avaient été soumises, substitua à l'âge de quatorze ans celui de seize ans.

195 *bis.*— Cette modification ne parut pas suffisante à M. Doutre. « Je pense, dit-il, que l'enfant qui a atteint cet âge (seize ans) mérite un aussi grand intérêt, a droit à une aussi grande

sollicitude que celui moins âgé que la commission veut seule protéger..... Qui ne sait..... que plus un apprenti est jeune et moins instruit, plus le maître est obligé d'avoir de la peine, de déployer de la patience, de perdre du temps, en un mot, pour suppléer aux distractions et au défaut d'application de son élève ? La première année pour un jeune apprenti est tout au plus une initiation très-superficielle aux difficultés élémentaires de la profession qui doit lui être enseignée..... Personne ne niera, au contraire, je le suppose, que l'apprenti plus âgé plus instruit, ne soit plus sérieux, plus préoccupé de l'avenir, plus impatient d'acquérir les aptitudes et les connaissances nécessaires qui doivent faire de lui d'abord un ouvrier, et ensuite un maître. C'est précisément parce que le maître lui laissera prendre sur les heures de la journée de travail, le temps et la liberté nécessaires pour son instruction et la compléter, que l'enfant, plus il sera âgé, sera non-seulement plus appliqué, plus assidu à l'étude, mais sera encore plus attentif aux leçons du maître d'apprentissage.....

« L'instruction est assez peu répandue pour que nous ayons la douleur de voir un trop grand nombre d'enfants illettrés à quatorze ou seize ans ou même à un âge plus avancé ; c'est un fait trop bien constaté (1)... L'apprenti qui devra s'adonner à l'étude exclusivement après une pénible journée de travail, qui déjà aura réclamé de lui une grande attention, ne pourra le faire avec toute l'assiduité désirable et ne pourra apporter une application assez soutenue, assez permanente pour qu'il puisse recueillir tous les fruits de cette instruction. Nous demandons, ajoute M. Doutre, que l'apprenti, quel que soit son âge, quel que soit son degré d'instruction, puisse prendre sur la

---

(1) A une date toute récente (25 juillet 1871), un inspecteur du travail des enfants dans les manufactures, constatait, à Paris, dans un seul atelier, une fabrique d'allumettes chimiques, la présence de *17 enfants* (16 garçons et une fille), âgés de plus de 12 ans, ne sachant ni lire ni écrire et qui ne fréquentaient aucune école : *Bull. Soc. prot. Appr. et Enf. des Manuf.*. t. V (1872), p. 104; voy. aussi p. 100.

journée de travail le temps et la liberté nécessaires pour commencer ou compléter cette instruction ;... que le Gouvernement et la Commission veuillent bien accueillir l'article 10 avec la rédaction ainsi modifiée :... « Le maître est tenu de laisser prendre à l'apprenti, sur la journée du travail, le temps et la liberté nécessaires pour compléter son instruction et suivre les cours publics. Néanmoins ce temps ne pourra pas excéder deux heures par jour. »

L'article conçu de cette manière ne fut malheureusement point adopté. Cependant les raisons dont l'avait appuyé M. Doutre étaient aussi sages que puissantes, et les paroles dans lesquelles il les avait développées étaient pleines d'énergie et de vérité. Bien que le discours qu'il prononça n'ait pas trouvé d'écho dans l'Assemblée, nous avons cru devoir en reproduire les principaux arguments, parce que, aujourd'hui comme en 1851, ils demeurent invincibles et le plus capables de précipiter la marche jusqu'à présent trop lente de cette grande question de l'enseignement primaire.

196. — L'*article 12*, dans son premier alinéa, s'occupe de la principale obligation qui dérive pour le maître du contrat d'apprentissage. « Le maître, dit cet article, doit enseigner à l'apprenti progressivement et complétement l'art, le métier, ou la profession spéciale qui fait l'objet du contrat. » Nous avons déjà eu l'occasion de mentionner cet article en parlant de la définition du contrat d'apprentissage, et nous avons dit que pour arrriver à une définition complète, le législateur aurait dû emprunter à notre *article 12* ces mots : progressivement et complétement. Leur absence constitue une lacune d'autant plus regrettable qu'ils résument, avec une parfaite exactitude, la nature, le caractère et l'étendue de l'enseignement professionnel que le maître doit à l'apprenti. Nous avons dit que les Conseils de Prud'hommes agissaient sagement et conformément à l'esprit et aux textes de la loi, en brisant tous les contrats d'apprentissage, quand le maître emploie l'apprenti à des travaux étrangers à la

profession et, par conséquent, n'apprend à l'enfant le métier ni progressivement ni complétement.

197. — L'obligation d'enseigner à l'apprenti progressivement et complétement l'art, le métier ou la profession spéciale qui fait l'objet du contrat, s'applique-t-elle aux procédés particuliers de fabrication que le maître emploie d'une manière exclusive et qui ne sont pas dans le domaine public? Il nous semble qu'il y a lieu d'établir des distinctions pour arriver à la solution de cette délicate question.

Si les procédés de fabrication qu'emploie le maître sont des procédés nouveaux, différents de ceux qu'on emploie dans la pratique ordinaire du métier, de l'art ou de la profession; si ces procédés sont ceux dont on fait usage chez tel maître et non chez tel autre; il y aura lieu d'examiner si ce n'est pas précisément à raison de ces procédés particuliers de fabrication que les parents ont tenu à placer l'enfant en apprentissage. Les juges ont, dans ce cas, le droit d'apprécier et il faudra qu'ils en usent modérément. Ils auront, selon nous, en ce cas, le devoir d'examiner si, en dehors des procédés de fabrication particuliers que le maître emploie, il a recours aux moyens ordinaires, communs à tous ceux qui exercent la même industrie; et, si le contrat d'apprentissage est muet sur la question des procédés de fabrication, il devra être interprété en ce sens que le maître n'a le devoir d'apprendre que les procédés ordinaires.

Il est bien entendu que, si le contrat n'avait pas omis la condition d'apprendre à l'enfant les procédés de fabrication particuliers au maître, les juges seraient liés par la convention qui fait loi entre les parties.

198. — Mais, que décider dans le cas où le maître aurait pris un brevet d'invention pour des procédés nouveaux de fabrication? L'apprenti aurait-il le droit de réclamer l'initiation à ces procédés brevetés? Sur cette question, M. Mollot se prononce pour la négative et énonce que telle est la juris-

prudence du Conseil de Prud'hommes de Lyon. — De même
M. Pardessus (1) est d'avis que le maître n'est pas tenu d'enseigner à l'apprenti des procédés qui sont sa propriété exclusive.
Pour nous, il nous semble qu'il y a une distinction à faire et
qu'il ne faut se ranger à l'opinion de ces deux honorables
auteurs que si le brevet d'invention pris par le maître a été
respecté ou que si, dans le cas où il y aurait eu contrefaçon
des procédés brevetés, les tribunaux compétents ont déclaré qu'il
y avait brevetabilité desdits procédés.

199. — De l'*art.* *1er* de la loi de 1851, qui énonce que l'apprenti
s'oblige à travailler pour le maître à des conditions et pendant
un temps convenu, il résulte que le maître a le devoir de
conserver l'apprenti jusqu'à l'expiration du temps convenu
pour la fin de l'apprentissage. Jusqu'au jour fixé, le maître
n'a pas le droit de résoudre le contrat qui le lie à l'apprenti et
qui lie l'apprenti à son maître. Les seuls cas que la loi prévoit
peuvent entraîner la résolution du contrat et ces cas sont prévus
et déterminés à l'*art.* *16* de la loi de 1851, que nous exami-
nerons plus tard.

Mais, quand le contrat a reçu son exécution, le maître doit
fournir à l'apprenti la preuve qu'il a accompli ses engagements
(*Art. 12*, ci-après). — Nous allons revenir sur ce point.

200. — Le maître peut-il déléguer à une autre personne le
soin d'instruire l'apprenti? Cette question n'est soulevée ni
dans la loi de germinal an XI, ni dans la loi de 1851. Faut-il
en conclure que le maître soit toujours obligé d'enseigner lui-
même sa profession à l'apprenti? Donner une pareille solution
à cette question, ce serait interdire à la grande industrie l'usage
des apprentis et en même temps limiter le nombre des apprentis
que peut employer un maître. Or, il suffit de lire les textes de
ces deux lois, pour être convaincu d'abord que le maître n'est
pas tenu personnellement du devoir d'instruire ses apprentis;

---

(1) *Droit commercial*, tom. II, p. 519.

ensuite qu'il lui est loisible d'engager autant d'apprentis qu'il lui plaira de le faire. Toutefois, le maître ne pourra pas se décharger complétement sur autrui du soin de s'occuper de l'enfant : s'il ne l'instruit pas lui-même, il devra s'enquérir de ses progrès, de sa conduite, et, en cas de plainte des parents ou de manquement aux prescriptions de la loi, c'est lui, lui seul qui devra être considéré comme responsable. En outre, il ne pourra engager un nombre d'apprentis tel qu'il ne puisse matériellement remplir, à l'égard de tous, les devoirs multiples qui lui incombent et qui sont relatifs soit à l'enseignement professionnel, soit à l'instruction morale, soit à la nourriture, soit au logement.

201. — L'*art. 13*, qui est le dernier de la section III de la loi de 1851, s'occupe du devoir qu'ont les maîtres d'une industrie spéciale de ne pas détourner les apprentis de chez leurs premiers maîtres, avant que le contrat d'apprentissage n'ait reçu sa complète exécution ou n'ait été résolu d'une manière légale. — On comprend combien il est important, pour le respect des contrats d'apprentissage, que les enfants ne puissent être soustraits à ceux envers lesquels ils se sont, ou par leurs parents ou par des représentants ou par eux-mêmes, engagés pour une période de temps déterminé; on comprend aussi combien il serait funeste à l'industrie que, dès le moment où des apprentis ont profité des leçons de leurs maîtres et sont devenus capables de les indemniser des sacrifices qu'a exigés un enseignement aussi pénible que coûteux, il fût permis à ces apprentis d'aller dans des ateliers rivaux gagner un salaire meilleur : de pareils procédés seraient non la liberté, mais la licence de la concurrence (1) !

202. — Quel moyen a été employé pour obvier au danger que les détournements d'apprentis pouvaient présenter?

---

(1) Il n'est que trop fréquent d'entendre les patrons se plaindre du peu de bonne foi qu'apportent certaines familles dans l'exécution de leurs engagements contractés pour l'apprentissage de leurs enfants ! Voy. *Bull. Soc. prot. Appr. et Enf. des Manufactures*, t. V (1872), p. 126-128.

La loi du 22 germinal an XI s'est occupée de cette question, dans les art. 10, 11 et 12.

Art. 10 : « Le maître ne pourra, sous peine de dommages-intérêts, retenir l'apprenti au delà de son temps ni lui refuser un congé d'acquit quand il aura rempli ses engagements. Les dommages-intérêts seront au moins du triple du prix des journées depuis la fin de l'apprentissage.

Art. 11. « Nul individu employant des ouvriers ne pourra recevoir un apprenti sans *congé d'acquit*, sous peine de dommages-intérêts envers son maître.

Art. 12. — Nul ne pourra sous les mêmes peines recevoir un ouvrier s'il n'est porteur d'un livret portant le certificat d'acquit de ses engagements délivré par celui de chez qui il sort.

Art. 13. — La forme de ces livrets et les règles à suivre pour leur délivrance, leur tenue et leur renouvellement, seront déterminés par le Gouvernement de la manière prescrite pour les règlements d'administration publique. »

On voit que le système de la loi du 22 germinal an XI s'applique d'un côté aux ouvriers et de l'autre aux apprentis; que les ouvriers sont tenus d'avoir d'abord un livret, puis, quand ils quittent leurs patrons, un certificat d'acquit du dernier d'entre eux; qu'au contraire les apprentis sont obligés de se munir seulement d'un congé d'acquit; qu'enfin, si les principes généraux sont posés par la loi de l'an XI, il faut pour l'application de ces principes s'en référer aux règlements ultérieurs qui seront rendus dans la forme des règlements d'administration publique (art. 13).

203. — Bien que la loi de germinal an XI n'annonce pour les apprentis que l'obligation de présenter un congé d'acquit, la question a été soulevée de savoir si l'apprenti devait, comme l'ouvrier, être soumis à l'obligation du livret. Il était naturel que cette question fût posée; car les termes de la loi de germinal an XI étaient trop vagues et trop peu précis et le système

des livrets trop légèrement esquissé pour fermer la porte aux discussions et aux controverses. Nous avons déjà dit, et cela surtout quand il s'agit de la loi de germinal an XI, qu'il faut considérer l'apprenti comme un ouvrier et imposer à celui-là les obligations qui pèsent sur celui-ci? Aussi si la loi de germinal avait seule existé et régi la matière des livrets, nous aurions été d'avis de soumettre l'apprenti, de même que l'ouvrier, à l'obligation du livret. Mais des règlements spéciaux n'ont pas tardé à statuer sur cette matière et il résulte de leurs textes comparés que l'apprenti a toujours été considéré comme déchargé de l'obligation du livret, mais que le maître avait le devoir de faire enregistrer les contrats d'apprentissage à la Préfecture de police (Bureau des passe-ports, Section des livrets). (Ordonn. de police 20 pluv. an XII, art. 7; 25 mars 1818, art. 8; 1er avril 1831, art. 7). C'est en s'appuyant sur ces règlements, et notamment sur l'ordonnance du 1er avril 1831, que la Cour de cassation a décidé avec raison que l'art. 12 de la loi de germinal an XI ne s'applique pas aux apprentis (Crim., rej. 22 fév. 1839). Disons, en passant, que cette question de l'obligation du livret ne présente plus d'intérêt; car personne n'ignore qu'aujourd'hui des lois qui régissent les ouvriers l'obligation du livret a disparu.

204. — On voit, d'après ce qui précède, que le moyen employé par la loi de germinal an XI pour empêcher les maîtres de détourner les apprentis d'un atelier ou d'une manufacture consistait dans l'obligation qui incombait à l'apprenti de présenter un congé d'acquit.

La loi de 1851 a-t-elle changé le système de la dernière? En aucune manière. — En effet, à l'*art. 12, in fine*, dont nous avons déjà dit un mot (§ 199), elle a décidé que le maître délivrerait à la fin de l'apprentissage un congé d'acquit ou un certificat constatant l'exécution du contrat.

Jusqu'à ces dernières années, on voit combien a été grande l'importance du congé d'acquit. Il jouait, à la vérité, un double rôle:

d'abord il donnait à l'apprenti le droit de réclamer le livret de l'ouvrier (en sortant d'apprentissage, dit l'art. 13 de l'ordonn. de 1839, l'ouvrier sera tenu de se pourvoir d'un livret sur lequel il sera fait mention de son congé d'acquit), il était une des conditions de la délivrance du livret; ensuite il était un obstacle à la volonté des maîtres de détourner les apprentis des ateliers rivaux ou concurrents. Aussi la loi de 1851 a bien fait d'emprunter à celle de germinal l'obligation de l'exhibition du congé d'acquit.

205. — Quelle que soit l'efficacité du congé d'acquit considéré comme moyen d'empêcher les maîtres de détourner les apprentis, nous croyons qu'il peut arriver souvent que ce moyen soit sans action. En effet, des parents peuvent engager des enfants comme n'ayant jamais été apprentis, surprendre la bonne foi ou profiter de la mauvaise foi de nouveaux maîtres ; et en ce cas, les maîtres abandonnés ignorant presque toujours où se sont engagés les apprentis, sont lésés et n'ont aucune voie pour parer aux résultats d'une pareille fraude. M. Mollot (1) nous dit, dans son ouvrage publié en 1845, que ce genre de fraude était assez répandu et propose, à l'effet d'y mettre obstacle, d'imposer aux apprentis l'obligation d'avoir un livret, *créé pour eux*, ainsi que la loi de 1841 l'a ordonné pour les enfants travaillant dans les manufactures. » « Le livret, ajoute l'honorable auteur, délivré par le maire et inscrit sur un registre public, constaterait d'abord l'existence du contrat qui peut aujourd'hui demeurer secret entre les parties ; il constaterait ensuite l'accomplissement des conditions préalables fixées par la loi, la date, la durée de l'apprentissage et le congé d'acquit... » « Les prud'hommes de Paris (pour les métaux) ont, nous dit encore M. Mollot, témoigné dans un mémoire, rédigé par nous, le vœu que l'apprenti reçût un livret spécial, et la Commission de la Chambre de Paris a fait droit à leur demande (V. le Projet de la Commis-

---

(1) *Le Contrat d'apprentissage*, p. 37, n° 44.

sion, art. 1). Quoi qu'il en soit, l'obligation du livret n'a pas été imposée à l'apprenti, et le congé d'acquit est demeuré en vigueur comme le seul moyen d'empêcher les maîtres de détourner les apprentis.

206.— Dans quelles formes doit être donné le congé d'acquit? La loi de 1851, pas plus que celle de germinal, ne s'est occupée de ce détail. De là, il faut conclure que le congé d'acquit ne revêt aucune forme particulière, qu'il n'est soumis à aucuns frais et qu'il peut être aussi bien donné sur l'acte qui relate le contrat d'apprentissage que sur un acte séparé. — Cette interprétation nous semble d'autant plus conforme aux intentions du législateur que *l'article 12, in fine*, de la loi de 1851 se montre encore plus large que *l'article 11* de la loi de germinal; car tandis que celui-ci mentionne un congé d'acquit, celui-là parle d'un congé d'acquit *ou d'un certificat.*

207. — Quelles personnes auront le droit de signer le congé d'acquit? Les maîtres, leurs fondés de pouvoirs ou leurs héritiers.— Les maîtres ou leurs fondés de pouvoirs ou leurs héritiers délivreront et signeront le congé d'acquit toutes les fois que la résiliation du contrat aura lieu de plein droit ou quand le contrat sera résolu sur la demande des parties ou de l'une d'elles (*art. 15, art. 16*).

208.— Quand, dans un cas quelconque, le maître se refusera sans motifs légitimes à signer le congé d'acquit, il est bien évident qu'on ne pourra le contraindre *manu militari* à signer le congé : mais le juge aura le droit de prononcer contre lui des dommages-intérêts. La loi de germinal an XI déclarait qu'en cas de refus du congé d'acquit de la part du maître, les dommages-intérêts seraient au moins du triple du prix des journées depuis la fin de l'apprentissage (*article 10, in fine*). La loi de 1851 n'a limité, en aucune façon, le quantum des dommages-intérêts : en supprimant la disposition impérative de l'article 10 de la loi de germinal, elle a mis fin à la discussion de la question de savoir si les dommages-intérêts fixés par cette dernière loi pourraient être réduits par les juges eu égard aux circonstances de la cause et par application de l'article 1231 du Code civil et donné aux juges la liberté absolue d'apprécier.

209.— Dans le cas où le maître aurait refusé de signer le congé d'acquit, il est presque inutile de dire que les juges n'auront pas toujours à prononcer des dommages-intérêts. Il se peut, en effet, que le maître ait raison de résister à la prétention de l'apprenti d'obtenir son congé d'acquit : ainsi, quand l'apprenti ne veut pas se soumettre aux clauses du contrat, par exemple, ne veut pas payer les sommes promises au maître, ni remplacer le temps non employé par suite d'absence ou de maladie ayant duré plus de quinze jours.

210. — Quand, au contraire, le maître n'aura pas de motifs légitimes pour refuser de signer le congé d'acquit, le juge pourra donner l'autorisation à l'apprenti de travailler partout ailleurs. Cette autorisation équivaudra au congé d'acquit.

D'après M. Mollot (1), la jurisprudence du Conseil des Prud'hommes de Rouen autorise le secrétaire du Conseil à signer le congé, si le jugement n'est pas levé; quand la résiliation du contrat est prononcée l'expédition du jugement qui la prononce suffit à l'apprenti et lui tient lieu de congé d'acquit.

211.— Revenons maintenant à l'*article 15* de la loi de 1851. Cet article, nous l'avons déjà dit, s'est occupé du devoir qu'ont les fabricants, chefs d'atelier ou ouvriers, de ne pas détourner les apprentis des ateliers où ils sont engagés : la sanction de ce devoir consiste dans une indemnité à prononcer au profit du maître abandonné contre le maître convaincu d'avoir détourné l'apprenti. Le législateur n'a pas voulu que l'apprenti fût seul passible d'une indemnité que, le plus souvent, il n'aurait pas été en mesure d'acquitter ; aussi il a déclaré le maître passi-

---

(1) *Le Contrat d'apprentissage*, p. 72 (note 1).

ble de tout ou partie de l'indemnité à prononcer au profit du maître abandonné.

Ainsi, l'indemnité peut être prononcée en même temps contre l'apprenti ou contre les parents de l'apprenti et contre le maître, ou seulement contre le maître.

Elle doit être prononcée telle qu'elle a été déterminée par le contrat d'apprentissage ; quand il n'y a pas eu silence sur ce point, et quand l'indemnité n'a pas été exagérée au point d'excéder le prix ordinaire des apprentissages ; et, dans le cas où le contrat l'a omise, les juges peuvent la fixer en prenant conseil des différentes circonstances de la cause.

211 *bis*.—On peut supposer qu'un apprenti a été successivement détourné de plusieurs ateliers où il avait été engagé. En ce cas, il y aura lieu de prononcer une indemnité contre le dernier des patrons qui sera convaincu d'avoir détourné l'apprenti.

212. — On a décidé que le chef d'atelier ou l'ouvrier qui reçoit un apprenti sans congé d'acquit ne peut être passible que de dommages-intérêts envers le maître chez lequel l'enfant était engagé ; que le fait d'avoir admis l'enfant sans congé d'acquit ne donne lieu à l'application d'aucune loi pénale et que c'est à tort qu'une peine de simple police serait prononcée (Crim. rej, 18 juin 1846.)

Toutefois l'article 19, ainsi que le remarque **M. Mollot**, n'exclut pas le droit qu'a le maître de poursuivre l'apprenti lui-même, pour le contraindre à achever son apprentissage, ou à lui payer des dommages-intérêts à raison de l'inexécution de ses engagements (1).

SECTION II.
Des devoirs et des droits des apprentis.

213. — Nous nous sommes étendus longuement sur les devoirs et les droits des maîtres; nous serons beaucoup plus

______

(1) *Le Contrat d'apprent.*, p. 52; voyez aussi, plus haut, notre *note* sous le n° 201.

brefs sur les devoirs et les droits des apprentis. On comprend, en effet, que ces deux matières sont corrélatives et que si, d'un côté, les devoirs des maîtres donnent naissance aux droits des apprentis, d'autre part, les devoirs des apprentis sont la source des droits des maîtres.

Il en résulte que tous les devoirs des maîtres que nous avons déjà passés en revue peuvent, s'ils ont été négligés, devenir l'objet des légitimes réclamations des apprentis ou de leurs représentants et que tous les droits de ces mêmes maîtres peuvent, s'ils ont été violés, servir d'arguments en leur faveur contre les apprentis. Ainsi, pour n'en citer que quelques exemples, d'un côté, l'apprenti aura le droit de se plaindre, quand le maître ne lui apprendra ni complétement ni progressivement son métier; quand il ne laissera pas prendre à l'enfant ignorant, sur sa journée de travail, le temps et la liberté nécessaires à son instruction; quand il lui imposera des labeurs trop rudes, etc., et, d'un autre côté, le maître aura raison de se plaindre quand l'apprenti ne voudra pas apprendre le métier, objet de de l'apprentissage; quand celui-ci ne consentira point à suivre les cours de l'école que veut lui faire suivre le maître; quand. il se refusera à rendre à son maître tout service, même mesuré à ses forces et à son intelligence........ On le voit donc, dans notre première section, nous avons traité à la fois des devoirs et des droits des maîtres et des devoirs et des droits des apprentis. Nous ne revenons, dans notre deuxième Section, sur cette question, d'ailleurs importante, que pour indiquer certains droits et certains devoirs que nous avons jusqu'ici volontairement omis et dont quelques-uns ne sont pas expressément inscrits dans la loi de 1851. — C'est l'*article 11* qui s'occupe surtout des devoirs auxquels l'apprenti est obligé à l'égard de son maître.

214. — L'apprenti doit à son maître fidélité, obéissance et respect, dit l'*article 11*, dans son premier alinéa. — La fidélité est la probité qui doit présider à tous les actes émanant de l'apprenti; et l'*article 11* ne fait aucune distinction suivant la

nature des services que doit rendre l'apprenti. Peu importe, en effet, que l'enfant soit chargé de garder ou d'employer des marchandises, de recevoir ou de verser de l'argent au nom et pour le compte du maître; la fidélité est, dans tous ces cas, absolument obligatoire et, la faute étant la même, le châtiment qui sera infligé sera le même. Les infidélités commises par l'apprenti constituent de véritables vols, des vols que les criminalistes appellent vols domestiques et que la loi considère comme des crimes. L'article 386 du Code pénal ne permet aucun doute sur ce point « *Sera puni de la peine de la réclusion, dit-il, tout individu coupable de vol commis dans l'un des cas ci-après : ...* § 3. *Si le voleur est un domestique ou un homme de service à gages ou si c'est un ouvrier, compagnon ou apprenti dans la maison, l'atelier ou le magasin de son maître.....* » De ces termes il résulte, d'une manière non équivoque, que la fidélité de l'apprenti n'est pas seulement exigée dans l'atelier, mais dans les magasins et même dans la maison du maître. On comprend aisément que les maîtres dont les rapports avec l'apprenti sont non-seulement constants, mais tout-à-fait intimes doive avoir dans l'enfant une confiance presque absolue et qui ne puisse être que chèrement trahie!

215. — Le maître pourra-t-il assimiler à *des infidélités* les détériorations apportées par l'apprenti à la matière première ou à la pièce d'ouvrage qui lui est confiée? Il ne le pourra faire que lorsque ces détériorations auront été faites sciemment avec intention de nuire et dans l'espérance d'en tirer profit : ainsi sera en droit de considérer son apprenti comme infidèle le bijoutier qui pourra établir que l'enfant travaille de manière à produire de nombreux déchets d'or ou d'argent et ramasse ces déchets avec l'intention de les revendre. C'est avec ces éléments de fraude et cette idée de nuire que la détérioration devra se présenter pour être assimilée à l'infidélité.

216. — Mais qu'arrivera-t-il si la détérioration provient d'une

autre cause? Deux hypothèses sont possibles : ou l'apprenti a
été malveillant et coupable d'une négligence lourde; ou il a
été incapable, inhabile. Que décider dans le premier cas?
« L'apprenti, nous dit M. Mollot, répond envers le maître des
détériorations qu'il a causées à la matière première ou à la
pièce d'ouvrage par malveillance ou négligence lourde et
impardonnable, art. 1382. C. civ. » Il peut sembler que la
solution proposée par l'honorable M. Mollot doive être rejetée;
en effet, si l'art. 1382 pose en principe la responsabilité de celui
qui cause à autrui un dommage et l'obligation pour l'auteur
du dommage de le réparer, il est un autre article dans
le même titre et dans le même chapitre du Code qui
énonce que les *instituteurs et les artisans sont responsables du
dommage causé par leurs élèves et apprentis pendant le temps
qu'ils sont sous leur surveillance.* Or, peut-on dire, ne résulte-t-il
pas de cet art. 1384 que la responsabilité des dommages causés
par les apprentis pèse non sur eux, mais sur les maîtres? Cette
opinion serait assurément erronnée : l'art 1384 ne s'occupe de
la responsabilité des instituteurs et des artisans qu'en tant que les
actes dont les élèves et les apprentis sont auteurs préjudicient
à autrui, à des tiers. Si ces actes causent quelque dommage,
non plus à des étrangers mais aux instituteurs et aux artisans
eux-mêmes, leur responsabilité n'est plus en cause et les élèves
et les apprentis doivent répondre des détériorations qu'ils ont
commises par malveillance ou par négligence impardonnable.
Raisonner autrement, ce serait dire que le maître ne peut
infliger aucune retenue au domestique qui, par une négligence
coupable, aurait détérioré un service ou brisé des meubles ; il
suffit de lire l'article 1384 dans son entier pour voir qu'il est
inapplicable à notre première hypothèse, et pour conclure avec
M. Mollot que l'apprenti devra être déclaré responsable des
dommages qu'il aura causés par malveillance ou négligence
lourde.

217. — Passons à la seconde hypothèse, celle dans laquelle

l'apprenti a été incapable, inhabile. Dans ce cas, nous décidons de même que l'honorable M. Mollot, que l'apprenti est excusable et que le maître ne devra s'en prendre qu'à lui-même d'avoir placé dans les capacités de l'enfant une confiance exagérée. D'ailleurs le devoir, ainsi que l'intérêt du maître, n'était-il pas de surveiller l'apprenti et d'arrêter les effets de l'ignorance ou de l'étourderie si excusables chez un enfant!

218. — Après avoir énoncé le devoir de fidélité, l'*article 11* édicte celui d'obéissance et de respect : Nous ne nous étendrons pas sur ce second et important devoir; car nous aurons lieu de nous en occuper, quand nous comparerons, dans notre Section iii, la puissance du père à celle du maître.

Toutefois, nous observerons que, sans l'obéissance et sans le respect de l'apprenti, il ne serait pas possible au maître d'apprendre à l'enfant sa profession ou son métier.

219. — Aussi la loi réprime sévèrement tout manquement grave des apprentis envers leurs maîtres et permet aux Prud'hommes de les punir d'un emprisonnement qui n'excédera pas trois jours, sans préjudice des peines criminelles ou correctionnelles, s'il y avait lieu de les appliquer.

En effet, tout délit tendant à troubler l'ordre et la discipline de l'atelier, dit l'article 4 du décret du 3 août 1810, tout manquement grave des apprentis envers leurs maîtres pourront être punis par les Prud'hommes d'un emprisonnement qui n'excédera pas trois jours, sans préjudice de l'exécution de l'article 19, titre V. de la loi de 22 germinal an XI... (cet article 19 n'a pas été abrogé par la loi de 1851. — Voy. *art.* 22, loi de 1851).

L'article 4 du décret de 1810 que nous venons de reproduire s'occupe de tous les actes répréhensibles qui peuvent émaner des apprentis, que ces actes aient été commis par paroles ou par faits, qu'ils consistent en menaces, en gestes ou en signes, qu'ils s'adressent au patron, aux ouvriers ou aux apprentis de l'atelier. Les faits qui tombent sous le coup de cet article sont non-seulement ceux qui ont altéré l'ordre et la discipline de l'atelier, mais ceux qui ont été de nature à atteindre à ce résultat, ceux qui ont tendu à troubler l'atelier.

220. — Mais, quand le trouble s'est emparé de l'atelier, quand il a pris des proportions étendues et s'est changé en coalition ou en grève, que faut-il décider, dans le cas où des apprentis se sont mêlés directement à ce trouble? Ici se soulève la grave question que nous avons déjà indiquée à la fin du § 88, Chap. II, section III., à savoir : L'apprenti est-il soumis à la loi du 25 mai 1864 rendue sur les coalitions et aux articles du Code pénal qui s'occupent de la violation des règlements relatifs aux manufactures, au commerce et aux arts? On se rappelle que nous avons répondu affirmativement à la question de savoir si l'article 1781, en admettant qu'il ne fût pas abrogé, serait applicable à l'apprenti; parce que, selon nous, l'apprenti est ouvrier, dans le véritable sens du terme; parce que, de même que le compagnon, il fait partie des gens de service et fournit son travail et les produits de son travail en échange d'un salaire ou d'un équivalent quelconque.

Cette solution étant donnée, et l'apprenti devant être considéré comme un ouvrier, il est évident qu'il faut décider que les articles du Code pénal qui traitent de la violation des réglements relatifs aux manufactures, au commerce et aux arts et, avec eux, la loi du 25 mai 1864, s'appliquent aux apprentis.

221. — Ainsi l'article 416, qui punit d'un « emprisonnement de six jours à trois mois et d'une amende de 16 francs à 300 francs ou de l'une de ces deux peines seulement *tous ouvriers, patrons et entrepreneurs d'ouvrage* qui, à l'aide d'amendes, défenses, proscriptions, interdictions prononcées par suite d'un plan concerté auront porté atteinte au libre exercice de l'industrie ou du travail » sera applicable aux apprentis. Ceux-ci, quand ils se seront rendus coupables des faits prévus par l'article 416, n'appartiendront plus au domaine de la loi spéciale qui les régit;

eur conduite coupable les en aura fait sortir, pour les placer sur le terrain du droit commun.

Ainsi, encore, l'article 418 du Code pénal, qui s'occupe de la révélation des secrets de fabrique sera applicable à l'apprenti : « Tout *directeur, commis, ouvrier de fabrique*, dit cet article, qui aura communiqué ou tenté de communiquer à des étrangers ou à des Français résidant en pays étrangers des secrets de la .abrique où il est employé sera puni d'un emprisonnement de deux ans à cinq ans et d'une amende de 500 francs, à 20,000 francs...... On comprend aisément que les pénalités de l'article 418 doivent peser sur l'apprenti ; car ce dernier est non-seulement un ouvrier, comme nous l'avons déjà observé plusieurs fois, mais un ouvrier d'une nature particulière qui a sur tous les autres l'avantage de vivre avec son patron d'une manière plus intime et, par là, de mieux inspirer la confiance de ce dernier.

222. — Mais qu'arrivera-t-il si les secrets de fabrique n'ont pas été communiqués par le patron à l'apprenti ; si celui-ci les a surpris en employant des manœuvres frauduleuses ou en déjouant la surveillance des maîtres ? Dans ce cas, il nous semble que l'apprenti fait preuve d'infidélité et, suivant les circonstances de la cause, est passible des peines édictées par l'article 836, 3°, qui s'occupe du vol domestique, ou par l'article 408 qui traite de l'abus de confiance : « Quiconque, dit cet article, aura détourné ou dissipé au préjudice des propriétaires, possesseurs ou détenteurs des effets, deniers, marchandises, billets, quittances ou tous *autres écrits* contenant ou opérant obligation ou décharge, qui ne lui auraient été remis qu'à titre de louage, de dépôt, de mandat, de nantissement, de prêt à usage, ou pour un travail salarié ou non salarié, à la charge de les rendre ou représenter ou d'en faire un usage ou un emploi déterminé, sera puni des peines portées en l'article 406. — Si l'*abus de confiance*, prévu et puni par le précédent paragraphe, a été commis par un officier public ou ministériel, ou par un domestique, homme de service, à gages, élève, clerc, commis,

compagnon ou apprenti, au préjudice de son maître, la peine sera celle de la réclusion. »

Non-seulement cet article devrait s'appliquer, selon nous, à l'apprenti qui aurait surpris frauduleusement des secrets de fabrique qui ne lui auraient pas été confiés, mais aussi à l'apprenti qui aurait reçu communication des secrets de fabrique à *la charge d'en faire un usage ou un emploi déterminé*. C'est surtout de ces derniers termes, empruntés à l'article 408, que nous tirons notre déduction.

223. — Dans toutes les hypothèses qui précèdent, s'il y a eu révélation de la part des ouvriers ou des apprentis sans intention de nuire, si la fraude n'a présidé ni à la découverte ni à la communication faite à autrui des secrets de fabrique, il n'y aura pas lieu d'appliquer les peines prononcées par les différents articles du Code pénal, que nous venons de passer en revue.

224. — Pour en finir avec cette partie du Code pénal, relative aux violations des règlements qui s'appliquent aux manufactures, au commerce et aux arts, disons que l'article 417, dont l'objet est d'empêcher de faire passer en pays étranger des directeurs, *commis ou ouvriers* d'un établissement en vue de nuire à l'industrie nationale, s'appliquera quand, à côté, au milieu de ces directeurs, commis ou ouvriers, il y aura des apprentis appartenant au même établissement.

225. — Le rédacteur de la loi de 1851 qui, nous l'avons vu, a cru utile de dire, à *l'article 8*, que le maître ne devrait jamais employer l'apprenti à des travaux excédant ses forces, ne considère pas comme superflu, dans *l'article 11*, consacré aux devoirs des apprentis, de recommander à l'enfant *d'aider par son travail le maître dans la mesure de son aptitude et de ses forces*.

Ces dispositions de *l'article 8* et de *l'article 11* se complètent l'une par l'autre ; elles nous rappellent un vieux brocard : « Tel maître, tel valet. » Que si, en effet, le maître cherche à ménager les forces de l'apprenti, celui-ci, pour lui prouver sa reconnaissance, s'efforcera de fournir tous les services dont le rendent capable ses aptitudes et ses forces. De l'observation de ces deux dispositions naîtront entre le patron et l'enfant cette concorde si désirable et cette harmonie si favorable à l'intérêt et au bien-être de l'un et de l'autre.

En vertu de *l'article 11*, l'apprenti ne pourra se soustraire impunément aux travaux qui dérivent de la profession qu'il apprend, et, en vertu de *l'article 8*, combiné avec le dernier alinéa de *l'article 9*, le maître ne pourra employer l'enfant qu'à des travaux proportionnés à ses forces, il ne pourra l'obliger à rendre certains services étrangers à la profession que lorsqu'il y sera autorisé ou par des usages locaux parfaitement constants ou par des stipulations expresses insérées dans le contrat d'apprentissage.

226. — S'il a été convenu que l'enfant ferait des courses et porterait des fardeaux, il ne faut pas que les courses soient trop longues ni les fardeaux trop lourds. Même dans le cas où le contrat, ne passant pas sous silence la faculté de faire faire des courses à l'apprenti, n'aurait pas déterminé le temps que l'enfant pourrait y dépenser, il ne faudrait pas que toute la journée fût consacrée à des courses au profit du maître; ce serait là, en effet, une déviation certaine et une violation flagrante des *articles 11* et *8* de la loi de 1851.

227. — Il est certaines courses que l'enfant pourra faire plutôt par complaisance que par obligation et qui seront ordonnées ou par le maître ou par le contre-maître ou par les chefs d'atelier. Ainsi l'enfant pourra aller chercher sur l'ordre de ceux-ci des aliments ou autres menus objets. L'enfant ne devra pas, selon nous, se refuser à ces courses; il gagnera toujours à les faire, car les soins bienveillants et, ce qu'on appelle, en langage d'atelier, les coups de main de ceux qu'il aura ainsi obligés paieront avec usure les légers services qu'il leur aura rendus.

228. — Quand il est conforme aux usages locaux que l'enfant range et nettoie l'atelier, tous les apprentis dont les contrats ne contiendront point de clause relative à cette obligation devront sans aucun doute s'y soumettre. Une question délicate et assez difficile à résoudre, en apparence, peut s'élever quand le contrat contient, au profit de quelques apprentis seulement, une stipulation expresse dérogeant à la coutume locale et leur permettant de ne rendre aucuns services étrangers à l'exercice de la profession. Dans ce cas faudra-t-il dire qu'il n'est pas conforme à l'équité de créer à certains enfants une situation privilégiée et d'exclure ceux-ci des bénéfices spécialement accordés à ceux-là? Le législateur, en disant à l'*article 9* : « Dans le cas où l'apprenti serait obligé par suite des conventions ou conformément à l'usage de ranger l'atelier aux jours ci-dessus marqués (dimanches et jours de fêtes), ce travail ne pourra se prolonger au delà de dix heures du matin », et, en se servant des termes généraux qu'on vient de lire, n'a-t-il pas manifesté son intention d'appliquer à tous les enfants d'un même atelier des règles uniformes et non susceptibles d'exception ? Tel n'est pas notre avis. *L'article 9,* loin de se montrer contraire à la stipulation de clauses qui accorderaient à certains enfants des avantages dont les autres ne jouiraient pas, permet de les insérer au contrat et en reconnaît la validité dans ces mots : « par suite des conventions. » Par là, le législateur consacre le principe qu'il y a deux moyens d'imposer aux apprentis l'obligation de rendre certains services qui n'ont aucun rapport avec la profession : d'abord, les conventions ; ensuite, les usages locaux.

229. — Une dernière question nous reste à examiner, avant de passer à la Section III.

L'apprenti a-t-il le droit de prendre le titre et de se faire connaître au public sous le nom d'élève ou d'apprenti de tel maître?

Un arrêt fut rendu sur cette question, le 24 avril 1834 : il confirmait un jugement du Tribunal de commerce défendant à un sieur Dujarrier de s'intituler *Élève de feu Raoux père* et, s'appuyait, entre autres motifs, sur les suivants : « Attendu que l'élève est celui qui reçoit les leçons d'un maître, tandis que l'ouvrier est celui qui travaille chez un maître ; que l'on peut avoir été l'ouvrier d'un fabricant sans avoir été son élève, si l'on a travaillé dans ses ateliers, non sous sa direction personnelle, mais seulement sous celle de ses employés ; que, dans l'espèce, on voit, par les certificats produits que, depuis 1816 jusqu'à 1822, Dujarrier a travaillé chez Raoux, d'abord comme apprenti ; ensuite comme ouvrier ; que si, pendant ce laps de temps, Dujarrier, tout en employant son travail au service de son patron, a pu étudier les procédés à l'aide desquels celui-ci perfectionnait la fabrication de ses instruments, s'il a pu, par son intelligence, acquérir un certain degré d'habileté, fruit de son travail et de ses études, cependant rien ne prouve que Raoux lui ait donné directement des leçons et ait voulu lui dévoiler toutes les ressources de son art ; que c'est donc à tort qu'il a pris la qualification d'élève... »

On voit qu'il ne s'agissait pas, dans la cause, d'un véritable apprenti, c'est-à-dire d'un enfant qui paie en argent ou en travail un maître qui lui fournit l'enseignement professionnel ; mais d'un ouvrier qui avait bien eu le titre d'apprenti et ne l'avait jamais été en réalité, qui avait toujours reçu un salaire et ne s'était instruit qu'en étant un des témoins quotidiens de la pratique du métier de *Raoux père*. La Cour a eu raison de ne pas autoriser Dujarrier à prendre le titre d'élève de ce dernier ; mais elle nous paraît avoir été trop loin en disant que l'on ne peut s'appeler élève qu'autant qu'on a été véritablement apprenti ; que l'on a reçu directement des leçons du maître et que ce dernier a tenu à dévoiler les ressources de son art. C'est restreindre à un bien petit nombre de cas le droit que peuvent avoir les apprentis de s'appeler les *élèves d'un maître* qu'imposer l'obligation de remplir toutes ces conditions. Pour nous, il nous semble qu'un apprenti, placé chez un maître et mis au courant même par un autre que ce dernier des procédés particuliers

de la profession ou des secrets spéciaux à ce maître, aurait
le droit de prendre le titre d'élève ou d'apprenti. Le Tribunal
de Commerce de la Seine a bien jugé, selon nous, à la date
du 13 octobre 1841, que : les élèves d'un fabricant qui ont
payé leur apprentissage soit en argent, soit par l'abandon de
leur travail pendant plusieurs années, ont le droit de prendre
le titre de ses élèves et de le placer sur leurs enseignes et factures, pourvu, toutefois, que le nom du maître ne soit pas
inscrit de manière à établir une confusion entre l'établissement
de celui-ci et l'établissement de ses élèves (1).

230. — Ajoutons que, dans le cas où l'apprenti, par la publicité donnée à ce titre d'élève, pourrait nuire au maître, par
exemple, lorsque l'inscription du nom du maître aurait lieu en
caractères plus gros et plus apparents que celle du nom de
l'ex-apprenti; que, dans le cas où l'apprenti aurait non reçu la
communication mais fait la découverte ou reçu par une tierce
personne la révélation des procédés particuliers au maître, et
que, dans tous les cas où il y aurait de la part de l'apprenti soit
spéculation frauduleuse, soit intention de concurrence déloyale,
il appartiendrait aux magistrats de supprimer en tout ou en
partie le droit qu'aurait eu l'apprenti de prendre le titre d'élève
de son maître.

SECTION III.

Des droits des pères et des droits des maîtres.

231. — Nous nous proposons, dans cette Section, de faire ou
plutôt d'esquisser une comparaison rapide des droits qui compètent
aux pères et de ceux dont jouissent les maîtres. A cet effet,
nous ne nous occuperons que de certains droits réputés les plus
importants et il sera facile de conclure de cette comparaison
que si, à l'égard de ces droits, il y a une grande différence entre

---

(1) Voy. Dalloz, *Répert.*, v° *Industrie et comm.*, n° 360.

la situation du père et celle du patron, il doit en être de même à *fortiori* relativement aux autres droits qui peuvent être communs au père et au maître. Les droits qui feront l'objet de notre examen sont le droit de correction et le droit d'éducation.

232. — *Droit de correction.* — Qu'arrivera-t-il dans le cas où l'enfant se sera rendu coupable de certains faits et délits pouvant donner au père ou au maître, suivant l'expression de l'article 375 du Code civil, des sujets de mécontentement très-graves ? Pour l'enfant, on n'ignore pas que, jusqu'à l'âge de 16 ans, le père pourra, sur une simple demande adressée au président du Tribunal d'arrondissement, faire détenir son enfant pendant un temps qui ne pourra excéder un mois; et qu'à partir de l'âge de 16 ans, il pourra seulement requérir la détention auprès du Président dudit Tribunal pendant 6 mois au plus (Cod. civ., art. 376, 377).

Pour l'apprenti, le maître pourra seulement exercer l'action disciplinaire ou de police; c'est ce qu'indiquait déjà la loi de germinal an XI, dans son article 19, ce que le décret du 3 août 1810 a confirmé par son article 4 et ce que la loi de 1851 a conservé dans ses *articles 19* et *20* (Voy. chap. V, section ii).

233. — Nous avons vu, dans la précédente Section, quelle peine était prononcée contre l'apprenti qui s'était rendu coupable d'infidélité envers son maître (C. pén., art. 386). Prononcera-t-on la même peine contre l'enfant qui a soustrait frauduleusement des biens appartenant à ses parents ? Non, la situation de l'apprenti sera bien différente de celle de l'enfant. A ce dernier on appliquera l'article 380 du Code pénal, qui dispose que les soustractions commises... par des enfants ou autres descendants au préjudice de leurs père et mère ou autres ascendants..... ne pourront donner lieu qu'à *des réparations civiles.* On le voit, là où, pour l'apprenti, le fait délictueux constitue un véritable vol domestique, il n'y a place pour l'enfant qu'à une simple réparation civile.

234. — Il n'est pas inutile de remarquer que, pas plus pour l'enfant que pour l'apprenti, le législateur n'a parlé de ces moyens de répression qui consistent dans des corrections manuelles et dans des sévices ou des violences que ne saurait justifier le nom de père et qu'excuserait encore moins la qualité de patron. Il semble que les rédacteurs du Code civil et ceux de la loi de 1851 aient conservé le souvenir de ces sages paroles de Montaigne : « C'est une estrange manière d'esveiller l'appétit envers leurs leçons à ces âmes tendres et craintifves et de les y guider d'une trougne effroyable et les mains armées de fouets. »

235. — *Droit d'éducation.* — Le père et la mère ont, en même temps que le droit, le devoir de donner à leurs enfants une éducation qui les rende capables non-seulement de se bien conduire dans le cours de la vie, mais encore de se procurer à eux-mêmes les ressources nécessaires à soutenir et prolonger leur existence. L'article 203 du Code civil déclare que « les époux contractent ensemble, par le fait seul du mariage, l'obligation de nourrir, entretenir et élever leurs enfants. » Nourrir, entretenir et élever ! peut-on édicter plus de devoirs en moins de mots? A quelles obligations ne donne pas naissance cette triple obligation de nourrir, entretenir et élever que les époux contractent tacitement et solidairement par le fait seul du mariage? Ne paraît-il pas que, par ces trois mots, le législateur ait voulu marquer les trois phases que traverse l'enfant depuis le moment où il vient au monde jusqu'à l'époque de sa majorité ou de son émancipation? La première, pendant laquelle il faut surtout nourrir l'enfant et qui s'ouvre au jour de la naissance et ne se prolonge guère au delà de deux ans; la seconde, durant laquelle il faut et nourrir et entretenir l'enfant, qui commence à peu près à l'âge de deux ans et finit vers la sixième ou septième année; la troisième, enfin, pendant laquelle il faut et nourrir et entretenir et élever, surtout élever, l'enfant, qui prend cours avec la sixième ou septième année et se poursuit jusqu'à l'époque à laquelle l'enfant devient majeur ou est émancipé. Pendant tout le temps que durent ces trois phases, l'enfant demeure à la charge de ses parents; il a le droit de leur réclamer des aliments, des vêtements, en un mot, tout ce qui constitue l'éducation physique et morale.

236. — Certaines circonstances permettent aux parents sinon de déserter, du moins de suspendre l'accomplissement des devoirs qui leur sont imposés vis-à-vis de leurs enfants : de ce nombre est l'apprentissage. Ainsi, l'apprentissage autorise les parents à déléguer au maître une partie des charges auxquelles donne naissance leur qualité indélébile et imprescriptible de père et de mère. Toutefois, les parents ne déposent que provisoirement le fardeau des obligations qui pèsent d'habitude sur leurs seules épaules : en effet, si l'apprentissage est résolu ou cesse brusquement pour une cause quelconque, le fardeau retombe tout entier sur les parents, et tel que le prescrit le Titre *de la Puissance paternelle*, au Code civil. Ajoutons et insistons sur cette idée que, lorsque l'enfant est en apprentissage, les parents auraient tort de croire qu'ils n'ont plus aucun devoir à remplir envers leurs enfants; ce serait là une grave et coupable erreur. Malheureusement nous la voyons se produire trop fréquemment dans la pratique! Que d'enfants, parce qu'ils sont placés en apprentissage, sont abandonnés et presque délaissés par leurs parents! C'est à peine si l'on voit une fois par mois ou par trimestre, ou par semestre ou par année les enfants ou les maîtres visités par les parents. Si cette triste vérité peut se vérifier quand il s'agit d'enfants placés chez des maîtres qui résident dans la même localité que les parents, elle apparaît plus fréquemment quand il s'agit d'enfants employés dans des ateliers ou dans des manufactures très-éloignés du domicile des parents. Il arrive même que, lorsque les enfants sont placés chez des maîtres, dans la même localité et que les enfants rentrent tous les soirs chez leurs parents, ces derniers ne prennent jamais la peine de s'informer

de la conduite ou des progrès de leurs enfants. Cet oubli des devoirs qu'impose la paternité mérite d'être signalé et flétri, et c'est pourquoi nous n'avons pas cru devoir passer sous silence des faits dont nous avons toujours été témoins avec la plus sincère et la plus profonde affliction. Mais laissons de côté les devoirs des parents, et revenons aux obligations qui incombent aux maîtres.

237. — Le maître voit peser sur lui presque toutes les charges qui appartiennent au père de famille ; c'est ce que nous apprend, au point de vue de l'éducation morale et hygiénique, l'*article 8* de la loi de 1851 ; c'est ce que nous confirme, d'une façon plus précise, en ce qui concerne l'éducation intellectuelle, l'*article 10* de la même loi. Mais, faisons remarquer que ces deux articles entrent dans plus de détails et s'expriment en termes beaucoup moins larges que les articles du Titre *de la Puissance paternelle* relatifs à l'éducation de l'enfant (et ici, nous prenons le mot *éducation* dans son sens le plus étendu, en tant qu'il s'applique à l'ordre physique, moral et religieux).

238. — Laissons de côté ces considérations générales, et poussons plus loin notre examen, en ce qui regarde d'abord l'éducation physique, ensuite l'éducation morale et religieuse.

Pour l'éducation physique, la loi de 1851, dans la fin de l'*article 8* et à l'*article 9*, a imposé à l'autorité du patron des limites qu'elle a fixées d'après l'âge des apprentis, qui varient à la vérité suivant leur âge, mais qui ne peuvent être dépassées, en aucune manière, quand les travaux sont au-dessus des forces de l'enfant. Les rédacteurs du Code civil n'ont pas cru devoir dresser devant l'autorité du père de famille les mêmes barrières, car ils ont pensé que des parents seraient incapables de surmener leurs enfants et de leur imposer des travaux ou des exercices supérieurs à leurs forces.

239. — Pour l'éducation morale, intellectuelle et religieuse,

la loi de 1851, ainsi que nous l'avons vu (*articles 8 et 10*), prescrit, au maître, d'une part, de « surveiller la conduite et les mœurs » de l'apprenti, soit dans la maison, soit au dehors (Voy. plus haut n°s 154 et suiv.), de lui prêcher d'exemple, de se conduire envers lui en bon père de famille; et, d'autre part, quand l'enfant âgé de moins de 16 ans ne sait ni lire, ni écrire, ni compter ou s'il n'a pas terminé sa première éducation religieuse de lui laisser prendre, sur la journée de travail, au moins deux heures pour qu'il puisse recevoir ou parfaire son instruction. Voyons-nous quelque chose de semblable dans le Code civil? Les parents sont bien obligés, comme nous l'avons dit, de nourrir, entretenir et élever leurs enfants; mais le Code n'indique pas quelle éducation il convient de leur donner. Quant à l'éducation morale, les parents sont absolument libres; le foyer domestique est inviolable, et la loi n'intervient en aucune manière entre les parents et les enfants. Il en est de même de l'éducation religieuse, les parents s'abstiennent ou se font un devoir de la fournir; libre a eux d'écarter les enfants des sentiers de la religion ou de les y conduire.....

Il en est aussi de même, du moins jusqu'à présent, en matière d'éducation intellectuelle. Les parents envoient ou n'envoient pas leurs enfants à l'école et jusqu'aujourd'hui aucune force légale n'a pu les y contraindre. Mais voici venir, heureusement, le our où les parents seront obligés de faire apprendre à lire, à écrire et à compter à leurs enfants, et où nous verrons se dissiper les ténèbres de l'ignorance, dans lesquelles est demeurée ensevelie depuis trop longtemps une grande partie de notre population! Puisse cette heureuse réforme ne plus se faire attendre et l'instruction obligatoire prendre droit de cité dans nos institutions et dans nos mœurs, afin de répandre sur nous les effets bienfaisants dont nos voisins lui sont redevables! A cette époque, au point de vue de l'éducation intellectuelle, il n'y aura plus grande différence entre le père et le maître; car l'un et l'autre seront tenus, mais dans une mesure différente, de donner à l'enfant, le temps, la liberté et les moyens nécessaires à son instruction.

240. — On voit, par la comparaison sommaire qui précède, que les droits du père, par rapport à son enfant, et les droits du maître, par rapport à son apprenti, ne présentent pas une parfaite analogie. Que serait-ce si nous voulions passer en revue tous les droits qui appartiennent au père et dont ne jouit pas le maître, tels que le droit de garde et le droit d'usufruit, et vingt autres droits que l'on trouve çà et là dans le Code civil et qui sont comme les rameaux détachés de ce tronc vénérable, qu'on appelle la puissance paternelle ?

241. — Il nous reste à tirer de cette comparaison une conclusion, qui ne paraîtra sans doute pas avoir une grande valeur, mais qui cependant mérite, selon nous, de ne point passer inaperçue. Elle consiste à repousser toute assimilation entre le père et le maître et à ne pas substituer celui-ci au père qui, quoi que l'on fasse, conserve et conservera toujours sa qualité de père, portant les charges et la responsabilité que cette qualité impose. Le législateur a bien compris qu'il ne pouvait remplacer le père par le maître et, quand il a énoncé les droits qui incombent à l'apprenti à l'égard du maître (Voy. *article 11*, loi de 1851), il a dit que l'enfant doit à son maître fidélité, obéissance et respect; il ne s'est point servi des termes qu'a inscrits le Code civil au Titre *de la Puissance paternelle* (article 173), et que ce dernier a empruntés au Pentateuque : « Honneur et Respect. » Cela tient à ce que l'on peut imposer la fidélité, l'obéissance et le respect, ce dernier au moins en apparence; mais qu'on ne peut point forcer à honorer des personnes qui vous sont étrangères et auxquelles on ne doit ni la lumière du jour ni les soins ni les sacrifices que la paternité inspire et rend si doux et si faciles! Non, la loi n'aurait jamais pu décréter l'amour du maître ni obliger l'apprenti à l'honorer! Aussi elle a eu raison de tenir compte de la réalité des faits et ne pas dépasser les frontières naturelles qui séparent la qualité de maître de celle de parent. En outre, le législateur du Code civil n'a pas cru devoir imposer aux enfants de tout âge l'obéissance de même qu'il leur a imposé l'honneur et le respect. C'est parce qu'il est nécessaire, parce qu'il importe à la dignité humaine qu'à une certaine période de son existence l'homme soit affranchi de toute tutelle, quelque honorable d'ailleurs qu'elle puisse être, et devienne maître absolu de ses actes. Aussi l'article 372 du Code civil a déclaré que l'enfant ne reste sous l'autorité de ses parents que jusqu'à sa majorité ou son émancipation. Donc, à partir de vingt et un ans, dans le premier cas, ou de dix-huit ans, au moins, dans le second, l'enfant n'est plus tenu d'obéir aveuglément à ses parents; il peut opposer à leurs volontés une résistance légitime, il trouve son appui dans la loi. Il n'en est pas de même de l'apprenti, et le rédacteur de 1851 a pu, sans scrupule, lui imposer le devoir d'obéir au maître, sans tenir compte de la majorité ou de l'émancipation.

242. — C'est, en vertu de toutes ces observations et de toutes ces considérations, que nous revenons sur cette idée que le maître n'est pas comme un père et qu'il doit seulement se conduire envers l'enfant en bon père de famille (Voy. chap. V, nᵒˢ 154 et suivants). Aussi, quand on énonce que le maître a sur l'apprenti les mêmes droits que sur son propre enfant et vis-à-vis de lui les mêmes devoirs que vis-à-vis de son enfant; qu'en un mot, comme dit **M.** Mollot, le maître est pour l'apprenti un second père (1), on ne s'exprime pas avec exactitude et l'on se sert plutôt du langage figuré que de termes propres et précis : on fait œuvre de poëte et non de jurisconsulte.

---

(1) Mollot, *Code de l'ouvrier*, p. 43.

CHAPITRE VI.

—

DE LA RÉSOLUTION DU CONTRAT.

243. Objet de la section IV de la loi de 1851, et de notre Chapitre VI. Principes de la résolution des contrats d'après le Code civil. — **244**. Condition résolutoire contenue tacitement dans tout contrat. — **245** Inexécution par l'une des parties. La résolution n'a pas lieu *de plein droit*; elle est prononcée en justice. — **246**. Division du chapitre VI.

243. — La Section IV de la loi de 1851 est intitulée « *De la Résolution du contrat* ».

Les principes de la résolution des contrats sont exposés dans le Code civil. L'article 1184 est ainsi conçu : « La condition résolutoire est toujours sous-entendue dans les contrats synallagmatiques, pour le cas où l'une des deux parties ne satisfera point à son engagement.

» Dans ce cas, le contrat n'est point résolu de plein droit. La partie envers laquelle l'engagement n'a point été exécuté, a le choix ou de forcer l'autre à l'exécution de la convention lorsqu'elle est possible, ou d'en demander la résolution avec dommages et intérêts.

» La résolution doit être demandée en justice, et il peut être accordé au défendeur un délai selon les circonstances. »

244. — La résolution s'applique à des contrats parfaits dans l'origine, mais qui cessent de produire leurs effets par suite d'événements prévus par les parties et dépendant ou non de leur volonté.

Tout contrat synallagmatique — et nous avons vu (p. 21) que le contrat d'apprentissage était un contrat de cette nature, — renferme tacitement une condition résolutoire. La réciprocité est l'essence du contrat et elle constitue la cause des obligations respectives. Chacune des parties est présumée avoir subordonné l'exécution de son engagement à l'exécution même de l'engagement pris par la partie adverse.

Ainsi, la partie qui a exécuté ou qui propose d'exécuter le contrat peut en demander la résolution, si l'autre partie refuse de l'exécuter de son côté ; mais, bien entendu, il ne faut voir là qu'une *faculté* dont elle peut user ou ne pas user à son gré ; s'il en était autrement, l'une des parties pourrait toujours, en refusant d'exécuter son obligation, obtenir indirectement la résiliation du contrat, ce qui serait absurde.

La partie qui a exécuté son contrat ou qui est prête à l'exécuter, tandis que l'autre partie refuse de l'exécuter de son côté, a deux voies à suivre à son choix : elle peut ou demander la résiliation du contrat ou le maintenir et poursuivre l'autre partie pour la contraindre, par tous les moyens de droit, à exécuter son obligation.

Quel que soit le parti qu'elle prenne, elle devra être indemnisée des dommages que lui aura causés la résolution du contrat ou le retard que l'autre partie aura mis à l'exécuter.

245. — Toutefois, l'inexécution de ses obligations par l'une des parties ne suffit point, par elle seule, pour amener la résiliation du contrat ; elle *n'a pas lieu de plein droit*, mais doit être demandée en justice.

Ainsi, quoique le père d'un apprenti n'ait pas payé le prix de l'apprentissage à l'échéance convenue, bien qu'il ait été sommé de le payer, et qu'il n'ait point satisfait à cette sommation, le contrat subsiste toujours ; il reste valable tant que la résolution n'en a pas été, sur la demande du maître, prononcée en justice. — La loi a considéré que le débiteur qui n'exécute pas son obligation en est peut-être empêché par quelque circonstance malheureuse ; peut-être exécutera-t-il dans quelques jours ! La justice doit, par conséquent, être consultée, afin qu'elle vérifie les faits, qu'elle apprécie les circonstances. S'il est établi que le débiteur, dans l'espèce que nous supposons, est de mauvaise foi ou, au moins, négligent, elle prononce la résolution ; que si, au contraire, elle reconnaît qu'il a bon vouloir de payer et qu'il le pourra faire dans quelques jours, elle lui accorde un délai à cet effet (1).

---

(1) La résolution peut être aussi l'application d'une condition expresse. Dans tout contrat, en effet, les parties peuvent convenir d'une manière expresse que, faute d'exécution dans un certain temps, le contrat sera résolu

246. — Nous diviserons le chapitre VI en trois sections:

La première comprendra la période de l'apprentissage dite *temps d'essai*;

La seconde traitera *des causes de résolution de plein droit du contrat*;

La troisième, *des causes pouvant donner lieu à la résolution*;

La quatrième, enfin, *de la réduction ou de la résolution du contrat d'une durée excessive.*

SECTION Iʳᵉ

Du temps d'essai.

247. — Aux termes de l'*article 14* de la loi de 1851 : « Les » deux premiers mois d'apprentissage sont considérés comme un » temps d'*essai*, pendant lequel le contrat peut être annulé par » la seule volonté de l'une des deux parties.

» Dans ce cas, aucune indemnité ne sera allouée à l'une ou » à l'autre partie, à moins de conventions expresses. »

Les obligations que crée le contrat d'apprentissage entre le maître et l'apprenti, et surtout les rapports qu'il établit entre eux sont de telle nature, qu'ils ont fait admettre quelques conditions particulières à cette convention.

Ainsi, on a reconnu, dès longtemps, la nécessité d'accorder

---

de plein droit (cette clause est connue, dans la pratique, sous le nom de *pacte commissoire*). Elle ne dispense pas le créancier d'avertir le débiteur, par une sommation, qu'il entend être payé, et qu'à défaut de paiement, il usera de son droit de résolution dans toute sa rigueur. Alors, si le débiteur, averti et mis en demeure, ne paie pas au moment de la sommation ou le jour même, le contrat est résolu: les juges ne peuvent point en empêcher la résolution, en accordant un délai au débiteur (C. civ., art. 1656).

Les parties peuvent, au reste, convenir, par une clause expresse, par exemple qu'à défaut de paiement, à telle époque, le contrat sera résolu de plein droit, par la seule échéance du terme, et sans qu'il y ait besoin de *sommation* (C. civ., art. 1139).

Mais, nous le répétons, dans l'un et l'autre cas, la condition résolutoire, bien qu'expresse, est toujours *facultative* pour celle des parties qui a exécuté le contrat; cette dernière peut donc, si elle le préfère, le maintenir, et forcer, par toutes les voies de droit, l'autre partie à l'exécuter. (Voy. Dalloz, *Rép.*, vᵒ *Obligations*, *De la condition résolutoire et de ses effets*, nᵒ 1191 et suiv.; M. Larombière, *Tr. des Obligations*, II, sur l'art. 1184.)

un *temps d'essai*, pendant lequel chacun des contractants peut rompre l'engagement par un motif tout personnel.

On comprend facilement que le législateur ait admis le principe du temps d'essai. Il serait, en effet, mauvais et bien dur de déclarer indissolublement liées par un contrat immuable deux personnes qui ne se connaissaient pas auparavant et qui sont appeleés à vivre dans des rapports aussi intimes. Sans le temps d'essai, et en cas d'incompatibilité d'humeur, la vie eût été, en effet, non moins intolérable pour le maître que pour l'apprenti.

248. — La condition du temps d'épreuve réciproque était établie par un usage presque général. A Paris, sa durée était naguère d'un mois (1).

Cet usage a été définitivement consacré par la loi du 4 mars 1851.

Le projet de l'*art. 14* était ainsi conçu :

« Les deux premiers mois de l'apprentissage sont considérés comme un temps d'essai, pendant lequel le contrat peut être annulé par la seule volonté de l'une des parties, sans indemnité, sauf stipulations contraires. »

A la deuxième lecture, M. Peupin demanda la réduction du délai à un mois.

Le Ministre du commerce exposa qu'après avoir, à l'origine, demandé trois mois, on avait réduit à deux, mais qu'un mois ne suffisait pas.

M. Bertrand, de l'Yonne, demanda alors que le délai fût porté à trois mois. « L'enfant, disait-il, se conduit toujours bien pendant le premier mois ; dans le deuxième, la moitié commence à être mécontente et pourtant ne se plaint pas ; ce n'est que dans le troisième mois qu'on peut traiter avec certitude. »

On s'arrêta au délai de deux mois.

---

(1) Mollot, *Contrat d'apprentissage*, n° 21.

M. Bouhier de l'Écluse demanda la suppression des mots :
« sauf stipulations contraires. »

« Ces mots, dit-il, deviendraient de style et rendraient illusoire la précaution qu'on a voulu prendre en écrivant l'article. »

M. Peupin en demanda le maintien. « Pendant les premiers mois, dit-il, tous les sacrifices sont du côté du maître. Il est naturel qu'il stipule une indemnité. »

L'art. 14 fut adopté, avec cette légère modification dans ses termes : « à moins de conventions expresses. »

Le temps d'essai a donc été étendu à deux mois par l'*art. 11*.

249 — Ainsi la clause relative au temps d'essai n'a plus besoin d'être rappelée dans les contrats ; elle est devenue une condition de droit (1).

Dans le silence du pacte à ce sujet, chaque partie peut invoquer le texte même de la loi, qui détermine la durée de cette première phase de l'apprentissage.

Les parties, toutefois, demeurent libres de déroger aux dispositions de l'*art. 14* et de faire telles stipulations qu'elles jugent opportunes, soit pour diminuer, soit pour étendre la durée de cet essai.

250. — Aux termes de l'*art. 14*, pendant ces deux mois d'essai, les conventions peuvent être annulées par la seule volonté de l'une des deux parties.

Ainsi, tant que ce délai n'est pas révolu, d'une part le père peut retirer son enfant de chez le maître ; et, de l'autre, le maître peut remettre l'enfant à sa famille. Mais, s'il est expiré, la partie qui y a intérêt peut réclamer le bénéfice du contrat d'apprentissage, et prétendre qu'il doit recevoir sa pleine et entière exécution.

---

(1) Mollot, *Code de l'ouvrier*, 1856, p. 52.

Si, en convenant d'un temps d'essai dans un contrat d'apprentissage, les parties n'ont fixé aucune durée déterminée, c'est le délai de deux mois qui doit servir de règle.

En conséquence, après les deux premiers mois écoulés sans rupture, les contractants se trouvent, de part et d'autre, irrévocablement engagés. (Cons. Prud'hommes Seine, produits chimiques, 9 juin 1874, *Poitou* c. *Leturcq : Mém. du Comm. et de l'Industrie*, 1876, p. 539.)

251. — Lorsque le contrat d'apprentissage est régulièrement exécuté, le temps d'essai s'impute sur la durée du contrat de de la même manière que les arrhes s'imputent sur le prix de l'achat. — Lorsqu'une promesse de vente a été faite avec des arrhes, chacun des contractants, on le sait, est maître de s'en départir; mais, si la promesse est exécutée, les arrhes s'imputent alors sur le prix. — Si donc le contrat d'apprentissage reçoit son exécution, le temps d'essai sera compté et l'apprentissage remontera au premier jour de cette période.

252. — Il se rencontre assez fréquemment que l'enfant entre chez son futur maître quelques jours avant que son père et son patron aient eu le loisir de rédiger la convention relative à son apprentissage.

On s'est demandé, si, dans ce cas, le délai d'essai commence à courir du jour de l'entrée de fait de l'apprenti dans la maison du maître, ou seulement de la date de la signature du contrat d'apprentissage?

On comprend l'intérêt pratique que présente cette question du *dies à quo*, c'est-à-dire du jour à compter duquel le temps d'essai commence. De sa solution peut dépendre quelquefois, pour l'une ou l'autre des parties, une conséquence importante : l'obligation d'exécuter le contrat d'apprentissage.

Dans certains cas, en effet, il suffira de cette différence de quelques jours pour que la période d'essai, soit ou non, considérée comme expirée.

En un mot, l'une ou l'autre des parties peut-elle prétendre que l'essai ayant déjà eu lieu auparavant, c'est-à-dire avant la date fixée du contrat, les jours antérieurs doivent être également comptés?

La jurisprudence du Conseil des Prud'hommes de la Seine est fixée en ce sens, qu'elle ne tient pas compte, dans le calcul du temps d'essai, des jours que nous appellerons *libres*, passés chez le maître antérieurement au contrat; elle a décidé que les deux mois ne courent qu'à partir du moment où commence le temps convenu pour la durée de l'apprentissage (1).

253. — Une question a été soulevée : au cas de sortie de l'apprenti ou de son renvoi par le maître au cours de la période, que nous serions tentés d'appeler expérimentale, la prétention d'une indemnité pour le préjudice causé peut-elle être élevée, soit par le maître, soit par le père de famille ?

Les contractants ont, cela est incontestable, la faculté de stipuler une indemnité pour le cas où l'apprenti viendrait à quitter l'atelier de son patron, ou que le maître le renverrait, avant l'expiration des deux mois d'essai.

Mais, lorsqu'ils ne se sont pas expliqués sur ce point, lorsque

---

(1) « *Le Bureau général :* — Attendu que, suivant conventions verbales faites entre les sieur et dame Dewilde et le sieur Ladaen, le 19 janvier 1868, la mineure Emma Ladaen a été mise en apprentissage chez lesdits sieur et dame Dewilde, à partir dudit jour, pour trois années, qui devaient expirer le 19 janvier 1871 ; — Attendu que, le 7 mars courant, avant l'expiration des deux mois d'essai fixés par la loi, Ladaen a retiré sa fille de l'atelier des sieur et dame Dewilde et refuse de l'y faire rentrer ; — Mais, attendu que Dewilde prétend que l'apprentissage a commencé dès les premiers jours de janvier et que quinze jours d'essai avaient été faits avant le 19 janvier, jour où lesdites conventions ont été arrêtées ; que, par conséquent, les deux mois d'essai étaient expirés lorsque, le 7 mars, l'apprentie a quitté l'atelier ; qu'il y a lieu dès lors de statuer sur ladite prétention ;

Attendu que pour que cette prétention fût admissible, il aurait fallu que l'entrée en apprentissage de la mineure Ladaen eût été fixée au 4 janvier au moins ; qu'il résulte des explications et des débats que telle n'a pas été l'intention des parties ; — Qu'en effet, si elles avaient voulu faire remonter l'apprentissage audit jour 4 janvier, elles lui auraient donné une durée de trois ans et quinze jours ou auraient indiqué le 4 janvier 1871 pour la date de son expiration ; — Que la date du 19 janvier, reconnue par les parties, doit donc être seule admise ; Qu'ainsi les deux premiers mois d'apprentissage n'ont pas été accomplis et que Ladaen a pu annuler les conventions sus-énoncées ;

Attendu que, lors desdites conventions, il n'a pas été stipulé que, dans le cas où l'apprentie quitterait l'atelier de ses maîtres avant l'expiration des deux mois d'essai, il serait dû à ceux-ci une indemnité quelconque ;

Par ces motifs, — Déclare annulées les conventions verbales d'apprentissage dont s'agit sans, indemnité ; déboute, en conséquence, lesdits sieur et dame Dewilde de leur demande et les condamne aux dépens, y compris les frais dûs au Trésor public, en conformité de la loi du 7 août 1850 pour le timbre et l'enregistrement du présent jugement, ceux de la grosse, de la signification et des suites. » (Cons. Prud'hommes Seine, produits chimiques, 31 mars 1868 : *Mém. du Commerce et de l'Industrie,* 1868, p. 480.)

l'acte est muet à ce sujet, la Jurisprudence des Conseils d*. Prud'hommes a refusé toute indemnité par ce motif qu'il n'en avait été stipulé aucune pour le cas où l'apprenti quitterait l'atelier avant l'expiration des deux mois (1).

Cette jurisprudence a fléchi, cependant, dans un cas où le maître n'avait pu conserver l'apprenti au-delà du temps d'essai pour des motifs tout personnels à l'enfant. Ce maître avait demandé la résolution des conventions, et, en outre, réclamé le prix de la nourriture et du logement de l'apprenti. — La jeune G,, entrée comme apprentie chez le sieur Doubier, y était restée deux mois et quelques jours. Sa conduite avait motivé, de la part de son maître, des sujets de plainte qui furent reconnus fondés par le Conseil des Prud'hommes; d'autre part, G., le père, n'avait pas ratifié l'engagement pris en son nom. Dans cette situation, le maître demandait que les conventions fussent résiliées; il réclamait, en outre, pour la nourriture et le logement de la demoiselle G., pendant soixante et quelques jours, la somme de 147 fr. Le Conseil des Prud'hommes de Lyon se prononça dans un sens favorable à la demande (2).

---

(1) Même décision *Ep. Dewilde* c. *Ladaen* (Voy. ci-dessus, p. 168). Une indemnité pour la nourriture et le logement de l'apprenti pendant le temps d'essai a été refusée dans l'espèce suivante : Barbier avait pris en apprentissage le fils du sieur Bernard, il l'avait gardé pendant deux mois et avait essayé de lui faire tenir un métier. Mais cet enfant n'avait que 12 ans; un pareil travail était au-dessus de ses forces et de sa constitution, et le certificat du médecin du Conseil attestait que le développement physique du jeune Bernard ne permettait pas qu'il tînt un métier. Quant à la résiliation des engagements, les parties étaient d'accord; seulement, Barbier demandait une indemnité pour la nourriture de l'apprenti. Mais le Conseil, se fondant sur la loi du 29 février 1851, qui porte que les deux premiers mois de l'apprentissage sont réputés temps d'essai, considérant d'autre part que la capacité physique de l'enfant pouvant être facilement reconnue par Barbier, celui-ci ne devait pas s'en charger; que c'est donc par son fait personnel qu'il éprouve la perte de deux mois de nourriture : Dit qu'il n'y a pas lieu à lui allouer d'indemnité; en conséquence, le déboute de sa demande (Cons. Prud'hommes Lyon, 1er août 1855 : *Mém. du Comm. et de l'Industrie*, XX, p. 119.)

(2) « *Le Conseil :* — Faisant application de la loi du 29 février 1851, qui porte que les deux premiers mois d'apprentissage sont considérés comme temps d'essai; que, dès lors, si cet essai n'est pas satisfaisant, le maître a droit à une indemnité pour la nourriture et le logement de l'apprenti pendant

254. — Les parties, soit en vue de prolonger le temps d'essai, soit pour tout autre motif, stipulent assez ordinairement un *dédit* (du latin *dedicere*, se dédire), c'est-à-dire qu'elles se réservent, pour toutes deux ou pour l'une d'elles seulement, la faculté de résilier le contrat, à la condition que celle qui usera du bénéfice de la clause devra payer à l'autre une somme fixée (1).

Cette sorte de clause pénale est licite (C. civ., art. 1152). Les parties peuvent, en effet, convenir que celui qui manquera d'exécuter le contrat paiera une certaine somme à titre de dommages-intérêts; les parties peuvent déterminer elles-mêmes les dommages-intérêts qui seront encourus au cas d'inexécution du contrat. Cette convention est comme un *forfait*, que doit subir chacune des parties. — Ce règlement anticipé présente cet avantage qu'il prévient les incertitudes d'une évaluation judiciaire et soustrait ainsi les contractants aux difficultés de la preuve du dommage éprouvé et du gain perdu.

Ces dommages-intérêts tiennent lieu au créancier de l'obligation principale; lorsque la clause pénale sera encourue, il les obtiendra toujours.

En règle générale, en effet, le juge doit appliquer cette clause telle que les parties l'ont stipulée, sans pouvoir en rien la modifier.

L'art. 1152 ne lui permet, sous aucun prétexte, d'allouer une somme plus forte ni moindre que celle dont les parties sont convenues. — Il a été ainsi jugé que, lorsque la quotité de dommages-intérêts a été déterminée par la convention, pour un cas déterminé, il n'est pas au pouvoir du juge de la modérer (2).

---

ces deux mois, dit que les conventions relatives à l'apprentissage de la demoiselle G. demeurent résiliées, et fixe à 45 francs l'indemnité que G. père devra payer à Doubier, outre les frais. (Cons. de Prud'hommes, Lyon, 4 juillet 1855 : *Mém. du Com. et de l'Indust.*, XX, p. 119).

1) Mollot, *Code de l'Ouvrier*, p. 52.

2) Dalloz, *Rép.*, v° *Obligations*, n° 831.

255. — Nous avons supposé jusqu'ici que l'obligation principale n'était point exécutée; que, par exemple, au lendemain de l'engagement par elle pris, l'une des parties s'était refusée d'y satisfaire.

Mais, si l'obligation a été exécutée pour partie, le juge peut-il modifier la peine, ainsi que l'art. 1231 lui en ouvre le droit?

Sans cela, a-t-on dit, l'indemnité ne serait plus la compensation du préjudice souffert par le créancier. « Néanmoins, remarque M. Mollot, cette stipulation peut constituer une véritable peine au regard du contractant à qui l'on demande la résolution, si l'obligation a été exécutée par lui pour la partie la plus onéreuse du contrat; par exemple, lorsque l'apprenti veut résoudre le contrat après les premiers temps de l'apprentissage, pendant lesquels tout a été sacrifice pour le maître. » M. Mollot croit donc, en s'appuyant sur une décision du Conseil de Prud'hommes de Lyon, que, dans ce cas, la somme du dédit peut être diminuée d'après l'appréciation du juge (C. civ., art. 1231), à moins d'une convention formellement contraire (1).

Mais, nous ne pouvons, malgré les considérations d'équité qui nous sollicitent, nous rallier à l'opinion de M. Mollot. Il nous parait, en effet, difficile d'admettre que les termes de l'art. 1152 puissent se prêter à cette interprétation, pour le cas ou un *dédit* est stipulé dans un contrat d'apprentissage. En effet, lorsque des parties stipulent un *dédit* comme condition pénale d'un contrat d'apprentissage, elles ont toujours en vue la suspension de l'exécution des obligations, en un mot l'exécution seulement partielle.

Les auteurs enseignent que l'art. 1231 ne peut recevoir d'application si les parties ont convenu que l'indemnité stipulée serait due en entier, malgré l'exécution partielle de l'obligation principale (2).

---

(1) Voy. aussi, C. Nimes, 17 déc. 1849, *Martin :* Dall. *Jur.*, 52, 2, 69; et *Rép.*, v° *Obligations*, n° 1619.

(2) Voy. Massé et Vergé sur Zachariæ, III, § 552, note 12; M. Larombière, sur l'art. 1231, n° 7, etc.

L'art. 1231 ne peut être appliqué, lorsque les parties ont elles-mêmes déterminé d'avance les bases de la réduction de l'indemnité, dans la prévision d'une exécution partielle (Cass., 4 juin 1860 : Dall. *Jur.*, 60, 1, 257 ; C. Pau, 10 janv. 1861 : Dall., *Jur.*, 61, 2, 33).

De ce que l'art. 1152 ne permet pas aux juges, dans le cas de stipulation pénale, d'allouer une somme plus forte ni moindre, il ne faut pas conclure qu'il leur enlève l'application du fait qui donne lieu aux dommages-intérêts. Ils conservent le droit de décider si le fait de l'inexécution est constant, s'il doit être attribué à la partie poursuivie pour avoir manqué au contrat, et jusqu'à quel point elle peut être responsable (C. Lyon, 16 juin 1832). « Cette espèce, très-bien jugée, dit **M.** Dalloz (1), ne doit pas être confondue avec la question de savoir s'il pourrait appartenir au juge de réduire, en cas d'excès, la somme disposée à titre de clause pénale. »

Ainsi, par exemple, lorsque, dans un contrat de louage d'ouvrage et en même temps d'apprentissage entre un fabricant et un apprenti, il a été stipulé que le salaire de l'apprenti augmenterait d'année en année et que le contrat durerait pendant un temps déterminé, *sous peine d'une somme de*..... *à titre de dommages-intérêts*, à la charge de celle des parties qui donnerait lieu à la rupture, c'est au juge qu'il appartient d'apprécier si l'apprenti congédié par le fabricant, après moitié du temps convenu écoulé, a droit à l'indemnité stipulée, quoique les parties aient à se reprocher des torts réciproques, si les torts de l'apprenti n'étaient pas cependant suffisants pour motiver son renvoi, et si son travail a d'ailleurs toujours été satisfaisant, cet apprenti ayant ainsi exécuté la partie du traité qui lui était la plus désavantageuse, avec l'espoir de profiter de l'augmentation du salaire dans la seconde période (2).

---

(1) *Rép.*, v° *Obligations*, n° 833.

(2) Nous appuyons notre espèce de l'analogie que nous trouvons, dans la décision suivante, qui s'applique à des époux ouvriers :

« *Le Bureau général :* — Attendu que, par conventions verbales du 15 juillet

SECTION II.

Des cas de résolution de plein droit du Contrat d'apprentissage.

256. — Le contrat d'apprentissage prend fin naturellement dans les circonstances suivantes :

1° Par l'expiration du temps fixé pour sa durée.

Il est de toute évidence que, lorsque le terme convenu pour l'apprentissage est arrivé, les deux parties sont déliées l'une

---

1866, les époux Pignon (ouvriers timbreurs coloristes), sont entrés chez les époux Teyssèdre (maîtres timbreurs coloristes), en qualité d'ouvriers devant être mis au courant de l'industrie du défendeur; — Que ce contrat qui participe à la fois du contrat d'apprentissage et du contrat de louage de travail et d'industrie, était contracté pour cinq ans à courir de ladite époque, sous peine de mille francs de dommages-intérêts à la charge de celle des parties qui donnerait lieu à sa rupture; — Qu'il était stipulé que Pignon recevrait pour salaire 4 fr. les huit premiers mois, 4 fr. 40 c. les quatre mois suivants, 5 fr. la deuxième et la troisième année, 5 fr. 50 c. la quatrième année, et 6 fr. la cinquième année, et Mme Pignon 2 fr. 25 c. la première année, 3 fr. la deuxième année et 3 fr. 50 c. les trois dernières années ;

« Que ce contrat a été exécuté jusqu'au mois de décembre dernier, soit pendant deux ans et demi, à la satisfaction complète des deux parties, ce qui ressort jusqu'à la dernière évidence de ce fait que les époux Teyssèdre avaient confié à Mme Pignon la direction de leur atelier et payé presque constamment à chacun des deux époux des salaires supérieurs à ceux fixés au contrat; — Qu'à cette époque, des discussions survenues entre les parties ont amené une rupture complète et les époux Teyssèdre ont renvoyé la dame Pignon ;

« Attendu que la cause étant portée devant le Conseil, les demandeurs ont, par des conclusions nouvelles devant le Prud'homme chargé du délibéré, demandé que, si l'exécution des conventions n'était pas maintenue en son entier, le contrat fût résilié pour les deux époux, et ce avec la totalité de l'indemnité stipulée au contrat, tandis que les époux Teyssèdre ont conclu à la résiliation pure et simple et sans indemnité; qu'il y a lieu, dès lors, par le Conseil, d'examiner si, faisant droit à la demande des parties en ce qui concerne la résiliation demandée par elles, il convient d'allouer aux époux Pignon l'indemnité qu'ils réclament ;

« Attendu que des débats il ressort que les parties ont des torts réciproques, mais que ceux reprochés à la dame Pignon ne sont pas suffisants pour légitimer le renvoi des époux Pignon sans indemnité, ces derniers ayant, jusqu'à ce jour, exécuté la part du traité qui leur était la plus onéreuse et ce, dans l'espoir de profiter des avantages que leur promettait le contrat pendant la dernière période; — Que, dès lors, il ne serait pas juste de ne pas leur tenir compte, par une indemnité, du sacrifice qu'ils ont fait en prévision de l'exécution complète de leur engagement;

Par ces motifs, — Déclare résilié, à la demande des parties, le contrat verbal du 25 juillet 1866, et, pour indemnité du préjudice que cette rupture cause aux époux Pignon, condamne le sieur Teyssèdre à leur payer la somme de 1000 francs à titre de dommages-intérêts; — Le condamne en outre aux intérêts de ladite somme suivant la loi et aux dépens ». (Cons. Prud'hommes Paris, industries diverses, 3 mars 1869. *Mém. du Commerce et de l'Industrie*, 1869, p. 419).

vis-à-vis de l'autre, sauf les divers cas de prolongation possibles
par exemple, lorsque l'apprenti doit remplacer le temps perdu
par suite de maladies ou d'absences, en rendant au maître un
égal nombre de semaines ou de mois. (Voy. ci-dessus *art.* 11.)

2° Par le consentement mutuel des deux parties (ou de
leurs représentants légaux), avec ou sans dommages-intérêts,
selon qu'elles en conviennent. — Il est évident que le consentement des parties peut mettre fin à l'apprentissage avant l'expiration du temps fixé pour sa durée. Il n'y a pas de difficulté
lorsque le contrat a eu lieu entre majeurs, ou du moins entre
le maître majeur et les représentants légaux des mineurs; mais,
remarque M. Dalloz (1), lorsque c'est un tiers qui a stipulé en
faveur de l'apprenti et a payé le prix de l'apprentissage; comme
il est partie au contrat, s'il est dissous sans son intervention, il
peut réclamer au maître la restitution du prix payé, mais il ne
peut pas, de concert avec le maître, rompre le contrat fait en
faveur de l'apprenti, sans le consentement de celui-ci ou de ses
représentants légaux. (L'art. 1121 C. civ. est formel sur ce point.)

3° Par l'offre que l'une d'elles fait à l'autre de lui payer le
dédit qui aurait été stipulé par une clause expresse du contrat.

Mais, le contrat d'apprentissage en cours d'exécution peut
être brusquement suspendu et arrêté par suite d'événements
indépendants de l'une ou de l'autre des parties.

L'article 15 de la loi que nous commentons énumère les cas
où le contrat d'apprentissage est ainsi résolu de plein droit
(*ipso jure*) :

1° Par la mort du maître ou de l'apprenti;

2° Si l'apprenti ou le maître est appelé au service militaire;

3° Si le maître ou l'apprenti vient à être frappé d'une des
condamnations prévues en l'article 6 de la présente loi;

4° Pour les filles mineures, dans le cas de décès de l'épouse

____

(1) *Rép.*, v° *Industrie et Commerce*, n° 88.

du maître, ou de toute autre femme de la famille qui dirigeait la maison à l'époque du contrat.

257. — Le contrat d'apprentissage finit de plein droit, dit l'*art*. 15 § 10, par la mort du maître ou celle de l'apprenti.

L'apprentissage, en effet, est au nombre de ces contrats où la considération de la personne entre pour beaucoup dans le choix du maître, et souvent aussi pour quelque chose dans l'admission de l'apprenti ; et, dès lors, il ne saurait être prolongé au-delà de l'existence du maître, à l'égard de ceux qui lui succèdent.

257 *bis*. — Mais, lorsque l'apprentissage finit par la mort du maître ou par celle de l'apprenti, de quelle manière doivent se régler les intérêts du maître ou de l'apprenti et de leurs héritiers ? La loi n'indique pas, — ainsi qu'elle l'a fait pour le temps d'essai (*art. 14*), — si la résolution aura lieu sans restitution et indemnité.

En règle générale, il n'y a pas lieu d'accorder une indemnité dans ce cas.

Le contrat d'apprentissage n'est, dans certains cas, qu'un contrat de louage d'ouvrage et d'industrie, dans les autres cas qu'un contrat innommé, et il y a lieu d'appliquer à tous les deux les mêmes règles.

Or, dans le droit romain, nous rencontrons plusieurs décisions des jurisconsultes pour le cas de dissolution du contrat de louage, notamment par la mort de celui qui a donné ou reçu l'ouvrage à loyer (1). La loi romaine est formelle, et, quoiqu'elle

---

(1) Le jurisconsulte romain Paul, dans la loi 38, Digeste, *Locati conducti*, généralise ce principe à tous ceux qui louent leur travail : *Qui operas suas locavit, totius temporis mercedem accipere debet, si per eum non stetit, quominùs operas præstet.* Il applique, dans le paragraphe suivant, cette solution à l'avocat : *Advocati quoque, si per eos non steterit, quominùs causam agant, honoraria reddere non debent.* Ailleurs Ulpien s'occupe encore du cas où c'est celui qui a engagé un autre pour son travail qui vient à mourir, et il rapporte une décision émanée de Sévère et de Caracalla, qui accorde à celui qui avait loué son travail, le prix qui lui avait été promis : *Cùm quidam exceptor operas suas locasset*

ne parle pas d'apprentissage, elle s'applique évidemment à notre contrat, qui est un espèce de contrat de louage et d'industrie, un contrat innommé, ainsi que nous l'avons dit, dans ce Commentaire. La répétition de ce qui a été payé n'est pas admise, que ce soit celui qui doit fournir son travail (*locator*) qui meure, ou que ce soit celui qui doit en profiter (*conductor*), la mort étant considérée comme un cas de force majeure qu'on ne saurait imputer à faute au débiteur, et qui, dès lors, ne peut donner lieu à répétition de ce qui a été payé contre lui ou contre ses héritiers.

A Paris, on considérait en général, — ainsi que le constate M. Mollot lui-même, — le décès du maître ou de l'apprenti, comme un événement de force majeure, dont la chance est aléatoire pour les deux parties, en sorte qu'il n'autorise aucune demande en indemnité de la part du survivant contre la succession du prédécédé (1).

Ainsi, lorsque le prix de l'apprentissage consiste dans une somme d'argent et qu'elle a été payée en partie ou en totalité, l'apprenti ou ses héritiers ne peuvent rien réclamer de ce qui a été payé; et si le prix consiste en un certain temps de travail, le maître ou ses héritiers ne peuvent réclamer de l'apprenti ou de ses héritiers aucune indemnité pour l'enseignement, la nourriture et le logement que l'apprenti a reçus du maître.

Toutefois, M. Mollot se prononce contre cette habitude; il voudrait que le cas fortuit pût entraîner des restitutions,

---

deinde is qui eas conduxerat decessisset, imperator Antoninus cum divo Severo rescripsit ad libellum exceptoris in hæc verba : cùm per te non stetisse proponas, quo minùs locatas operas Antonio Aquillæ solveres, si, eodem anno, mercedes ab alio non accepisti, fidem contractùs impleri æquum est *(L. 19 § 9, D., Locati conducti;* Voy. aussi § 10, même loi, et 4, D., *De officio adsessorum).*

La loi 10, Cod., *Ob causam datorum,* porte qu'il n'y a pas lieu à répétition de l'argent que l'on a donné pour une certaine cause, lorsque cette cause ne peut se réaliser par suite d'un accident de force majeure : *Pecuniam à te datam, si hæc causa pro qua data est non culpâ accipientis, sed fortuito casu non est secuta, minime repeti posse certum est.*

(1) *Contrat d'Apprentissage,* 1847.

de telle manière que l'une des parties ne s'enrichît pas aux dépens de l'autre (C. civ., art. 1148 et 1722). « C'est là, dit-il, une conséquence de la règle d'équité qui prédomine. Nous estimons que cette règle est applicable ici. Il ne peut rien y avoir d'aléatoire pour les deux parties. » Lors, par exemple, que l'apprenti (qui ne s'est point obligé à une somme en argent) meurt avant d'avoir pu dédommager, par son travail, le maître des leçons ou du moins de la nourriture et du logement qne celui-ci lui a fournis, M. Mollot pense que le maître est fondé à réclamer une indemnité de la succession de l'apprenti, proportionnée au préjudice qu'il a éprouvé, indemnité qui n'est en réalité qu'une restitution, les premiers temps de l'apprentissage étant toujours onéreux pour le maître; pendant cette période, il retire peu de services de l'apprenti et, au contraire, il est obligé de prendre d'autant plus de peine pour le former à la pratique de l'état. La dernière phase du contrat est la seule qui indemnise le maître de ses peines et de ses sacrifices d'argent. De même, si l'apprenti, qui a promis ou versé une somme pour l'apprentissage, vient à décéder peu de temps après le contrat, ses héritiers lui paraissent en droit de demander au maître la réduction ou la restitution d'une partie de ce prix. Il convient, ajoute cet auteur, de réparer non pas le manque à gagner, mais la perte subie. La justice réglera la quotité, soit de la restitution, soit de la réduction du prix. C'est toujours par la raison d'équité que les juges doivent se décider.

M. Dalloz fait observer que M. Mollot laisse ici de côté deux hypothèses qui peuvent se réaliser : la première, lorsque le maître meurt et qu'il n'y a pas de prix en argent stipulé; les héritiers du maître peuvent-ils dans ce cas réclamer une indemnité de l'apprenti ou de ses parents? la seconde, lorsque le maître meurt et que le prix a été intégralement payé, l'apprenti peut-il demander restitution d'une partie du prix?

Nous ne pouvons partager l'opinion de M. Mollot critiquée,

avant nous, par M. Dalloz, parce qu'elle ne tient pas compte des principes juridiques posés par le droit romain (voy. ci-dessus, p. 175, note 1), et que l'usage suivi à Paris en cette matière avait du reste consacrés.

Il ne saurait être, selon nous, question, dans aucun des cas ci-dessus, de dommages intérêts. La mort est évidemment un cas fortuit ou de force majeure qui, aux termes du droit commun (C. civ., art. 1148), ne donne lieu à aucuns dommages-intérêts de la part du débiteur, lorsqu'il a été empêché de donner ou de faire ce à quoi il était obligé (1).

257 *ter*. — Nous avons dit qu'en règle générale, le décès du maître ou de l'apprenti ne pouvait motiver une indemnité.

Toutefois, il y a, dit M. Dalloz (2), une distinction à faire, un tempérament d'équité à apporter à cette règle, lorsque l'apprentissage a un prix en argent et qu'il impose au maître, outre l'obligation d'enseigner, celle de nourrir, loger, blanchir l'apprenti. Le prix de l'apprentissage s'appliquant alors à la nourriture aussi bien qu'à l'enseignement, on doit décider, avec les jurisconsultes romains, et conformément à l'usage de Paris, que, dans aucun cas, il n'y a lieu à répétition pour le prix de l'enseignement; mais, pour ce qui est de la nourriture, comme l'obligation de la fournir n'est pas, à proprement parler, une obligation unique, mais se compose d'une série d'obligations successives ayant chacune leur prix, la mort de l'apprenti ou du maître survenant, le prix seul des obligations remplies, c'est-à-dire du temps écoulé, doit être payé; le surplus de ce prix, en ce qui concerne la nourriture, etc., peut être répété contre le maître ou contre ses héritiers. Il y aura donc à faire deux parts dans le prix de l'apprentissage, l'une pour l'enseignement, l'autre pour la nourriture. — M. Pardessus (3) a fait cette distinction pour le cas de mort de l'apprenti avant l'expiration du temps

---

(1) Dalloz, *Rép.*, v° *Industrie et Comm.*, n° 83.
(2) *Ib.*, n° 83, *in fine*.
(3) *Droit commercial*, II, p. 521.

fixé pour la durée de l'apprentissage, et il a décidé que, pour ce qui représente la nourriture, il peut y avoir lieu à répétition ; mais, pour le cas où l'apprentissage n'a pas de prix et est un contrat innommé, *facio ut facias,* cette distinction ne saurait être adoptée ; toute répétition est impossible.

Reste encore à examiner le cas où le prix n'a pas été payé : peut-il être réclamé en totalité par le maître, dans le cas de mort de l'apprenti, contre les héritiers de celui-ci, ou par les héritiers du maître contre l'apprenti lui-même ? La loi romaine validait, à vrai dire, une pareille réclamation. Mais, nous pensons, avec M. Dalloz, qu'il serait difficile d'admettre aujourd'hui cette décision ; il faudrait, dans tous les cas, faire la distinction que nous avons faite entre ce qui est le prix de l'enseignement seul et ce qui peut être considéré comme étant celui de la nourriture ; toutefois, comme le prix est d'ordinaire payable par termes, on doit incontestablement accorder au maître le droit de réclamer les termes échus et même les termes commencés, en totalité si, comme cela a lieu d'ordinaire, ils ont été stipulés payables par avance.

258. — M. Mollot recommande aux contractants de ne pas omettre de prévoir le cas de décès de l'une ou de l'autre des parties.

Il est certain que, pour éviter toutes contestations, en cas de décès du maître ou de l'apprenti, le contrat peut prévoir les deux alternatives et déterminer à l'avance quelles seront les conséquences de cet événement pour les intérêts de chaque contractant.

259. — Si l'apprenti ou le maître est appelé au service militaire, l'*art. 16* prononce également la résolution du contrat.

L'appel de l'apprenti ou du maître au service militaire est réputé par notre loi un cas de force majeure, qui rompt tous les engagements contractés pour faits de métier.

La loi du 1er complémentaire an XII était déjà formelle en ce sens.

Mais, s'il s'agit d'un engagement volontaire, cet enrôlement ne produit pas le même effet. On ne saurait, en effet, le considérer comme un cas que les parties ont pu prévoir, ni comme un cas de force majeure semblable à l'appel au service militaire. On ne peut, sans doute, fait observer M. Dalloz, forcer l'apprenti qui a abandonné l'atelier pour le service militaire d'y rentrer ; mais ce fait peut donner lieu à des dommages-intérêts en faveur du maître. Il y a lieu d'appliquer ici les mêmes principes que pour le louage de service ou d'industrie ; or, Pothier (*Contrat de louage*, n°⁵ 171 et 172) décidait que les domestiques et les ouvriers ne peuvent quitter leur maître pour ce fait (Voy. aussi, dans ce même sens, Troplong, *Louage*, n° 876) (1). L'engagé, et à plus forte raison l'engagé comme remplaçant, devait, (avant notre organisation militaire actuelle) payer à l'autre contractant, pour raison de l'inexécution du contrat, une indemnité qui est réglée par le juge (2).

260. — « Si le maître ou l'apprenti vient à être frappé d'une des condamnations prévues en *l'art. 6* de la présente loi, « le contrat d'apprentissage est rompu. »

---

(1) M. Duranton (XVII, n° 232), argumentant de l'art. 374 du Cod. civ. (qui permet à l'enfant de quitter la maison paternelle après l'âge de dix-huit ans révolus, pour enrôlement volontaire, et, par suite, de rompre pour cette cause les liens de la puissance paternelle), pensait qu'on devait lui permettre également, et *à fortiori*, de rompre tous autres liens ou engagements résultant de contrats, *favore militiæ*.

Mais, M. Dalloz remarque, avec raison, qu'il n'y a pas d'arguments à tirer de l'art. 374, pour le cas où il s'agit d'engagements résultant du contrat d'apprentissage ou de louage d'industrie, qui peuvent causer à des tiers, s'ils sont rompus avant le temps fixé, un grave préjudice, ce qui n'a pas lieu lorsque l'enfant quitte la maison paternelle et contracte un engagement sans l'autorisation du père. — D'ailleurs, l'art. 374, C. civ., a été modifié par la loi sur le recrutement de l'armée, du 21 mars 1832, art. 32-5°, qui ne dispense le mineur de rapporter le consentement de ses père mère ou tuteur, qu'autant qu'il a plus de vingt ans. On conçoit très-bien que, dans cette circonstance, à la veille de la majorité, le législateur dispense, pour ce cas, du consentement exigé pour les autres actes. Mais on ne concevrait pas que le mineur pût, par l'engagement volontaire, se soustraire à des obligations qui le lient, quel que soit son âge. Il n'y a pas d'analogie entre les deux cas.

(2) Conforme à la Jurisprudence du Conseil de Prud'hommes de Lyon. Voy. Aubry et Rau, *Cours de Droit civil français*, IV, § 372, p. 514 ; Duvergier, *Du louage*, II (n°⁵ 293 et 294).

On comprend que, lorsque le maître est frappé de condamnations qui entraînent incapacité de recevoir des apprentis, le contrat d'apprentissage se trouve résolu *ipso facto*.

Si la résiliation a lieu par suite d'une condamnation criminelle prononcée contre l'une des parties, il est évident que celle-ci doit à l'autre les dommages-intérêts les plus étendus. Aucune indulgence ne paraît admissible dans ce cas.

261. — L'*art.* *15* résilie de plein droit le contrat d'apprentissage, pour les filles mineures, dans le cas de décès de l'épouse du maître ou de toute autre femme de la famille, qui dirigeait la maison à l'époque du contrat.

Avant que la loi de 1851 fût votée, le Conseil des prud'hommes de Lyon prononçait la résiliation du contrat d'apprentissage, lorsque l'apprenti était une jeune fille et que la femme du maître venait à mourir, s'il ne restait auprès de ce dernier aucune personne du sexe féminin pour prendre soin de la jeune fille, ou si le maître n'avait dans son atelier que de jeunes garçons (1). Il y avait tout à la fois, dans cette circonstance, une raison de haute moralité et un juste motif, au point de vue du droit, pour le faire décider ainsi. En effet, sans la présence de la femme, les parents n'eussent peut-être pas consenti à donner au maître leur fille mineure en apprentissage, surtout si elle devait recevoir chez le maître la nourriture et le logement; et la femme morte, non-seulement l'enfant ne pouvait plus recevoir les soins sur lesquels on avait dû compter pour elle, mais il y avait peut-être danger à vivre sous le même toit avec le maître seul. Ces considérations justifiaient la jurisprudence du Conseil des Prud'hommes de Lyon et devait la faire partout adopter. — Aussi, la loi nouvelle compta-t-elle, au nombre des cas de résolution de plein droit, pour les filles mineures, le cas de décès de l'épouse du maître ou de toute autre femme de la famille qui dirigeait la maison à l'époque du contrat. (Voy. aussi *art. 5.*)

____

(1) Mollot, *Contr. d'Appr.*, 1847, n° 131.

Cette disposition légale du § 4, pour la fille mineure, s'applique soit qu'elle se trouve, ou non, logée et nourrie dans la maison du maître ; c'est ainsi que la loi, qui ne fait pas de distinction, doit être interprétée.

Il ne s'agit pas ici, bien entendu, remarque avec raison M. Dalloz (n° 87), du décès de la femme qui, exerçant une profession, a des apprenties chez elle, car sa mort entraîne alors de plein droit la dissolution du contrat.

SECTION III.

Des cas où la résolution est soumise à l'appréciation du Juge.

262. — Il est d'autres causes de résolution énumérées dans *l'article 16*.

Ces causes, nous devons le faire connaître de suite, diffèrent de celles prévues par les articles 14 et 15, en ce que, lorsqu'elles se produisent, elles n'ont pas pour effet de rendre le contrat nécessairement résoluble; elles peuvent seulement motiver sa résolution. C'est au juge qui examine les faits et les motifs allégués à l'appui de la demande qu'il appartient de l'admettre ou de la rejeter, lorsqu'il en a pesé la gravité.

263. — Que la résiliation soit prononcée sur la demande du maître ou sur la demande de l'apprenti, le juge accorde ou refuse des dommages-intérêts au demandeur suivant la gravité des faits. Pour l'évaluation des dommages-intérêts, il aura égard aux circonstances, à la bonne ou à la mauvaise foi de la partie condamnée.

« Qui peut le plus peut le moins. » Le juge peut, sans prononcer la résiliation, à défaut d'une gravité suffisante dans les motifs, se borner à condamner le défendeur à une indemnité envers le demandeur.

L'article 16 est ainsi conçu : « Le contrat peut être résolu sur la demande des parties ou de l'une d'elles :

« 1° Dans le cas où l'une des parties manquerait aux stipulations du contrat ;

« 2° Pour cause d'infraction grave ou habituelle aux prescriptions de la présente loi ;

« 3° Dans le cas d'inconduite habituelle de la part de l'apprenti ;

« 4° Si le maître transporte sa résidence dans une autre commune que celle qu'il habitait lors de la convention ;

(Néanmoins, la demande en résolution de contrat, fondée sur ce motif, ne sera recevable que pendant trois mois, à compter du jour où le maître aura changé de résidence.)

« 5° Si le maître ou l'apprenti encourait une condamnation emportant un emprisonnement de plus d'un mois ;

« 6° Dans le cas où l'apprenti viendrait à contracter mariage. »

264. — La loi du 22 germinal an XI, art. 9, énumérait déjà plusieurs cas de résolution spéciaux à l'apprentissage : « Les contrats d'apprentissage, disait-elle, consentis entre majeurs ou par des mineurs avec le concours de ceux sous l'autorité desquels ils sont placés ne peuvent, en outre, être résolus, sauf l'indemnité en faveur de l'une ou de l'autre des parties, que dans les cas suivants : 1° d'inexécution des engagements de part et d'autre ; 2° de mauvais traitements de la part du maître ; 3° d'inconduite de la part de l'apprenti ; 4° si l'apprenti s'est obligé à donner, pour tenir lieu de rétribution pécuniaire, un temps de travail dont la valeur serait jugée excéder le prix ordinaire des apprentissages ».

L'*article 16* § 5 était ainsi conçu dans le Projet de loi : « Si l'apprenti, par incapacité physique ou intellectuelle, est hors d'état de profiter des leçons du maître ». M. Pons-Raade proposa d'insérer cette disposition : Si le maître ou l'apprenti, par incapacité physique ou intellectuelle, se trouve hors d'état, le premier, d'enseigner sa profession, le second de profiter des leçons du maître...

M. Pons-Raade soutenait cet amendement, en invoquant une réciprocité de droits et de devoirs entre maître et apprenti.

Le rapporteur répondit que la Commission repoussait l'amendement, parce que c'est un *nid à procès* qu'on voulait introduire dans la loi; que le droit commun suffisait.

M. Pons-Raade répliqua que, s'il suffisait pour le maître, il suffisait aussi pour l'apprenti, et demandait en conséquence la suppression du § 3.

Le §, 3 fut supprimé.

Le n° 6 de l'*article 16* a été ajouté, à la seconde lecture, sur la demande de M. Morellet.

265. — La loi du 22 février 1851 dispose que « le contrat peut être résolu, sur la demande des parties ou de l'une d'elles :

« 1° Dans le cas où l'une des parties manquerait aux stipulations du contrat. »

: Nous rappelons que les stipulations régulièrement contractées font la loi des parties (Code civil, art. 1134). Le juge doit, pour apprécier les stipulations portées dans le contrat, lorsqu'elles ne présentent pas toute la clarté désirable, consulter les règles générales d'interprétation fixées par la loi à l'égard des conventions ordinaires, règles formulées par le Code civil, art. 1156 et suiv., et que nous avons rappelées ci-dessus (p. 80 et suiv.)

Le maître doit expliquer clairement ce à quoi il s'engage, car il est toujours présumé, par sa position, avoir dicté les stipulations du contrat; et, si une clause présente quelque obscurité ou quelque ambiguïté, elle s'interprète contre lui (il est assimilé au vendeur, sous le rapport légal, C. civ., art. 1602). Si donc l'exécution du contrat présente quelque ambiguïté, le doute doit s'interpréter en faveur de l'apprenti, qui est le plus faible des deux contractants et qui, à ce titre, a plus besoin de protection et d'appui. Enfin la considération de l'âge et du sexe de l'apprenti amène des nuances diverses dans l'application des stipulations du contrat; c'est ce que la prudence du jugé saura facilement discerner.

« 2° Pour cause d'infraction grave ou habituelle aux prescriptions de la présente loi. »

266. — Nous allons donner maintenant quelques exemples de manquements aux stipulations du contrat d'apprentissage ou aux dispositions mêmes de la loi qui peuvent donner lieu à la résiliation du pacte relatif à l'apprentissage.

Nous les diviserons en deux groupes : le premier comprendra les manquements de la part du maître ; le second les manquements de la part de l'apprenti.

267. — *Manquements de la part du maître.*

Le maître doit remplir son engagement en enseignant son état à l'apprenti (voy. *art. 12*). Lorsqu'un père place son fils en apprentissage, pour qu'il apprenne un état, le contrat d'apprentissage peut être résilié sur sa demande s'il est constaté que l'enseignement donné par le maître est insuffisant; que l'apprenti n'a pas acquis un degré de connaissance proportionnel au temps qu'il a passé chez le maître; et que le maître exige à tort que son apprenti travaille tous les dimanches jusqu'à midi (1).

---

(1) Mollot, *Code de l'Ouvrier*, p. 56.

« *Le Bureau général* : — Considérant qu'il résulte des dépositions des témoins et de l'instruction de la cause que le sieur Polomé a employé Hurtrez fils, pendant les deuxième et troisième années de son apprentissage, au nettoyage des lampes et des pendules, peu et pas assez au travail des montres; et que le travail d'Hurtrez (Anatole) a été mal dirigé par Polomé, puisqu'il a été reconnu que ce jeune homme, après trois années d'apprentissage, ne sait pas faire une ancre de pendule, ni un échappement, et, par conséquent, encore bien moins le rhabillage des montres, auquel on aurait dû l'exercer dès la deuxième année de son apprentissage ;

Considérant qu'il résulte du rapport verbal des experts, patrons et ouvriers horlogers Bertemont aîné, Catelin, Dequersonnière et Cochet fils, choisis par les parties, qui ont apprécié le travail de l'apprenti Hurtrez, sous les yeux du sieur Polomé, lesquels l'ont déclaré à l'audience de ce jour, que le sieur Hurtrez fils, pour le travail, est à peu près de la force d'un apprenti de dix-huit mois, et qu'il faudrait lui donner encore des soins particuliers pendant deux ans, pour en faire un ouvrier médiocre ;

Mais, ainsi que le remarque M. Mollot, la demande de l'apprenti serait plus délicate, du moins quant à la preuve, s'il demandait la résolution du contrat parce que le maître avait trop d'apprentis pour pouvoir instruire chacun d'eux complétement, ainsi que le veut la loi; ou s'il était d'une incapacité notoire. L'une et l'autre de ces hypothèses rentrent dans l'insuffisance d'enseignement (1).

268. — Les mauvais traitements du maître contre l'apprenti sont une cause de résiliation du contrat d'apprentissage.

Un maître ne peut exercer sur l'apprenti aucuns mauvais traitements (voy. ci-dessus Chap. V, section i). Il contreviendrait donc aux prescriptions légales, en se livrant envers l'apprenti à des sévices, en le frappant ou en le privant du repos nécessaire.

Le Conseil de Prud'hommes de Lyon a hautement déclaré qu'il ne pouvait tolérer ces moyens de répression et qu'il les

Considérant qu'il est constaté que le sieur Polomé obligeait l'apprenti Hurtrez à travailler habituellement les jours de dimanches et fêtes jusqu'à midi, contrairement à la loi du 22 février 1851, qui interdit le travail des fêtes et dimanches d'une manière absolue; — Que, malgré les diverses réclamations des époux Hurtrez, le sieur Polomé n'y a nullement obtempéré;

Considérant que le sieur Hurtrez père a agi de bonne foi en laissant son fils, et en payant, pendant trois années successivement et d'avance, une somme de cent francs pour prix dudit apprentissage, lorsqu'il avait à se plaindre du peu de progrès de son fils et surtout de lui faire perdre du temps pendant les deuxième et troisième années de son apprentissage au nettoyage des lampes et des pendules ;

Considérant que les conventions légalement formées tiennent lieu de loi à ceux qui les ont faites; — Qu'elles doivent être exécutées de bonne foi;

Vu la loi du 22 février 1851, notamment les articles 9, 12, 16, 19 de cette loi, l'article 1382 du Code civil;

Considérant que le sieur Polomé a contrevenu essentiellement aux prescriptions de la loi, et que Hurtrez fils se trouve maintenant obligé de compléter son apprentissage pour réparer le temps qu'il a perdu au nettoyage des lampes et des pendules pendant deux ans; — Qu'il en résulte un préjudice pour les parents d'Hurtrez fils, qui doit être réparé;

Par ces motifs, — Condamne Polomé à payer immédiatement au sieur Hurtrez la somme de 100 francs à titre de dommages et intérêts; — Ordonne au sieur Polomé d'acquitter à la date de ce jour le livret d'Hurtrez (Anatole) fils;— Autorise au besoin le secrétaire du Conseil à inscrire cet acquit en vertu du jugement; — Condamne Polomé aux frais et dépens.» (Cons. Prud'hommes Douai, 15 mai 1857).

(1) Dalloz, *Rép.*, v° *Industrie et Commerce*, n° 91.

blâmait énergiquement, quoiqu'ils eussent pu avoir été provoqués par une faute de l'apprenti et quoique l'enfant se fût montré insoumis envers son maître; l'indocilité de l'enfant ne pourrait excuser ces voies de fait.—Il a été décidé ainsi dans le cas d'une faute légère commise par l'apprenti, consistant à avoir fumé, malgré défense, dans la cour de la maison, la défense ne lui ayant été faite que de fumer dans l'intérieur de la maison même (1).

Si, donc, en pareille circonstance, l'apprenti quitte l'atelier, le maître peut avoir droit à des dommages-intérêts, mais ils doivent être modérés à raison de ces mauvais traitements (2).

Un acte de brutalité grave entraînerait la rupture du contrat d'apprentissage avec dommages-intérêts. Et, dans ce cas, il serait du devoir du Conseil de Prud'hommes qui prononce sur la demande, d'informer le Procureur de la République des faits relevés au cours des débats (3).

Toutefois il a été jugé que, s'il est établi que l'apprenti a manqué gravement au respect qu'il doit à son maître et que les mouvements d'emportement de celui-ci ont été provoqués par l'insolence, les actes répétés de désobéissance et les insultes de l'apprenti, ils peuvent n'être pas considérés comme une cause de résiliation du contrat d'apprentissage (4).

---

(1) Cons. Prud'hommes Seine, produits chimiques, 6 juill. 1869 : *Mém. du Com. et de l'Ind.*, 1870, p. 116.

(2) Après délibération, le Conseil reconnaissant qu'il y a incompatibilité d'humeur bien constatée, prononce la résiliation du contrat d'apprentissage ; mais, quant au chiffre de l'indemnité, attendu qu'il y a eu des torts réciproques, et de la part du maître, des voies de fait répréhensibles ; que cette circonstance doit motiver une réduction de l'indemnité à laquelle il a droit, le Conseil dit que le sieur Prost père comptera au sieur Biollay la somme de 50 francs. La demoiselle Prost ne pourra se placer ailleurs qu'en qualité d'apprentie (Cons. Prud'hommes Lyon, 17 avril 1855).

(3) Cons. Prud'hommes Lyon, soierie, 13 septembre 1871, *Ep. Veyret* c. d^elle *M.* : *Mém. du Com. et de l'Ind.*, 1872, p. 291. Dans cette espèce, l'apprentie M. avait reçu de sa maîtresse d'apprentissage un coup, qui avait eu pour conséquence la perforation de l'œil.

(4) « *Le Bureau général :*— Attendu que le sieur Gerby n'allègue aucun motif sérieux qui puisse donner lieu à la résiliation du contrat verbal d'apprentissage ; — Attendu que, si le sieur Gerby fils a été l'objet de mauvais trai-

Mais une punition infligée à l'apprenti ne constituerait pas un motif suffisant pour faire rompre le contrat (1).

269. — Si le maître met l'apprenti dans l'impossibilité de vaquer à ses devoirs religieux, les parents de l'apprenti peuvent se plaindre de ce que le patron chez lequel ils ont placé leur enfant en apprentissage ne lui fait pas remplir ses devoirs de religion et ils peuvent demander qu'il leur soit permis de reprendre leur fils tous les dimanches (2).

270. — Le maître doit également faciliter à ses apprentis la fréquentation des écoles. L'instruction est une nécessité qu'il doit comprendre et ne peut entraver.

271. — Il ne doit pas priver l'apprenti des sorties convenues et usitées.

---

tements de la part de son patron, il est reconnu que le sieur Renault n'a agi de la sorte que poussé par l'insolence, les actes de désobéissance répétés et les insultes de son apprenti ; — Attendu, en outre, que le sieur Renault s'est acquitté de ses devoirs envers son apprenti ; — *Par ces motifs*, le Bureau général, jugeant en premier ressort, ordonne que dans les huit jours de la signification du présent jugement, le sieur Gerby père sera tenu de faire rentrer son fils dans les ateliers du sieur Renault ; et, faute de ce faire dans ledit délai et icelui passé, le condamne, dès à présent, à payer avec intérêts au sieur Renault la somme de 100 francs pour indemnité du préjudice que lui cause la non-exécution de la convention d'apprentissage ; le condamne, en outre, aux dépens » (Cons. Prud'hommes Paris, industries diverses, 20 septembre 1854).

(1) Dans une espèce soumise à la section des tissus du Conseil des Prud'hommes de Paris, le père racontait que, pour s'être absentée de l'atelier un jour où il avait cru pouvoir la retenir pour assister à un repas de famille, la D^{elle} Billy lui avait interdit la parole pendant huit jours, et l'avait ensuite renfermée seule dans une pièce sans feu par un froid excessif :

« *Le Conseil* — Attendu qu'il est constant qu'une convention verbale d'apprentissage a été consentie pour trois années entre les parties, pour la mineure Fleurette Cerf, à la charge par le sieur Cerf de payer la somme de cent francs s'il retirait sa fille avant l'expiration desdites trois années ;

Attendu que le Conseil ne reconnaît pas des motifs suffisamment graves pour résilier ladite convention ;

Par ces motifs, Jugeant en premier ressort, — Dit et ordonne que, dans le jour de la signification du présent jugement, le sieur Cerf sera tenu de faire rentrer sa fille mineure, Fleurette Cerf, dans les ateliers de la D^{elle} Billy, pour y terminer son apprentissage ; sinon, et faute par lui de ce faire dans ledit délai, le condamne dès à présent à payer, avec intérêts suivant la loi, à la D^{elle} Billy, la somme de cent francs d'indemnité, le condamne en outre aux dépens. » (Cons. Prud'hommes Paris, tissus, 9 févr. 1855).

(2) Cons. Prud'hommes Lyon, 1er juillet 1855, *Gay* c. D^{elle} *Lançon*.

272. — Le contrat peut être résolu, lorsque le maître ne fournit à l'apprenti qu'une nourriture mauvaise, insuffisante, ou un logement malsain (1).

Mais un contrat d'apprentissage ne peut être rompu sous prétexte que l'apprenti aurait été mal couché, si un lit, qui devait être fourni par lui, ne l'a pas été (2).

S'il avait été convenu dans un contrat d'apprentissage que l'apprenti resterait pendant un certain nombre d'années chez le maître et qu'il serait nourri et couché sans aucune stipulation d'indemnité de travail pour tout le temps de l'apprentissage, l'apprenti devant être seulement nourri et couché, le maître serait, en outre, obligé de pourvoir aux nécessités de son entretien, surtout si, dès son entrée chez lui, le travail de l'apprenti lui était utile (3).

---

(1) Dans une espèce qui s'est présentée devant le Conseil de Prud'hommes de Lyon, une mère se plaignait de ce que, dans la maison où sa fille était placée en apprentissage, la durée du travail était trop prolongée (la journée commençant à cinq heures du matin et ne finissant qu'à dix heures du soir,) de plus (et ce fait résultait de la déposition de l'enfant interrogée à l'audience par le Président), que les repas étaient séparés par de trop longs intervalles. La mère ajoutait que sa fille était tombée malade et l'était encore, soit par excès de travail, soit faute d'une nourriture suffisante. Le Conseil trouva justes et raisonnables les réclamations de la dame Gay ; il dit que l'apprentissage serait continué, mais que l'atelier serait mis sous la surveillance de deux de ses membres. (Cons. de Prud'hommes Lyon, 1er juillet 1855.)

(2) « Attendu qu'il est constant que la veuve Fournier n'a pas remis le lit qu'elle s'est engagée à fournir lors de la convention; — Attendu qu'il résulte des explications des parties que la mineure Fournier, depuis son entrée, avait, faute par sa mère de lui procurer un lit, couché avec une ouvrière de la maison, et que ce n'est que sur son refus de continuer à y coucher, que les époux Martin lui ont fait un lit sur une table pour une nuit seulement. » (Cons. Prud'hommes Paris, tissus, 7 août 1857, *ép. Martin c. Fournier.)*

(3) « *Le Bureau général :* — Attendu qu'il est acquis aux débats que le jeune Berbissier a été mis en apprentissage chez Plista, pour cinq ans à partir du mois d'août 1859; — Attendu que pour apprendre la profession d'imprimeur lithographe la durée de l'apprentissage est ordinairement de trois ans sans que l'apprenti soit nourri et couché; et que l'apprenti reçoit des gratifications progressives pendant les deux premières années et la moitié du prix de son travail la troisième année; — Que si on admet le temps exceptionnel de cinq ans convenu pour le mineur Berbissier en raison de ce qu'il était nourri et couché, on ne peut admettre que, pendant un temps aussi long, l'apprenti ne reçoive aucune gratification, alors qu'il est certain que

273. — Nous avons vu (Chap. V) que, parmi les devoirs légaux imposés au maître figurait l'obligation de se conduire envers l'apprenti en bon père de famille, surveiller sa conduite et ses mœurs, soit dans la maison, soit au dehors.

Or, le maître qui exposerait la moralité de l'apprenti en tenant en sa présence des propos inconvenants ou en se livrant à des actes indécents, donnerait lieu contre lui à la résolution du contrat.

Il pourrait en être de même s'il employait son apprenti à servir dans un cabaret; il commettrait là une inconvenance qui pourrait motiver la résiliation sans indemnité du contrat d'apprentissage (1).

274. — La résolution peut être encourue par le maître, lorsqu'il ne paie pas à l'apprenti le salaire promis.

275. — L'*art.* *16* § *4* porte que le contrat peut être résilié :

« Si le maître transporte sa résidence dans une autre commune que celle qu'il habitait lors de la convention.

---

ledit apprenti rend des services à son patron dès le commencement de son apprentissage;

Attendu que l'apprenti est orphelin et que, depuis son enfance, il est à la charge des défendeurs; que ceux-ci, en le mettant en apprentissage et en accordant cinq ans de son temps, ont dû penser, comme ils le déclarent, que Plista se conformerait à l'usage de sa profession et donnerait des gratifications progressives à son apprenti, de façon qu'il pût subvenir à son entretien; — Que s'il en était autrement les sieur et dame Grosse n'étant nullement obligés d'entretenir le jeune Berbissier, et déclarant ne plus pouvoir le faire, ce dernier se trouverait dénué de tout habillement et, par conséquent, dans l'impossibilité de rester chez son patron; — Qu'il est donc juste et dans l'intérêt même de Plista que l'apprenti soit à même, au moyen d'un salaire hebdomadaire, de pouvoir s'entretenir;

Attendu que, Plista refusant de donner aucune gratification à son apprenti, il appartient au Conseil d'en déterminer le chiffre; que, d'après les usages de la profession d'imprimeur-lithographe et, de l'aveu même de Plista relativement à la capacité de l'apprenti, le Conseil fixe à 2 fr. 50 par semaine le montant du salaire que Plista doit donner à son apprenti.

Par ces motifs, — Jugeant en premier ressort, — dit et ordonne que, dans les 24 heures de ce jour, le jeune Berbissier rentrera chez son patron pour y continuer et terminer son apprentissage; — dit et ordonne que Plista donnera à l'apprenti 2 fr. 50 par semaine pendant le temps qui reste à courir; — Sinon et faute de ce faire, déclare résolu l'apprentissage dont s'agit sans indemnité de part et d'autre, — Et condamne Plista aux dépens. » (Conseil de Prud'hommes de Paris, industries diverses, 23 octobre 1861.)

(1) Cons. de Prud'hommes Paris, 17 juillet 1850, *Veuve Fabrier c. Borel.*

» Néanmoins, la demande en résolution du contrat, fondée sur ce motif, ne sera recevable que pendant trois mois à compter du jour où le maître aura changé de résidence. »

Cette cause possible de résolution se justifie par l'intention présumée des parties. Le changement de domicile du maître, s'il vient à s'éloigner beaucoup de la demeure des parents de l'apprenti, apporte, en effet, une modification aux conditions du contrat. Les parents de l'apprenti n'eussent peut-être pas consenti à le mettre en apprentissage chez un maître résidant soit dans une commune voisine, soit dans la même ville, mais à une distance éloignée. Toutefois, la résolution n'ayant pas lieu de plein droit, l'appréciation de l'intention des parties et des circonstances est laissée à la prudence du juge. — Si la course que l'apprenti doit faire pour se rendre à l'atelier est devenue trop longue, le père est fondé à redouter la fatigue pour son enfant; il peut être, d'ailleurs, empêché par cet éloignement d'exercer sa surveillance paternelle. Aussi le contrat a été rompu lors même que le maître offrait de payer à l'apprenti tous les jours, soir et matin, « la course en omnibus » (1).

Il paraît juste, remarque avec raison M. Mollot, d'étendre cette disposition au cas où le maître vend sa maison de commerce ou change de profession. La vente que le maître ferait

---

(1) « *Le Bureau général*: — Attendu que, lorsque Chevalier a placé son fils chez Barbrel, celui-ci demeurait rue des Gravilliers, à proximité du domicile du père, que Barbrel, en allant demeurer à Auteuil, à une heure de chemin au moins de la demeure du défendeur, a évidemment changé les conditions du contrat; qu'en effet, on ne peut astreindre l'enfant à faire un aussi long trajet, ce qui lui donnerait un surcroît de fatigue et augmenterait la journée de travail ;

Qu'il est vrai que Barbrel offre de payer la course en omnibus, soir et matin, mais que l'objection du père de ne pouvoir surveiller son fils pendant le trajet reste entière, et que, d'ailleurs, cette offre ne pourrait avoir d'effet que pour le soir, puisqu'à l'heure où l'apprenti doit se rendre à l'atelier les omnibus ne marchent pas ;

Que Chevalier est donc en droit de demander la résiliation d'un contrat dont les conditions déterminantes sont changées par Barbrel;

Par ces motifs, — Déclare l'apprentissage du mineur Chevalier résilié sans indemnité de part et d'autre; Déboute en conséquence Barbrel de sa demande; — Et le condamne aux dépens. »(Cons. Prud'hommes Seine, industries diverses, 9 janv. 1867.)

de son fonds ne rompt pas, en effet, le contrat d'apprentissage et ne le délie pas de ses engagements vis-à-vis des apprentis. Le maître ne peut pas même transmettre les obligations qui résultent pour lui du contrat à son successeur, à moins toutefois que les apprentis, avec le concours de ceux sous l'autorité desquels ils se trouvent placés, n'y consentent, ces obligations étant, nous l'avons dit, toutes personnelles. Il y a lieu dès lors, si le maître ne peut continuer son enseignement, à des dommages-intérêts en faveur de l'apprenti pour cause d'inexécution des engagements (1).

Nous bornons là nos exemples, ne voulant pas multiplier à l'infini les cas où la résolution du contrat d'apprentissage peut être prononcée contre le maître, d'après l'appréciation du juge.

276. — *Manquements de la part de l'apprenti.*

Nous indiquerons, de même, les causes les plus fréquentes où la résiliation peut être prononcée contre l'apprenti.

Toute infraction grave, tout manquement habituel au contrat par l'apprenti, autorise le maître à le renvoyer.

Le maître peut, dans ce cas, obtenir, des dommages-intérêts (2).

277. — L'apprenti ou la personne qui a stipulé pour lui ou sa caution doit acquitter le prix convenu pour l'apprentissage. L'inexécution de cette obligation peut déterminer la résolution du contrat. Si l'apprenti n'acquitte pas, lui ou sa caution, le prix convenu pour l'apprentissage, le maître peut demander la résiliation du contrat.

Le mineur émancipé qui se serait engagé, sans la participation de son curateur, en contractant un apprentissage, à payer une pension dans la maison où il est entré, ne pourrait davantage, après avoir profité de l'enseignement qui lui a été donné, se refuser au paiement de la pension (3).

____

(1) Dall., *Rép.*, vᵒ *Industrie et Commerce*, nᵒ 90.
(2) Voy. notamment: Cons. Prud'hommes Orléans, 26 avril 1853, *Simon c. Brécheux.*
(3) «*Le Bureau général :* — Attendu qu'il résulte des faits et circonstances de la cause et des explications des parties que la convention verbale d'ap-

278. — *L'art. 16* § 3 énonce que la résolution du contrat peut être prononcée « dans le cas d'inconduite habituelle de la part de l'apprenti. »

Lorsque le maître se plaint de l'inconduite de l'apprenti, la loi veut qu'elle soit *habituelle* et incorrigible. Il ne suffirait pas de quelques fautes ou d'écarts passagers pour motiver la mesure grave de la résiliation ; il convient de faire la part de l'indulgence que doit inspirer l'âge de l'apprenti.

Il a été jugé, par application du § *3*, que, lorsqu'une indemnité a été stipulée, elle peut être réduite par le Conseil des Prud'hommes, lorsque le maître refuse de continuer l'apprentissage à raison de la mauvaise conduite de l'apprentie, mauvaise conduite qui est établie si le père ne retirait pas sa fille (dans cette espèce le père ne retirait pas sa fille de chez son patron) (1).

---

prentissage, intervenue entre Dalsace frères et Blandin, le 15 mars 1850, n'a pas été onéreuse à ce dernier ; qu'elle lui a été au contraire utile et profitable ;

Attendu qu'il est un principe général qui défend de s'enrichir injustement aux dépens d'autrui, et que ce principe est applicable indistinctement au majeur et au mineur ; — Attendu que si le mineur a été mis, par l'article 1124 du Code civil, au rang des personnes déclarées incapables de contracter, l'article 1125 porte qu'il ne peut attaquer pour cause d'incapacité ses engagements que dans les cas prévus par la loi ;

Attendu que, de l'article 1305 du Code civil et de l'interprétation qui lui a été donnée par la doctrine et la jurisprudence, il résulte que l'obligation contractée par un mineur n'est pas nulle de plein droit ; qu'elle est seulement susceptible d'être rescindée, s'il est établi que le mineur ait éprouvé quelque lésion, et que c'est au mineur lui-même à prouver l'existence de la lésion ;

Attendu que Blandin ne prouve pas qu'il ait été lésé par la convention verbale intervenue avec Dalsace frères ; que rien ne prouve non plus qu'il en ait été exonéré ;

Par ces motifs, — Jugeant en premier ressort, condamne le sieur Eugène Blandin jeune et le sieur Chrétien, agissant comme curateur à l'émancipation dudit mineur Blandin et l'assistant, à payer, avec intérêts suivant la loi, aux sieurs Dalsace, la somme de 600 fr., prix de l'apprentissage dont s'agit, etc. ; — réserve au mineur Blandin ses droits pour réclamer contre Dalsace le prix des commissions dont il a pu bénéficier pendant son apprentissage, etc. » (Cons. Prud'hommes Paris, tissus, 17 octobre 1851.)

(1) L'indemnité fixée par les conventions était de 200 fr., le Conseil des Prud'hommes la réduisit à 50 fr., vu le refus, légitime néanmoins, du chef d'atelier, de continuer l'apprentissage.

Si ce chef d'atelier eût été déclaré mal fondé dans son refus, il aurait été condamné à payer les 200 francs stipulés, parce que la résiliation aurait

279. — Ainsi que nous l'avons vu (Chap. III), quoiqu'un contrat d'apprentissage n'ait été établi que par conventions verbales il conserve toute sa force entre les parties (1).

Ce contrat ne peut être rompu par le père de l'apprenti, notamment sous prétexte que son fils aurait pris en dégoût la profession du maître. En cas de rupture pour pareil motif, le père devrait être condamné à des dommages-intérêts (2).

Le père de l'apprenti ne peut non plus trouver une cause de rupture du contrat dans les conditions du travail auquel son enfant est employé, si le maître n'a fait que suivre un usage établi. — Il a été décidé, par exemple, que le père qui a mis sa fille en apprentissage chez une blanchisseuse, ne peut demander la résiliation du contrat à cause de l'envoi de l'apprentie au lavoir, à moins de conventions formelles à cet égard, le

---

été provoquée par lui sans motifs; et, d'un autre côté, le Conseil n'a pas voulu faire supporter au père la totalité, puisqu'il offrait de continuer l'apprentissage. (Cons. Prud'hommes Paris, 30 octobre 1850, *Brocard* c. *Sénac*.)

(1) Aux décisions que nous avons déjà rapportées, nous ajouterons la suivante : il a été jugé, que, quoique la mère d'un apprenti prétende qu'il n'a été fait aucune convention d'apprentissage entre elle et le patron-maître et qu'elle n'a jamais considéré l'engagement de son fils que comme un engagement ordinaire de travail qui pouvait être rompu par un congé donné de part ou d'autre, il y a lieu de décider qu'elle était réellement liée par un contrat d'apprentissage s'il résulte de ses propres déclarations qu'à l'époque de l'entrée de son fils chez le patron-maître, elle a vu ce dernier, que des conditions d'apprentissage ont été proposées et que, pendant le temps passé par l'apprenti chez le maître, ce sont ces mêmes conditions qui ont été exécutées (Cons. Prud'hommes Paris, produits chimiques, 23 janv. 1872, *Mérieux* c. *veuve Gaujot et Tiffereau* : *Mém. du Com. et de l'Ind.*, 1872, p. 473.)

(2) « Attendu que Thomas convient avoir placé son fils pour trois années chez Plan, l'avoir laissé pendant 18 mois, n'avoir d'autre motif pour le retirer que le dégout de l'apprenti pour la profession ;

Attendu qu'aucune condition n'a été stipulée entre les parties pour le cas de rupture de l'apprentissage de son fils ; qu'en ce cas le Conseil est appelé à fixer l'indemnité qui pourrait être due à l'une ou à l'autre des parties;

Attendu que les motifs invoqués par Thomas ne sont pas de nature à légitimer la rupture de l'apprentissage de son fils sans indemnité ; Que, s'il persistait à ne vouloir pas faire rentrer son fils chez Plan, il devrait à celui-ci une indemnité que le Conseil fixe à la somme de 150 francs ». (Cons. Prud'hommes, Seine, tissus, 21 avril 1870: *Mém. du Com. et de l'Ind.*, 1870, p. 363.)

lavage du linge faisant partie de l'apprentissage de la blanchisseuse (1).

Le maître peut demander la résolution du contrat, si l'apprenti est indocile à ses leçons et insoumis à ses ordres.

Nous avons vu que l'*art. 11* (qui trace les devoirs de l'apprenti) oblige l'apprenti à aider son maître par son travail, dans la mesure de son aptitude et de ses forces. Le maître a dû compter que l'enfant aurait tout au moins une intelligence ordinaire, moyenne.

Mais, lorsque l'apprenti se montre d'une incapacité absolue, le maître peut demander à se débarrasser des liens de l'apprentissage, pourvu qu'il ne réclame aucune indemnité ; c'est ce qu'a admis le Conseil des Prud'hommes de Lyon (2).

Il a été décidé, d'après ce principe, qu'un contrat d'apprentissage ne doit pas être résolu sous le prétexte que l'apprenti

----

(1) « Attendu qu'à défaut de conventions formelles, Bellanger ne peut faire un cas de rupture de l'envoi de sa fille au lavoir, et que la dame Tabouret n'a fait qu'exécuter un usage établi ; — Que, d'ailleurs, sur les observations du défendeur, elle avait cessé de faire travailler l'apprentie audit lavoir et qu'elle déclare aujourd'hui consentir à ne plus l'y envoyer porter le linge.

Par ces motifs : Dit qu'il n'y a pas lieu de rompre ledit apprentissage Ordonne, au contraire, qu'il devra recevoir son exécution pendant le temps fixé pour sa durée, et, attendu le refus par Bellanger de faire rentrer sa fille chez ladite dame Tabouret, dit que ledit apprentissage sera rompu, à partir de ce jour, du fait de Bellanger ; — Et, attendu le préjudice causé à la dame Tabouret par ladite rupture, fixe à 300 francs le montant de l'indemnité à elle due, etc. » (Cons. Prud'hommes Paris, produits chimiques, 25 mai 1869 : *Mém. du Com. et de l'Ind.*, 1870, p. 174.)

(2) La dame Géneron avait placé ses enfants en apprentissage chez les dames Gonnaud, où elles devaient rester trois ans et demi. Au bout de six mois, les dames Gonnaud se sont vues dans la nécessité de renvoyer ces enfants à leur mère, attendu leur incapacité totale et l'absence de tous progrès. La dame Géneron demanda la continuation de l'apprentissage. De leur côté, les dames Gonnaud se refusèrent à reprendre leurs élèves, mais elles déclarèrent renoncer à toute indemnité :

« *Le Conseil*, donnant acte de cette déclaration, et attendu qu'il résulte des renseignements qui ont été pris par un des membres du Conseil chargé de faire enquête, que les enfants de la dame Géneron ont fait preuve d'une incapacité complète ; que, pendant les six mois passés chez les dames Gonnaud, on n'a pu constater aucun progrès dans leur intelligence, dit que les six mois sont considérés comme essai ; qu'en conséquence, le contrat d'apprentissage est résilié sans indemnité. Les effets sont rendus à la dame Géneron. » (Cons. Prud'hommes Lyon, 6 mars 1855.)

n'a pas reçu tous les enseignements qui lui étaient nécessaires, lorsque le contraire est régulièrement prouvé et qu'il est démontré que l'apprenti a peu d'aptitude et a montré du mauvais vouloir (1).

Le maître qui a lieu de se plaindre du mauvais caractère, de la mauvaise volonté et des négligences calculées de l'apprenti, peut le renvoyer ; il peut même, dans ce cas, obtenir ensuite contre lui des dommages-intérêts (2).

---

(1) « *Le Conseil :* — Attendu qu'il résulte des dépositions des témoins, que le mineur Decourt a reçu dans les ateliers du sieur Évaldre les enseignements qui lui étaient nécessaires pour apprendre la pose des carreaux de vitres, la mise en plomb des vitraux et la peinture sur verre; — Que si ces enseignements n'ont pas produit tous les résultats qu'en attendait le sieur Decourt père, cela tient aux dispositions contraires de l'apprenti ainsi qu'à son mauvais vouloir;

Que, dès lors, on ne peut reprocher au sieur Évaldre d'avoir négligé l'éducation professionnelle du mineur Decourt ni d'avoir éludé les obligations qu'impose au maître l'article 12 de la loi du 22 janvier 1851; — Qu'on ne peut, par conséquent, pas lui imputer l'état d'ignorance, si toutefois ignorance il y a, dans lequel se trouve cet apprenti quant à l'art de la mise en plomb et de la peinture sur verre, puisque cet état d'ignorance, s'il est réel, tient à des causes indépendantes de la volonté de ce patron.

« *Par ces motifs,* Déboute le demandeur de sa demande; — Maintient le contrat d'apprentissage intervenu entre les parties et en ordonne l'entière exécution; — Et, faute par le mineur Decourt de remplir immédiatement les engagements pris en son nom par son père, condamne dès maintenant celui-ci, sans qu'il soit besoin d'autre jugement à 60 francs de dommages-intérêts envers le sieur Évaldre; le condamne dans tous les cas aux dépens de l'instance. » (Cons. Prud'hommes Lille, 16 mai 1851.)

(2) *Le Conseil :* — Considérant qu'il résulte des explications contradictoires des parties à la barre que si, à la vérité, Brécheux a pris l'initiative en renvoyant Simon avant l'époque fixée pour la fin de son apprentissage, on doit reconnaître qu'il a été contraint à prendre cette mesure extrême par suite du mauvais caractère, de la mauvaise volonté de Simon et de ses négligences calculées dans l'accomplissement de ses devoirs d'apprenti, toutes circonstances qui rendaient la vie commune impossible;

Que cette conduite de la part de Simon constitue une infraction grave et habituelle aux dispositions de la loi du 22 janvier 1851, qui porte, article 11 : « que l'apprenti doit à son maître fidélité, obéissance et respect; qu'il doit » l'aider dans son travail dans la mesure de ses forces et de son aptitude. » Considérant que l'article 16 de la même loi dit : « Que le contrat peut être » résolu sur la demande de l'une des parties pour cause d'infraction grave » ou habituelle aux prescriptions de cette loi; » — Qu'il y a lieu, dès lors, de prononcer cette résolution contre Simon;

Considérant qu'une indemnité est due à Brécheux à raison du préjudice que lui cause la résolution du contrat d'apprentissage dont il s'agit; que le Conseil possède les éléments suffisants pour déterminer le chiffre de cette indemnité, qui doit être fixée à 25 francs.

280. — Le contrat pourrait être résolu si l'apprenti venait à déserter l'atelier ou se permettait des absences indues ou trop prolongées.

Le juge appréciera les motifs de ces absences, soit pour prononcer la résiliation, soit pour se borner à indemniser le maître. — Ainsi, il a été décidé que le fait par un beau-frère d'avoir retiré sa belle-sœur d'un atelier où elle était en apprentissage et de lui avoir fourni les moyens de retourner dans sa famille peut donner lieu à le condamner au paiement de tout ou partie de l'indemnité à prononcer au profit du maître abandonné (Cons. Prud'hommes Lyon, soierie, 15 mai 1872 : *Mém. du Com. et de l'Ind.*, 1872, p. 294 (1)).

Déclare Simon mal fondé dans sa demande et en donne congé à Brécheux; — Reçoit Brécheux reconventionnellement demandeur; — Et, statuant sur cette demande reconventionnelle, prononce contre Simon la résolution du contrat d'apprentissage intervenu verbalement entre les parties; Fixe à 25 francs l'indemnité due à Brécheux à raison de cette résolution; Condamne Simon à payer à Brécheux cette somme de 25 francs avec les intérêts qu'elle aura produits jusqu'au jour du paiement; Dit qu'aussitôt après le paiement de cette somme, Brécheux sera tenu de donner à Simon un congé d'acquit de son apprentissage; Condamne enfin Simon aux dépens. » (Cons. Prud'hommes Orléans, 26 avril 1853.)

(1) « *Le Conseil :* —Considérant que le traité verbal d'apprentissage, sur lequel la dame Vᵛᵉ Jacquet appuie sa demande, est constant : qu'en vain le sieur Masson, sans s'arrêter toutefois à ce moyen, a semblé dans le cours de la discussion vouloir contester la réalité de ce traité; que cette réalité résulte des explications, données par lui-même et de toutes les circonstances de la cause ;

Considérant qu'il ne conteste aucun des articles du compte verbal présenté par Mᵐᵉ Jacquet, et que dudit compte il résulte qu'il reste devoir à cette dame 10 fr. 15 c. sur le prix de l'apprentissage de son fils, sa nourriture et son logement;

Considérant qu'il ne saurait nier non plus que dans le cours de son apprentissage, son fils, Jules Masson, ait fait plusieurs absences prolongées et qu'il ne conteste pas le chiffre de 107 jours de travail (dimanches et fêtes non-compris) auquel, suivant la dame Veuve Jacquet, s'élèveraient ces différentes absences;

Considérant que, pour se refuser au paiement, tant du reliquat de compte que de l'indemnité qui lui sont réclamés, le sieur Masson prétend seulement opposer une compensation, soutenant que l'éducation professionnelle de son fils n'est pas complète, que certaines parties de l'état de tonnelier-vinaigrier ne lui ont pas été enseignées, telles que le point d'ovale, la façon des brocs et la vinaigrerie proprement dite; — Mais considérant que le sieur Masson n'est en droit d'élever aucune plainte à cet égard; qu'en effet, bien que l'époque fixée pour la fin de l'apprentissage de Masson fils ait été atteinte, le temps pendant lequel devait durer cet apprentissage n'a pas été accom-

Ainsi, lorsque l'apprenti a été amené à faire de nombreuses absences par suite d'un état maladif constaté, le patron ne peut, en présence de l'offre de cet apprenti de rentrer, obtenir la totalité de l'indemnité stipulée dans le contrat d'apprentissage, en faisant résilier ce contrat ; il y a lieu à réduire l'indemnité (1).

Lorsqu'il est constaté par certificat de médecin qu'un apprenti ne peut, pour cause de maladie ou d'infirmité, continuer son apprentissage, le Conseil des Prud'hommes doit, en l'absence d'arrangement entre les parties, arbitrer l'indemnité, qu'à rai-

---

pli, puisque Masson fils doit encore 107 jours de travail ; que ces 107 jours étaient plus que suffisants pour enseigner à Masson fils les parties de l'état de tonnelier-vinaigrier que son frère prétend ne pas lui avoir été montrées ; — Qu'en se refusant positivement à faire rentrer son fils chez Mme Veuve Jacquet pour y terminer son temps d'apprentissage, M. Masson père a mis lui-même cette dame dans l'impossibilité de compléter l'éducation professionnelle de Masson fils, et qu'il ne peut exciper d'un fait qui lui est propre pour combattre la demande de Mme Veuve Jacquet ; que ce refus de faire rentrer son fils chez Mme Veuve Jacquet est d'autant moins explicable, que, devant le Bureau particulier, le sieur Masson père a reconnu que le sieur Jacquet fils, qui dirige aujourd'hui l'établissement de sa mère, est un habile ouvrier, fort capable d'enseigner son état et qu'il a spontanément ajouté qu'il était formellement convenu entre lui et M. Jacquet père, que ce serait Jacquet fils qui enseignerait à Masson fils le point d'ovale et les autres parties les plus délicates de l'état de tonnelier ;

Considérant que Masson fils, à raison de son âge et de sa force, ainsi que du degré d'instruction qu'il avait déjà acquis dans son état, pouvait rendre à Mme Veuve Jacquet les services d'un véritable ouvrier ; que les absences dont il s'agit ont eu lieu en partie pendant les mois de septembre et octobre derniers, époque à laquelle les travaux de tonnellerie ont le plus d'activité chez son patron ; qu'en égard à ces circonstances le chiffre de 1 franc par jour d'absence, auquel Mme Veuve Jacquet fixe l'indemnité qu'elle réclame, n'a rien d'exagéré ;

Par ces motifs, Adjuge à Mme Veuve Jacquet les conclusions de sa demande.» (Cons. Prud'hommes d'Orléans, 16 avril 1852 : *Mém. du Com. et de l'Ind.,* XX, p. 60.)

— Si le père d'un apprenti a été forcé de quitter Paris, au mois de septembre 1870, comme Allemand, et par suite de la guerre et d'emmener son fils avant le terme de la durée de l'apprentissage, le patron chez lequel avait été placé l'apprenti a droit d'exiger, après le retour du père et du fils à Paris, sous peine de dommages-intérêts que l'apprenti rentre chez lui jusqu'au terme fixé pour le temps de son apprentissage et remplace, en outre, par un excédant de deux mois de travail deux mois de temps perdu avant la guerre. (Cons. Prud'hommes Seine, indust. diverses, 6 décembre 1871, *Micolache* c. *Boosen : Mém. du Com. et de l'Ind.,* 1872, p. 57.)

(1) La convention d'apprentissage du fils Delorme avec le sieur Besson a été résiliée ; mais l'indemnité, fixée par le contrat à 200 fr., a été réduite à 80 fr. (Cons. Prud'hommes Paris, 17 avril 1850, *Besson* c. *Delorme.*)

son de la résiliation devenue nécessaire, les parents de l'apprenti payeront au maître (1).

Si l'apprenti est incapable, par suite de maladie, d'exécuter le contrat d'apprentissage, le Conseil des Prud'hommes peut n'accorder au maître d'autre indemnité que celle du logement et de la nourriture fournis à l'apprenti (2).

Chacun des contractants a incontestablement 1 droit de demander la résolution, lorsqu'une infirmité grave, survenue depuis le contrat et de nature à se prolonger, empêche le maître ou l'apprenti d'en continuer la bonne exécution.

M. Dalloz (n° 91), qui ne s'occupe que de la maladie de l'apprenti, dit que : « celui qui est empêché par une maladie ou infirmité de continuer son apprentissage peut évidemment faire résoudre son obligation sans dommages-intérêts, en cas de force majeure ».

Nous nous rangeons à l'avis de M. Mollot, suivant lequel, le maître, atteint par une infirmité caractérisée, ne peut invoquer le même cas fortuit.

281. — On doit signaler, tout particulièrement, une espèce d'infraction qui ne se produit que trop souvent : un apprenti, voyant arriver la fin de son apprentissage et croyant connaître son état ou à peu près, cherche par tous les moyens, l'indocilité, les sorties prolongées, les malfaçons dans le travail, etc., à se faire renvoyer par son maître; et les parents de l'apprenti se

---

(1) Cons. Prud'hommes Lyon, 26 février 1855, *Bourgeois (veuve)* c. *Magnan.*

(2) La D^{lle} Duverd était apprentie chez le sieur Fatard, où elle était restée neuf mois. Plus tard, elle était tombée malade, et, par suite de sa maladie, elle avait quitté l'atelier. Un certificat du médecin constatait que la D^{lle} Duverd ne pouvait reprendre le travail.

Les conditions qui avaient été passées ne fixaient aucun temps pour la durée de l'apprentissage; en conséquence, le Conseil porte l'évaluation de cette durée à trois ans, temps ordinaire et usuel, en l'absence de stipulations précises, et il décide que le sieur Fatard a droit à une indemnité pour logement et nourriture de l'apprentie pendant les neuf mois qu'elle est demeurée chez lui. Le Conseil, vu les circonstances de la cause et l'incapacité de travail de la D^{lle} Duverd, régulièrement constatée, dit que le contrat d'apprentissage est résilié et accorde au sieur Fatard une indemnité de 60 fr. (Cons. Prud'hommes Lyon, 27 juin 1854.)

prêtent parfois à cette spéculation déloyale par leurs mauvais conseils ou par leur défaut d'intervention !

« Il importe alors, dit M. Mollot, que le juge fasse respecter le contrat et la loi l'autorise à prononcer contre l'apprenti des dommages-intérêts; et, s'il y a manquement grave envers le maître, la condamnation disciplinaire. »

En cas de sortie prématurée de l'apprenti de chez son maître, le Conseil doit ordonner sa rentrée. Les Prud'hommes se montrent avec raison très-rigoureux, lorsqu'il s'agit de semblables contraventions.

Si l'apprenti a abandonné le maître à un moment où le travail de ce dernier pouvait l'indemniser des peines qu'il s'était données pour lui apprendre sa profession, ce fait doit amener au profit du maître une réparation pécuniaire (1).

282. — Nous n'avons pas besoin d'ajouter qu'à plus forte raison le contrat pourrait être résolu, si l'apprenti s'était livré à des offenses ou à des insultes envers le maître; s'il avait exercé contre sa personne des voies de fait; enfin, s'il avait commis des infidélités (abus de confiance, vol) à son préjudice; ces trois derniers faits, constituant des délits, pourraient même entraîner contre l'apprenti des poursuites extraordinaires et des peines corporelles.

283. — Nous avons vu que le juge pouvait condamner le père de l'apprenti à des dommages-intérêts pour infraction aux prescriptions légales ou aux obligations conventionnelles.

En cas d'insolvabilité déclarée par le père d'un apprenti, le Conseil, en allouant une indemnité au maître pour rupture du contrat d'apprentissage, peut ordonner, qu'à défaut par l'apprenti de rentrer chez son maître, cette indemnité sera payée par tout patron qui recevrait l'apprenti en apprentissage ou comme ouvrier (2).

---

(1) Justice de paix, Marseille, cant. Sud, 15 septembre 1863, *Périssol c. Tassel père et fils.*

(2) « *Le Bureau général* : Attendu qu'il est constant que la dame veuve

284. — A Lyon, il est admis que le maître peut demander, dans le cas où la résiliation est accordée contre l'apprenti pour infraction au contrat, que celui-ci ne se replace pas ailleurs en qualité d'*apprenti*. — Le Conseil des Prud'hommes de Lyon a jugé que, lorsqu'il annule un contrat d'apprentissage pour cause de justes plaintes contre l'apprenti et qu'il réduit de moitié l'indemnité fixée par le contrat en cas de résiliation, il peut ordonner que l'apprenti, auquel on ne donnera point de livret, ne pourra se placer que comme apprenti, et que tout chef d'atelier qui l'emploierait comme ouvrier serait responsable et passible du surplus de l'indemnité (1).

Fournier a placé sa fille mineure Hortense, pour deux années, chez les époux Martin, pour y apprendre l'état d'ouvrière blanchisseuse de neuf; — Attendu qu'il est également constant que la veuve Fournier a retiré sa fille après cinq mois seulement du temps fixé pour l'apprentissage; — Attendu que, pour justifier le retrait de l'apprentie, la veuve Fournier reproche aux époux Martin des faits dont ceux-ci ne se sont pas rendus coupables;

Attendu que, si la veuve Fournier persistait à ne pas faire continuer l'apprentissage de sa fille chez les époux Martin, il en résulterait pour ces derniers un préjudice, que le Conseil, ayant les éléments nécessaires, estime à la somme de 150 francs; — Attendu que la veuve Fournier s'abrite derrière son insolvabilité pour se soustraire à l'engagement par elle pris; qu'il y a lieu, dès lors, de prendre des mesures en conséquence, afin de sauvegarder les intérêts des époux Martin;

Par ces motifs, Jugeant en premier ressort dit et ordonne que, dans le jour de la signification du présent jugement, la mineure Hortense Fournier sera tenue de rentrer chez les époux Martin, pour y continuer son apprentissage; sinon et faute par elle de le faire, et de sa mère de l'y contraindre, condamne, dès à présent, la veuve Fournier à payer, avec intérêts suivant la loi, aux époux Martin la somme de 150 francs à titre d'indemnité, dit que tout patron qui emploierait Hortense Fournier comme apprentie ou comme ouvrière, sans qu'elle ait justifié de l'acquit du présent jugement, sera passible de l'indemnité allouée aux époux Martin; condamne la veuve Fournier aux dépens. » (Cons. Prud'hommes Paris, tissus, 7 août 1857, *ép.* *Martin c. Fournier.*)

(1) En présence du refus de garder l'apprenti, refus qui, d'ailleurs, était motivé par l'insubordination flagrante de l'apprenti, le Conseil a prononcé : Que les conventions sont résiliées; que l'indemnité, fixée à 300 francs par le contrat d'apprentissage, est réduite à 150 francs, sous la condition expresse que le jeune Clerc, auquel on ne donnera point de livret, ne pourra se placer que comme apprenti; que tout chef d'atelier qui l'emploierait est, dès à présent, déclaré responsable et passible du surplus de l'indemnité, c'est-à-dire de 150 francs; Ordonne que le sieur Clerc père, emmènera son fils chez lui; qu'à défaut, le Conseil avertirait la police, pour que ce jeune homme fût arrêté comme vagabond; dit, enfin, que c'est à la seule considération de la présence de son père que l'on n'applique pas à Clerc

On dit, pour justifier cette mesure, que l'apprentissage est d'ordre public.

M. Mollot n'approuve pas toutefois une solution aussi absolue, parce qu'elle porte atteinte à la liberté des personnes et de l'industrie. Tout ce que le maître est fondé à demander et à obtenir, selon lui, ce sont des dommages-intérêts, soit contre l'apprenti, soit contre celui qui l'emploierait avant que cette indemnité ait été soldée.

Cette manière de voir est partagée par le Conseil des Prud'hommes de la Seine, qui décide, que, lorsque l'apprenti sort avant le temps convenu, il n'y a lieu qu'à payer des dommages-intérêts ; le fabricant qui le reçoit, sachant qu'il était encore engagé dans les liens de son contrat, doit être condamné conjointement et solidairement au paiement des dommages-intérêts (1).

Si un jugement d'un Conseil de Prud'hommes, en condamnant un maître à payer à la mère d'un apprenti une indemnité pour retrait de l'apprenti avant le temps convenu, a rendu responsable de cette indemnité tout patron qui serait convaincu d'avoir occupé ledit apprenti, l'application de cette responsabilité doit être faite au patron, qui, ultérieurement, a reçu chez lui l'apprenti, surtout si la mère lui a donné connaissance de la disposition du jugement le concernant, et si, pour dissimuler l'emploi de l'apprenti chez lui comme ouvrier, il lui a fait prendre un livret de domestique (2).

---

jeune la peine d'emprisonnement que la loi de 1809 permet au Conseil d'infliger, lorsqu'il le juge à propos. » (Cons. Prud'hommes Lyon, 19 avril 1854, *Boursier c. Clerc : Mém. du Com. et de l'Ind.*, 1854, p. 425.)

(1) Cons. Prud'hommes Seine, produits chimiques, 14 juin 1870 (*Ann. du Droit comm.*, 1871, p. 252).

(2) « *Le Bureau général :* — Attendu qu'il est établi par les faits généraux de la cause et les déclarations des parties à l'audience, que Gombault a reçu et employé sciemment Marie Drouin sans acquit d'apprentissage et sans livret ; — Attendu que, sur les démarches de la demoiselle Roger qui lui a fait connaître la teneur du jugement du 21 mars 1859, Gombault avait annoncé l'intention de transiger sur le chiffre de l'indemnité dont il se considérait tenu, à raison de ce qu'il avait employé Marie Drouin comme apprentie, et que cette intention a été déniée par lui depuis ; — Attendu que c'est dans le but d'échapper à la responsabilité par lui encourue, qu'il a fait prendre à Marie

Dans le même cas, le Conseil des Prud'hommes de Lyon autorise le maître à réclamer une indemnité moindre, *en se réservant de demander un supplément d'indemnité, si l'apprenti vient à se replacer plus tard dans la même profession.*

« Nous ne conseillons pas non plus cette manière de procéder, fait observer M. Mollot, bien qu'elle ait pour but d'alléger la condamnation de l'apprenti. Elle laisse, en effet, subsister le germe d'une nouvelle contestation. — A Paris, la réserve faite au profit du maître serait le plus souvent illusoire, à cause de la difficulté de suivre les traces de l'apprenti dont le contrat a été résilié. »

285. — Lorsque le contrat d'apprentissage est résilié de plein droit ou par jugement, comme lorsqu'il atteint le terme fixé par le contrat pour sa durée, le maître doit rendre à l'apprenti les effets de corps, lit, outils et autres objets mobiliers qui lui appartiennent.

Nous ferons remarquer que le père qui, condamné à faire rentrer son fils mineur en apprentissage chez son patron ou à payer à celui-ci une indemnité, n'a exécuté ni l'une ni l'autre de ces condamnations, ne peut réclamer du patron pour son fils aucun certificat de quelque nature que ce soit (Voy. ci-dessus, *art. 12*, 2me alinéa). En pareil cas, les objets de literie ou autres de l'apprenti déposés chez le patron sont le gage du patron; et ils ne peuvent être revendiqués par le père, sous prétexte qu'ils seraient assimilés aux objets exceptés par l'art. 592, C. proc., de la saisie operée au domicile du saisi, comme

---

Drouin un livret de domestique, sans cesser de l'occuper comme ouvrière polisseuse dans son atelier; Que cette fraude constatée est un nouveau témoignage de la mauvaise foi de Gombault, et qu'aucun doute ne peut plus subsister dans l'esprit du Conseil sur l'application à faire audit Gombault de la teneur du jugement sus-énoncé; — *Par ces motifs*, jugeant en premier ressort, le Conseil condamne Gombault à payer à la demoiselle Royer la somme de 160 francs pour le montant de l'indemnité due par tout patron qui aurait sciemment reçu et employé l'apprentie Marie Drouin; et condamne, en outre, ledit Gombault aux dépens. » (Conseil Prud'hommes Seine, métaux, 8 septembre 1862, *D^lle Royer c. Gombault*, M. E. Gouin, président : *Mém. du Com. et de l'Ind.*, 1862, p. 573.)

faisant partie du coucher nécessaire au saisi et à sa famille, et trouvés audit domicile (1).

Il arrive quelquefois que le patron s'engage à payer à son apprenti, à la fin de son apprentissage, une prime en cas de progrès notables et de bonne conduite ; il ne pourrait déduire de cette prime les cinq ou dix pour cent qu'il aurait hebdomadairement donnés à l'apprenti sur le produit de son travail à titre d'encouragement pendant le cours de l'apprentissage (2).

SECTION IV.

De la réduction ou de la résolution du contrat d'une durée excessive.

286. — L'*article 17* de la loi que nous commentons est ainsi conçu :

« Si le temps convenu pour la durée de l'apprentissage dépasse le maximum de la durée consacrée par les usages locaux, ce temps peut être réduit ou le contrat résolu. »

La même disposition résultait de l'article 9 de la loi du 22 germinal an XI.

---

(1) « *Le Conseil* : — En ce qui touche la restitution des effets de literie déposés par T. pour son fils mineur apprenti chez G ; — Attendu que ces effets sont le gage du patron ; qu'ils ne peuvent en aucune façon être assimilés aux objets exceptés par l'art. 592, C. proc., de la saisie opérée au domicile du saisi, comme faisant partie du coucher nécessaire au saisi et à sa famille, et trouvés audit domicile ;

En ce qui touche la demande d'un certificat : Attendu qu'aucun certificat n'est dû par le patron à l'apprenti qui n'a pas fini son apprentissage ; — Attendu, enfin, que le mineur T. ayant quitté les ateliers de G. avant d'avoir terminé son apprentissage, un jugement rendu par le Conseil de Prud'hommes de Paris, pour les métiers, à la date du 7 février dernier, confirmé sur appel par sentence du tribunal de commerce, a ordonné que le mineur T. rentrerait chez G. pour y finir son apprentissage, ou, faute par T. père, de l'y contraindre, a condamné ledit T. père, à payer à G. une somme de 500 fr. à titre d'indemnité ; — Attendu que jusqu'à ce jour, T. père n'a pas exécuté ledit jugement et en entrave l'exécution ; — Que, dès lors, il ne peut être recevable à demander à G. ni la remise des effets dont il s'agit, ni aucun certificat de quelque nature que ce soit ; — *Par ces motifs*, Déboute T. père de sa demande, et le condamne aux dépens. » (Cons. Prud'hommes Paris, métaux, 30 mai 1850.)

(2) Cons. Prud'hommes Seine, indust. diverses, 11 août 1869, *Batesti c. Mercier : Mém. du Com. et de l'Ind.*, 1870, p. 175.

C'est là une sage exception au principe général de droit qui n'admet pas l'action en rescision pour lésion dans les contrats dont la cause et l'objet sont purement mobiliers (1). Il s agit, en effet, d'un contrat autrement important, d'un contrat qui touche à la liberté des personnes.

Notre article énonçant que le contrat peut être réduit ou résolu, cette faculté alternative est dans le pouvoir du juge, qui se détermine d'après les circonstances et l'intérêt de l'apprenti.

Cette demande, nous n'avons pas besoin de le faire observer, ne saurait être formée que par ce dernier (2).

287. — A défaut de convention établie, la durée du contrat d'apprentissage peut être déterminée par l'usage des lieux (3).

---

(1) Mollot, *Code de l'Ouvrier*, p. 17.

(2) Il a été décidé, par application de *l'article 17*, que lorsqu'il est constant qu'un père a mis son fils en apprentissage chez un fabricant et que l'enfant y est resté plusieurs mois, que le père prétend qu'aucune durée n'a été fixée dans le contrat et qu'au contraire le fabricant soutient que l'apprentissage devait durer trois ans, cette durée doit être admise par le Conseil de Prud'hommes, si, eu égard à ce que l'apprenti était nourri, logé, blanchi, et que même il a été pourvu à toutes ses dépenses, elle n'a rien d'excessif :

« *Le Bureau général :* — Attendu qu'il est constant que Lachambre a placé son fils Henri en apprentissage chez Brodin.; qu'une durée a dû être fixée pour cet apprentissage; que, considérant que l'apprenti a été nourri par Brodin, puis logé, blanchi, et que même Brodin a pourvu à toutes les dépenses de son entretien, la durée de trois années n'a rien d'excessif; — Attendu que l'apprenti est parfaitement bien chez Brodin et que Lachambre n'a aucune raison de l'en faire sortir; que si, cependant, il persistait dans ce dessein, il ne pourrait l'exécuter qu'en payant à Brodin une indemnité que le Conseil fixe à la somme de 100 francs;

Par ces motifs, jugeant en premier ressort : Dit et ordonne que l'apprentissage du mineur Henri Lachambre se continuera pendant encore deux années; faute par Lachambre de laisser son fils chez Brodin le condamne dès à présent à payer audit Brodin la somme de 100 francs à titre de dommages-interêts et aux dépens. » (Cons. Prud'hommes Paris, tissus, 11 septembre 1862.)

(3) Ainsi, dans la ville d'Aix et ses environs, le contrat d'apprentissage pour l'état de maréchal-ferrant a toujours une durée de deux ans et demi, que l'apprenti soit logé et nourri par le maître ou qu'il ne le soit pas :

« Attendu qu'en juin 1862, un contrat d'apprentissage pour la profession de maréchal-ferrant a été verbalement consenti entre Périssol d'une part, et Tacel père, de l'autre, au nom de Laurent Tacel, son fils mineur, sous la condition que Tacel père logerait et nourrirait son fils pendant la durée

Le Conseil de Prud'hommes peut diminuer le temps d'apprentissage qui reste à courir, par exemple si les travaux du maître ne sont pas suffisants pour que l'apprenti puisse se former à l'état convenu au contrat (1).

---

de cet apprentissage; — Attendu que ce contrat a été exécuté jusqu'en juillet dernier, époque à laquelle le jeune Tacel a quitté son maître pour se placer à Aix chez un maréchal-ferrant où il gagne sa nourriture et des gages, sous le prétexte qu'il avait stipulé avec Périssol que le patron ou l'apprenti pourrait mettre fin au contrat à leur gré; — Attendu que cette clause est formellement déniée par Périssol, et que Tacel, mis en demeure de la justifier, n'a pu le faire; — Attendu, d'autre part, que Périssol soutient qu'il était convenu que le jeune Tacel resterait chez lui un temps suffisant pour le rémunérer en travail du prix de son apprentissage; — Attendu que, en présence de ces deux affirmations et en l'absence de preuves, il y a nécessairement lieu de rechercher quelle a été la commune intention des parties et de recourir de même à la loi, aux usages et à l'équité;

Attendu que, aux termes de l'article 1er de la loi du 22 février 1851, le patron s'oblige à enseigner la pratique de sa profession à l'apprenti qui s'oblige en retour, à travailler pour lui, *le tout pendant un temps convenu...*; — Attendu à cet égard, qu'il est d'usage à Aix et dans ses environs que l'apprentissage pour l'état de maréchal-ferrant a toujours une durée de deux ans et demi au moins, soit que l'apprenti soit logé et nourri par le patron, soit, comme dans l'espèce, qu'il ne le soit pas, ce dernier cas se présentant quelquefois; — Attendu, dès lors, qu'il faut nécessairement conclure que les parties se sont respectivement soumises à ces principes, puisqu'il n'est pas établi qu'elles y aient dérogé;

Attendu qu'il résulte des débats et de l'aveu même de Tacel fils que Périssol, s'il ne logeait ni ne nourrissait son apprenti, le gratifiait néanmoins exactement tous les huit jours, à titre d'encouragement et sans y être obligé, en lui donnant en premier lieu un franc et, en dernier lieu deux francs; — Attendu en outre que Périssol justifie que sa boutique est achalandée malgré la dénégation de Tacel père qui, si elle ne l'avait pas été, aurait évidemment usé du bénéfice de l'article 14 de la loi susvisée sans attendre, comme il l'a fait, plus d'une année pour retirer son fils; — Attendu, en conséquence, que l'abandon du maître par l'apprenti à un moment où le travail de ce dernier pouvait indemniser Périssol des peines qu'il s'était données jusqu'en juillet dernier pour enseigner sa profession au jeune Tacel, cause à Périssol un préjudice dont Tacel père doit la réparation;

Par ces motifs, Nous.... condamnons Tacel père à payer à Périssol, à titre de dommages-intérêts, la somme de 80 francs et le condamnons de plus aux dépens. (Justice de paix de Marseille, canton Sud, 15 septembre 1863.)

Celui qui entre chez un chef d'atelier en la double qualité de domestique et d'apprenti, mais sans convention écrite, est astreint à faire une année complète, conformément à l'usage de la fabrique lyonnaise, sans pouvoir régulièrement quitter avant cette année révolue. » (Cons. Prud'hommes Lyon, 6 mars 1850, *Perrachon c. D^{lle} Ollagnier*.)

(1) « *Le Bureau général*: — Attendu que: par contrat à la date du 5 mars 1872 entre Keller et Wagner, il a été convenu que le fils Joseph Wagner serait placé chez Keller à titre d'apprenti jusqu'à l'époque de sa conscription; que son patron lui fournirait la nourriture, l'habillement et le blanchissage et lui donnerait la connaissance de l'état d'ébéniste et cela sous peine de

288. — Il a été jugé avec raison, que, lorsqu'il s'est écoulé un long espace de temps (deux ans par exemple) après la sortie d'un apprenti sans réclamation, le maître n'est pas recevable à demander une indemnité pour cette résiliation volontaire.

Cette fin de non recevoir se justifie par ce motif que le maître, qui a ainsi laissé sommeiller son action, est censé y avoir renoncé, et qu'il ne la met en mouvement que par un motif nouveau, qui rend les juges peu disposés à accueillir sa demande.

---

200 fr. d'indemnité contre la partie qui n'exécuterait pas ledit contrat; — Attendu que Wagner fils, par suite des mauvais conseils de son père, a quitté son patron dont il n'avait jamais reçu que de bons traitements; — Attendu cependant que, d'après la nature restreinte de ses travaux, le sieur Keller ne paraît pas être en état de donner à son apprenti la connaissance de la profession d'ébéniste; — Attendu que Keller a eu le tort de recueillir chez lui l'apprenti sans s'assurer s'il était libre de tout engagement à l'égard de son patron; — *Par ces motifs*, Modifiant le contrat d'apprentissage, ordonne que Wagner fils restera en apprentissage chez le sieur Keller jusques et y compris le 25 mars 1851; Commet M. Moreau, l'un de ses membres, pour surveiller la conduite du patron et de l'apprenti; Condamne, dès à présent, en cas d'inexécution de cet ordre, le sieur Wagner père à payer au sieur Keller avec intérêts la somme de 200 francs à titre d'indemnité; Déclare Keller responsable solidairement pour le paiement de cette somme jusqu'à concurrence de 100 francs ; Condamne de plus le sieur Wagner aux dépens. » (Cons. Prud'hommes Paris, industries diverses, 15 novembre 1854.)

CHAPITRE VII

—

DE LA COMPÉTENCE

SECTION I

JURIDICTION CIVILE

289. Historique : Étymologie du mot *Prud'homme.* Origine des Prud'hommes à Lyon, au xve siècle; le *Tribunal commun :* sa compétence. — Législation : Loi du 21 germ. an XI : dispositions de police relatives aux manufactures, fabriques et ateliers; décrets des 18 mars 1806 (premier Conseil de Prud'hommes à Lyon), 11 juin 1809. 20 février et 3 août 1810. — **290.** Attribution de juridiction aux Conseils de Prud'hommes : justiciables. Taux de leur compétence. (L. 1 juin 1853.) — **291.** Règles de la compétence *civile* des Prud'hommes. — **292.** Priorité dévolue aux Conseils de Prud'hommes; Tribunaux de paix compétents. — **293.** Avantages de la juridiction des Prud'hommes. — **294.** Exercice de la juridiction par le juge de paix. — **295.** Compétence déterminée par le lieu de la situation des manufactures ou ateliers, *ratione loci.* — **296.** *Quid* relativement au père ayant contracté, au nom de son fils? Action intentée à la fois contre l'apprenti et ses répondants. (*Art. 18* et *19* de la Loi de 1851.) — **297.** Action intentée contre des tiers seuls : compétence *ratione personæ :* — **298.** Père de l'apprenti, sujet étranger. — **299.** Action portée par l'une des parties devant le Conseil des Prud'hommes et par l'autre devant le Juge de paix : recours au règlement de juges ou évolution de procédure. — **300.** Restriction de la compétence spéciale au véritable Contrat d'apprentissage. — **301.** Compétence appliquée aux cas de résiliation du contrat d'apprentissage (*art. 16*). — **302.** Règlement des restitutions et indemnités prévues ou non prévues entre les parties. — **303.** Dommages-intérêts encourus pour réparation de préjudice causé; exemples (retrait de l'enfant avant le temps convenu, etc.). — **304.** (*Ib.* pour rupture du contrat de plein droit (*art. 15,* § 3). — **305.** Incompétence vis-à-vis de la caution ou du tiers qui aurait promis de payer le prix de l'apprentissage. — **306.** Exception à l'égard du tiers, fabricant, chef d'atelier ou ouvrier pour fait de détournement de l'apprenti de chez son patron, apprenti qu'il emploie. — **307.** Réflexion de M. Mollot sur les cas de détournement d'apprentis à Paris; soin d'apprécier le degré de bonne ou de mauvaise foi appartenant au Juge, pour la fixation de l'indemnité. — **308.** Action du maître exercée soit contre le tiers et l'apprenti ou les personnes responsables, soit contre le tiers seul. Jurisprudence. — **309.** *Ib.* à fin d'achèvement de l'apprentissage ou sinon de dommages-intérêts. — **310.** De la prescription annale (à défaut d'engagement écrit) applicable à ces restitutions et indemnités (C. civ. art. 2272, § 4); prescription trentenaire à l'égard du tiers. — **311.** Privilége du maître pour le prix de l'apprentissage pendant la dernière année (anal., C. civ. art. 2101, § 3); privilége de l'apprenti pour l'année échue de son salaire et ce qui lui est dû sur l'année en cours (C. civ. 2101, § 4). — **312.** Incompétence des Conseils de Prud'hommes pour statuer sur les indemnités à raison d'accidents dont les apprentis sont victimes et sur la réparation du dommage causé par l'apprenti. — **313.** Exécution provisoire jusqu'à concurrence de 200 francs, sans qu'il soit besoin de fournir caution. — **314.** Droit attribué aux Prud'hommes de se transporter dans les manufactures et ateliers pour l'instruction des procès; étendu aux conditions du logement de l'apprenti, de sa santé, de sa nourriture et de la nature des travaux auxquels il est employé; surveillance momentanée exercée par les Prud'hommes de Paris; surveillance exercée pendant toute la durée de l'apprentissage par les Prud'hommes de Lyon. — **315.** Observation relative au contrat de louage d'ouvrage consistant à engager un enfant chez un industriel pour un temps fixé, moyennant un salaire reçu.

SECTION II

JURIDICTION DISCIPLINAIRE

§ 1. — **316.** Pouvoir de juridiction attribué au Préfet de police, aux commissaires de police à Paris et autres villes (L. 22 germ. an XI), abrogé. — **317.** Législation en vigueur : Décr. 3 août 1810, art. 4 ; juridiction disciplinaire des Conseils de Prud'hommes. — **318** et **319.** Actes pouvant donner lieu à des poursuites : trouble à l'ordre et à la discipline de l'atelier (disputes) ; manquement grave (insubordination, paroles grossières, injures, etc.). — **320.** Appréciation du juge. — **321.** Action directe du plaignant. — **322.** Bureau général ; procédure ; instruction. — **323.** Pénalités : emprisonnement ; circonstances atténuantes. — **324.** Prévenu défaillant ; jugement par défaut ; délai d'opposition. — **325.** Partie civile ; dommages-intérêts. — **326.** Affaires pouvant occasionner du scandale ; huis-clos. — **327.** Exécution de la sentence. — **328.** Appel suspensif d'exécution. — **329.** Prescription des faits punissables. — **330.** Juridiction disciplinaire inapplicable aux patrons. — **331.** Poursuite d'office du ministère public près le Tribunal de simple police ou correctionnel à raison des mêmes faits délictueux. — **332.** Compétence du Tribunal de simple police à défaut de Conseil de Prud'hommes. — **333.** Autres contraventions et délits commis par l'apprenti justiciable de la juridiction ordinaire ; disjonction et renvoi par les Prud'hommes devant la juridiction compétente.

§ 2. — **334.** L. 22 févr. 1851, contraventions à ses *articles 4, 5, 9* et *10* déférées aux Tribunaux de police (amende) ; en cas de récidive, emprisonnement d'un à cinq jours ; contravention à l'*article 6*, récidive (emprisonnement de quinze jours à trois mois et amende). — **335.** L. 19 mai 1874 (sur le travail des enfants) modifiant les dispositions de la loi de 1851 (sur l'apprentissage) par ses dispositions nouvelles : âge d'admission de l'apprenti, durée du travail, travail de nuit, travail des jours fériés et des dimanches ; visites des inspecteurs ; juridiction correctionnelle ; pénalités. Les articles 8 et 9 de la loi de 1874 sont-ils applicables aux apprentis ? — **336.** Récidive des contraventions de l'*article 20* de la loi de 1851 : peine (emprisonnement de un à cinq jours) ; récidive des contraventions aux dispositions de la loi de 1874 précitées (amendes de 50 à 200 francs). — **337.** Récidive de la contravention à l'article 6, loi 1851 (maîtres frappés de condamnations pour délits déterminés) : juridiction correctionnelle ; pénalité (emprisonnement de quinze jours à trois mois). — **338.** Admission de circonstances atténuantes. — **339.** Tribunal de police compétent sur contraventions à la loi de 1851 : lieu de la contravention. — **340.** Abrogation des dispositions de la loi du 22 germinal an XI.

289. — Au moyen âge, on appelait *prud'hommes* (*probi* ou *prudentes homines*) les personnages les plus éminents d'un pays, d'une ville, d'une corporation et particulièrement les magistrats municipaux et les gardes des corporations industrielles (1).

Louis XI enjoignit, en 1464, aux officiers municipaux et bourgeois de Lyon d'élire un *prud'homme* pour juger les contestations entre marchands qui fréquentaient la foire. — Ce fut

---

(1) Lorsque le roi de France Louis IX voulut réformer les monnaies, il convoqua les *prud'hommes* des principales villes de ses domaines.

Ce nom servait encore à désigner certains artisans jurés chargés de visiter les marchandises. Le roi nommait des *prud'hommes* pour la visite des cuirs.

l'origine de *Tribunal commun*, composé de juges qui appartenaient à la fabrique.

A Marseille, il y avait des *prud'hommes*, juges des pêcheurs,
et élus par eux (1).

Dans l'organisation moderne de la France, on appelle *pru-
d'hommes* les membres de Conseils qui sont chargés de juger
les contestations qui s'élèvent entre maîtres et ouvriers, et
aussi d'exercer la surveillance en matière industrielle. Ils
sont les juges de paix de l'industrie et ont pour principal objet
la conciliation.

La loi du 22 germinal an XI avait institué une juridiction
administrative chargée de juger les affaires de simple police
qui pouvaient naître des rapports entre les fabricants et les
ouvriers. (Voy. ci-après n° 316.)

Elle renvoyait les différends *purement civils* devant les tribunaux ordinaires (art. 20).

Un décret du 18 mars 1806 établit un premier Conseil de Prud-
'hommes dans la ville de Lyon (2) et ordonna que des conseils
semblables fussent institués successivement dans toutes les villes
de fabrique. Ses dispositions furent complétées par le décret du
11 juin 1809, rectifié le 20 février 1810, et celui du 3 août 1840.

Ces Conseils se composent de fabricants, de chefs d'ouvriers,
de contre-maîtres et d'ouvriers, élus par leurs pairs.

La juridiction des Prud'hommes étant toute de conciliation
n'admet ni avocats, ni défenseurs; les parties doivent se présenter en personne (3).

---

(1) Ces prud'hommes remontaient à l'époque du roi René (1453); ils
prononçaient, en dernier ressort, sur tous les différends qui concernaient
la pêche. — Leur juridiction fut confirmée par de nombreuses Ordonnances
des rois de France (Voy. J. B. Denisart, *Collection des décisions nouvelles
et de notions relatives à la Jurisprudence actuelle*, 1775, v° *Prud'hommes*;
A. Chéruel, *Dictionn. historique des Institutions, mœurs et coutumes de la
France*, v° *Prud'hommes*.)

(2) Ce Conseil fut créé à la suite d'un voyage que l'empereur Napoléon
fit à Lyon, où la fabrique de soieries lui demanda de lui rendre une institution analogue à celle dont elle jouissait avant 1791.

(3) Nous croyons devoir rappeler que les formes de procéder devant les
Conseils de Prud'hommes sont les suivantes :

290. — La compétence des Prud'hommes s'étend, aux termes mêmes du décret relatif à ces Conseils, du 11 juin 1809 (art. 11 et 23), à toutes les contestations qui naissent entre les marchands, fabricants, chefs d'atelier, contre-maîtres, teinturiers, compagnons, ouvriers et apprentis.

Leur juridiction *pour les intérêts civils* fut réglée par le décret du 3 août 1810. Ce décret, afin de mieux se conformer à l'esprit de l'institution qui est d'éteindre les petits différends, étendit la compétence en dernier ressort des Conseils de Prud'hommes (qui n'avait été fixée par les décrets des 18 mars 1806, art. 9, et 11 juin 1809, art. 23, qu'à la somme de 60 fr.) (1). Nous devons faire remarquer de suite que ce

---

Le demandeur fait appeler son adversaire devant le Conseil par une lettre de citation qui est délivrée par le secrétaire. Si le défendeur ne comparaît pas sur cette citation, il est assigné par le ministère d'un huissier. Il doit y avoir au moins un jour entre la date de l'assignation et le jour fixé au défendeur pour comparaître.

Les parties se présentent d'abord devant le Bureau particulier, qui est composé du président ou du vice-président, d'un patron et d'un ouvrier.

Le Bureau particulier est seulement chargé de concilier les parties; s'il n'y peut réussir, il les renvoie devant le Bureau général qui juge l'affaire.

Le Bureau général est composé, indépendamment du président ou du vice-président, d'un nombre égal de Prud'hommes patrons et de Prud'hommes ouvriers, deux patrons et deux ouvriers au moins. Les parties doivent comparaître en personne devant le Conseil de Prud'hommes; elles ne peuvent se faire représenter qu'en cas d'absence ou de maladie. (Voy. Mollot, *Code de l'Ouvrier*; III° partie (Justice industrielle), liv. I, Conseils de Prud'hommes : juridiction civile, p. 223 et suiv.; Sarrazin, *Code pratique des Prud'hommes*; Dalloz, *Rép.*, v° *Prud'hommes*; etc.)

(1) Voici les dispositions du décret de 1810:

« *Art. 1er*. — Les Conseils de Prud'hommes sont autorisés à juger toutes les contestations qui naîtront entre les marchands, fabricants, chefs d'atelier, contre-maîtres, ouvriers, compagnons et apprentis, quelle que soit la quotité de la somme dont elles seraient l'objet, aux termes de l'art. 23 de notre décret du 11 juin 1809.

» *Art. 2*. — Leurs jugements seront définitifs et sans appel, si la condamnation n'excède pas 100 francs en capital et accessoires.—Au-dessus de 100 francs, ils seront sujets à l'appel devant le Tribunal de commerce de l'arrondissement; et, à défaut de Tribunal de commerce, devant le Tribunal de première instance.

» *Art. 3*. — Les jugements des Conseils de Prud'hommes, jusqu'à concurrence de 300 francs, seront exécutoires par provision, nonobstant appel, aux termes de l'art. 39 du décret du 11 juin 1809, et sans qu'il soit besoin, pour la partie qui aura obtenu gain de cause, de fournir caution. — Au-dessus de 300 francs, ils seront exécutoires, par provision, en premier ressort, en fournissant caution. »

décret a été implicitement abrogé par la loi du 1er juin 1853 sur les Conseils de Prud'hommes qui les a réorganisés, tout au moins dans la composition de leur personnel.

Le taux de leur compétence en dernier ressort est limité à 200 francs, quelle que soit la valeur de la réclamation.

L'appel des décisions émanant des Prud'hommes est déféré au Tribunal de commerce dans le ressort duquel se trouve le Conseil, et, s'il n'y a pas de Tribunal de commerce, au Tribunal civil de l'arrondissement, qui en remplit les fonctions.

— De l'ensemble des dispositions relatives aux Conseils de Prud'hommes il résulte :

1° Que chaque décret qui institue un Conseil de Prud'hommes détermine à quelle espèce d'industrie, de fabrique ou de métier s'applique la compétence de ce Conseil et fixe l'étendue de son ressort;

2° Que, dès lors, dans les localités où ces Conseils sont établis, les maîtres et les ouvriers ou apprentis n'en sont justiciables, bien que placés dans le ressort, qu'autant que l'industrie qu'ils exercent est de la nature de celle indiquée dans le décret d'institution.

291. — La loi de 1851 confère aux Prud'hommes la connaissance des contestations relatives à l'exécution et à la résolution auxquelles le contrat d'apprentissage donne lieu entre les parties contractantes :

« *Art. 18.* — Toute demande à fin d'exécution ou de résolution du contrat sera jugée par le Conseil de Prud'hommes dont le maître est justiciable, et à défaut, par le Juge de paix du canton. »

Le projet de cet article portait : « Toute demande à fin d'interprétation ou de résolution... »

Mais, à la seconde lecture, sur la motion de M. Benoît-Champy, qui fit observer que le maître, étant obligé de délivrer à la fin de l'apprentissage un congé d'acquit ou un certificat constatant l'exécution du contrat, il était utile d'ajouter à ces mots : toute demande à fin d'*interprétation* et de *résolution*, ceux-ci : ou d'*exécution* du contrat.

Le mot *exécution* fut donc ajouté à l'article; et la Commission supprima le mot *interprétation* devenu superflu.

292. — C'est ainsi à la juridiction des Prud'hommes qu'est attribuée la connaissance de toutes les contestations relatives à l'interprétation, à l'exécution ou à la résolution du contrat d'apprentissage.

C'est devant eux que doit être portée toute difficulté qui naît à ce sujet entre patrons et apprentis.

Ce n'est seulement que, lorsqu'il n'existe pas de Conseils de Prud'hommes dans les lieux où le maître a sa fabrique ou son domicile, que les Juges-de-paix deviennent compétents.

La loi du 25 mai 1838, qui a réglé la compétence des Justices-de-paix, a réservé expressément la juridiction des Prud'hommes dans les cas où elle peut et doit s'exercer; après avoir attribué aux Juges-de-paix la connaissance des contestations relatives aux engagements des maîtres et de leurs ouvriers ou apprentis, elle ajoute, en effet, dans son art. 5 § 3 : « sans qu'il soit dérogé aux lois et règlements relatifs à la juridiction des Prud'hommes. »

La juridiction des Prud'hommes a donc *la priorité* sur la juridiction ordinaire (1).

293. — La juridiction des Prud'hommes présente cet avantage inappréciable, qu'elle est en quelque sorte un tribunal de famille, de la grande famille industrielle, où la conciliation devient d'autant plus facile; aussi a-t-elle été appelée à prononcer même en matière disciplinaire (ainsi que nous le verrons, lorsque nous traiterons *des Pénalités*), aussi bien qu'en matière civile (2).

---

(1) Mollot. *Code de l'Ouvrier*, sur la juridiction du Juge-de-paix, p. 295.
(2) *Idem*, p. 296.

La procédure devant elle est à la fois moins longue et moins coûteuse que devant les Tribunaux ordinaires (1).

294. — Les principes qui régissent le contrat d'apprentissage sont, bien entendu, applicables devant le Juge-de-paix, comme ils le sont devant les Prud'hommes.

Le Juge-de-paix prononce en dernier ressort jusqu'à la somme de 100 francs, et en premier ressort, à quelque valeur que la demande puisse s'élever.

Mais il ne peut juger avec l'étendue des pouvoirs accordés aux Prud'hommes, c'est-à-dire statuer sans appel que jusqu'à la somme de 200 francs en principal; il doit se renfermer dans les limites de la loi de 1838, qui règle les limites de sa compétence (2).

En appel, la contestation qui a été jugée par le Juge-de-paix doit être portée devant les Tribunaux ordinaires, c'est-à-dire devant les Tribunaux civils (3).

Lors de la discussion de l'article 18 de la loi de 1851, que nous commentons, M. Benoît-Champy demandait que l'appel fût toujours porté au Tribunal de commerce, au lieu de l'être, tantôt au Tribunal de commerce (si les Prud'hommes avaient été saisis en première instance), tantôt au Tribunal civil (si on appelait d'une sentence de Juge-de-paix), ce qui lui paraissait être une anomalie.

Le Ministre lui répondit qu'on ne pouvait porter devant les Tribunaux de commerce un appel contre un jugement de Juge-de-paix; que ce serait changer l'ordre des juridictions.

M. Benoît-Champy abandonna sa motion.

Il a été jugé par application de cette disposition : que les contestations survenues entre un maître et son apprenti relativement à l'exécution du contrat d'apprentissage, sont exclusivement de la compétence des Tribunaux-de-paix, dans les lieux où il n'est point établi de Conseil de Prud'hommes, encore bien

---

(1) Voy. ci-dessus, p. 210, note 2.
(2) Mollot, *Code de l'Ouvrier*, p. 298.
(3) Gouget et Merger, *Dict. de Droit commerc.*, v° *Apprentissage*, n° 19.

que le maître fût lui-même commerçant et que l'industrie de l'apprenti contribuât à la fabrication des objets de son commerce (1).

Nous devons faire remarquer que les Juges-de-paix connaissent, d'une manière absolue, des contestations qui ne ressortissent point à la juridiction exceptionnelle des Prud'hommes.

Si, par exemple, l'industrie des parties n'était pas comprise dans le Décret qui organise le Conseil des Prud'hommes, le Juge-de-paix devrait connaître de la difficulté qui lui serait soumise.

295. — Au point de vue de la compétence territoriale, l'action relative aux engagements respectifs des maîtres et des ouvriers (dont la connaissance est attribuée aux Juges-de-paix par le § 3 de l'article 5 de la loi du 25 mai 1838), quoique purement

---

(1) « *La Cour* : Attendu qu'aux termes de la loi du 25 mai 1838 les contestations relatives aux engagements entre les maîtres et les apprentis doivent être portées devant les Juges-de-paix; Qu'une seule exception est faite à cette règle pour le cas où l'affaire doit être soumise à la juridiction des Prud'hommes; Que, dès lors, les termes absolus de la disposition ne permettent point de saisir les Tribunaux de commerce de discussions qui ont trait au traité d'apprentissage; Que Monge et Lacan lui soumettaient cependant une discussion de cette nature lorsqu'ils ont demandé que le premier pût rentrer chez Portes, où il devait apprendre le métier de cloutier, et qu'à défaut celui-ci fût tenu de la restitution des sommes reçues; — Que la décision ne doit pas recevoir de modifications par l'effet de cette circonstance que l'action était intentée à la fois par Lacan et par Monge; Qu'il devient inutile de rechercher si un tiers aurait eu le droit, en agissant séparément, d'actionner Portes devant le Tribunal de commerce, soit parce qu'il aurait fait une opération commerciale en traitant avec un apprenti qui aurait contribué, par sa participation à la fabrication, à l'augmentation des objets de son commerce, soit parce qu'il se serait agi d'une action qui aurait trait à un commis de marchand;

Que, dans la cause, en effet, il est impossible de séparer Monge de Lacan; que le premier est le véritable intéressé; que l'autre n'y a paru qu'accessoirement de même qu'il l'aurait fait s'il avait été appelé comme caution pour répondre à une demande dirigée contre Monge, dont il aurait garanti l'engagement; que tel paraît avoir été son rôle quand le contrat s'est formé entre Portes et son apprenti; que Lacan ne faisait que le continuer quand il demandait le remboursement de 150 fr. qu'il n'avait dû contribuer à payer que parce qu'il s'était identifié à l'obligation de son neveu; qu'il n'est également que comme une partie jointe dans l'instance actuelle, qui n'a été intentée sérieusement que dans l'intérêt de Monge; Que, dès lors, sa présence n'a pu changer la direction, et que c'est le cas de reconnaître que le Tribunal de commerce a mal à propos décliné sa compétence; qu'il y a lieu par voie de suite d'infirmer sa décision. » (C. Toulouse, 2ᵉ ch., 30 novemb. 1843, *Portes c. Monge et Lacan* : Dall., *Rép.*, vᵒ *Industrie et comm.*, nᵒ 94, *note*).

personnelle et mobilière, n'est pas régie par les articles 2 et 59 du Code de procédure civile, aux termes desquels le défendeur doit être assigné devant le Tribunal de son domicile (suivant la règle : *actor sequitur forum rei*). L'article 21 de la loi du 22 germinal an XI porte, en effet : « En quelque lieu que réside l'ouvrier, la juridiction sera déterminée par le lieu de la situation des manufactures ou ateliers dans lesquels l'ouvrier aura pris du travail. »

Cette disposition reçoit son application non-seulement lorsque les contestations sont portées devant un Conseil de prud'hommes mais encore lorsqu'elles sont soumises à la juridiction du Juge-de-paix.

Il est généralement admis, qu'il n'y a pas à distinguer si la demande a été formée par le maître ou si elle a été introduite par l'ouvrier (1).

296. — Que faut-il décider dans le cas où un contrat d'apprentissage aurait été conclu, au nom d'un mineur, par son père ou tuteur ? Celui-ci pourrait-il être assigné, en exécution de ce contrat, devant le Juge-de-paix de l'atelier auquel serait attaché l'apprenti ?

Cette question a été controversée entre les jurisconsultes.

D'une part, Curasson (2) établissait une distinction : il admettait l'affirmative pour le cas où la personne qui était intervenue pour le mineur s'était engagée *personnellement*, et la négative pour le cas où elle n'avait fait que contracter au nom du mineur.

Cette opinion paraissait avoir été consacrée par la Cour de cassation qui avait décidé que la mère tutrice de son fils mineur, qui s'est obligée solidairement avec celui-ci à l'exécution du contrat d'apprentissage par lui souscrit, doit être assignée aux

---

(1) Curasson, Iᵉʳ, nᵒ 460 ; Carou, Iᵉʳ, nᵒ 361 ; M. Guilbon, *Tr. Comp. civ. des Juges-de-paix*, nᵒ 520 ; Dall., *Rép.*, vᵒ *Compétence civile des Trib. de paix*, nᵒ 177.

(2) Vᵒ *Compét. des Juges-de-paix*, Iᵉʳ, p. 461.

fins de cette exécution devant le Juge de son domicile et non
devant celui de la situation de l'atelier où travaille son fils (1).

De l'autre, Carou (2), qui partait de ce principe que le contrat
d'apprentissage étant un contrat spécial, privilégié, qui, *par sa
nature*, emportait, en raison de son objet même et non des parties
contractantes, attribution de juridiction au Juge du lieu où l'apprenti est employé, pensait que, dans l'un comme dans l'autre cas,
le contrat restait soumis aux mêmes règles, et que les contestations qui en étaient la suite rentraient, à défaut de Prud'hommes,
dans la compétence attribuée aux Juges-de-paix.

Depuis la promulgation de la loi du 22 février 1851, cette dernière solution a prévalu. En effet les dispositions de ses *art. 18*
et *19*, qui ont eu certainement en vue d'ajouter aux attributions
que comprenait le § 3 de l'art. 5 de la loi du 25 mai 1838,
ne font aucune distinction soit à l'égard de la compétence
ratione loci, soit à l'égard de la compétence *ratione materiæ*
ou *personæ*.

Ainsi, à défaut de Prud'hommes, l'action en résolution ou à
fin d'exécution du contrat doit être portée devant le Juge-de-paix
du lieu de la situation de l'établissement, soit qu'elle ait été
dirigée contre le maître, soit que les poursuites aient été in-
tentées contre d'autres personnes que l'apprenti, qui seraient
intervenues au contrat pour y souscrire des engagements personnels.

Si la demande était formée à la fois contre l'apprenti ou ses
répondants et contre les tiers, ceux-ci seraient valablement cités
devant le Juge légal de ceux-ci, c'est-à-dire devant celui de la
situation de la fabrique ou de l'atelier (3).

---

(1) Cass. civ., 22 déc. 1835.
Cette doctrine avait été adoptée par M. Dalloz, *Rép.*, v° *Compét. civ. des
Tribunaux de paix*, n° 178.

(2) *De la Juridiction civile des Juges-de-paix*, 2ᵉ édit., 1843; n° 361.

(3) Il a été jugé, en conséquence, que la compétence du Juge-de-paix du
lieu de la manufacture ou de l'atelier pour connaitre (à défaut de Conseil
des Prud'hommes) de toute demande à fin d'exécution ou de résolution d'un
contrat d'apprentissage, s'applique non-seulement au cas de contestation

L'apprenti doit être réputé en cause, soit qu'il agisse seul dans la contestation, soit qu'il y soit représenté par son tuteur.

C'est, en effet, de l'intérêt de l'apprenti qu'il s'agit exclusivement.

Il suit de là qu'il n'y a pas lieu de s'arrêter à la circonstance qui placerait le tuteur en dehors de cette juridiction à raison de son domicile ou de sa qualité personnelle.

297. — Mais, si l'action est intentée contre les tiers seuls pour fait de détournement de l'apprenti, malgré les termes du § 2 de l'*art. 18*, l'honorable M. Guilbon estime que, la règle *actor sequitur forum rei*, posée dans l'art. 59 du Code de procédure civile, reprenant son empire, le défendeur doit être cité, à défaut de Prud'hommes, devant le Juge-de-paix du lieu de son domicile (1).

298. — Les Tribunaux français sont compétents pour prononcer sur les contestations relatives au contrat d'apprentissage, bien que le père de l'apprenti ou de l'ouvrier et le maître-patron soient étrangers et qu'ils n'aient point été autorisés administrativement à établir leur domicile en France : en effet la nature de la convention suppose de toute nécessité une entente tacite entre les parties de s'en remettre à la juridiction française pour en assurer l'exécution, puisque, autrement, elle n'aurait point de sanction réelle, et, d'ailleurs, la compétence des Conseils de Prud'hommes se détermine non par le domicile des défendeurs mais bien par la situation de la fabrique dans laquelle sont nés les rapports de patron à ouvrier (2).

299. — Il peut arriver qu'une action qui, par sa nature, appartient à la connaissance d'un Conseil de Prud'hommes soit

---

entre le maître et l'apprenti, mais aussi au cas de contestation entre le maître et un tiers (le père de l'apprenti). (Trib. civ. Agen, 11 fév. 1869 : Dalloz, 1869. 3. 91, et *Mém. du Comm. et de l'Ind.*, 1870, p. 96.)

(1) *Tr. de la Compét. civ. des Juges-de-paix*, n°ˢ 517 et 524.

(2) Cons. Prud'hommes Saint-Pierre-lez-Calais, 19 mars 1874, *Hartshor et Arnett c. Scott : Mém. du Comm. et de l'Ind.*, XXX, p. 417.

portée par l'une des parties devant le Juge-de-paix et par l'autre partie devant le Conseil : quelle doit être la règle de conduite du Conseil de Prud'hommes? Quel est le moyen surtout d'éviter aux parties les frais considérables que peuvent entraîner les conflits de juridiction et les règlements de juges?

On a conseillé de s'en tenir, dans ce cas, autant qu'on le pourra, à la demande de renvoi réglée par les articles 171 et 172 du Code de procédure civile.

Si le Tribunal refusait de prononcer le renvoi devant le premier Tribunal saisi, on ne pourrait faire autre chose, en pareil cas, à défaut de recours en règlement de juges, que d'interjeter appel du jugement qui aurait refusé le renvoi, s'il n'était pas favorable ; et, lorsque le Tribunal d'appel aurait prononcé l'incompétence, il y aurait lieu de revenir devant le Tribunal saisi par la première citation donnée (1).

300. — La loi de 1851 ne paraît s'appliquer qu'aux trois classes de travailleurs qu'elle énumère; en d'autres termes, ses expressions sont limitatives et non énonciatives, en sorte qu'un contrat d'apprentissage ne sera véritablement formé qu'avec un fabricant, un chef d'atelier ou un ouvrier.

Si par exemple, un père engage chez un dessinateur pour les tulles son fils âgé de 18 ans et possédant à peine les premières notions de l'art, le contrat dans l'intention des parties devant avoir pour objet de faire acquérir au mineur cette espèce d'instruction professionnelle, ce contrat doit être considéré comme une convention participant à la fois du contrat d'apprentissage et du contrat de louage d'ouvrage, et, à l'un ou à l'autre titre, les contestations auxquelles il donne lieu sont de la compétence du Conseil de Prud'hommes, aux termes de l'art. 18 de la loi du 22 février 1851 sur les contrats d'apprentissage, de la loi du 18 mars 1806 et du décret du 11

____

(1) Tel est l'avis de M. Le Hir: *Mém. du Com. et de l'Ind.*, 1872, p. 132 140. Voy. aussi Dalloz, *Rép.*, v° *Exceptions*, n°ˢ 191 et suivants.

juin 1809 sur les Conseils de Prud'hommes. — Et le fait que l'engagement de l'apprenti ou ouvrier aurait été contracté par son père, à raison de sa minorité, ne changerait rien à cette règle de compétence, le père, en agissant pour son fils mineur et en le représentant devant les Tribunaux, étant soumis à toutes les dispositions qui régissent les engagements des apprentis ou des ouvriers (1).

Mais la convention portant qu'un patron s'oblige à apprendre un commerce, un art ou autre profession libérale à son commis, ne constitue pas un véritable contrat d'apprentissage ; et, par suite, les difficultés relatives à des conventions de ce genre, ne sont pas de la compétence des Prud'hommes (ou, à défaut de Conseil de Prud'hommes, des Justices-de-paix) (2).

301. — Les différends relatifs à la résiliation du contrat avant l'expiration du terme convenu sont ceux sur lesquels les Conseils de Prud'hommes sont le plus fréquemment appelés à statuer.

Lorsque nous avons examiné les divers cas de résolution du contrat, et que nous avons donné les explications concernant l'application des *art. 15* et *16* (voy. ci-dessus, *Chap. VI*), nous avons présenté, parmi les espèces qui varient et se

---

(1) Cons. Prud'hommes Saint-Pierre-lez-Calais, 19 mars 1874, *Hartshorn et Arnett c. Scott* : *Mém. du Comm. et de l'Ind.*, 1874, p. 417.

(2) « *La Cour* : Attendu que la juridiction des Juges-de-paix étant exceptionnelle, il y a lieu de restreindre leur compétence dans les limites étroites des dispositions de la loi du 6 juin 1838 sainement interprétées ;

Qu'aux termes de l'article 3 de cette loi, leur compétence n'existe que relativement aux contestations concernant les engagements passés entre les maîtres et leurs ouvriers ou apprentis ;

Que ces deux dernières exceptions ainsi séparées par la particule *ou* indiquent évidemment qu'il ne s'agit que des apprentis ouvriers et non de ceux qui sont employés par les marchands, les artistes ou toutes autres personnes exerçant des professions libérales ;

Attendu que les parties sont d'accord, en fait, sur le caractère du traité intervenu entre elles ; que ce traité avait pour objet, en faveur de Goussel fils et moyennant un prix déterminé, l'apprentissage du commerce ;

Infirme. » (C. Nancy, 13 mai 1841, *Roussel* : Sirey, 1841. 2. 195 et 1843. 2. 191 ; Dall., *Rép.*, v° *Compét. civ. des Tribunaux de paix*, n° 175 ; M. Carré, *Tr. Compét. des Juges-de-paix*, n° 493).

multiplient à l'infini, celles qui nous ont paru se produire le plus souvent.

La partie qui, citée devant le Bureau de conciliation, ne comparait pas et cause ainsi une perte de temps au demandeur, peut être condamnée envers lui à des dommages-intérêts en réparation du préjudice ainsi causé (1).

Le maître, quoiqu'il ait à se plaindre de la mauvaise conduite de l'apprenti, ne peut le renvoyer avant l'expiration du contrat d'apprentissage qu'après avoir saisi le Conseil des Prud'hommes et qu'en vertu de son jugement (2). (Voy. ci-dessus Chap. VI, n° 245.)

302. — Lorsque les parties sont convenues de restitutions et d'indemnités pour le cas d'inexécution du contrat d'apprentissage, de la part de l'une ou de l'autre, le juge doit ordonner que cette convention recevra effet (C. civ. 1134). S'il ne peut en modérer le chiffre, il ne peut non plus allouer une somme plus forte ni moindre (C. civ., art. 1152).

Mais, lorsqu'il n'a été fait aucune stipulation entre les parties à cet égard, l'*article 19* de la loi de 1851 investit les Prud'hommes (et, à défaut, les Juges-de-paix) du droit d'opérer le règlement

---

(1) Cons. Prud'hommes Seine, prod. chimiq., 8 juin 1869, *Ep. Fourtier c. ép. Bénard et ép. Pointel : Mém. du Comm. et de l'Ind.*, 1870, p. 242.

(2) Le Conseil, tout en reconnaissant que Bunand et Savigny ne pouvaient tolérer soit l'insubordination du jeune homme soit le mauvais exemple que donnait sa conduite déréglée, n'admet pas que les maitres eussent le droit de se faire justice eux-mêmes, c'est-à-dire de renvoyer leur apprenti au bout de deux ans, comme ils l'ont fait. M. le Président observe à Savigny qu'il devait d'abord s'adresser au père, pour qu'il eût à faire rentrer son fils dans la bonne voie, ensuite au Conseil qui aurait chargé un de ses membres de la surveillance de l'atelier ; quelque graves que fussent leurs sujets de plaintes, rien ne les dispensait de suivre la marche régulière et légale.

En conséquence, le Conseil, en admettant les torts imputés à l'apprenti et reconnaissant que sa conduite mérite le blàme le plus sévère, dit que Bunand et Savigny ont excédé les limites de leur pouvoir, en renvoyant l'apprenti, sans requérir l'intervention du Conseil, qui ordonne que l'apprentissage sera continué et que deux membres, qui sont désignés, seront chargés de surveiller la conduite de l'apprenti. (Cons. Prud'hommes Lyon, 23 janvier 1855, *Fourtier c. Bunand et Savigny.*)

et la fixation des indemnités qui, en l'absence de conventions expresses, pourraient être dues à l'une ou à l'autre des parties en cas de résolution par l'article suivant :

« *Art. 19.* — Dans les divers cas de résolution prévus en la section IV du titre Ier, les indemnités et les restitutions qui pourraient être dues à l'une ou à l'autre des parties, seront à défaut de stipulations expresses, réglées par le Conseil de Prud'hommes ou par le Juge-de-paix dans les cantons qui ne ressortissent point à la juridiction d'un Conseil de Prud'-hommes. »

303. — Le juge, qui prononce la résolution du contrat, soit qu'elle ait lieu de plein droit dans l'un des cas prévus par l'*art 15*, soit qu'elle doive être ordonnée pour l'un des motifs énoncés en l'*art 16*, a toujours le droit d'accorder des dommages-intérêts à la partie qui les réclame; il est même de son devoir de le faire, lorsqu'il lui est démontré qu'elle a éprouvé ou doit éprouver un préjudice. La réparation du préjudice causé est de droit commun (C. civ., art. 1147 et 1148, 1382 et 1383.)

Dans le cas d'inexécution des obligations contractées vis-à-vis de l'industriel; si, par exemple, l'apprenti quitte son maître d'apprentissage avant le temps fixé, ses parents sont à bon droit actionnés en paiement de dommages-intérêts.

Quoique non fait par écrit, le contrat d'apprentissage est obligatoire et la sortie de l'apprenti avant le temps convenu donne lieu à des dommages-intérêts (1).

Lorsque, dans un contrat d'apprentissage, les parties ne se sont pas expliquées sur la *durée* de l'apprentissage, elles sont réputées s'en être rapportées sur ce point à ce qui est d'usage dans la localité; et, dès lors, l'apprenti qui, dans cette situation, quitte son maître d'apprentissage avant le temps fixé par l'usage local, parce qu'il a trouvé à se placer ailleurs moyennant un

---

(1) Cons. Prud'h. Seine, prod. chim., 14 juin 1870, *Collinot c. Lobrot et Gille* : *Mém. de Comm. et de l'Ind.*, XXVII, p. 252.

salaire, est à bon droit actionné par celui-ci en paiement de dommages-intérêts (1).

Le père, qui a fait sortir son fils apprenti de chez son maître, sous prétexte que cet apprenti n'était pas traité d'une manière convenable, et que l'enseignement était insuffisant, et qui, pendant trois années qu'a déjà duré l'apprentissage, n'a élevé à ce sujet aucune plainte, doit être condamné en des dommages et intérêts (2).

---

(1) Trib.-de-paix d'Aix, canton sud, 15 sept. 1863: Dall., *Rép.*, v° *Ouvriers, Artisans, Apprentis*, n° 31.

Le père qui retire de chez le maître son fils apprenti avant l'expiration du temps convenu pour l'apprentissage, « pour profiter, dans un autre atelier du travail de son fils, déjà un peu ouvrier », doit être condamné, envers le maître, à des dommages-intérêts. (Cons. Prud'hommes Brest, 18 déc. 1868 : *Mém. du Comm. et de l'Industrie*, 1870, p. 414; Cons. Prud'hommes Nantes: 21 juil. 1870, *Ib.*, p. 462.)

Le père ne peut, après plusieurs mois que sa fille a été placée chez un chef d'atelier, l'en faire sortir avant le terme convenu, sans être passible d'une indemnité envers lui, ainsi qu'il a été décidé dans l'espèce suivante :

« *Le Bureau général :* — Attendu que le mineur Frédéric Seguin est entré chez Lenner pour y faire quatre ans d'apprentissage qui devaient durer jusqu'au mois de septembre 1869; — Attendu que Seguin père prétend que Lenner l'a trompé en lui demandant quatre ans pour ledit apprentissage, la durée d'usage étant de trois ans seulement; — Attendu qu'il résulte des renseignements parvenus au Conseil et émanant des principaux fabricants fourreurs de Paris que l'usage consacre une durée de quatre années; que Seguin n'a donc pas été, comme il le prétend, induit en erreur;

Attendu qu'en demandant à Lenner au mois de janvier dernier une diminution de six mois, qui lui a été accordée sur la durée dudit apprentissage, Seguin n'a fait aucune observation au sujet desdites quatre années.

Attendu que les reproches de mauvais traitements et ceux relatifs à la nourriture allégués contre Lenner sont dénués de preuves et, en tous cas, insuffisants et qu'il y aurait lieu d'ordonner l'exécution des conventions verbales d'apprentissage intervenues entre les parties pour le temps qu'il en reste à courir;

Attendu que Seguin père refuse d'exécuter et de faire exécuter par son fils lesdites conventions verbales; — que par ce refus Lenner éprouve et éprouvera un préjudice, dont réparation lui est due et qu'une somme de 500 francs est suffisante à cet égard;

Par ces motifs, Ordonne la rupture des conventions verbales d'apprentissage faites entre Lenner et Seguin père pour son fils Frédéric Seguin, et ceci à partir de ce jour, — Condamne Seguin père à payer à Lenner la somme de 500 francs à titre d'indemnité de ladite rupture. — Le condamne en outre aux intérêts de ladite somme suivant la loi à partir du 19 mai dernier et aux dépens. » (Cons. Prud'hommes Paris, produits chimiques: 21 juin 1859 *Lenner c. Seguin : Mém. du Com. et de l'Ind.*, XVI, p. 297.)

(2) Cons. Prud'hommes Seine, produits chimiques, 17 sept. 1872, *Huguenus c. Houard : Mém. du Comm. et de l'Ind.*, 1873, p. 561.

En cas d'inaccomplissement par le mineur des conditions du contrat d'apprentissage ou de louage d'ouvrage, le père qui l'a engagé est tenu des dommages-intérêts prononcés en faveur du maître-patron, sans pouvoir opposer que c'est par la volonté de son fils et non par la sienne que le contrat a été rompu, ayant à s'imputer le tort de n'avoir pas élevé son fils dans les conditions de subordination où un enfant doit être à l'égard de son père (1).

Le fait par un beau-frère d'avoir retiré sa belle-sœur d'un atelier où elle était en apprentissage et de lui avoir fourni les moyens de retourner dans sa famille peut, nous l'avons vu (n° 280), entraîner contre lui la condamnation au paiement de tout ou partie de l'indemnité à prononcer au profit du maître abandonné (2).

Il a été jugé que la demande de dommages-intérêts, formée par le maître, en sus du prix d'apprentissage, pour manquements imputés à l'apprenti durant le temps du contrat, ne peut être accueillie, alors qu'elle n'est fondée que sur un engagement verbal, si les parties n'ont déterminé ni les manquements qui donneraient lieu à indemnité ni la somme qui devrait être payée pour chaque jour. Cette solution nous paraît justifiée par la règle que les clauses obscures s'interprètent contre celui qui a stipulé. (Dans l'espèce, les manquements provenaient principalement d'un fait dont l'apprenti n'a pas à répondre, le manque d'ouvrage, qui s'était produit à diverses reprises chez le maître, fait pour lequel il aurait pu lui-même réclamer une indemnité ou une diminution de prix, puisqu'il en résultait une diminution des facilités sur lesquelles il avait eu le droit de compter pour son éducation professionnelle) (3).

---

(1) Cons. Prud'hommes Saint-Pierre-lez-Calais, 19 mars 1874, *Hartshorn et Arnett c. Scott: Mém. du Comm. et de l'Ind.*, XXX, p. 417.

(2) Cons. Prud'h. Lyon, soierie, 15 mai 1872, *Ep. Ruban c. Philippe: Mém. du Comm. et de l'Ind.*, 1872, p. 294.

(3) Just.-de-paix de Drulingen (Bas-Rhin), 18 oct. 1865, *Klein : Dalloz, Jur.*, 1866, 3. 104.

« Le remplacement des jours de manquement au moyen d'une prolonga-

304. — Quand l'apprentissage doit cesser de plein droit, en vertu du 3ᵉ § de l'*art. 15* par exemple (condamnation dont est frappé le maître ou l'apprenti), n'est-il pas manifeste que la faute commise par le patron le rend responsable du dommage résultant de l'inexécution du contrat? Il faut remarquer que les termes de l'*art. 19* sont généraux et absolus : « Dans les divers cas de résolution prévus en la section IV, dit cet article, les indemnités ou les restitutions qui pourraient être dues à l'une ou à l'autre des parties seront, à défaut de stipulations expresses, réglées, etc. » Cette disposition s'applique donc évidemment non pas seulement aux causes de résolution mentionnées en l'*art. 16*, mais à tous les cas prévus dans la section IV, par conséquent à la résolution de plein droit (*art. 15*), comme à celle que les parties peuvent demander en vertu de l'*art. 16*, et que le Juge peut ne pas accorder (1).

« Il ne serait pas équitable, fait remarquer avec raison M. le juge-de-paix Guilbon, qu'un maître qui a contracté, non à prix d'argent, mais à temps, n'eût droit à aucune indemnité, si l'apprenti appelé lui-même au service militaire, ou hors d'état de continuer pour cause de maladie, quittait l'établissement au moment même où le maître, pouvant commencer à bénéficier sur son travail, aurait trouvé la juste rémunération de ses peines et de ses soins.»

Et, en renversant les rôles, il ne serait pas juste qu'un apprenti qui aurait payé d'avance tout le prix de son apprentissage, n'eût rien à réclamer si la mort de son maître ou son appel sous les drapeaux le mettait, au bout

---

tion de la durée de l'apprentissage est, fait remarquer M. Dalloz, le mode de réparation qui peut le mieux convenir aux deux parties, celui qui entre le mieux dans l'esprit du contrat, et l'on ne s'explique la demande d'indemnité formée dans l'espèce que comme une spéculation pour le succès de laquelle l'une des parties comptait bien à tort sur le défaut de précision de la convention. »

(1) Mollot, *Code de l'Ouvrier*, p. 63; M. Guilbon, *Traité prat. de la Compét. des Juges-de-paix*, 1864, n° 516.

de quelques mois, dans l'impossibilité d'apprendre son état (1).

305. — Les contestations relatives à l'exécution du contrat d'apprentissage sembleraient ne devoir relever de la compétence des Conseils de Prud'hommes (ou des Juges-de-paix) qu'autant qu'elles existeraient entre le maître et l'apprenti ou ses représentants légaux, père, mère, tuteur.

La loi circonscrivant l'application de son exception (dont nous allons parler ci-après) dans les termes de l'*art. 13*, la caution de l'apprenti, en ce qui concerne l'exécution du contrat ou le tiers qui aurait promis de payer le prix de l'apprentissage, n'est pas soumis à la loi nouvelle (2).

306. — Mais, depuis plusieurs années, était sollicitée une dérogation à la loi générale, qui laisse deux fabricants, plaidant entre eux pour ces causes, sous la juridiction ordinaire, dérogation qui permet à la partie demanderesse de citer les tiers pour détournement d'apprentis devant le Conseil de Prud'hommes ou devant le Juge-de-paix, lorsque ces tiers auront leur domicile dans son ressort. (3)

Le législateur de 1851, reconnaissant que cette demande se

<hr>

(1) M. Guilbon, *loco cit.* — M. Pardessus faisait observer, (ce qui ne présente plus d'intérêt pour nous par suite de l'abolition de la contrainte par corps,) que le contrat d'apprentissage étant, de la part du maître, un acte de commerce, contracté à l'occasion de son commerce, s'il succombe, la contrainte par corps doit toujours être prononcée contre lui. (I, n° 34.)

« Mais, ce contrat, n'ayant pas le même caractère pour l'apprenti, il ne saurait y avoir lieu contre lui à la contrainte par corps. » (Gouget et Merger, *Diction. de Droit comm.*, v° *Apprentissage*, n°ˢ 20, 21 ; Dalloz, *Rép.*, v° *Indust. et comm.*, n° 95.)

(2) M. Carré, *Compét. jud. des Juges-de-Raix en matière civile et pénale*, 1876, I, n° 780.

Contrairement au vœu qui avait été exprimé par l'honorable M. Mollot, ainsi qu'il prend le soin de nous le révéler. « En effet, ajoutait-il, les mêmes motifs existent et nous croyons qu'il y a là une omission. » (*Code de l'Ouvrier*, p. 61).

(3) Mollot, *Code de l'ouvrier*, p. 61.

Cette question était controversée entre les jurisconsultes. Carou (Iᵉʳ, p. 342 et 343, n° 361) et Curasson (Iᵉʳ, p. 653 à 655, n° 461); voy. M. Guilbon, n° 517).

liait essentiellement à la contestation entre le maître et l'apprenti et qu'il était préférable de ne pas scinder les deux différends, ce qui occasionnait non-seulement des retards mais aussi doubles frais aux parties, a fait droit à ces justes réclamations.

La loi relative au contrat d'apprentissage contient donc une disposition relative à l'action que les patrons peuvent exercer contre ces tiers :

« *Art. 13.* — Tout fabricant, chef d'atelier ou ouvrier, convaincu d'avoir détourné un apprenti de chez son maître, pour l'employer en qualité d'apprenti ou d'ouvrier, pourra être passible de tout ou partie de l'indemnité à prononcer au profit du maître abandonné. »

Et le 2e § de l'*art. 18* ajoute : « Les réclamations qui pourraient être dirigées contre les tiers en vertu de l'art. 13 de la présente loi seront portées devant le Conseil des Prud'hommes ou devant le Juge-de-paix du lieu de leur domicile. »

Il faut noter que cet article ne s'applique pas seulement aux patrons qui exercent la même industrie que celle du maître d'apprentissage, c'est-à-dire à ses concurrents, mais encore à toute personne qui aurait reçu l'apprenti, quoiqu'elle exerce une autre industrie que le maître d'apprentissage.

307. — Relativement aux cas de détournement d'apprentis, M. Mollot (1) regrettait d'avoir à faire remarquer, en 1856, qu'ils ne se présentaient que trop fréquemment, à Paris surtout, où l'on peut si facilement se dérober aux recherches ; « et c'est pour cela, ajoutait-il, que l'apprenti n'étant pas tenu d'avoir et de représenter un livret, nous aurions désiré que l'acte d'apprentissage fût rendu *public* par son dépôt au secrétariat des Prud'hommes ou au greffe de la Justice de paix. »

Aucune publicité n'étant donnée au contrat d'apprentissage, il appartient aux juges d'apprécier, d'après les circonstances de

---

(1) *Code de l'Ouvrier*, p. 51.

fait, si les tiers ont été avertis de la situation de l'apprenti, ainsi que le degré de bonne ou de mauvaise foi de celui qui l'a reçu sans congé d'acquit (1), et il fixera en conséquence le chiffre de l'indemnité qui pourra être due au maître d'apprentissage.

Lorsque le Juge, saisi d'un litige de ce genre, reconnaît que l'apprenti a agi sans discernement, ou qu'à raison de son extrême jeunesse, il a été entraîné à quitter son maître avant d'avoir rempli ses engagements, soit par le nouveau patron dans l'établissement duquel il est entré sans congé d'acquit, soit par un chef d'atelier ou par un ouvrier, l'*art. 13* l'investit du pouvoir de mettre les dommages-intérêts entièrement à la charge de l'auteur du détournement. C'est là une question laissée toute entière à l'appréciation du magistrat.

« L'équité, fait remarquer M. Guilbon (2), exige que les parents ou autres personnes qui ont stipulé pour le mineur ne supportent pas, seuls du moins, les conséquences d'un fait dont ils sont légalement responsables sans doute, mais qui, le plus souvent, est l'œuvre d'une concurrence déloyale ou d'une malveillante habileté. S'ils y ont concouru, ils doivent nécessairement participer, dans une certaine mesure, à la réparation du dommage causé et la condamnation qu'obtient le maître abandonné doit nécessairement aussi les atteindre. Il en est de même de l'apprenti, s'il est majeur ou si, quoique encore en minorité, il avait conscience de l'acte répréhensible qu'il a commis. »

308. — Le maître délaissé peut agir à son gré, soit en joignant sa demande, contre le tiers auquel il attribue le détournement, à l'action intentée contre l'apprenti lui-même ou contre les personnes qui ont contracté et se sont obligées pour lui, soit isolément contre ce tiers. — Ainsi, le fabricant qui a reçu un apprenti

---

(1) La loi du 22 germinal an XI contenait cette interdiction en termes exprès : « Nul individu employant des ouvriers ne pourra recevoir un apprenti *sans congé d'acquit*, sous peine de dommages-intérêts envers le maître. »

(2) *Loc. cit.*, n° 519.

sans la représentation d'un certificat d'acquit d'apprentissage et facilité ainsi sa sortie prématurée de chez un précédent maître, doit être déclaré solidairement avec le père de l'apprenti passible de l'indemnité due pour rupture, avant le temps, du contrat d'apprentissage (1).

Un maître, qui reçoit une apprentie avant l'expiration de la durée de son engagement envers un ancien maître et sans se faire représenter un certificat constatant libération de cet engagement, doit être condamné solidairement avec le père de l'apprentie, mineure, au paiement de l'indemnité allouée pour réparation du préjudice causé par la rupture du premie contra d'apprentissage (2).

Le maître qui a reçu l'apprenti à sa sortie, sachant qu'i était encore dans les liens de son contrat, doit être condamné conjointement et solidairement au paiement des dommages-intérêts (3).

Mais, ne peut être condamné en des dommages-intérêts, suivant l'*article 13* de la loi de 1851, le maître ou patron qui a reçu dans son atelier un apprenti, sur sa simple déclaration qu'il était libre d'engagement, et qui, lorsqu'il a connu l'inexactitude de la déclaration à lui faite, l'a renvoyé sur-le-champ (4).

309. — L'action contre les tiers pour détournement de l'apprenti n'exclut, en aucune façon, le droit qu'a le maître de poursuivre l'apprenti lui-même et les personnes qui se sont personnellement engagées au contrat pour le contraindre à *achever son apprentissage* ou à lui payer des dommages-intérêts pour obtenir la réparation du préjudice qui résulte de cet abandon de l'atelier.

---

(1) C. Prud'h. Seine, prod. chimiq., 8 juin 1869, *ép. Fourtier c. ép. Bénard et ép. Pointel : Mém. du Comm. et de l'Ind.*, 1870, p. 242.

(2) Cons. Prud'h. Seine, prod. chim., 11 nov. 1873, *Ép. Rousselle c. ép. Hédin : Mém. du Comm. et de l'Ind.*, 1874, p. 357.

(3) Cons. Prud'h. Seine, prod. chim., 14 juin 1870, *Collinot c. Lobrot et Gille : Mém. du Comm. et de l'Ind.*, XXVII, p. 252.

(4) Cons. Prud'h. Seine, produits chimiques, 5 janvier 1875, *Weber c. Fuller et Disbury : Mém. du Comm. et de l'Ind.*, 1875, p. 311.

310. — La créance du maître pour la somme à laquelle il estime la nourriture, le logement et les leçons fournis à l'apprenti ou le prix des leçons seulement, se prescrit par le laps d'un an, écoulé sans poursuites de sa part depuis l'échéance de chaque terme, lorsque le contrat a été formé verbalement.

L'article 2272, § 4, du Code civil, dit, en effet, expressément que « l'action des maîtres, pour le prix de l'apprentissage se prescrit par un an ».

La prescription étant fondée sur une présomption de paiement, le serment peut toujours être déféré au maître qui réclame (art. 2275); toutefois, le juge entendra d'abord les parties et s'il résulte de leurs explications que la dette n'a pas été payée, le serment deviendra impossible. (Arg. C. civ., art. 2275.)

Si la promesse a été faite par écrit, la prescription ne s'acquerra que par trente ans. (C. civ., art. 2262 et suiv.)

On sait que, lorsqu'un salaire a été promis à l'apprenti, ce dernier rentre dans la condition légale des ouvriers et gens de travail, dont l'action pour le paiement de leurs journées et salaires se prescrit par six mois. (C. civ., art. 2271.)

L'action dirigée contre les tiers, en vertu de *l'article 13* dont nous venons de parler, rentrant dans le droit commun, ne se prescrit également que par trente ans.

Toutefois l'interruption de la prescription peut résulter d'une citation en justice, un commandement ou une saisie, signifiés à celui qu'on veut empêcher de prescrire. (C. civ., art. 1244 et suiv.)

311. — Il est équitable de décider que, si le maître a nourri l'apprenti, il peut être assimilé au maître de pension et jouir d'un privilége pour le prix de l'apprentissage, au moins pendant la dernière année. (C. civ., art. 2101, § 5.)

L'apprenti qui reçoit un salaire, étant assimilé à l'ouvrier, semble aussi fondé à réclamer le privilége attribué aux gens de service pour l'année échue et ce qui est dû sur l'année courante. (C. civ., 2101, § 4.)

312. — Les Conseils de prud'hommes sont incompétents pour connaître des actions en indemnités réclamées, sous quelque forme que ce soit, par un ouvrier, à raison de blessures à lui occasionnées dans le travail (1).

Ces actions en dommages-intérêts sont de la compétence exclusive des Tribunaux civils. (C. civ., art. 1382 et suiv.)

Elles ne peuvent être portées devant les Conseils de Prud'hommes ; les Conseils ne sont, en effet, compétents pour prononcer entre patrons et ouvriers que relativement aux engagements de travail.

---

(1) Trib. comm. Havre, 17 avril 1872, *Lubert* c. *Duchesnay* : *Mém. du Comm. et de l'Ind.*, 1872, p. 287.

Lorsque le mineur a été blessé dans l'atelier de son patron, dans l'exercice de son travail, par une machine dangereuse et par suite du défaut de surveillance du patron, qui l'avait chargé du service de cette machine, le patron doit être condamné à lui payer une indemnité. (Cons. Prud'hommes, 3 oct. 1876, *Lamotte* c. *Deplanque* : *Mém. du Comm. et de l'Ind.*, 1877, p 356.)

— « Le Tribunal reçoit Autixier et Malapert opposants en la forme au jugement de défaut congé contre eux rendu en ce Tribunal le 4 septembre dernier, les reçoit appelants en la forme de deux sentences du Conseil de prud'hommes en date des 18 juillet et 17 août précédents, et, statuant tant sur le mérite de cette opposition que sur le mérite dudit appel ;

Attendu que la demande de Baer a pour objet une indemnité pour blessures qu'il aurait reçues en travaillant dans les chantiers d'Autixier et Malapert, indemnité à laquelle il prétend avoir droit par suite d'une retenue sur ses salaires ;

Mais, attendu que les Conseils de Prud'hommes ont été institués par la loi du 18 mars 1806 pour connaître des contestations entre patrons et ouvriers chefs d'ateliers et compagnons ou apprentis au sujet de leurs salaires ou de leurs travaux et non relativement aux accidents survenus durant l'exécution des travaux à eux confiés et dont la connaissance rentre dans la juridiction du droit commun ; — Qu'il y a donc lieu, d'office et sans examen du fond, d'annuler la sentence du 18 juillet dernier comme incompétemment rendue ;

Par ces motifs : Le Tribunal infirme, comme incompétemment rendue, la sentence du Conseil de Prud'hommes de la Seine du 18 juillet dernier, dont est appel ;

Remet les parties au même et semblable état qu'avant icelle ;

Renvoie Baer à mieux procéder et le condamne aux dépens de première instance et d'appel tant envers le Trésor public qu'envers Autixier et Malapert, même au coût de l'enregistrement du présent jugement, sauf ceux du jugement de défaut congé du 4 septembre dernier qui resteront à la charge d'Autixier et Malapert ;

Ordonne que le présent jugement sera exécuté selon sa forme et teneur. » (Trib. comm. Seine, 13 octobre 1877 : *Le Dr.*, 17 nov. 1878. Conf. Ruben de Couder, *Dict. de Dr. commercial*, v° *Apprentissage*, n°⁵ 53 et 54.)

313. — Aux termes de l'*article 14* de la loi du 1er juillet 1853, « lorsque le chiffre de la demande excède 200 francs, le jugement de condamnation peut ordonner l'exécution immédiate et à titre de provision jusqu'à concurrence de cette somme, sans qu'il soit besoin de fournir caution.

» Pour le surplus, l'exécution provisoire ne peut être ordonnée qu'à la charge de fournir caution. »

Les Conseils des prud'hommes sont également incompétents pour statuer sur la demande en dommages-intérêts formée par le patron contre le père d'un apprenti, comme civilement responsable, à raison des actes de l'apprenti (dans l'espèce, des blessures avaient été faites par l'apprenti à un cheval du patron même, au cours de l'apprentissage (1). Une pareille demande

(1) Gust⁰ Moreau, apprenti de Mineau, a maltraité un cheval de son maître au point que l'animal a dû être mis en fourrière. Mineau a assigné Moreau père, comme civilement responsable, devant le Tribunal civil de Pithiviers, en lui demandant 300 francs de dommages-intérêts pour l'indemniser de la dépréciation subie par son cheval à la suite des mauvais traitements que lui avait infligés l'apprenti.

30 novembre 1876, jugement du Tribunal civil de Pithiviers, qui se déclare incompétent, par le motif que la demande était de la compétence du Conseil des prud'hommes, en vertu de l'article 19 de la loi du 22 février 1851, sous prétexte que l'indemnité ou restitution faisant l'objet de la demande avait pour base et pour occasion le contrat d'apprentissage.

« La Cour, Considérant que le Tribunal s'est déclaré incompétent; — Qu'il s'agissait cependant non d'une indemnité ou restitution dans un des cas prévus par la loi de 1851, mais de l'appréciation d'un des faits répréhensibles, dont la réparation est poursuivie en vertu des articles 1382 et 1384, C. civ.; — Considérant que la juridiction du Conseil des prud'hommes est une juridiction exceptionnelle créée pour des cas spécialement déterminés, énumérés restrictivement par la loi ; — Qu'en raison de leurs connaissances pratiques et de leur expérience spéciale, le législateur a donné compétence aux Prud'hommes pour le règlement de toutes les contestations qui se rattachent aux engagements des patrons et apprentis liés ensemble par un contrat d'apprentissage ; mais que, ni le décret organique de 1810, ni la loi de 1851 n'ont eu la pensée de soumettre à cette juridiction l'appréciation souvent délicate et importante par ses conséquences des questions de dommage qui, ne se rattachant pas directement au contrat d'apprentissage, doivent être étudiées et résolues à la lumière des principes généraux du droit; — Que les tribunaux ordinaires sont à tous égards mieux placés pour donner à ces litiges qui sont essentiellement du droit commun les solutions les plus juridiquement exactes et qu'il importe d'autant mieux de les leur réserver que toutes les prescriptions de la loi intéressant les diverses juridictions et leur compétence sont d'ordre public; — Considérant que, dans l'espèce, il importe peu que le quasi délit imputé à l'apprenti Moreau et qui consistait en des blessures

rentre dans la compétence des tribunaux ordinaires. (Dalloz, *Rép.*, v° *Responsabilité*, n° 705).

314. — Les Prud'hommes sont autorisés par le décret du 11 juin 1809, art. 46, à se transporter dans une manufacture ou dans les ateliers d'ouvriers pour procéder à l'instruction des procès qui leur sont soumis.

On peut en conclure, que les Prud'hommes ont le droit de se rendre dans ces mêmes manufactures et ateliers, pour vérifier les faits qui touchent aux difficultés qui s'élèvent entre maîtres et apprentis, et relatives, par exemple, au logement de ceux-ci, à l'état de leur santé, à la qualité des aliments fournis, à la nature des travaux auxquels ils sont employés, etc. (1).

Ils peuvent même surseoir à statuer sur la contestation, pendant un certain temps, en chargeant un Prud'homme de veiller dans l'intervalle à l'exécution des mesures préparatoires ordonnées. Ils ne statueront définitivement qu'après ce temps, et leur but de protection et de tutelle sera rempli. — Cette pratique fort sage est suivie depuis longtemps à Paris.

Il y a lieu de rapprocher de cette excellente mesure des Prud'hommes de Paris un usage introduit par le Conseil de Lyon. Un membre du Conseil est chargé d'exercer, à titre purement *officieux* et de patronage, une surveillance personnelle tant sur le travail et la conduite d'un apprenti que sur la nature de l'enseignement qu'on lui donne, et cela *pour toute la durée* de l'apprentissage; cette pratique, loin d'avoir ren-

---

faites par celui-ci au cheval de son patron, ait été commis au cours de l'apprentissage; — Qu'on ne peut assimiler la demande de réparation d'un tel préjudice à une demande d'indemnité ou de restitution, à l'occasion du contrat spécial et des rapports de maître à apprenti que la loi de 1851 a en vue; — Que c'est donc à tort que, de ce chef, les premiers juges se sont déclarés incompétents;

Par ces motifs : Infirme le jugement dont est appel, en ce qu'il déclare le Tribunal incompétent; émendant quant à ce, dit que le Tribunal de Pithiviers était compétent. (C. Orléans, 24 août 1877 : *Sir..* 1877. 2. 260.)

(1) M. Mollot, *Code de l'Ouvrier*, p. 61.

contré quelque résistance, a été acceptée, au contraire, avec reconnaissance (1).

315. — Avant de clore cette section du Chapitre VII, nous appelons l'attention sur le point suivant: il faut se garder de confondre le contrat d'apprentissage qui nous occupe avec cette autre convention, qui n'est qu'un louage d'industrie et par laquelle les parents ou tuteurs d'un enfant engagent à un fabricant ou ouvrier le travail et les services de leur enfant pour un temps plus ou moins long, moyennant un salaire qu'ils ne donnent pas, mais qu'ils reçoivent.

« Ce contrat, remarquait avec justesse M. Dalloz (2), est aujourd'hui très-usité, au grand détriment des enfants, que leurs parents livrent ainsi, dès leur bas âge, au travail souvent excessif de l'atelier ou de la manufacture, et qui, dépourvus de toute instruction primaire, morale et religieuse, n'acquièrent pas même l'instruction professionnelle; car le fabricant ou manufacturier ne s'engage pas à leur enseigner son état. C'est pour réprimer ce déplorable abus de l'autorité paternelle, ce funeste trafic des forces de la jeunesse, entre des manufacturiers, à qui le travail des enfants convient, surtout dans ces usines où l'homme ne fait que seconder la machine, et des parents malheureux ou dénaturés, que fut portée la loi du 22 mars 1841 (3). »

SECTION II

JURIDICTION DISCIPLINAIRE

§ 1er.

316. — La seconde branche de la juridiction des Conseils de Prud'hommes est leur compétence en qualité de juges de police.

La loi du 22 germinal an XI contenait la disposition suivante que nous rappelons :

---

(1) *Code de l'Ouvrier,* n° 62.
(2) *Rép.,* v° *Industrie et Comm.,* n° 97.
(3) Voy. le *Commentaire de la Loi sur le travail des enfants et des filles mineures dans l'industrie* (du 19 mai 1874).

« *Art. 19.* Toutes les affaires de simple police entre les ouvriers et apprentis, les manufacturiers, fabricants et artisans seront portées, à Paris, devant le Préfet de police ; devant les Commissaires généraux de police dans les villes où il y en a d'établis, et, dans les autres lieux, devant le maire ou un des adjoints. Ils prononceront sans appel les peines applicables aux divers cas, selon le Code de police municipale. — Si l'affaire est du ressort des tribunaux de police correctionnelle ou criminelle, ils pourront ordonner l'arrestation provisoire des prévenus, et les faire traduire devant le magistrat de sûreté.

« *Art. 20.* Les autres contestations seront portées devant les tribunaux auxquels la connaissance en est attribuée par les lois.

« *Art. 21.* En quelque lieu que réside l'ouvrier, la juridiction sera déterminée par le lieu de la situation des manufactures ou ateliers dans lesquels l'ouvrier aura pris du travail. »

Mais l'attribution de juridiction faite par l'article 19 ci-dessus ne fut confirmée par aucune loi postérieure, ni par aucun acte du Gouvernement, quoique, dit **M.** Dalloz (1), la proposition en ait été faite au Conseil d'État, qui n'a pas jugé à propos d'y donner suite.

Cette disposition peut donc être considérée comme implicitement abrogée par la promulgation postérieure du Code d'instruction criminelle ; ce qui place les apprentis, pour faits de police, sous la juridiction à laquelle sont soumis les autres citoyens (2).

317. — La disposition qui a investi les Prud'hommes d'une véritable juridiction disciplinaire se trouve dans le décret du 3 août 1810, ainsi conçu :

« *Art. 4.* — Tout délit tendant à troubler l'ordre et la discipline de l'atelier, tout manquement grave des apprentis envers leurs maîtres, pourront être punis, par les Prud'hommes, d'un emprisonnement qui n'excédera pas trois jours, sans préjudice de

---

(1) *Rép.*, v° *Industrie et comm.*, n° 96.
(2) Favard, *Rép.*, v° *Apprenti*, p. 195.

l'exécution de l'article 19, titre v, de la loi du 22 germinal an XI, et de la concurrence des officiers de police et des tribunaux. »

318. — Ainsi, les actes qui peuvent motiver des poursuites contre l'apprenti sont tous ceux qui tendent à troubler l'ordre et la discipline de l'atelier, tels que les disputes, l'insubordination, le manque de respect, la désobéissance, les paroles grossières, les injures verbales, les menaces, etc.

Ce pouvoir disciplinaire attribué aux Prud'hommes peut avoir pour effet d'assurer d'autant mieux l'exécution de l'apprentissage.

L'apprenti qui aurait concouru aux scènes de trouble provoquées par des ouvriers pourrait donc être punissable.

319. — Le manquement *grave* de l'apprenti doit s'entendre de tout fait qui implique de sa part une conduite sérieusement reprochable, tels que les offenses envers la personne du maître, envers sa famille ou ses ouvriers, les excès de boisson ou de débauche, les infidélités, etc.

320. — L'appréciation du fait imputé appartient tout entière aux juges.

Nous ferons remarquer qu'il n'est pas nécessaire que le fait imputé à l'apprenti ait été prévu par la loi et constitue une contravention de police pour que les Prud'hommes puissent statuer, leur juridiction à cet égard étant bien plus disciplinaire que répressive (1).

321. — La loi n'attribuant pas aux Prud'hommes le droit de se saisir d'office des contraventions et ces Conseils n'ayant pas de ministère public fonctionnant près d'eux, la juridiction des Prud'hommes ne peut être saisie, dans ce cas, que par l'action directe et la *plainte* de la partie intéressée.

Même dans le cas de flagrant délit, de trouble grave dans un atelier, la règle est la même.

---

(1) Dalloz, *Rép.*, v° *Prud'homme*, n° 130.

322. — Les Prud'hommes ne peuvent statuer sur les faits prévus par le Décret, qu'en *Bureau général* (1).

Aucunes formes de *procédure* n'étant tracées par le décret, il y a lieu de se référer au mode adopté par celui du 11 juin 1809, pour la citation, l'enquête et le jugement.

Les Prud'hommes emploient, s'il est besoin, les moyens d'instruction qui ont été déterminés pour les matières civiles, notamment la visite de l'atelier (art. 15, loi de 1806, et art. 46, Déc. de 1809).

Le prévenu a le droit de réclamer l'assistance d'un défenseur, parce qu'il ne s'agit plus d'un différend civil susceptible de conciliation. La défense revêt, en effet, un caractère plus grave, lorsque la liberté de la personne peut être engagée.

323. — Le décret de 1810 accorde aux Prud'hommes le droit de prononcer la peine de l'emprisonnement.

La durée de cette peine ne pourra excéder trois jours.

Elle peut être abaissée ; mais il n'est pas permis aux Prud'hommes de l'élever et de la porter, par exemple, à cinq jours ; bien que, dans ce dernier cas, ce soit encore une peine de simple police (C. Instr. crim., art. 137). Ils ne peuvent non plus prononcer une amende, quelque faible qu'elle soit.

L'existence reconnue de circonstances atténuantes, permet d'atténuer la peine, sans toutefois la supprimer comme si les circonstances étaient entièrement justificatives (2).

L'article 483 permet l'atténuation, même en cas de récidive (3).

324. — En cas de non-comparution du prévenu, le Conseil juge par défaut.

---

(1) Mollot, *Code de l'ouvrier*, p. 274.

(2) Cass., 6 nov. 1840 : *J. cr.*, art. 2779 ; Cass, rej. 23 juin 1843 : *J. cr.*, art. 3396.

(3) Quoique la récidive de contravention rende nécessaire la peine d'emprisonnement, la déclaration de circonstances atténuantes autorise à n'infliger qu'une amende de simple police (Cass., rej., 8 mai 1845 et 8 nov. 1849 : *J. cr.*, art. 4718).

Le condamné est reçu à former opposition, dans le délai et aux conditions déterminés par le décret de 1809, articles 42 et 43.

325. — La partie plaignante, si elle a éprouvé un préjudice, est reçue, en conformité du droit commun, à conclure contre le prévenu, à fin de *dommages-intérêts*, et les Prud'hommes sont compétents pour prononcer sur cette demande.

Dans le cas où l'acquittement du prévenu serait motivé sur ce que, le fait demeurant constant, le délit ne serait pas suffisamment caractérisé, les Prud'hommes pourraient-ils allouer tout ou partie des dommages-intérêts demandés par le plaignant?

Nous nous prononçons, avec M. Mollot (1), pour l'affirmative; à raison du caractère particulier de l'institution des Prud'hommes, la jurisprudence contraire des Tribunaux correctionnels ne paraît pas devoir être suivie. Reporter la réclamation pécuniaire au civil, ce serait entraîner un surcroît de frais et de retards, en obligeant les parties à revenir devant le même Conseil, jugeant civilement.

326. — Lorsque le débat pourrait occasionner du scandale, comme lorsqu'il s'agit de paroles obscènes ou d'outrages aux mœurs, les Prud'hommes doivent ordonner le huis-clos (droit accordé aux Tribunaux civ. par l'art. 87 du Code de pr. civ.).

327. — La minute du *jugement*, contradictoire ou par défaut, est portée sur la feuille d'audience.

Dans le deuxième alinéa de [l'article 4 du décret du 3 août 1810 est indiqué le mode rapide d'exécution des sentences des Prud'hommes :

« L'expédition du prononcé des Prud'hommes, certifié par leur secrétaire, sera mise à exécution par le premier agent de police, ou de la force publique sur ce requis. »

Le décret n'indique point par qui l'expédition sera remise à l'agent de police pour l'exécution.

Le président du Conseil doit adresser au procureur impérial

---

(1) *Code de l'ouvrier*, p. 274.

cette expédition, sans attendre la réquisition de la partie plaignante. Une fois la condamnation prononcée, elle est acquise à la vindicte publique (1).

328. — La condamnation que, aux termes de l'article 4 du décret de 1810, peuvent prononcer les Prud'hommes pour la répression des délits y prévus, sera toujours soumise à *l'appel*.

Tous les jugements rendus en matière de simple police et prononçant la peine de l'emprisonnement peuvent être attaqués par la voie de l'appel (C. inst. crim. art., 172) et le décret de 1810 ne rejette pas cette règle de droit commun.

Nous devons examiner ici l'objection qui pourrait naître de ce que l'article 4 du décret, en visant la loi du 22 germinal an XI, a dit : « sans préjudice de l'exécution de l'article 19 de cette loi, » lequel donne au Préfet de police, à Paris, et aux Commissaires généraux de police, dans les autres villes, le droit de statuer également sur les délits de police entre ouvriers, fabricants et apprentis et porte expressément que les peines seront prononcées sans appel.

Nous pensons, avec M. Dalloz (2) que le décret de 1810 n'a pas voulu accorder aux Prud'hommes le même droit de statuer en dernier ressort, d'abord parce que l'appel est de droit commun, ensuite parce que la juridiction spéciale établie par la loi de germinal an XI se trouvant abrogée implicitement comme nous l'avons dit ci-dessus (n° 316), la disposition relative à l'appel a dû tomber avec elle.

L'appel sera porté devant le tribunal correctionnel dans le ressort duquel le Conseil a son siége, ainsi que le veulent la nature du procès et l'ordre des juridictions.

L'appel suspend l'exécution (art. 173, C. d'inst. crim.). Le décret ne déroge pas non plus à cette règle, ainsi que l'a fait celui de 1809, article 35, à l'égard des jugements relatifs aux délits commis envers la personne des Prud'hommes.

---

(1) Mollot, *Code de l'ouvrier*, p. 275.
(2) *Rép.*, v° 142.

329. — Les faits mentionnés dans le décret étant assimilés à des contraventions de police, il paraît rationnel, dans le silence du décret du 3 août 1810, de leur appliquer la *prescription* d'un an ou de deux ans, suivant la distinction établie par les articles 639 et 640 Code d'instruction criminelle.

330. — On s'est demandé si la juridiction disciplinaire des Prud'hommes pouvait s'étendre aux patrons?

M. Mollot pensait que si le maître se permettait à l'égard de ses ouvriers ou apprentis une injure qui troublât l'ordre de l'atelier, les Prud'hommes pourraient en connaître et lui appliquer la peine portée par l'article 4 du décret de 1810.

Mais, nous préférons nous ranger à l'opinion exprimée par M. Dalloz : « L'esprit et la lettre de cet article, dit-il, paraissent répugner à une pareille extension. Le maître est chez lui, dans sa fabrique, dans son atelier; s'il cause du trouble, il en est la première victime. La discipline, d'ailleurs, n'a pas à en souffrir; s'il se permet vis-à-vis de ses subordonnés des actes coupables, la loi et la justice ordinaires suffisent à les réprimer : c'est donc à elle que l'offensé devra recourir (1). Sans doute, cette soumission du maître, comme de l'ouvrier et de l'apprenti, à la même loi paraîtrait plus conforme à l'égalité; mais la loi n'a pas voulu, et il était difficile qu'elle le voulût, que l'apprenti et le maître fussent égaux. N'a-t-elle pas soumis l'un à l'autorité de l'autre (2)?

331. — La condamnation prononcée par les Prud'hommes ne saurait mettre obstacle aux poursuites que le *ministère public* exercerait devant les tribunaux de répression, soit qu'il s'agisse de délits correctionnels ou de crimes, soit même qu'il s'agisse de contraventions de simple police (3).

Mais si le jugement des Prud'hommes n'entrave pas la pour-

---

(1) Un maître coupable de mauvais traitements envers ses apprentis était condamné à quinze mois de prison et à 200 francs d'amende par la Cour de Paris. (*Le Droit*, 22 avril 1855.)

(2) *Rép.*, v° *Industrie et comm.*, n° 96.

(3) Cass. crim., rej., 9 avril 1836, *Ganesse* : Dalloz, *Rép.*, v° *Prud'homme*, n° 131, et v° *Chose jugée*, n° 530.

suite criminelle. la réciproque ne serait pas exacte; l'action publique exercée devant les tribunaux de répression devrait arrêter la justice des Prud'hommes; la juridiction criminelle absorberait, dans ce cas, la juridiction disciplinaire, à raison de la nature de la peine.

332. — De ces mots « et sans préjudice de l'exécution de l'article 19, titre v, de la loi du 22 germinal an XI, et de la concurrence des officiers de police et des tribunaux », il résulte que la contravention peut aussi être déférée d'office au Juge-de-paix jugeant en simple police, par le ministère public qui siége près de lui, c'est-à-dire par le commissaire de police ou le maire.

Si la juridiction du Conseil des Prud'hommes ne pouvait s'exercer, parce qu'il n'existe pas de Conseil dans les lieux où est située la fabrique ou l'atelier, la juridiction ordinaire des tribunaux de simple police devrait reprendre son exercice.

333. — La juridiction disciplinaire des Prud'hommes ne doit être saisie que des faits qui intéressent « l'ordre et la discipline de l'atelier »; toute contravention, tout fait délictueux commis par des ouvriers ou apprentis en réunion, mais qui ne toucherait pas spécialement à cette discipline, dépasserait leur compétence.

Cette juridiction disciplinaire doit aussi, quoique les termes du décret ne s'en expliquent pas, comme la juridiction civile, être limitée aux fabriques nommément comprises dans le règlement de création et aux individus qui travaillent dans ces fabriques. Si donc, parmi les individus qui ont troublé l'ordre de l'atelier, il se trouve des personnes étrangères aux fabriques, elles ne seront pas justiciables des Conseils de Prud'hommes, et devront être renvoyées, en vertu du principe sur la disjonction, devant les juges compétents (simple police ou tribunal correctionnel), suivant la gravité du fait.

Avant de prononcer ce renvoi, les Prud'hommes devront constater l'existence du délit, aux termes des articles 12 et suivants de la loi du 18 mars 1806.

Les Prud'hommes devraient s'abstenir même dans le cas d'un fait de simple police, ou lorsque le tribunal ordinaire de simple police en aurait été saisi avant eux.

§ 2.

334. — La loi du 22 février 1851, dans les *articles 20* et *22*, et la loi du 1er juin 1853, sur la réorganisation des Prud'hommes, n'ont dérogé, ni expressément ni implicitement, à la disposition de la loi de 1810 relative à la compétence en matière disciplinaire des Prud'hommes.

La loi de 1851 défère aux Tribunaux de police les contraventions à certaines de ses dispositions :

« *Art. 20.* Toute contravention aux *articles 4, 5, 9* et *10* de la présente loi sera poursuivie devant le Tribunal de police et punie d'une amende de 5 à 15 francs.

« Pour les contraventions aux *articles 4, 5, 9* et *10*, le Tribunal de police pourra, dans le cas de récidive prononcer, outre l'amende, un emprisonnement d'un à cinq jours.

« En cas de récidive, la contravention à *l'article 6* sera poursuivie devant les Tribunaux correctionnels, et punie d'un emprisonnement de quinze jours à trois mois, sans préjudice d'une amende qui pourra s'élever de 50 francs à 300 francs. »

Les contraventions visées dans le § 1er de cet article concernent l'incapacité de recevoir un apprenti, soit à raison de l'âge du maître (*art. 4*), soit à raison de son état de célibat ou de veuvage (*art. 5*), le temps de travail (*art. 9*) et le refus de faciliter aux apprentis les moyens de s'instruire (*art. 10*).

335. — Le 19 mai 1874, a été promulguée la loi sur le travail des enfants et des filles mineures dans l'industrie, loi par laquelle le législateur a modifié la loi de 1851 dans les dispositions pour lesquelles elle a formellement renvoyé à ses propres dispositions (1) :

______

(1) Voy. le COMMENTAIRE DE LA LOI (DU 19 MAI 1874) SUR LE TRAVAIL DES ENFANTS, publié par l'un des auteurs de ce présent livre, en collaboration avec M. Ern. Nusse ; Paris, 1878.

L'article 30 de cette loi contient la disposition suivante :

« Les articles 2, 3, 4 et 5 de la présente loi sont applicables aux enfants placés en apprentissage et employés à un travail industriel. »

La loi nouvelle a voulu étendre aux enfants placés en apprentissage le bénéfice de ses dispositions relatives à l'âge d'admission (art. 2), à la durée du travail (art. 3), au travail de nuit (art. 4) et au travail des jours fériés et des dimanches (art. 5).

« La qualité d'apprentis, le contrat qui les lie, ne les empêchent pas, faisait remarquer M. le rapporteur Eugène *Tallon*, d'être des enfants comme les autres, dignes au même titre de notre intérêt. »

Nous croyons donc devoir mettre les industriels en garde contre l'erreur dans laquelle, paraît-il, quelques-uns sont tombés, erreur consistant à croire que les enfants, qui sont liés à leurs patrons par un contrat d'apprentissage, restent placés en dehors de la loi de 1874 et échappent à son application. Qu'il y ait ou non contrat d'apprentissage, tous les patrons, sans distinction, sont obligés d'observer les prescriptions susvisées vis-à-vis de leurs apprentis employés à un travail industriel (1).

Désormais aucun enfant (fille ou garçon) et n'ayant pas 12 ans révolus, ne peut être occupé à des travaux industriels plus de six heures par jour (art. 2). — L'enfant âgé de 10 ans ne peut être employé que dans les industries spécialement déterminées par les règlements d'administration publique du 27 mars 1875 (art. 2).

Il ne peut de même travailler plus de six heures par jour ; et ce temps de travail doit être divisé par un repos (art. 3).

Un apprenti ayant plus de 12 ans révolus et moins de 16 ne peut travailler plus de douze heures par jour, divisées par des repos (art. 3).

Aucun enfant en apprentissage et n'ayant pas 16 ans révolus

____

(1). Voy. le *Commentaire de la loi du 19 mai 1874*, n° 48.
Voy. aussi : M. Eugène Tallon, *La Vie morale et matérielle des ouvriers*, p. 173.

ne peut travailler ni la nuit, ni les dimanches et jours fériés (art. 4 et 5) (1).

Le § 2 de l'article 30 ajoute : « Les dispositions des articles 18 (visites des inspecteurs) et 25 (pénalités) ci-dessus seront appliquées auxdits cas (c'est-à-dire aux cas d'enfants placés en apprentissage) en ce qu'elles modifient la juridiction et la quotité de l'amende indiquées au § 1er de l'article 20 de la loi du 22 février 1851. »

Ainsi, les infractions aux prescriptions légales relatives à l'âge d'admission des apprentis, à la durée de leur travail, au travail de nuit qui leur serait imposé, au travail des dimanches et jours fériés, seront constatées par le service de l'inspection et relevées comme des contraventions-délits.

Et ces contraventions-délits seront poursuivies devant le Tribunal *correctionnel* (et non plus devant le Tribunal de simple police).

Elles seront punies d'une amende de 16 à 50 francs par chaque contravention constatée (art. 25) (2).

Nous devons faire remarquer ici, que l'*article 30* de la loi de 1874 énumérant limitativement les dispositions contenues dans les articles 2, 3, 4, 5, 18 et 25, comme devant remplacer les dispositions de la loi de 1851 dans ce qu'elles ont de contraire, la question suivante s'est élevée :

Les *articles 8* (fréquentation de l'école par l'enfant âgé de moins de 12 ans) et 9 (obligation du certificat d'instruction primaire élémentaire pour l'enfant n'ayant pas 15 ans accomplis) peuvent-ils être appliqués à l'enfant placé en apprentissage ?

Juridiquement, nous devons le dire, il ne nous paraît pas possible, en l'absence d'un texte formel qui étende les dispositions

---

(1) Le balayage de l'atelier et son rangement (qui étaient tolérés par l'*article 9* de la loi de 1851 jusqu'à 10 heures du matin) sont-ils considérés comme un travail et par conséquent interdits aux apprentis les dimanches et jours fériés ?

Cette question semble devoir être résolue dans le sens négatif depuis la loi de 1874. — Voy. n° 228.

(2) Voy. le *Commentaire de la loi du 19 mai 1874*, précité, ch. IV, § 1er, n° 4.

aux apprentis, d'atteindre le patron qui n'aurait pas observé les prescriptions de la loi de 1874 à l'égard de son apprenti âgé de moins de 12 ans (dans les industries spécialement déterminées par un règlement d'administration publique), c'est-à-dire qui ne lui ferait pas fréquenter l'école et ne se serait pas fait remettre un certificat d'instruction élémentaire par l'enfant, âgé de moins de 15 ans, lorsqu'i l'a pris en apprentissage.

L'apprenti continuera donc à être régi par *l'article 10* (relatif à l'obligation de laisser l'apprenti âgé de moins de 16 ans et ne sachant pas lire, écrire et compter, prendre deux heures par jour pour son instruction) (1).

« Je ne crois pas, dit aussi M. Duvergier (2), que l'article 8 de la loi actuelle puisse être appliquée aux apprentis ; j'ajoute que je désire me tromper. »

Cette lacune paraît avoir échappé au législateur, dans les délibérations auxquelles a donné lieu la discussion de la loi sur le travail des enfants ; car rien ne révèle qu'il ait exprimé une intention à cet égard. On chercherait, en effet, vainement, la raison de cette distinction. Néanmoins, ajouterons-nous, les patrons d'apprentissage qui voudront remplir strictement leur devoir vis-à-vis des enfants qu'ils emploient, devront se conformer aux dispositions de la loi de 1874 relatives aux conditions d'instruction primaire élémentaire dont doivent être pourvus les enfants employés dans l'industrie. Le succès de l'apprentissage ne dépendra-t-il pas du degré d'instruction de l'enfant ?

Le § 3ᵉ de l'article 30 de la loi de 1874, ajoute :

« Ladite loi (de 1851) continuera à recevoir son exécution dans ses autres prescriptions. »

La loi de 1851 reste donc en vigueur dans la majeure partie de ses dispositions, non abrogées par la loi postérieure de 1874.

336. — La *récidive* des contraventions prévues par notre

---

(1) Voy. le *Commentaire de la loi du 19 mai 1874*, n° 263.
(2) *Collection des Lois*, 1874, p. 163.

article 20, comme cela a lieu en toute matière, entraîne une aggravation de peine.

Il y a récidive lorsque, dans les douze mois précédents, il aura déjà été rendu un premier jugement pour contraventions de cette nature.

L'aggravation consiste en un emprisonnement de un à cinq jours, prononcé, outre l'amende, par le Tribunal de simple police.

L'emprisonnement est facultatif.

Pour les infractions à la loi de 1874 ou aux règlements d'administration publique relatifs à son exécution, (voir le n° 335 ci-dessus), les manufacturiers, directeurs ou gérants d'établissements industriels et autres patrons contrevenants, et frappés déjà, dans les douze mois précédents, seront condamnés par le Tribunal correctionnel à une amende de 50 à 200 francs ; la totalité des amendes ne pourra toutefois excéder 1,000 francs (1).

337. — Les *maîtres, frappés de condamnation pour certains délits* déterminés par le § 3ᵉ de l'*article 6,* seront, en cas de récidive, poursuivis devant les tribunaux correctionnels.

La peine qui pourra être prononcée contre eux sera celle d'un emprisonnement de quinze jours à trois mois, sans préjudice d'une amende variant de 50 à 300 francs.

338. — L'*article 24* de la loi de 1851 permet aux juges de modérer la peine par l'application du bénéfice des *circonstances atténuantes :*

« *Art. 24.* Les dispositions de l'article 463 du Code pénal (2) sont applicables aux faits prévus par la présente loi. »

339. — Le Tribunal de police compétent pour statuer sur les

---

(1) Voy. le *Commentaire de la loi du 19 mai 1874,* n° 319.

(2) L'article 463 est ainsi conçu : « Dans tous les cas où la peine de l'emprisonnement et celle de l'amende sont prononcées par le Code pénal, si les circonstances paraissent atténuantes, les Tribunaux correctionnels sont autorisés, même en cas de récidive, à réduire l'emprisonnement même au-dessous de six jours, et l'amende même au-dessous de 6 francs ; ils pourront aussi prononcer séparément l'une ou l'autre de ces peines et même substituer l'amende à l'emprisonnement, sans qu'en aucun cas, elle puisse être au-dessous des peines de simple police. »

contraventions à la loi de 1851 est celui dans le ressort duquel la contravention a été commise.

En effet, toutes les contraventions sont régies par l'article 138 du Code d'instr. crim., modifié par la loi du 27 janvier 1873 : «La connaissance des contraventions de police est attribuée exclusivement au Juge-de-paix du canton dans l'étendue duquel elles ont été commises. »

Ainsi, le principe posé dans l'*article 18* de la loi de 1851, dérogeant à la règle posée dans l'art. 59 du C. de proc. civ., aux termes duquel toute instance civile en matière d'apprentissage doit être portée devant le Conseil des Prud'hommes, ou, à défaut, devant le Tribunal-de-paix « dont le maître est justiciable, » ne saurait recevoir application, si la contravention était commise dans un canton autre que celui où le maître est domicilié; le Tribunal de police du lieu de la contravention et non celui du domicile du maître contrevenant, sera compétent pour en connaître (1).

340. — La loi de 1851 se termine par ces dispositions:

« *Art. 22.* Sont abrogés les articles 9, (cas de résolution du contrat d'apprentissage), 10 (retenue de l'apprenti à l'expiration de l'apprentissage et congé d'acquit) et 11 (réception d'apprenti sans congé d'acquit) de la loi du 22 germinal an XI. »

L'abrogation des dispositions de la loi du 22 germinal an XI (2) n'a été exprimée qu'en vue de simplifier la législation spéciale de l'apprentissage.

Les dispositions de la loi de l'an XI se trouvent, d'ailleurs, reproduites et développées dans la loi nouvelle de 1851, ainsi que nous l'avons expliqué dans le cours de ce Commentaire.

----

(1) M. Carré, *Compét. judiciaire des Juges-de-paix*, 1876, II, n° 997.
(2) Voy. le texte de ces articles, ci-dessus p. 13-14.

ADDITIONS

N. B. — Ces additions se réfèrent aux nᵒˢ du Traité du Contrat d'Apprentissage.

(*Addition au n° 29*). — La mère, en l'absence du père (parti pour les Indes orientales et restant pendant plusieurs années éloigné de sa famillle), a le droit de placer sa fille en apprentissage ; et, si le père, revenu à son domicile, prétend retirer l'apprentie de chez son patron-maître avant l'expiration du contrat, il doit être condamné à payer à ce dernier une indemnité (1).

— Le mari ne peut prétendre qu'il n'est pas obligé par une convention d'apprentissage intervenue entre le père d'une apprentie et sa femme, si, à son vu et à son su, les conventions ont été exécutées, pendant un certain temps, dans sa maison (2).

— L'apprenti, engagé en état de minorité par sa mère dans des conventions d'apprentissage, est tenu, devenu majeur, de l'exécution de ces conventions pendant toute leur durée ; et si, sorti avant le temps de l'atelier de son patron, il se refuse, sous de vains prétextes, à y rentrer, sa mère et lui doivent être condamnés en des dommages-intérêts (3).

— Doit être réformée la sentence d'un Conseil de Prud'hommes qui, dans le cas où un contrat d'apprentissage a été formé entre

(1) Cons. Prud'h. Lyon, 4 octob. 1871, *Lacoste* c. *Denegris : Mém. du Comm. et de l'Ind.*, 1874, p. 293.

(2) Trib. com. Seine, 21 mai 1869, *Ép. Charles* c. *Dˡˡᵉ Fortin : Mém. du Comm. et de l'Ind.*, 1874, p. 523.

(3) Cons. Prud'h. Seine, 24 décemb. 1873, *Delahaye* c. *fils et veuve Vauteskine : Mém. du Comm. et de l'Ind.*, 1876, p. 353.

un patron et le père d'un apprenti mineur, a, après avoir condamné le père envers le patron en des dommages-intérêts pour
cause de sortie avant terme de l'apprenti, déclaré, sur demande
du même patron, le jugement commun à la mère, quoiqu'elle
n'eût pas participé au contrat et qu'elle fût séparée de biens de
son mari (1).

(— n° 42.) — En cas d'action intentée par un apprenti mineur
contre son patron, le patron ne peut opposer que le mineur, enfant naturel, n'est pas régulièment représenté ou assisté en justice
par le mari de sa mère, si la mère est décédée et si le mineur
est sans parents (2).

(— n° 81). — C'est une croyance généralement, mais à tort répandue, dans les industries du département de la Seine, que l'absence
de conventions écrites est une cause de nullité du contrat d'apprentissage.

(— n° 89). — Quoique la mère d'un apprenti prétende qu'il n'a
été fait aucune convention d'apprentissage entre elle et le patron-
maître et qu'elle n'a jamais considéré l'engagement de son fils que
comme un engagement ordinaire de travail qui pouvait être rompu
par un congé donné de part ou d'autre, il y a lieu de décider qu'elle
était réellement liée par un contrat d'apprentissage, s'il résulte de
ses propres déclarations qu'à l'époque de l'entrée de son fils chez
le patron-maître, elle a vu ce dernier, que des conditions d'apprentissage ont été proposées et que, pendant le temps passé par l'apprenti chez le maître, ce sont ces mêmes conditions qui ont été
exécutées (3).

(— n° 97). — Si, après avoir placé son fils en apprentissage
chez un tonnelier, un père prétend le retirer au bout de dix-sept

---

(1) Trib. comm. Seine, 25 février 1870, *Dame Ballerat* c. *Contuiant : Mém.
du Comm. et de l'Ind.*, 1875, p. 108.

(2) Cons. Prud'hommes, 3 oct. 1876, *Lamotte* c. *Deplanque : Mém. du
Comm. et de l'Ind.*, 1977, p. 356.

(3) Cons. Prud. Seine, 23 janv. 1872, *Mérieux* c. *V° Gaujat et Tiffereau:
Mém. du Comm. et de l'Ind.*, 1872, p. 473.

mois, soutenant qu'il n'a fait aucune convention d'apprentissage avec le patron tonnelier ; qu'il a seulement consenti à ce que son fils entrât dans l'atelier, mais sans aucune condition de salaire ou de temps, .e patron-maître doit être cru sur son affirmation, lorsqu'il soutient que le temps convenu a été de deux années, cette durée de deux ans étant nécessaire pour former un apprenti et pour procurer au maître le moyen de tirer quelque profit de l'instruction qu'il a gratuitement donnée à l'apprenti et de le dédommager de ses peines et soins (1).

— Si le père d'un apprenti reconnaît qu'il a mis son fils en apprentissage chez un patron, sans que la durée de l'apprentissage ait été fixée, les parties doivent être présumées avoir eu l'intention de laisser l'apprenti chez le patron pendant le temps conforme à l'usage de l'industrie, usage qui, dans la profession de menuisier, est au minimum de trois ans ; et le motif consistant en ce que le patron-maître ferait faire à l'apprenti les courses du ménage, ne serait pas suffisant pour amener, avant le temps, la rupture du contrat, surtout s'il n'était pas justifié que ces courses formaient obstacle à l'instruction de l'apprenti (2).

— En cas de contestation entre le maître et le père de l'apprenti sur la durée convenue du contrat d'apprentissage, si le père, après avoir reconnu devant le Bureau de conciliation, que cette durée devait être de trois années, soutient, devant le Bureau général qu'aucune convention définitive d'apprentissage n'a eu lieu, le maître doit être cru sur son affirmation, lorsqu'il prétend que l'apprentissage devait être de quatre années, et lorsque, suivant l'âge de l'apprenti (13 ans et demi) et suivant l'enseignement à lui donner (fabrication des dents et rateliers artificiels), cette durée ne doit pas paraître exagérée (3).

---

(1) Cons. Prud'hommes Seine, produits chimiques, 27 juin 1876, *Raison c. Milly : Mém. du Comm. et de l'Ind.*, 1876, p. 464.

(2) Cons. Prud'hommes Seine, industries diverses, 27 janvier 1875, *Néfle c. Lahouze : Mém. du Comm. et de l'Ind.*, 1876, p. 57.

(3) Cons. Prud'hommes Seine, produits chimiques, 5 janv. 1875 *Weber c. Fuller et Disbury : Mém. du Comm. et de l'Ind.*, 1875, p. 311.

— Un rapport, d'un vif intérêt, sur les traités d'apprentissage, a été lu, le 26 mars, devant la Chambre de la Passementerie, mercerie, boutons et rubans, à la suite d'un jugement rendu par la 6e chambre du Tribunal civil de la Seine, en date du 14 décembre 1877. Ce jugement n'avait pas admis la demande d'un honorable négociant, qui, après qu'un apprenti lui avait été brusquement retiré par ses parents, avait saisi la juridiction civile, (au lieu de porter le différend devant la juridiction du Conseil des Prud'hommes, compétents aux termes de l'ar. 2 de la loi du 4 mars 1851, et avait réclamé le prix de l'année échue, prix qui n'avait été que *verbalement* convenu). Le jugement avait repoussé sa demande, par ce motif que la preuve testimoniale n'était pas recevable au-dessus de 150 francs (1).

Cette affaire n'a que trop démontré la nécessité, pour les patrons qui prennent des jeunes gens en apprentissage, de faire des contrats d'apprentissage réguliers, stipulant les conditions réciproques auxquelles se soumettent les parties.

— Le patron qui prétend qu'une femme serait entrée chez lui en qualité d'apprentie et se serait engagée à continuer son apprentissage, sans aucune autre rétribution que la nourriture et

---

(1) « Attendu que Debadier, marchand mercier, réclame aux époux Thirouin la somme de 800 francs pour une année de pension de leur fils mineur, en 1876 et 1877 ;

Attendu que, si Charles Thirouin a logé, au temps indiqué, chez Debadier, le demandeur ne rapporte aucune des preuves exigées par les art. 1341 et suivants du C. civ., du prétendu contrat onéreux dont il excipe ;

Attendu que Debadier n'a détruit, en aucune façon, cette réponse des défendeurs ;

Attendu que les services à lui rendus par leur fils, âgé de plus de 15 ans, ont compensé les dépenses de logement et de nourriture, avancées par le demandeur ;

En ce qui concerne les conclusions subsidiaires de Debadier à fin soit d'obtenir une comparution des parties, soit de faire déférer le serment supplétoire à la dame Thirouin :

Attendu que Debadier ne fournissant, comme il a été dit, aucune sorte ni aucun commencement de preuve à l'appui de sa demande, il n'y a lieu de recourir, dans l'espèce, aux mesures sus-énoncées ;

Par ces motifs : Déclare Debadier mal fondé tant dans sa demande principale que dans ses conclusions subsidiaires, l'en déboute ; condamne Debadier aux dépens. » (Trib. civ. Seine, 6e ch., 15 déc, 1877, présidence de M. Perrot de Chezelles : *Bull. Soc. prot. appr.*, 1878, p. 256-259 et 325).

le logement, pendant cinq années, et qui demande que la défenderesse, sortie de ses ateliers, soit condamnée à y rentrer immédiatement ou à lui payer la somme de 500 francs à titre de dommages-
intérêts, doit être débouté de sa demande, s'il ne justifie d'aucun
contrat d'apprentissage et s'il résulte, au contraire, des débats que
la défenderesse est entrée dans sa maison sans condition de temps
de séjour (1).

— Quoiqu'un ouvrier ait été appelé par des patrons avec d'autres camarades à contracter un engagement d'apprentissage suivant
le règlement et dans les conditions en vigueur dans la fabrique,
et que l'engagement ait été contracté par ses compagnons, il ne
peut être considéré comme apprenti, et il a le droit de donner congé quand il lui plaît, en suivant les règles ordinaires,
surtout si cet ouvrier avait les connaissances pratiques nécessaires pour travailler en qualité d'ouvrier (2).

(— n° 141). — On ne peut considérer comme célibataire le patron marié, dont la femme a dû faire une absence de quelques
semaines.

Bien donc que, d'après l'article 5 de la loi du 22 février 1851,
aucun maître, s'il est célibataire ou en état de veuvage, ne puisse
loger comme apprenties des jeunes filles mineures, un père qui a
placé sa fille chez un maître ou patron marié, ne peut la retirer
subitement sous prétexte d'une absence de cinq semaines qu'aurait
faite la maîtresse de la maison, surtout si le père a eu connaissance de cette absence, occasionnée par un voyage et s'il n'a retiré
sa fille que le jour même du retour de la patronne (3).

— Faut-il assimiler l'homme séparé judiciairement de sa femme
au veuf? La loi a laissé la question pendante. Nous n'hésitons pas
cependant à dire que les mêmes raisons morales qui ont fait

---

(1) Trib. comm. Seine, 4 avril 1872, *Herpin-Leroy c. veuve Martin : Mém.
du Comm. et de l'Ind.*, 1876, p. 47.

(2) Trib. civ. Douai, jugeant commercial., 17 mai 1872, *Lemaire frères c.
Poulain : Mém. du Comm. et de l'Ind.*, 1873, p. 48.

(3) Trib. comm. Seine, 4 janv. 1870, *Ép. Moreretti c. Ép. Feret : Mém. du
Comm. et de l'Ind.*, 1875, p. 296.

édicter la prohibition pour le veuf de loger des jeunes filles mineures subsistent à l'égard du mari séparé. Il est bien vrai que les dispositions prohibitives ne peuvent être étendues, mais il ne s'agit ici que d'une interprétation qui vient d'elle-même à la pensée.

Cette disposition semblerait devoir être applicable au cas de séparation du maître et de sa femme, volontaire ou judiciaire, surtout si, dans le cas de séparation judiciaire, elle était prononcée contre le mari (1).

(— n° 177). — ... (*après le mot* exagérée). C'est ce qu'a décidé le Conseil des Prud'hommes de la Seine, industries diverses, 11 août 1869.

(— n° 180). — Le patron qui impose à son apprenti des travaux et des fatigues excessifs pour son âge et ses forces est passible de dommages-intérêts.

MM. R. et S., constructeurs-mécaniciens, employaient dans leurs ateliers, le jeune D. Vers la fin de l'année 1863, cet enfant succombait à une maladie douloureuse, que les médecins attribuèrent aux fatigues excessives supportées par lui dans son travail.

Ses parents ont alors assigné en dommages-intérêts les patrons devant le Tribunal civil de la Seine.

« Le Tribunal : Attendu qu'il est établi, par les témoignages reçus dans l'enquête à laquelle il a été procédé, en exécution du jugement interlocutoire du 23 février 1864, que Radidier et Simonel ont imposé au jeune Durand leur apprenti, pendant le temps qu'il a travaillé dans leurs ateliers, des travaux et des fatigues excessifs pour son âge et ses forces, et notamment dans deux circonstances spéciales qu'il importe de relever ;

Attendu, en premier lieu, que, dans les derniers jours du mois de mars 1863, le jeune Durand reçut l'ordre d'aller chercher rue Charlot une barre d'acier, devant peser dix-sept kilogrammes, et de la rapporter rue Saint-Maur-Popincourt, 119 ; que ce fardeau, déjà trop lourd pour un enfant de cet âge, fut transformé en une charge bien plus considérable encore, puisqu'à la place de celle qu'il devait prendre et qui manquait dans le magasin, on remit à ce jeune apprenti une

---

(1) Carré, *Compét. des Juges-de-paix*, n° 765 ; Goujet et Merger, édit. Ruben de Couder, 1877, v° Apprentissage, n° 11 et 43.

barre d'acier du poids de trente et un kilogrammes ; que cet enfant porta cette barre pendant un certain temps, et jusqu'au moment où des passants, émus de pitié, se chargèrent de son fardeau ;

Attendu, il est vrai, que ce n'est pas à Radidier et Simonel seuls qu'il faut imputer la faute lourde d'avoir ainsi surchargé le jeune Durand, mais qu'ils ont eu le tort, en lui donnant une commission qui pouvait faire supposer chez lui un degré de force qu'il n'avait pas, de l'exposer à être la victime de l'imprudence des personnes auprès desquelles ils l'envoyaient ;

Attendu, en second lieu, que, le 2 avril de la même année, le jeune Durand fut emmené à Aubervilliers dans la matinée ; que, peu d'instants après son arrivée, il reçut l'ordre de retourner à Paris, avec une petite charrette à bras vide, pour y aller chercher et ramener une poulie du poids de vingt kilogrammes au moins, que les ouvriers, sous les ordres desquels il était placé, avaient oubliée ; et qu'enfin, dans la soirée du même jour, il dut encore, pour revenir à Paris, parcourir à pied, pour la quatrième fois, la distance d'Aubervilliers à Paris ;

Attendu que cette marche excessive, jointe aux fatigues antérieures, a déterminé chez cet enfant une maladie, à laquelle il succomba au bout de trois mois ;

Attendu que, vainement, les défendeurs prétendent que la maladie du jeune Durand a été le résultat d'une chute qu'il aurait faite en jouant avec ses camarades, peu de jours auparavant ; que les médecins qui ont soigné le jeune Durand déclarent en effet que les contusions qu'il s'était faites n'avaient aucune gravité et n'auraient pu être la cause du *phlegmon diffus*, qui s'est déclaré et a amené la mort de l'enfant ;

Attendu que, dans ces circonstances, la responsabilité de Radidier et de Simonel se trouve engagée ;

Attendu, enfin, que le Tribunal a les éléments nécessaires pour apprécier le préjudice que le père du jeune Durand a éprouvé ;

Par ces motifs : Condamne solidairement Radidier et Simonel à payer à Durand père la somme de 5,000 francs avec les intérêts à partir de ce jour ; les condamne en outre solidairement aux dépens. » (Trib. civ. Seine, 19 juillet 1864.)

Appel par MM. Radidier et Simonel.

« La Cour,... adoptant, etc... confirme. » (C. Paris, 3e ch., 1er févr. 1865, résidence de M. Barbier : *Gaz. trib.*, 7 févr. 1865 et *Bull. Cour de Paris*, II [1865], n° 354.)

(— n° 211). — ...(*Après les mots* : ou seulement contre le maître). Ce sont des principes que nous trouvons consacrés dans un jugement du Conseil de Prud'hommes de la Seine, 11 nov. 1873, *Dme Hédin*.

(— n° 225). — Lorsqu'un contrat d'apprentissage a eu pour objet des travaux de mode et de lingerie, une demande en résiliation ne peut être valablement fondée sur ce fait que l'apprentie aurait été employée à la confection du linge du ménage du patron (1).

(— n° 229). — La qualité d'apprenti et d'ouvrier d'un fabricant ne donne pas le droit de s'annoncer au public comme élève de ce fabricant. En tout cas, l'ouvrier ne peut prendre la qualité d'élève ni se servir industriellement du nom de son patron, que du consentement de celui-ci (2).

(— n° 250). — Le père, qui a laissé son fils ou sa fille en apprentissage au delà des deux mois d'essai réglés par l'article 14 de la loi du 22 janvier 1851, ne peut plus rompre sans indemnité le contrat d'apprentissage (3).

(— n° 253). — Dans une convention d'apprentissage pour une année, il a été stipulé que la somme due au patron-maître, serait payée au jour de l'entrée de l'apprenti et qu'en aucun cas, à moins d'inexécution, de la part du patron, des conditions stipulées, la somme ainsi versée ne pourra être l'objet d'une réclamation. L'apprenti, en faisant une course à lui ordonnée par le patron, est tombé, vingt-sept jours après son entrée et s'est démis l'épaule, ce qui l'empêche de continuer son apprentissage; le père a-t-il droit à la restitution de la somme par lui versée, surtout s'il ne refuse pas d'indemniser le patron des dépenses que son fils lui a causées pendant les vingt-sept jours qu'il est resté chez lui, et le patron-maître ne peut-il s'y refuser en proposant, après le rétablissement de l'apprenti, de le reprendre ?

---

(1) Trib. comm. Seine, 21 mai 1869, *Ép. Charles* c. *D*^{lle} *Fortin : Mém. du Comm. et de l'Ind.*, 1874, p. 523.

(2) Paris, 2ᵉ ch., 2 mars 1863, *Rommetin* c. *Crette : Gaz. Trib.*, 12 mars 1863.

(3) Cons. Prud'hommes Seine, produits chimiques, 8 juin 1869, *Ép. Fourtier* c. *Ép. Bénard et ép. Pointel : Mém. du Comm. et de l'Ind.*, 1870, p. 242.

Il y a lieu, en pareil cas, d'appliquer l'article 14 de la loi du 4 mars 1851, qui déclare que les deux premiers mois de l'apprentissage sont considérés comme un temps d'essai pendant lequel le contrat peut être annulé sans indemnité par la seule volonté de l'une des parties; et la convention doit être considérée comme n'ayant eu pour but que de prévenir et empêcher une rupture au cours de l'apprentissage, après l'expiration du délai de deux mois fixé par la loi précitée (1).

(— n° 254). — En cas de conventions entre un patron-maître et la mère d'une apprentie, par lesquelles le patron s'est engagé à garder pendant deux ans et demi l'apprentie pour lui apprendre son état et la mère à lui laisser pendant les deux ans et demi sa fille, avec stipulation, de part et d'autre, d'un dédit de 250 francs payables par celle des parties qui n'exécuterait pas le contrat, le patron forcé, faute de travail dans sa maison, de discontinuer l'apprentissage après quinze mois, ne peut être admis à prétendre qu'en offrant à la mère de placer sa fille dans une maison honorable de même industrie ou même de la recevoir de nouveau chez lui pour y faire l'ouvrage qui se présenterait en attendant la reprise des travaux, il devrait être relevé de l'obligation de payer le dédit. La résolution du contrat doit être, au contraire, prononcée et le patron condamné à payer les 250 francs à titre de dommages-intérêts (2).

— Bien qu'un dédit ait été stipulé entre la mère et la maîtresse d'une apprentie, en cas de sortie avant le terme de l'apprentissage, le dédit ne peut être exigé par la maîtresse, si la sortie a eu lieu après une discussion étrangère au commerce de la maîtresse et dans laquelle les parties ont eu à se reprocher des torts réciproques.

---

(1) Cons. Prud'hommes Seine, produits chimiques, 16 octobre 1877, *Payret c. Chaudron : Mémoires du Comm. et de l'Ind.*, 1877, p. 476.

(2) Cons. de Prud'hommes Seine, tissus, 6 juill. 1876, *D^me Defougère c. Ep. Gathé : Mém. du Com. et de l'Ind.*, 1876, p. 463.

La maîtresse doit donc être, en pareille circonstance, déboutée de sa demande en paiement du dédit (1).

(— n° 259). — Mais cette solution (que l'engagement volontaire au service de l'armée est une cause de résiliation du contrat d'apprentissage) est donnée pour un engagement dont la durée comprend plusieurs années et rend par suite complétement impossible l'exécution du contrat de louage. On peut se demander si, lorsque que l'engagé volontaire ne doit rester au service militaire que pendant une année, les tribunaux n'hésiteraient pas à prononcer la résiliation du contrat, et à condamner l'enrôlé à des dommages-intérêts (2)?

— En Allemagne, un jeune homme placé dans une affaire d'assurances, où il devait faire un apprentissage, fixé par contrat à quatre années consécutives, du 1er février 1869 au 1er février 1873, demanda et obtint de son patron la permission de mettre à profit la guerre franco-allemande de 1870, pour s'acquitter du service militaire en qualité de volontaire d'un an (einjährige Freivilliger). Cette permission n'a pas eu pour effet d'éteindre le contrat ni de le résilier du fait du patron, alors même que ce dernier n'aurait pas exprimé la réserve que le jeune homme, à sa libération du service, reprendrait son apprentissage au point où il le laissait.

Cette permission ne contient en soi que le consentement du patron à une interruption du temps de l'apprentissage pour la durée du service militaire; elle n'implique de sa part une renonciation à exiger ultérieurement l'exécution du contrat que d'une façon très-éventuelle, c'est-à-dire pour le cas où le jeune homme mourrait à la guerre, serait hors d'état de remplir ses fonctions, soit par suite de blessures, de fatigues physiques ou de durée illimitée de la guerre, (car personne ne pouvait prévoir une si

______

(1) Trib. Comm. Seine, 15 févr. 1870, *D^{lle} Delvaux* c. *Ve Schlacter* : *Mém. du Comm. et de l'Industrie*, 1876, p. 298.

(2) La question ne s'est pas encore présentée, à notre connaissance du moins, devant les tribunaux français, depuis l'institution du volontariat d'un an (par la loi du 27 juillet 1872).

rapide conclusion.) C'est la conséquence du principe que les renonciations ne se présument pas.

Le temps de l'apprentissage n'a été que suspendu ; on ne saurait admettre une résiliation de commun accord, ni imputer le temps passé par le jeune homme au service militaire sur le temps de l'apprentissage pour diminuer d'autant le délai stipulé et lui faire prendre fin, malgré cette interruption, à l'époque originairement arrêtée du 1er février 1873.

Le jeune homme n'étant pas en droit de quitter la compagnie d'assurances à cette date, la Compagnie put donc réclamer le montant de la clause pénale contractuelle et même au delà, suivant les paragraphes 2 et 3 de l'article 284 du Code de commerce allemand, ainsi conçus :

« La clause pénale n'est point limitée quant à son montant, elle peut dépasser le double de l'intérêt en jeu.

Dans le doute, le débiteur ne peut pas se libérer de l'exécution de l'obligation par le paiement de la clause pénale.

La convention de la clause pénale n'exclut pas en cas de doute le droit à une indemnité qui en dépasse le montant. » (1)

— Quand l'apprentissage a été interrompu par des événements qui peuvent même être considérés comme des cas de force majeure, le temps, pendant lequel l'apprentissage a été suspendu, doit être remplacé.

L'*article 15* de la loi du 22 février 1851 déclarant le contrat rompu, lorsque le maître ou l'apprenti est appelé au service militaire, l'apprenti qui a été appelé, au moment de la guerre, dans la garde nationale mobile, a le droit d'invoquer la rupture de ses engagements ; mais si, après la guerre, il reprend son apprentissage, il se soumet par là même à toutes les obligations résultant du contrat, et il est notamment tenu, aux termes de l'*article 11* de la loi,

---

(1) Trib. sup. de commerce de l'Empire, 4 juin 1873. — 1re inst. Landgericht de Friedberg, 2e inst. Cour d'appel de Giessen, *Hofmann* c. *Hahn et fils*, (rapporté par M. Ed. Clunet, *Journal de Droit international privé*, I, 1874, p. 323.)

de remplacer par un supplément de travail le temps dont le maître-patron a été privé pendant qu'il satisfaisait au service militaire (1).

Cette décision est-elle absolument juste?

(— n° 267). — Le maître d'apprentissage n'est pas tenu d'enseigner son état à l'apprenti que progressivement, et le père ne peut faire une cause de rupture de ce que l'apprenti engagé pour quatre ans n'est pas capable, au bout de treize mois, de se livrer à la fabrication. Le maître n'est pas non plus tenu de confier imprudemment à l'apprenti les matières nécessaires à son enseignement; il suffit qu'il le rende capable, à la fin de la durée du contrat, de se placer comme ouvrier et de gagner un salaire proportionné au temps qu'il a dû y consacrer, ayant, d'ailleurs, lui-même intérêt à faire de son apprenti un ouvrier (2).

(— n°ˢ 271 et 275). — L'oncle d'un mineur, en faisant avec un maître graveur sur cristaux une convention d'apprentissage de quatre ans de durée pour ce mineur, a formellement recommandé au maître patron d'empêcher le mineur d'aller chez sa grand'mère (la mère de l'oncle lui-même), soutenant qu'il avait de graves motifs pour faire cette recommandation. Cet oncle peut-il être admis à demander la rupture, en se fondant uniquement sur ce qu'ayant recommandé à son neveu de ne pas aller chez sadite grand'mère, et, cette recommandation ayant été faite en présence du patron maître avec invitation à celui-ci de veiller à son exécution, il y avait dans l'infraction à cette recommandation une cause de résiliation du contrat? Il doit être, en pareil cas, jugé qu'il était impossible au patron de suivre son apprenti dans ses courses et les jours où il sortait pour aller chez son oncle lui-même, et que la désobéissance du mineur ne pouvait être un motif sérieux de rompre l'apprentissage dont

---

(1) Cons. Prud'hom. Lyon, soieries, 23 octobre 1872, *Montey c. Guinon, Marnas et Bonnet: Mém. du Comm. et de l'Industrie*, 1873, p. 298.

(2) Cons. Prud'hom. Seine, produits chimiques, 5 janv. 1875, *Weber c. Fuller et Disbury: Mém. du Comm. et de l'Ind.*, 1875, p. 311.

l'exécution de la part du maître n'avait, d'ailleurs, donné jamais lieu à aucun motif de reproche (1).

(— n° 272). — Le travail de l'apprentie de 7 heures du matin à 9 heures 1/2 du soir est excessif ; elle ne doit être tenue de travailler que de 7 heures du matin à 7 heures du soir, et il ne suffit pas qu'elle reçoive pour sa nourriture la soupe le matin, un repas à midi et la soupe le soir ; on doit lui fournir le soir, comme à midi, un repas confortable (2).

(— n° 273). — Le fait que le patron-maître vivrait en état de concubinage n'autorise pas non plus le père de l'apprenti à le retirer de la maison du maître, s'il ne prend cette résolution qu'après que l'apprentissage a déjà duré pendant deux années et s'il n'a fait jusque-là aucune observation au patron sur l'irrégularité de son ménage (3).

— La demande en résolution d'un contrat d'apprentissage, intentée par le père d'une apprentie contre la patronne-maîtresse couturière en robes, pour cause de *gratte* ou morceaux d'étoffes prétendus prélevés sur des pièces de tissus remises par ses clientes à la patronne et vendus à très-bas prix par celle-ci à son apprentie, doit être accueillie si l'origine de ces pièces de tissus peut être réellement suspectée (4).

(— n° 275). — L'impossibilité de faire travailler un apprenti pendant le siége de Paris n'a pu être un motif suffisant pour la rupture du contrat d'apprentissage (5).

— Si, par suite de la suspension de travail, pendant l'investissement de Paris, un accord sur une contestation entre un patron-

---

(1) **Cons. Prud'hommes Seine, produits chimiques, 18 sept. 1877, N. c. X:** *Mém. du Comm. et de l'Ind.*, 1878, p. 356.

2) **Cons. Prud'h.** Seine, tissus, 21 oct. 1875, *Legain c. V° Fontaine :* *Mém. du Com. et de l'Ind.*, 1876, p. 344.

(3) **Cons. Prud'h.** Seine, produits chimiques, 27 juin 1871, *Fournery c. Pelletier : Mém. du Com. et de l'Ind.*, 1871, p. 478.

(4) **Cons. Prud'hommes Seine, tissus, 28 sept. 1876,** *Ep. Franck c. Dailloux :* *Mém. du Comm. et de l'Ind.*, 1877, p. 190.

(5) **Cons. Prud. Seine, produits chimiques, 27 juin 1871,** *Fournery c. Pelletier : Mém. du Com. et de l'Ind.*, 1871, p. 478.

maître et le père d'un apprenti a été accepté, sur proposition du Bureau particulier du Conseil de Prud'hommes, par les parties ; si cet accord énonce que l'apprentissage, ayant encore six mois à courir, resterait suspendu jusqu'à la cessation de la guerre, et que le père payerait partie comptant et partie par à-compte, une somme de 50 francs, restant due sur le prix et échue ; le refus du père de payer le premier à-compte, après le paiement comptant, doit donner lieu à la rupture pure et simple du contrat, avec condamnation d'accomplir le paiement de ce qui reste dû sur la somme entière (1).

(— nº 279). — L'absence d'un contrat écrit ne peut pas être une cause de rupture de l'apprentissage ; et il en est de même de l'incompatibilité d'humeur entre l'apprenti, fils d'une première femme du maître, et la seconde femme de ce dernier (2).

— Lorsqu'il est constaté qu'une apprentie manque continuellement de respect à sa patronne ainsi qu'à ses parents, qui ont fait leur possible pour la maintenir dans le devoir, il doit être déclaré que cette conduite rendant l'exécution des conventions impossible, l'apprentissage doit être résilié. Si le patron-maître a fait des sacrifices dont il n'a pas encore trouvé la compensation, le père de l'apprentie doit être condamné à l'indemniser, sauf au Bureau général à accorder au débiteur, en considération de sa position, des délais modérés ; à surseoir dans ces conditions à l'exécution des poursuites, toutes choses demeurant en l'état, et à ordonner que, faute d'un paiement à l'un des termes fixés par le jugement, la somme restant due ce jour deviendra sur-le-champ tout entière exigible (3).

(— nºs 279 et 303). — L'apprenti qui, sans motifs légitimes, quitte son maître avant le temps convenu, lui doit non-seulement

---

(1) Cons. Prud'h. Seine, prod. chim., 8 nov. 1870, *Cayron* c. *Millet* : *Mém. du Comm. et de l'Ind.*, 1871, p. 129.

(2) Cons. Prud'h. Seine, produits chimiques, 28 nov. 1871, *Rousselle* c. *Herreman* : *Mém. du Comm. et de l'Industrie*, 1874, p. 178.

(3) Cons. Prud'hommes Seine, tissus, 21 oct. 1875, *Branson* c. *Launay* : *Mém. du Comm. et de l'Ind.*, 1876, p. 345.

le prix fixé pour son apprentissage, mais encore une indemnité proportionnée au temps qui reste à courir. La résiliation du contrat ne peut être demandée par l'apprenti boucher, sous prétexte qu'il aurait été employé à faire les courses de la boucherie, si, d'ailleurs, l'enseignement qui lui a été fourni a été suffisant (1).

(—n° 280).—Quoique le patron-maître d'un apprenti ait eu, dans une certaine limite, le tort grave de le distraire de ses occupations habituelles en l'employant à des travaux complétement étrangers à ceux concernant son état et son industrie, la mère de l'apprenti n'est pas fondée à retirer son fils d'apprentissage et à demander pour ce motif la résiliation du contrat, si elle a toujours eu connaissance de cet état de choses et si elle l'a toléré sans observation en permettant même à son fils de recevoir, à raison de ces travaux accessoires, une rémunération supérieure à celle que le patron s'était engagé à lui payer.

Elle doit donc être condamnée à faire rentrer son fils dans l'atelier sous peine de dommages-intérêts, à charge par le patron de son côté d'occuper exclusivement l'apprenti aux travaux de son industrie, et, en outre, les dépens doivent être mis à la charge de la mère (2).

— Le patron doit être cru dans son affirmation, lorsqu'il soutient que c'est pour refus de travail qu'il a renvoyé une apprentie, après l'avoir rendue capable, et alors que, vers la fin du temps convenu, il aurait pu trouver dans les services de l'apprentie la récompense de ses soins et de l'instruction qu'il lui a donnée (3).

(— n° 280). — Le maître est tenu, en cas de maladie de l'apprenti demeurant chez lui, de pourvoir aux frais de nourriture, de visites de médecin et de médicaments pendant la durée de la maladie; il peut, à la fin de l'apprentissage, exiger que l'apprenti

---

(1) Cons. Prud. Nantes, 15 nov. 1871, *Guibert* c. *Beaumont* : *Mém. du Comm. et de l'Ind.*, 1871, p. 483.

(2) Trib. de Comm. Seine, 24 avril 1874, *Archem* c. *V° Nicolas*, 1876, p 275.

(3) Cons. Prud'hommes Seine, tissus, 23 sept. 1875, *V° Farcy* c. *Morel*. *Mém. du Comm. et de l'Ind.*, 1876, p. 118.

lui rende le temps perdu pendant qu'il était malade, mais sans retenir sur ce qu'il lui doit les frais de nourriture et de maladie (1).

— La résiliation ne peut être fondée sur ce que l'apprenti est peu développé pour son âge, s'il est constaté par le docteur médecin que cette raison n'est pas suffisante et qu'il n'existe aucun motif de santé plus sérieux pour rompre l'engagement contracté avant son expiration, et surtout si, afin que l'application des règlements d'heures et d'hygiène établis en faveur des jeunes apprentis soit exactement pratiquée, le bureau général place l'apprenti jusqu'à la fin de l'apprentissage, sous la surveillance d'un membre du Conseil (2).

(— n°s 283 et 284). — Si un apprenti, placé chez un patron, en est sorti en violation du contrat d'apprentissage, si, sur la demande du patron, le père de l'apprenti a été condamné à lui payer une indemnité pour réparation du préjudice à lui causé par ladite sortie; si, nonobstant poursuites en saisie exécution, le patron n'a pu obtenir le paiement de cette indemnité; si, malgré notification du jugement obtenu par le premier patron, un second patron a reçu dans son établissement, de même industrie que le premier, ledit mineur suivant nouvelles conventions d'apprentissage et a persisté à le conserver après ladite notification, ce second patron doit être déclaré avoir encouru la responsabilité prévue par l'article 13 de la loi du 22 févr. 1851, et condamné, en conséquence, à payer au précédent patron la somme formant le montant des condamnations prononcées contre le père de l'apprenti plus les intérêts et les frais, et cela solidairement avec le père (3).

(— n°s 285 et 288). — Le maître serait irrecevable à demander

<hr>

(1) Cons. Prud'hommes Seine, industries diverses, 11 août 1869, *Ferrari c. Thomassini* : *Mém. du Comm. et de l'Indust.*, 1870, p. 243.

(2) Cons. Prud'hommes Seine, industries diverses, 3 nov. 1876, *Haine c. Husson* : *Mém. du Comm. et de l'Ind.*,1878, p. 233.

(3) Cons. Prud'hommes Seine, produits chimiques, 26 décembre 1876 *Juilliard c. Nollet* : *Mém. du Comm. et de l'Ind.*, 1878, p. 237.

une indemnité de son apprenti, après l'avoir renvoyé et lui avoir rendu ses effets ; la remise des effets emporte, dans ce cas, présomption de renonciation à toute indemnité (1).

(— n° 292). — Toute demande à fin d'exécution d'un contrat d'apprentissage est de la compétence du Conseil de Prud'hommes, dont le maître est justiciable ; à défaut du Conseil de Prud'hommes institué pour le métier exercé par le maître, le Juge de paix du canton est compétent pour connaître de cette demande (2).

(— n° 300). — De l'arrêt de la Cour de Nancy, il y a lieu, toutefois, de rapprocher :

Contrà l'arrêt, récemment rendu par la Cour de Paris, ayant décidé que le Tribunal de commerce, et non les juridictions civiles ou des Prud'hommes, est compétent pour connaître des difficultés auxquelles donne ouverture le contrat intervenu entre un commerçant et le père ou tuteur d'un mineur pour l'apprentissage commercial de ce dernier.

Et, dans ce cas, ces difficultés peuvent être portées devant le Tribunal de commerce du lieu où les conventions ont été en partie passées et où elles doivent recevoir exécution (3).

---

(1) Cons. Prud'hommes Paris, 10 juin 1850, *D^{lle} Goscelin* c. *D^{me} Montcher : Mém. du Comm. et de l'Ind.*, 1850 p. 455.

(2) Trib. civ. Lyon, 25 nov. 1877, *Guichard : Gaz. trib.*, 25 janv. 1877.

(3) « *Le Tribunal :* Attendu que, pour repousser la demande de Fontaine en réintégration de Crosnier fils chez lui, en paiement de 300 francs pour six mois de la pension de son fils et en 500 francs de dommages-intérêts, Crosnier oppose le renvoi à raison du domicile et à raison de la matière ;
» *Sur le renvoi à raison du domicile :*
» Attendu que s'il est vrai que Crosnier père habite Songeaus (Oise), il n'est, en fait, que le tuteur de son fils qui habite Paris ; que, de ce chef, Crosnier père est justiciable de ce Tribunal ;
» *Sur le renvoi à raison de la matière :*
» Attendu qu'à l'appui de sa prétention Crosnier père soutient que le Conseil des Prud'hommes serait seul compétent pour connaître d'un différend entre patron et apprenti ; qu'en outre, il s'agirait d'une convention purement civile ;
» Mais, attendu qu'il résulte des débats que Crosnier fils n'était chez Fontaine qu'un employé de commerce ; qu'il ne s'agit, au fond, que d'une contestation commerciale entre patron et employé ; que le Tribunal de commerce est compétent ;
» *Par ces motifs*, retient la cause ;

— Dans l'industrie du papier peint les ouvriers imprimeurs ne pouvant travailler sans le concours d'un petit ouvrier appelé tireur, il est d'usage que, si le tireur veut rompre son engagement, il doit prévenir le patron huit jours à l'avance, de manière à ce que l'imprimeur ne soit pas exposé à interrompre son travail. Le tireur qui quitte avant le délai voulu, ou son père, s'il est mineur, doit donc être condamné en des dommages-intérêts envers le patron (1).

» Ordonne à Crosnier de répondre du fond, et, faute de ce faire, donne contre lui défaut et, pour le profit, faisant droit au principal;

» Considérant que les conclusions de la demande ne sont pas contestées par le défendeur; que lesdites conclusions ont été vérifiées et qu'elles paraissent justes; qu'en conséquence, il y a lieu d'y faire droit;

» *Par ces motifs*, jugeant en premier ressort :

» Dit que Crosnier père sera tenu, dans les trois jours de la signification du présent jugement, de faire revenir son fils chez le demandeur, comme aussi de lui payer la somme de 300 francs pour solde du prix de la pension de son fils, et, pour le préjudice causé, condamne Crosnier père par les voies de droit, à payer à Fontaine 500 francs, à titre de dommages-intérêts;

» Condamne, en outre, Crosnier père aux dépens;

» Ordonne l'exécution provisoire, nonobstant appel, à charge de fournir caution ou de justifier d'une solvabilité suffisante.... (Trib. comm. Seine, 15 juillet 1875, conf. C. Paris, 1re ch., 5 mars 1877, présid. de M. Larombière, premier président : *Le Droit*, 6 avril 1877 et *Annales des Justices-de-paix*, 1878, p. 200).

(1) Cons. Prud'hommes Seine, produits chimiques, 22 août 1871, *Nicolas de Gondloff* : *Mém. du Comm. et de l'Ind.*, 1871, p. 479.

TABLE DES MATIÈRES.

CHAPITRE Ier.
DE LA NATURE DU CONTRAT.

CHAPITRE II.
DES PARTIES CONTRACTANTES.

SECTION I.

Des personnes capables de s'engager en qualité de maîtres.

SECTION II.

Des personnes capables de s'engager en qualité d'apprentis ou aux lieu et place des apprentis.

SECTION III.

Des personnes incapables.

§ 1. — *Personnes incapables de contracter en qualité de maîtres et en qualité d'apprentis.*

§ 2. — *Personnes incapables de contracter en qualité de maîtres.*

§ 3. — *Personnes incapables de contracter en qualité d'apprentis.*

CHAPITRE III.

DE LA FORME ET DE LA PREUVE DU CONTRAT.

SECTION I.

Des formes et des preuves du contrat littéral ou écrit.

SECTION II.

Des formes et des preuves du contrat verbal.

SECTION III.

Des mentions que doit contenir le contrat littéral.

CHAPITRE IV.

DES CONDITIONS DU CONTRAT.

SECTION I.

Des conditions essentielles pour la validité des conventions appliquées au contrat d'apprentissage.

SECTION II.

Des conditions spéciales du contrat d'apprentissage.

CHAPITRE V.

DEVOIRS DES MAÎTRES ET DES APPRENTIS.

SECTION I.

Des devoirs et des droits des maîtres.

SECTION II.

Des devoirs et des droits des apprentis.

SECTION III.

Des droits des pères et des droits des maîtres.

CHAPITRE VI.

DE LA RÉSOLUTION DU CONTRAT.

SECTION I.

Du temps d'essai.

SECTION II.

Des cas de résolution de plein droit du contrat d'apprentissage.

SECTION III.

Des cas où la résolution est soumise à l'appréciation du juge.

SECTION IV.

De la réduction ou de la résolution du contrat d'une durée excessive.

CHAPITRE VII.

DE LA COMPÉTENCE

SECTION I.

Juridiction civile.

SECTION II.

Juridiction disciplinaire.

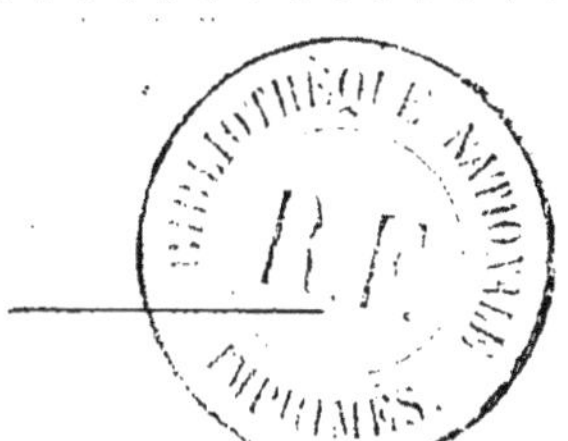

IMPRIMERIE CENTRALE DES CHEMINS DE FER. — A. CHAIX ET Cie
RUE BERGÈRE, 20, A PARIS. — 6638-9.

9 782329 050447